현장에 답이 있다

최종우 지음
CBS-TV 뉴스 기획

신앙과지성사

책 머리에

CBS 사장 김진오

물질 중심의 사회로 치달으면서, 안타깝게도 우리 사회에서 종교의 입지가 갈수록 줄어들고 있습니다. 순교의 역사로서 이 땅에 뿌리 내린 기독교 역시 이런 흐름에 자유롭지 못합니다.

지난해 828만 명이던 기독교인 숫자가 30년 뒤인 2050년에는 560만 명으로 크게 줄어들 것이라는 전망도 나왔습니다.

일제강점기와 군사 독재 시절 기독교 정신으로 무장한 한국 교회는 독립과 자유를 쟁취하는 데 앞장섰고, 근현대사에서 낮은 곳을 찾아 약자들을 보듬으며 주님의 따뜻한 온기를 전해왔습니다. 이런 사역들이 쌓이면서 기독교는 빠르게 확산되어 대한민국에서 가장 큰 종교로 자리매김할 수 있었습니다.

하지만 세월이 흐르면서 우리 사회에서 기독교의 역할에 대한 일반 대중의 기억은 희미해지고 있습니다. 이런 상황에서 기독교 정신의 원형을 복원하고 주님의 말씀을 행동으로 옮기고 있는 우리 교회들은 한 곳 한 곳 더없이 소중할 수밖에 없습니다.

36년간 언론인의 길을 걸어온 CBS 최종우 선임기자가 이번에 내놓은 '현장에 답이 있다'는 선교 사역에 앞장서 온 전국 88개 교회의 모습을 생생하게 담아냈습니다. 지역사회에서 다양한 방식으로 선한 영향력을 끼치며 '빛과 소금'의 역할을 마다하지 않은 수많은 교회를 이렇게 세상 밖으로 더 널리 알리는 일은 그 자체로 또 하나의 의미 있는 선교 사역이 아닐 수 없습니다. 3년이라는 짧지 않은 기간에 발품을 팔아 책으로 엮은 최 선임기자의 노고에 감사와 축하의 박수를 보냅니다.

이 책이 한국 교회를 향한 대중들의 마음을 크게 열고, 많은 다른 목회자들이 참고할 수 있는 나침반이 될 것이라 의심치 않습니다. 전국 방방곡곡의 우리 동네 교회들은 주님의 사랑을 전파하는 실핏줄 같은 존재들입니다. 이런 교회들이 더욱 많아지고 번창하기를 간절히 소망합니다.

추천의 글

- 그동안 CBS가 발굴하고 소개한 전국의 동네 교회들이 한 권의 책으로 정리되었으니, 이 책이 많은 목회자와 새로운 교회를 꿈꾸는 사역자들에게 큰 도전이 될 것으로 믿습니다. 성장과 부흥의 열망은 여전히 우리의 심장을 뜨겁게 하지만, 그 시작은 지역과 동네 구석구석에서 시작해야 합니다. 작은 교회들의 새로운 도전이 더 의미 있게 소개되고 격려받아야 합니다. 과거처럼 물적, 인적 자원을 최대한 동원하는 방식으로는 교회의 빛과 소금의 역할을 온전히 감당하기 어렵습니다. 분명한 선교적 목적과 공정하고 다양한 은사가 충분히 발현될 수 있는 수평적이고 세분화된 지역교회들의 협력과 동역이 필요합니다. 이런 점에서 이 책이 우리 동네의 교회를 꿈꾸는 많은 한국의 그리스도인들에게 새로운 상상력을 불러일으킬 수 있기를 기대합니다.

  성석환 교수 (장신대, 도시공동체연구소)

- 삶은 언제나 사람과 사람 사이에서 만들어집니다. 그 만남 속에서 감동과 희망이 피어나고, 세상을 변화시키는 작은 씨앗이 심어집니다. 지난 36년간 언론인으로 살아온 최종우 선임기자님은 그러한 만남의 여정 속에서, 세상 곳곳에 숨겨진 진실과 아름다움을 발견하고 이를 세상에 전해 온 분입니다. 특히, CBS-TV '우리동네, 우리교회'를 통해 만난 140여 개 교회의 이야기는 단순한 기록을 넘어, 한국 교회와 지역사회가 함께 걸어온 사랑과 섬김의 역사를 증언합니다.

  '현장에 답이 있다'는 단순한 사례집이 아닙니다. 청소년들에게 꿈을 심고, 지역 주민과 소통하며, 소외된 이웃을 품고, 가정을 회복시키는 교회들의 생생한 이야기를 통해 우리는 복음이 어떻게 우리의 일상 속에서 살아 숨 쉬고 있는지 체감하게 됩니다. 특별히, 코로나19 팬데믹이라는 시대적 고난 속에서도 멈추지 않고 사랑을 실천한 교회들의 모습은 깊은 울림을 주며, 교회가 세상을 향한 희망의 중심임을 다시금 깨닫게 합니다.

한 사람, 한 교회, 한 지역에서 시작된 섬김이 어떻게 세상 속에서 하나님의 나라를 확장해 가는지, 이 책은 감동적인 여정을 통해 보여줍니다. 88개의 교회 이야기를 통해 독자는 한국 교회의 가능성과 희망을 발견하게 될 것입니다. 또한, 교회가 단순히 예배의 공간을 넘어 세상 속으로 걸어 나가야 함을 절실히 느끼게 됩니다.

이 책을 펼치는 순간, 우리는 단지 독자가 아니라, 하나님께서 이끄시는 사랑의 행렬에 동참하는 순례자가 됩니다. 최종우 기자님께서 그 여정 속에서 들려주신 이야기는 우리 모두가 걸어가야 할 복음의 길을 밝히는 등불이 될 것입니다. 이 책을 통해 많은 이들이 교회의 사명을 새롭게 인식하고, 복음이 주는 생명의 빛을 함께 나누기를 바랍니다.

임석순 목사 (한국중앙교회 담임, 백석대학교 대학원 교목 부총장)

'오마하의 현인', '투자의 귀재'로 불리는 워런 버핏과 한 끼 식사하는 자선 경매 행사가 2000년부터 시작되어 해마다 낙찰된 가격이 상승하다가 2022년에는 무려 1,900만 달러 〈한화 약 246억〉에 낙찰되었다고 한다. 낙찰자는 버핏과 함께 동반자 7명을 대동할 수 있었는데, 식사하는 동안 투자에 관한 중요한 질문을 미리 준비하여 버핏과 짧은 만남일지라도 그 시간을 통해 투자에 관한 큰 도움과 인사이트를 받는다고 한다. 먼저 그 길을 앞서간 경륜 있는 이와 식사 한 끼 하는 시간을 통해서도 큰 도움을 받는데, 이 시대에 다양한 목회적 상황 속에서 각자에게 주신 강점을 살려서 경쟁력 있는 교회로 건강한 성장과 지역사회에서의 선한 영향력을 발휘하는 교회의 사례는 불확실한 미래를 달려가야 할 교회 공동체와 리더들에게 큰 용기와 위안과 소망과 실제적 도움을 주게 된다고 본다.

본서는 목회환경의 녹록지 않음과 그로 인한 불확실성의 지수가 그 어떤 시대보다도 높은 시점에서 좌절과 낙심에 빠지기 쉬운 목회자들에게 돌파할 수 있는 목회 모델을 이론이 아닌, 실재적으로 제시해 주는 특별한 책이다. 뜬구름 잡는 것이 아닌, 실재적이면서도 현장 중심적인 교회의 다양한 상황에서 생존을 넘어 선한 영향력을 발휘하는 교회의 실재들은 사막에서 발견한 오아시스와 같은 청량제 역할을 한국 교회 앞에 제공하리라 보기에 기쁨으로 본서를 추천하고자 한다.

이기용 목사 (신길교회 담임)

• "너희는 가서 모든 민족을 제자로 삼아"라는 예수님의 지상명령은 애초에 불가능한 사명인 것처럼 보입니다. 단 한 번의 해외여행 경험도 없는 제자들에게 이웃 나라가 아닌 세계 모든 민족을 책임지라는 요구이기 때문입니다. 그것도 그냥 땅만 밟는 여행이 아니고 만나는 모든 사람들을 그리스도의 제자로 만들라는 명령은 정말 불가능한 것처럼 보입니다. 하지만 결국 주님의 제자들은 그 일을 해냈고 그 결과로써 대한민국에 살고 있는 우리들도 주님의 제자가 되어 있습니다.

오늘날도 기독교가 더 이상 부흥이 안 된다고 말하는 사람들이 있지만, 이번에 출판되는 '현장에 답이 있다'를 통해서 다시 한번 그리스도의 생명을 가진 살아있는 교회들이 점점 많아지게 될 줄로 믿습니다.
주와 영원히 동행!

┃ 우광성 목사 (원주 삼천교회 담임)

• 한국 교회의 신뢰도 하락을 비롯하여 교회에 대한 부정적 소식들이 가득할 때마다 CBS-TV 뉴스 코너 '우리동네, 우리교회'는 교회가 여전히 세상의 소망임을 줄기차게 알리는 청량제의 역할을 감당해 왔습니다.

'우리동네, 우리교회'를 책으로 엮은 '현장에 답이 있다'는 교회가 지역사회와 함께 호흡하는 선교적 교회의 모범을 소개함으로 교회의 존재 이유와 그리스도인의 사회적 책임을 성찰하게 했고, 교회와 지역사회가 서로를 어떻게 지지하며 함께 성장할 수 있는지 그 길을 제시해 주었습니다.

'우리동네, 우리교회'를 다시 책으로 만나게 된 것에 기쁨을 금할 수 없습니다. 이 책은 한국 교회에 많은 도전과 선교적 자산이 될 것이 분명합니다. 지난 3년간 최종우 선임기자님의 수고에 깊이 감사드리며 축하를 드립니다.

┃ 천영태 목사 (정동제일교회 담임)

●

"주님의 교회만이 이 세상의 희망입니다."
주님이 머리이신 교회를 사랑하는 모든 뜻있는 이들이 늘 외치는 구호입니다. 그런데 정작 주님의 교회가 왜 희망이며 소망공동체인가를 구체적으로 보여주기에는 뭔가 늘 역부족인 것을 느낍니다. 그 과정에서 CBS-TV 뉴스 코너 '우리동네, 우리교회'는 왜 교회가 이 세상의 희망인가를 보여주는 구체적인 콘텐츠였습니다. 누군가가 "대한민국 사회 속에서 교회가 왜 세상의 희망이냐?"고 묻는다면 이제 자신 있게 "이 책을 읽어 보라!"고 말할 수 있게 되었습니다. 귀한 콘텐츠를 사장시키지 않고 세상과 교회의 가교역할을 해온 최종우 선임기자의 따뜻함과 치밀한 섬김에 찬사를 보냅니다. 본서가 교회를 향해 그 어느 때보다 교회를 향한 날선 감정을 숨기지 않는 사람들에게는 물론이고, 계속해서 교회를 교회답게 세우기 위해 몸부림치는 모든 목회자와 성도들에게 꼭 읽히기를 바라면서 본서를 추천합니다.

▌**이상화 목사** (서현교회 담임)

●

땅속에는 수많은 자원과 보화가 숨겨져 있지만 그것을 꺼내고 발굴해 내는 사람은 많지 않습니다. 예수님은 하나님 나라가 이와 같다고 말씀합니다. 저자는 이 땅의 수많은 교회들 속에서 하나님 나라를 위해 고군분투하며 이 시대 복음을 위해 몸부림치고 있는 교회를 발굴하여 소개합니다. 은퇴를 앞두고 최근 3년간 현장 기자로 뛰며 만난 수많은 이들의 삶을 통해 하나님의 사랑이 어떻게 세상 속에서 펼쳐지고 있는지 조명합니다. 특히, CBS-TV 뉴스 속의 코너 중 '우리동네, 우리교회'를 통해 발견한 '교회들의 다양한 사역 이야기'는 우리에게 큰 도전과 감동을 선사합니다. '코로나19 팬데믹'이라는 어려움 속에서도 빛을 잃지 않은 교회들의 이야기와 창의적이고 문화적인 접근을 통해 세상과 소통하려는 노력은 한국 교회가 위기라고 하는 이때 저자는 이 책을 통해 우리에게 소망의 근거와 이유를 깨닫게 합니다. 이 책은 교회와 사역자들뿐만 아니라, 모든 신앙인에게 복음의 실천적 의미를 새롭게 일깨우며 한국 교회의 미래를 향한 희망을 전해줄 것입니다.

▌**임병선 목사** (용인제일교회 담임)

●

"여러분도 알다시피 교회는 세상의 변두리가 아니라 세상의 중심입니다. 교회는 그리스도의 몸입니다. 그분은 교회 안에서 말씀하시고 활동하시며 교회를 통해 만물을 자신의 임재로 채우십니다." (엡 1:22-23 메시지 성경) 가슴이 뜨거워지는 말씀이다. 그러나 현실 속에서 교회는 문제로 가득해보인다. 말씀이 잘못된 건가? 그럴 리 없다. 혹시 교회를 비추어 보는 거울이 잘못되는 것 아닐까? 세상의 거울에 교회를 비추어보기 때문이 아닐까? '현장에 답이 있다'는 교회를 비추는 하늘의 거울이다. 불신은 언제나 성령께서 하시는 일보다는 사탄이 하는 일을 더 주목한다. 불신은 여전히 교회의 타락 소식에 대해 집중하고 확대하고 재생산한다. 그에 반해 '현장에 답이 있다'는 교회 안에 살아계신 주님의 임재를 발견하는 믿음의 눈이다. 여기 소개된 교회들의 이야기는 오늘 우리 가운데 일하시는 주님의 모습을 그려내는 여러 개의 퍼즐 조각이다. 이 책을 다 읽고 우리의 심령은 말씀과 공명하게 될 것이다. "예수님은 여전히 교회를 통해 만물을 충만케하고 계십니다."

┃ 김영준 목사 (산위의마을교회 담임)

●

CBS TV뉴스 코너인 '우리동네, 우리교회' 이름이 참 마음에 든다. 그 지역에 특성을 살리고 아름다운 교회들의 흔적을 볼 수 있기에 더욱 그렇다.

모태신앙으로 청년기에 신앙의 방황기를 거치면서 주일학교 사역이 얼마나 소중한지를 주님 만나고 나서 더 깨닫게 되었다. 우리의 사명은 하나님 앞에서 예배당의 건물을 남기는 것이 맡은 사명이 아니다. 유럽의 텅 빈 교회당은 우리에게 무엇을 남겨야 하는가를 보여준다. 믿음과 상관없는 다른 세대가 되지 않게 하고 신앙의 다음 세대를 남기는 것이 하나님이 얼마나 원하시는 것인지를 성경을 펼칠 때마다 볼 수 있다. 한국 교회가 유럽 교회를 닮아가는 것은 더 이상은 안 된다. 다음 세대를 가정적으로, 교회적으로 잘 세우는 것이 우리의 사명이기에 이를 위하여 모든 것을 아낌없이 거룩한 투자를 해왔고 앞으로도 그럴 것이다.

다양한 사역들은 필요하지만, 다음 세대 사역을 소홀히 하면 신앙의 대가 끊어져 예배당이 다른 용도의 공간으로 바뀌게 될 것이기에 우리는 더욱 힘써야 하며 서로 교회의 아름다운 모습들을 도전으로 받고 함께 뛰어야 한다. 세대가 끊어지기 전에….

교회의 중직자들은 다음 세대 사역을 위해 복음 빼고는 다 바꿔야 한다고 말한다. 아니면 그들도 교회를 떠나 다른 세대로 만들 가능성이 높아지고 건물만 남는 교회는 주님 앞에 설 면목이 없게 될 것 같기 때문이다.

│ 이상문 목사 (두란노교회 담임)

●

우리동네, 우리교회!
교회는 주님의 몸입니다.
서로서로 연결된 몸이지요.
88개의 교회가 연결되니 든든합니다.
우리가 교회라서 감사하고 행복합니다.
특유의 빛깔로 우리 동네를 비추는 우리 교회!
세상을 이처럼 사랑하는 우리 주님의 교회!
"너희는 세상의 빛이라 산 위에 있는 동네가 숨겨지지 못할 것이요" (마 5:14)

│ 류재상 목사 (세상의빛동광교회 담임)

차례

책 머리에/ 김진오·3

추천의 글/ 성석환, 임석순, 이기용, 우광성, 천영태, 이상화, 임병선, 김영준, 이상문, 류재상·4

프롤로그: 세상 속 교회, 사랑으로 살아내다·12

다음 세대를 위한
희망의 씨앗

청암교회 16/ 고촌교회 21/ 송전교회 26/ 수정교회 30/ 김포두란노교회 35
포도나무교회 40/ 변두리교회 44/ 영은교회 50/ 청주서남교회 56
과천교회 61/ 성진교회 66/ 라이프교회 72/ 산본교회 77/ 제천제일교회 83

지역과 함께하는
교회 이야기

강남중앙침례교회 90/ 신길교회 95/ 도림교회 99/ 시온성교회 104
브니엘교회 109/ 남대문교회 113/ 충현교회 118/ AG지구촌교회 123
만리현교회 129/ 진성교회 134/ 계산중앙교회(인천) 140/ 정동제일교회 146
구세군수원영문 152/ 한사랑교회 157/ 보배로운교회 162/ 천호제일교회 167
일산순복음영산교회 172/ 동막교회 177/ 하나교회 183/ 샘골교회(안산) 189
용인제일교회 195/ 영복교회 202/ 원천교회 208/ 드림교회(인천) 213
등불교회(인천) 220/ 광현교회 227

가정을 세우는
따뜻한 목회

꿈마을엘림교회 236/ 순복음원당교회 242/ 군포제일교회 247
산위의마을교회 254/ 삼송교회 259/ 서산교회 266

국내외 선교로 잇는
복음의 다리   삼천교회 272/ 한국중앙교회 278/ 은혜광성교회 283/ 제자교회 288
신월동교회 293/ 경기중앙교회 299/ 덕신학원선교회 304
인천제일교회 309/ 중앙교회 314

회복과 치유의 은혜
세계로교회(대전) 320/ 사랑의교회 326/ 산마루교회 331/ 비전명성교회 336
수표교교회 342/ 좋은우리교회 348/ 세상의빛교회 354
세상의빛동광교회 361/ 안산명성교회 367/ 신생명나무교회 374
높은뜻덕소교회 379/ 평심원교회 385

공적 사명을
실천하는 교회   더불어숲동산교회 392/ 서현교회 397/ 세신교회 402/ 수원명성교회 408
제암교회 413/ 중앙성결교회 418/ 성문밖교회 423/ 수원성교회 429
소망교회 434/ 평화를만드는교회 439/ 정산푸른볕교회 444
대한성공회 우리마을 450/ 새롬교회(부천) 455/ 평화교회 461

창의적 문화와 사역의
새로운 패러다임
홉트레이닝교회 468/ 무지개교회 473/ 우면동교회 478/ 참사랑교회 484
뉴송처치 489/ 하늘샘교회 495/ 새물결교회 499

프롤로그:

세상 속 교회, 사랑으로 살아내다

지난 36년간 언론인으로서 다양한 사람들의 삶과 경험을 마주하며, 현장 취재를 통해 세상의 숨겨진 감동과 희망을 발견해 왔습니다. 그 가운데 제 기자 생활의 마지막 3년 동안 경험한 취재는 그 여느 때보다도 깊은 울림을 주었습니다. CBS-TV 뉴스 코너 '우리동네, 우리교회'를 통해 각 지역 곳곳의 교회들이 세상 속에서 어떻게 복음을 실천하고 있는지 직접 보고 들을 수 있었기 때문입니다.

전문가들은 한국 교회를 위기라고 말합니다. 교회가 세상과 단절되고 복음의 힘이 약해졌다는 지적도 이어집니다. 그러나 제가 현장에서 만난 140여 개의 교회들은 전혀 다른 이야기를 들려주었습니다.

그들은 교회라는 울타리에 갇히지 않았습니다. 다음 세대의 꿈을 키우고, 지역사회를 섬기며, 가정을 회복시키고, 고통받는 이들에게 손을 내밀며 하나님의 사랑을 구체적으로 살아내고 있었습니다. 어둠 속에서 빛을 비추고, 절망 속에서 희망을 심으며, 복음은 그들의 발걸음을 통해 세상 속으로 뻗어나가고 있었습니다.

특히, '코로나19 팬데믹'이라는 전례 없는 위기 속에서도 교회들은 멈추지 않았습니다. 도시락을 나누며 어르신들의 안부를 챙기고, 어려운 환경에 처한 아이들을 돌보며, 지역 주민들에게 희망을 전했습니다.

이 책은 제가 취재한 140여 개 교회 중, 88개 교회의 이야기를 담았습니다. 88개의 교회를 선정한 이유는 한 권의 책에 모든 이야기를 담기엔 한계가 있었고,

일부 사역은 사생활의 민감성 등을 고려해 성경에서 새로운 시작과 회복을 의미하는 숫자 8이 두 번 반복되는 '88'에 주목하게 되었습니다. '우리동네, 우리교회'에 소개된 교회 전체를 담지 못해 아쉽고 죄송하게 생각합니다. 7개의 주제로 구성된 책은 다음 세대를 위한 희망의 씨앗을 심는 교회, 지역과 함께 상생하는 교회, 가정을 회복시키는 교회, 국내외 선교에 헌신하는 교회, 치유와 회복의 은혜를 전하는 교회, 사회적 책임을 실천하는 교회, 창의적 문화 사역을 펼치는 교회들의 이야기로 한국 교회가 여전히 희망의 중심에 서 있음을 보여줍니다.

이 책을 통해 독자들이 교회의 사명을 새롭게 바라보고, 그 안에서 희망과 도전을 발견하기를 기도합니다. 교회는 여전히 세상을 바꾸는 사랑의 중심에 있습니다. 하나님의 사랑이 세상 속에서 어떻게 실천되고 있는지, 그리고 그 사랑이 어떻게 세상을 변화시키고 있는지를 이 책을 통해 함께 느끼시길 바랍니다.

마지막으로, 이 책이 나오기까지 함께해 주신 모든 분께 깊은 감사의 마음을 전합니다. 먼저, 뉴스콘텐츠를 한 권의 책으로 펴낼 수 있도록 허락해 주신 김진오 사장님께 감사드리며 '우리동네, 우리교회'를 함께 취재한 이정우, 최현, 정용현, 정선택, 최내호 영상 기자들과 편집팀, 그리고 늘 응원해 준 사랑하는 후배 기자들에게 진심 어린 감사의 마음을 전합니다. 또, 이 책의 출판을 위해 수고해 주신 '신앙과지성사'의 최병천 대표와 직원들, 그 외 많은 조언과 격려로 도움을 주신 여러분께 깊이 감사드립니다.

이 책에 담긴 교회들의 사역은 취재 당시를 기준으로 하고 있음을 알려드리며, 이후의 변화된 사역이나 상황은 다뤄지지 않았음을 양해 바랍니다. '우리동네, 우리교회' 영상은 유튜브 크리스천노컷뉴스(https://christian.nocutnews.co.kr/)에서 보실 수 있습니다.

2025년 1월
CBS-TV 본부 TV 제작국 **최종우** 선임기자

1

다음 세대를 위한
희망의 씨앗

'세대 통합' 이뤄가며 돌봄 사역 등 지역사회 섬겨

청암교회: 이정현 목사

73년의 역사를 가진 청암교회는 단순히 신앙의 전통을 지키는 데 머물지 않고, 세대를 통합하며 지역사회를 심기는 사역의 중심에 시 있다. 3대기 함께 예배드리는 세대 통합 예배, 지역 아이들에게 꿈과 재능을 심어주는 키즈스쿨, 청년들에게 희망과 비전을 전하는 청년 사역까지, 청암교회는 모든 세대와 지역을 품는 사랑의 공동체로 자리 잡았다. 예수님의 사랑을 실천하며, 어려운 이웃과 잊혀진 영혼들을 끌어안으며 삶의 모든 순간에서 섬김과 나눔을 실현하는 청암교회의 이야기는 시대를 넘어선 감동과 도전을 준다. 이곳에서 피어나는 신앙과 사랑의 씨앗들은 세상 곳곳에 푸르른 빛을 전하고 있다.

세대 통합예배로 새로운 변화시도   서울 용산구 청파동 한가운데 자리한 청암교회는 73년의 역사를 자랑하며, 신앙의 전통과 지역 섬김의 모범을 보여주고 있다. 3대가 함께 신앙생활을 이어가는 독특한 교회로서, 세대를 잇는 신앙의 유산과 지역사회를 품는 따뜻한 나눔을 통해 그 역할을 다하고 있다. 그러나 청암교회는 전통에 머무르지 않는다. 이곳은 변화와 혁신을 통해 지역사회와 미래세대에 새로운 희망을 전하고 있다.

청암교회의 가장 두드러진 특징은 바로 세대 통합이다. 2019년 부임한 이정현 담임목사는 부임 초기부터 신앙의 세대 통합이라는 비전을 품었다. 이 목사는 교회가 가진 3대의 신앙 전통을 현대적 감각으로 새롭게 이어가고자 했다. 이를 위해 교회의 예배와 교육 전반에 걸쳐 통합적인 변화가 시작됐다.

이정현 목사는 먼저 말씀의 통합을 이루기 위해 새벽예배, 주일 설교, 어린이 큐티 말씀을 동일한 본문으로 맞추었다. 이렇게 함으로써 세대 간의 신앙적 대화가 자연스럽게 이뤄지도록 했다. 그는 "가족들이 함께 하나님의 말씀을 대화 주제로 삼을 수 있도록 만드는 것이 중요하다"고 강조했다.

또한, 한 달에 한 번은 모든 세대가 새벽에 함께 모여 기도의 통합을 이루고, 절기와 교회 기념일에는 온 가족이 한자리에서 예배하는 세대 통합 예배를 드린다. 이러한 변화는 단순히 형식적인 것이 아니라, 신앙의 뿌리를 세대 간에 나누고 계승하는 데 중점을 둔다.

청암교회의 한 장로는 이 변화를 두고 "할아버지가 기도했던 자리에서 손주가 함께 예배드리는 모습은 아브라함, 이삭, 야곱의 신앙 전수를 떠올리게 한다"고 말하며 감동을 전했다. 이처럼 세대 통합은 교회와 가정을 하나로 묶고, 신앙의 유산을 전하는 특별한 장치로 자리 잡았다.

아이들의 꿈을 키우는 키즈스쿨

청암교회의 또 다른 주요 사역은 키즈스쿨이다. 매주 화요일부터 목요일까지 방과 후 프로그램으로 운영되는 키즈스쿨은 지역 아이들에게 배움의 기회를 제공하며 큰 호응을 얻고 있다. 영어, 독서 논술, 미술, 스포츠 등 다양한 과정을 무상으로 진행하며, 특히 교육 사각지대에 놓인 아이들에게 희망을 전하고 있다.

키즈스쿨 프로그램은 지역사회에서 폭발적인 인기를 끌며 매 학기 선착순 모집이 2시간 만에 마감될 정도다. 청암교회 성도 자녀는 전체의 20% 정도에 불

'키즈스쿨'의 독서지도 교실

'키즈스쿨'의 축구 활동

과하며, 80%가 지역 주민들의 자녀이다. 특히, 그중 절반은 비신자 가정의 아이들로, 키즈스쿨은 자연스러운 전도의 장이 되고 있다.

청년 사역:
희망과 비전을 심다
청암교회의 또 다른 자랑은 청년 사역이다. 이정현 목사가 부임할 당시, 청년부는 17명에 불과했다. 그러나 그가 전한 긍정의 메시지와 따뜻한 돌봄 덕분에 현재(2021년)는 100명이 넘는 청년들이 교회 공동체의 중심에서 활발하게 활동하고 있다.

이 목사는 청년들에게 "실패해도 괜찮다. 세상은 살만하다"는 희망의 메시지를 전하며, 청년들이 삶의 무게를 덜고 꿈을 꾸도록 격려했다. 그의 이러한 비전은 청년들에게 새로운 출발점이 되었고, 교회를 떠났던 많은 청년이 다시 돌아왔다. 교회는 단순히 예배를 드리는 공간을 넘어, 청년들이 시로를 지지하고 성장할 수 있는 진정한 가족 공동체로 변화되었다.

특히, 이정현 목사는 청년들에게 결혼을 적극 권장하며, 교회가 육아와 돌봄을 책임지는 계획도 세웠다. 그는 "교회가 교회다운 모습을 보여주고, 돌봄을 잘 해준다면, 교회 내에서 아이를 낳고 키우는 일에 대한 부담을 줄일 수 있다"며 저출생 문제 극복을 위한 교회의 역할을 강조했다. 더불어, 교회는 결혼을 준비하는 청년들을 위해 실질적인 지원과 상담 프로그램을 마련하고, 가정을 꾸릴 수 있도록 전폭적인 도움을 아끼지 않고 있다.

이 목사는 "청년들이 하나님 안에서 꿈꾸고 희망을 찾을 때, 그들이 교회와 지역사회, 나아가 세상에 큰 변화를 가져오는 주역이 될 것"이라고 믿으며 청년 사역의 중요성을 다시 한번 강조했다.

청암, 지역사회의 푸른 바위
청암교회는 이름 그대로 지역사회의 푸른 바위 같은 존재다. 공영주차장이 부족한 지역 상황을 고려해 교회 주차장을 무료로 개방하며, 명절에는 상인들에게 선물을 나누는 등 지역 주민들과의 연결고리를 강화하고 있다. 택배 기사들에게는 작업 공간을 제공하고, 화장실과 음료수를 지원하며 따

청암교회는 명절 등 물류량이 많은 시기에는 택배기사들에게 분류작업을 할 수 있도록 교회 입구 장소를 제공하고 있다.

뜻한 배려를 실천하고 있다.

이정현 목사는 "청암교회를 지나가는 모든 이들이 푸르른 기분을 느낄 수 있는 교회를 꿈꾼다"고 말했다. 이러한 섬김은 지역 주민들에게 신뢰를 얻으며, 교회가 단순히 신앙의 공간을 넘어 지역사회의 중심으로 자리 잡는 데 기여하고 있다. 이뿐만 아니라, 교회는 주변 환경과 주민들의 필요를 주기적으로 점검하며, 다양한 형태의 지원을 통해 이웃들에게 실질적인 도움을 제공하고 있다.

청암교회의 나눔은 진정성 있는 관계를 바탕으로 지역 주민들과 교감을 나누는 데 중점을 두고 있다. 교회를 방문하는 모든 사람들은 단순한 손님이 아니라, 교회의 가족과 같은 환대를 받으며, 지역사회를 향한 교회의 따뜻한 마음을 경험하고 있다. 이와 같은 섬김의 행보는 주민들로 하여금 교회를 더 가까이 느끼게 하고, 공동체의 일원으로서 소속감을 느끼게 하며 지역사회에 긍정적인 변화를 일으키고 있다.

다음 세대를 품는 대안학교 설립　　청암교회는 다음 세대를 품고 미래를 향해 나아가는 비전을 가지고 있다. 이정현 목사는 지역 아이들을 대상으로 한 대안학교 설립이라는 꿈을 품고 있으며, 이를 통해 아이들이 교회 안에서 성경적 세계관을 배우고 삶의 방향성을 찾을 수 있는 환경을 마련하고자 한다. 그는 "교회가 학교 같고, 학교가 교회 같은 환경 속에서 아이들이 믿음과 지혜를 함께 배울 수 있는 교육을 제공하고 싶다"고 강조했다.

이러한 비전은 단지 아이들만을 위한 것이 아니다. 청년들에게도 교회는 삶의 기반을 다지고 꿈을 키워갈 수 있는 희망의 터전이다. 이 목사는 청년들이 실패를 두려워하지 않고, 교회 공동체 안에서 사랑과 지지를 받으며 스스로 비전을 세울 수 있도록 돕고 있다.

청암교회는 단순히 오래된 전통에 의존하는 교회가 아니다. 이곳은 세대를 통합하고, 지역사회를 섬기며, 다음 세대를 준비하는 살아 있는 공동체다. 전통을 잇는 동시에 변화를 두려워하지 않는 그들의 여정은 하나님 안에서 세대와 지역, 신앙과 삶을 연결하며 앞으로도 계속될 것이다. 이 비전은 청암교회가 지역사회의 푸른 바위로 남아 있을 뿐 아니라, 새로운 세대를 위한 등대와 같은 역할을 해나갈 것을 기대하게 만든다.

지역사회의 어머니와 같은 존재

고촌교회: 박정훈 목사

농촌 지역에서 시작된 작은 교회가 30여 년간 음악 사역과 돌봄 프로그램을 통해 지역 주민들과 아이들의 삶에 변화를 가져왔다. '김포 청소년 오케스트라'로 시작된 음악 사역은 오늘날 350명의 단원이 소속된 관현악학교로 성장했고, 경기도교육청과 함께하는 돌봄교실은 문화와 사랑이 담긴 특별한 프로그램으로 운영되고 있다. 이 모든 사역은 지역 주민들과의 소통과 신뢰 속에서 이루어졌다. 박정훈 목사는 교회를 지역의 어머니와 같은 존재로 비유하며, 교회가 지역사회를 섬기고 회복시키는 사명을 강조한다. 고촌교회는 세대를 잇는 사랑의 다리로서, 하나님의 빛을 비추는 아름다운 사역을 계속 이어가고 있다.

**판잣집 교회,
주민들의 삶의 질 우선**

경기도 김포시 고촌읍에 자리한 고촌교회는 작은 농촌교회에서 시작해 지역사회를 위한 사역으로 커다란 발자취를 남기고 있다. 1984년 설립된 고촌교회는 처음엔 판잣집 같은 모습의 시골교회였지만, 지금은 음악 사역과 돌봄 프로그램을 통해 지역사회에 큰 영향을 미치고 있다. 박정훈 담임목사는 이 모든 사역의 중심에서 하나님이 주신 사명으로 지역 주민들과 아이들을 섬기며 걸어온 길을 돌아보고 있다.

박 목사에 따르면, 고촌교회의 사역은 처음부터 지역 주민들의 삶의 질을 높이고자 하는 의도에서 출발했다. 당시 농촌 지역이었던 이곳에서 맞벌이 부부들은 아이들을 돌볼 시간이 부족했고, 많은 주민이 문화적으로 소외되어 있었다. 이러한 현실 속에서 박 목사는 교회가 주민들의 필요를 채우고 삶에 질적인 변화를 가져오는 역할을 해야 한다고 느꼈다.

음악 사역의 시작과 성장   박정훈 목사는 문화 사역을 통해 지역 주민들에게 더 나은 삶의 기회를 제공하고자 했다. 그는 음악을 통해 사람들의 삶에 조화를 더하고자 했고, 이를 위해 아이들에게 바이올린과 첼로 같은 악기를 가르치기 시작했다. 당시에는 악기를 배우는 기회조차 없었던 농촌 지역에서 음악 사역은 아이들에게 새로운 세계를 열어주었다.

박 목사는 악기를 가르치며 혼자 연주하는 독주보다는 여러 명이 함께 만들어가는 음악의 조화를 배우도록 했다. 이를 통해 아이들이 더불어 사는 삶의 습관을 익히고 서로 이해하며 살아가는 태도를 배울 수 있을 것이라고 생각했기 때문이다. 처음에 10명으로 시작한 음악 사역은 점차 지역 주민들에게 인기를 얻었고, 현재(2021년)는 350명에 달하는 단원이 매주 토요일 교회에서 음악을 배우고 있다. 이들은 초등학교 1학년부터 시작해 중학교 3학년까지 9년간 참여하며, 고등학생이나 청년이 되어도 오케스트라 활동을 이어갈 수 있다.

고촌교회의 초창기 음악 사역 모습

고촌아트홀 '꿈의 관현악학교' 정기연주회 모습

오늘날 고촌교회의 음악 사역은 '고촌 아트홀 꿈의 관현악학교'라는 이름으로 알려져 있다. 이 과정에서 50명에 이르는 음악 교사가 함께하고 있으며, 이들 중 일부는 고촌교회에서 처음 악기를 배우고 음악을 전공한 후 다시 교사로 돌아와 지역 아이들을 가르치고 있다.

경기도교육청 돌봄교실 위탁 운영 고촌교회는 음악 사역뿐만 아니라 돌봄 프로그램을 통해서도 지역사회에 깊은 영향을 미치고 있다. 교회는 경기도교육청으로부터 돌봄교실 운영을 위탁받아, 맞벌이 부부, 한부모 가정, 조손가정 등 돌봄의 손길이 필요한 가정의 아이들에게 안전하고 따뜻한 방과 후 공간을 제공하고 있다. 이곳에서는 단순히 숙제나 학업을 돕는 것에 그치지 않고, 아이들에게 악기를 배울 기회를 주며 음악 활동과 놀이 활동, 창의적 학습 활동을 함께 진행한다. 아이들은 단순히 돌봄을 받는 것에서 나아가 다양한 문화와 예술을 접하며 스스로 재능을 발견하고, 꿈을 키워갈 기회를 얻는다.

박정훈 목사는 돌봄 사역이 단순히 서비스를 제공하는 것이 아니라, 지역 주민들과 신뢰를 쌓아가는 중요한 사역이라고 강조한다. 그는 교회가 이 일을 통해 전도를 목표로 하기보다는, 예수님처럼 사랑을 나누고 섬김을 실천하는 모습으로 주민들에게 다가가야 한다고 말한다. 이러한 교회의 진심 어린 노력은 돌봄교실에 참여하는 아이들과 학부모들 사이에서 큰 호응을 얻고 있다.

특히 돌봄교실은 아이들에게 생애 처음으로 악기를 접할 기회를 제공함으로써, 그들의 삶에 새로운 가능성을 열어주는 중요한 계기가 된다.

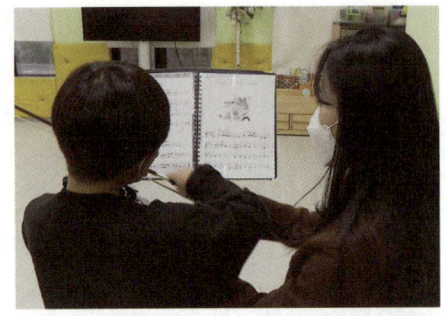

경기도교육청과 함께하고 있는 돌봄교실은 방과 후 어린이들에게 음악 등 다양한 프로그램을 제공하고 있다.

참여한 학부모들은 아이들이 단순히 학업에 얽매이지 않고 예술적 활동과 놀이를 통해 즐겁게 성장하는 모습을 보며 큰 감동을 받는다.

박 목사는 이러한 사역이 단순히 지역 주민들에게 도움을 주는 차원을 넘어, 교회와 주민들 사이에 신뢰와 공감을 쌓아가는 계기가 되고 있다고 확신한다.

고촌교회의 돌봄 사역은 아이들과 그 가족들에게 따뜻한 손길을 내밀며 그들의 삶에 깊은 울림을 선사하고 있다.

미래를 향한 고촌교회의 비전

박정훈 목사는 앞으로도 교회가 지역에서 할 수 있는 일들을 계속 개발해 나가야 한다고 강조한다. 학교나 가정에서 감당할 수 없는 부분들을 교회가 채워야 한다고 설명하며, 교회의 독특한 은사를 활용해 다양한 돌봄 프로그램을 만들어야 한다고 말했다. 예를 들어, 어떤 교회는 독서를, 또 다른 교회는 미술을 특화할 수 있듯이, 고촌교회는 음악을 중심으로 아이들에게 꿈과 재능을 발견할 기회를 제공하고 있다.

박 목사는 이러한 비전을 실현하기 위해 교회가 더욱더 창의적이고 적극적인 태도로 지역사회와 협력해야 한다고 이야기한다. 특히 아이들이 학업과 경쟁의 틀을 벗어나 자유롭게 자신의 가능성을 탐구하고, 하나님이 주신 재능을 발견할 수 있는 환경을 만들어야 한다고 말했다. 이를 위해, 교회는 다양한 장르와 활동을 포함한 돌봄 프로그램을 지속적으로 확장하고, 지역 주민들과의 신뢰를 더욱 깊게 다져갈 계획이다.

그는 또한 교회가 어려운 시기에도 지역사회를 품고 섬길 수 있는 지속 가능한 방안을 모색해야 한다고 덧붙였다. 교회를 '지역사회의 어머니와 같은 존재'로 비유하며, 교회가 제공하는 섬김이 단순한 도움을 넘어 주민들에게 안정과 희망을 심어줄 수 있는 역할을 하기를 기대한다고 전했다.

세대를 잇는 사랑의 다리

고촌교회가 걸어온 30여 년의 여정은 단순히 교회의 성장에 그치지 않고, 지역사회를 섬기며 하나님의 사랑을 실천하는 데 있다. 음악 사역과 돌봄 프로그램을 통해 아이들과 주민들에게 새로운 기회를 제공하는 고촌교회는 앞으로도 세대를 잇는 사랑의 다리로서 지역의 빛과 희망이 될 것이다.

고촌교회의 사역은 도움의 손길을 넘어, 지역 주민들에게 삶의 질을 높이고 희망을 발견하게 하는 귀중한 역할을 해왔다. 단원들의 연주가 울려 퍼지는 순간마다 음악은 주민들의 삶 속에서 치유와 감동의 도구가 되었으며, 이는 단순한 프로그램 이상으로 지역 공동체의 일상이 되었다. 고촌교회는 나눔과 섬김이 어떻게 지역을 변화시키는지를 보여주는 산증인이 되고 있다.

또한, 박정훈 목사가 강조한 '교회는 지역사회의 어머니'라는 비전 아래, 교회는 앞으로도 주민들의 필요를 예리하게 파악하고 더 나은 미래를 위해 새로운 사역에 도전할 계획이다. 이러한 실천을 통해 고촌교회는 그저 하나의 예배 공간을 넘어 지역의 든든한 버팀목으로 자리 잡아 가고 있다.

영혼 구원해 제자 삼아 번식하는 교회

송전교회: 권준호 목사

경기도 용인시 처인구에 자리 잡은 송전교회는 112년의 역사를 자랑하며, 영혼 구원과 섬김의 사명을 중심으로 복음의 길을 걸어왔다. 권준호 목사기 이끄는 송전교회는 '영혼을 구원해 제지 삼아 번식하는 교회'라는 표어 아래 전도와 양육, 감사와 나눔을 통해 하나님의 사랑을 실천하고 있다. 해피코스를 통한 관계 전도와 감사 미션은 송전교회만의 독창적인 사역으로 자리 잡았다. 특히 다음 세대를 향한 키즈랜드와 감사 훈련은 지역사회의 미래를 세우는 데 큰 역할을 하고 있다. 송전교회는 초대교회의 이상을 회복하며 빛과 소금의 역할을 감당하고, 감사와 기도로 이웃을 섬기며 하나님의 나라를 확장해 나가고 있다.

영혼 구원 프로그램

'해피코스' 개발

송전교회의 핵심 가치는 '영혼 구원'에 있다. 권준호 담임목사는 부임 초기부터 "한 영혼이 천하보다 귀하다"는 말씀을 중심으로 교회의 모든 사역을 재정비했다. 초기에는 전도팀을 중심으로 한 전도 활동이 이루어졌지만, 곧 전 성도가 참여하는 전도 시스템으로 전환되었다. 이를 통해 송전교회는 '매일 전도하는 교회'라는 독특한 정체성을 갖게 되었다.

권 목사는 전도 사역의 어려움을 겪으며 송전교회만의 프로그램을 개발해야 한다는 필요성을 느꼈다. 그는 교회의 특징에 맞춘 전도 프로그램 '해피코스'를 만들었다.

해피코스는 송전교회의 영혼 구원 사역의 중심축으로, 셀(Cell) 모임을 기반으로 한 10주간의 전도 프로그램이다. 셀 모임은 믿지 않는 지인들을 초대해 복음을 전하며, 참여자들이 신앙 공동체 속에서 하나님의 사랑을 체험할 수 있도록 돕는다.

프로그램은 줌(Zoom) 플랫폼을 활용해 진행되며, 권준호 목사의 토크와 간증, 성경 공부, 섬김 활동 등 다양한 콘텐츠로 구성된다. 해피코스의 목표는 단순히 복음을 전하는 데 그치지 않고, 새 신자들이 세례를 받고 제자 훈련으로 이어지도록 돕는 것이다. 권 목사는 "줌이라는 온라인 도구를 통해서도 사람들이 변화되는 것을 보며 복음의 능력을 새롭게 느낀다"고 말했다. 아울러 해피코스가 단순한 전도가 아니라, 관계를 통해 신앙의 길로 인도하는 도구라고 강조했다.

간증을 통해 드러난 복음의 능력

해피코스를 통해 복음을 접한 많은 이들이 하나님의 사랑을 경험하며 변화되었다. 해피코스 15기생 김미정 성도는 배우자를 전도한 감동적인 이야기를 전했다. 김 성도는 "배우자 전도는 어렵다고 들었지만, 해피코스를 통해 자연스럽게 복음을 전하게 되었고 배우자가 믿음을 갖게 되어 너무 감사하다"고 말했다.

이처럼 송전교회는 해피코스를 통해 수많은 영혼을 구원하며 복음의 열매를 맺고 있다. 권준호 목사는 "복음은 사람을 변화시키고, 그 변화는 간증을 통해 더 큰 도전을 준다"고 전했다.

'해피코스'에 참여하고 있는 성도들

다음 세대를 향한 특별한 사역

송전교회는 다음 세대의 신앙 성장에도 각별한 관심을 기울이고 있다. 교회는 매년 어린이날을 맞아 지역 주민과 함께하는 '어린이 꿈 축제'를 개최해 왔다. 이 축제는 아이들과 가족들이 신앙의 가치를 체험하고 지역 공동체와 연결되는 축제의 장이었다. 코로나19로 인해 잠시 중단되었지만, 송전교회는 다음 세대와의 연결을 끊지 않기 위해 새로운 아이디어를 제안했다.

2020년, 송전교회는 취학 전 아동을 위한 '키즈랜드'를 개장했다. 키즈랜드는 놀이 공간이 부족한 지역 주민들에게 큰 선물이 되었다. 젊은 부모들은 아이들과 함께 시간을 보낼 수 있는 안전한 장소를 제공받으며 큰 만족을 느꼈다.

지역 주민 이남희 씨는 "이 시골 마을에서 아이들과 함께할 수 있는 공간을 만들어주신 것에 감사한다"고 전했다. 송전교회는 여기에 더해 초등학생을 위한 실내 놀이터도 마련하며 다음 세대의 복지와 신앙을 동시에 지원하고 있다.

이와 함께 송전교회는 감사 훈련을 통해 아이들의 성품을 길러주는 독특한 사역을 진행하고 있다. 감사 미션은 매일 주어진 주제에 따라 감사 일기를 쓰고, 이를 교사와 셀 리더와 공유하는 방식으로 진행된다.

권준호 목사는 "아이들에게 감사의 습관을 심어주는 것이 신앙과 삶의 기초를 다지는 길"이라며 감사 미션의 중요성을 강조했다. 이 프로그램은 불평을 줄이고 긍정적인 태도를 키우는 데 큰 역할을 하고 있다.

▲ 감사 행전 캠페인
▶ 코로나 시대, 아이들에게 좋은 성품을 길러주기 위해 시작한 감사 미션(감사 행전)

홍선경 성도는 "감사 미션 덕분에 가족과의 관계에서 불평이 줄어들고 감사가 넘치는 가정을 이루게 되었다"고 설명했다.

감사와 나눔으로 이웃을 섬기다

송전교회의 사역은 교회 내부를 넘어 지역사회로 확장되고 있다. 성도들은 감사 미션을 통해 택배 기사에게 음료를 나누고, 자영업자를 위한 쿠폰을 제공하며 지역 주민들을 섬기고 있다.

안정순 자영업자는 "코로나로 어려운 시기에 송전교회의 후원 덕분에 큰 도움을 받았다"며 감사의 마음을 전했다. 그는 송전교회의 나눔이 단순한 지원을 넘어 지역 공동체를 하나로 묶는 데 기여하고 있다고 말했다.

송전교회는 감사와 나눔의 실천을 통해 초대교회의 모습을 회복하고 있다. 성도들은 자발적으로 교회의 필요를 채우고, 서로를 돕는 공동체를 만들어가고 있다. 권준호 목사는 "송전교회는 초대교회의 이상을 실현하고 있다"며 "이 모든 변화는 감사의 훈련에서 시작되었다"고 말했다.

지역과 한국교회를 섬기는 교회

송전교회의 궁극적인 목표는 지역사회와 한국교회를 섬기는 것이다. 권준호 목사는 송전교회의 사역과 노하우를 책으로 정리하고, 전도와 양육, 감사 컨퍼런스를 통해 한국교회를 섬기고자 하는 비전을 품고 있다. 권 목사는 "송전교회는 오래된 시골 교회이지만, 성도들의 열정과 헌신은 도시 교회보다도 뜨겁다"며 이 열정이 한국교회에 새로운 도전을 줄 것이라고 말했다.

빛과 소금의 역할을 감당하는 송전교회

송전교회는 영혼 구원, 감사 사역, 다음 세대 양육이라는 세 축을 중심으로 복음의 빛을 밝히고 있다. 교회의 사역은 하나님의 사랑과 은혜를 실천하는 신앙의 본보기가 되고 있다. 송전교회는 오늘도 감사와 기도로 하루를 열며, 지역사회와 다음 세대를 섬기고 있다. 또, 송전교회는 더 많은 이들에게 복음의 희망을 전하며 하나님의 나라를 향해 나아가고 있다.

대안학교 세워 글로벌 기독 인재 양성

수정교회: 이성준 목사

인천 서구 불로동에 자리한 수정교회는 신앙과 교육의 가치를 결합해 다음 세대를 준비시키는 특별한 사역을 펼치고 있다. 2010년 설립된 '수정비전학교'는 이중 언어 교육과 기독교 세계관을 중심으로, 하나님의 사랑과 진리를 삶으로 실천할 글로벌 인재를 양성하고 있다. 학생들은 찬양과 예배로 하루를 시작하며, 소규모 수업을 통해 개개인의 재능을 발견하고 성장해 나간다. 자연 속에서 펼쳐지는 전인교육과 지역사회와의 소통은 단순한 학습을 넘어 진정한 삶의 가치를 가르친다. 수정교회는 교육이 하나님의 선한 도구가 될 수 있음을 믿으며, 학생들과 지역사회, 그리고 세상을 품는 새로운 길을 제시하고 있다.

수정교회가 다음 세대 글로벌 기독 인재 양성을 위해 지난 2010년에 세운 수정비전학교. 수정비전학교는 다음 세대를 하나님이 쓰시기에 합당한 깨끗한 그릇을 빚음으로 이 시대, 하나님의 선한 열매를 맺도록 아름다운 씨앗들을 준비해 담는 학교다.(딤후 2:21) 교육과정은 1학년부터 9학년까지 9개 학년, 한 학년에 15명 이하 소수로 가르치고 있다.

지역사회에 도움을 줄 수 있는 교회의 역할 중에서 교육이 가장 강력하다고 말한 이성준 담임목사. 이 목사는 다음 세대 아이들이 세계에 나가 비전을 펼치려면 무엇보다도 언어가 잘 돼야 한다고 강조한다.

"우리 전임 목사님 때부터 만들어서 시작을 했지만 그냥 교육을 잘 시킨다 하는 정도가 아니라 우리 아이들이 세계에 나가서 비전을 펼칠 수 있으려면 재능도 능력도 다 되는데 어려운 것 중의 하나가 언어가 잘 안되는 것이었어요."

'이중언어'에 가장 큰 비중…
영어·한국어 각각 50%

수정비전학교는 '이중 언어'에 가장 큰 비중을 뒀다고 해도 과언이 아니다. 수업 전체를 100% 영어로 진행하는 국제학교는 아니고, 한국어로 진행하는 한국어 대안학교도 아니고 수업을 초등과 중등, 평균적으로 영어 50%, 한국어 50%로 진행한다. 이렇게 영어반, 한국어반으로 수업을 하다 보니 알파벳도 모르고 들어왔던 평범한 아이들이 프레젠테이션과 토론을 영어로 하는 것에 익숙해졌다.

기독교 세계관과 역량 기반 교육

수정비전학교의 또 다른 특징은 기독교 세계관 교육과 역량 기반교육이다. 이성준 목사는 수정비전학교의 교육 철학에 관해 설명하며, 학생들이 기독교적 가치관을 충분히 내면화하고 훈련받는 것이 중요하다고 강조했다.

이 목사는 수정비전학교가 성도들의 헌금과 기도로 세워진 만큼, 아이들이 신앙을 기반으로 성장할 수 있는 환경을 제공하는 데 중점을 두고 있다고 밝혔다.

또한, 기존 입시 위주의 교육이 지닌 문제점을 언급하며, 수정비전학교는 시험 없는 전인교육을 추구한다고 말했다. 학생들이 좋은 선생님과의 소통, 그리

수정비전학교의 바깥 놀이 활동

IT수업을 받고 있는 학생들

고 자연 속에서 교류를 통해 건강하게 성장할 수 있도록 돕는 것이 학교의 목표라고 덧붙였다.

일반 학교와의 차별화는 기독교 세계관 교육

일반 학교와의 가장 큰 차별화는 기독교 세계관 교육이다. 이성준 목사는 학생들에게 영성과 하나님 중심의 가치관이 반드시 필요하다고 강조하며, 이러한 가치관이 부족할 경우 아이들이 잘못된 길로 나아갈 위험이 있다고 지적했다. 이 목사는 어린 시절부터 성경적 가치관을 심어주는 교육이 중요하다고 설명하며, 단순한 일방적 성경 공부를 넘어선 접근 방식을 취한다고 말했다. 이를 위해 수정비전학교는 설교 후 학생들이 토론과 대화를 통해 느낀 점을 나누도록 장려하고, 엉뚱한 의견이라도 격려하는 분위기를 조성하고 있다. 분위기 조성을 위해 이 목사는 아이들과의 도의 수업에도 직접 참여하며, 학생들이 생각을 자유롭게 표현하고 신앙적 통찰을 키울 수 있도록 돕고 있다.

수정비전학교에서 근무하고 있는 외국인 교사들도 하나님 중심의 교육을 수정비전학교의 장점이라고 이야기한다. Jason Tull 교사는 수정비전학교와 자신이 이전에 근무했던 학교들을 비교하며, 수정비전학교의 가장 큰 특징은 하나님을 중심에 두는 교육 철학이라고 말한다. 그는 이전 학교들 역시 훌륭했지만, 대부분이 시험과 입시, 특히 수능 준비에 초점을 맞추고 있었다고 회상했다.

반면, 수정비전학교는 시험도 중요하게 여기지만 그보다 하나님 중심의 가치관을 우선시한다고 설명했다. 이러한 점이 수정비전학교를 특별하게 만드는 요소이며, 이곳의 교육이 가진 가장 큰 장점이라고 강조했다.

"하루를 QT로 시작해 즐겁다"

학생들의 흥미로움은 어떤 것일까? 1학년부터 9년째 수정비전학교에 다니고 있는 전예주 양은 수업 전에 있는 QT와 영어 공부가 흥미롭다고 말한다. 전예주 양은 수정비전학교의 하루가 QT로 시작된다는 점이 특별하다고 얘기한다. QT 시간을 통해 하나님과 가까운 관계를 형성하고, 성경 말씀을 읽고 묵상하며, 친구들과 서로의 생각을 나누고 기도하는 것이 학교생

수정비전학교는 정규 수업을 하기 전에 찬양과 예배로 하루를 시작한다.

활에서 가장 좋은 부분이라고 한다. 또, 영어 공부를 가장 재미있는 활동으로 꼽으며, 영어 소설을 읽고 모르는 단어를 함께 찾아보며 학습하는 과정에서 얻는 즐거움과 책을 통해 느낀 점을 나누는 시간이 매우 흥미롭다고 덧붙였다.

작사가가 꿈인 채아영 양도 매일 아침 수업 시간에 기도로 하루를 시작하는 크리스천 학교라는 점을 좋아한다고 말했다. 또 다른 학교에서는 수업이 대부분 국어로 진행되지만, 수정비전학교에서는 영어로 진행되는 수업이 재미있고 흥미롭게 느낀다고 한다. 이와 함께, 학교가 더 자유롭게 놀거나 공부할 수 있는 환경을 제공하며, 선생님들이 학생들의 질문에 친절히 답해주는 점이 즐겁다고 했다.

"내 아이의 성품, 나보다 더 잘 알아" 세 자녀 모두를 이곳 수정비전학교에 보내고 있는 A학부모는 자녀들에 대한 교사의 깊은 관심에 감사의 말을 전한다. A학부모는 수정비전학교가 아이들에게 집처럼 편안한 공간으로 느껴진다며, 심지어 아이들이 부모보다 선생님과 더 편안하게 지낸다고 말한 점이 안심된다고 했다. 이 학부모는 아이의 성품, 학습 습관, 놀이 패턴 등에 대해 선생님들이 본인보다 더 깊이 이해하고 있다는 것을 알게 되었을 때 놀라움과 함께 큰 감사를 느꼈다.

학생들, 지역사회 발전운동도 '활발' 　　지역사회 발전을 위한 학생들의 활동도 활발하다. 서명운동을 벌여 인도가 없는 도로에 인도를 만들게 했고, 바자회를 열어 소외된 이웃을 돕는 일에 앞장서고 있다. 이중 언어와 기독교 세계관, 역량 기반 교육으로 다음 세대를 세우고 있는 수정교회.

　수정교회의 앞으로의 계획은 다음 세대가 더 행복해질 수 있도록 지원하고 하나님께서 주신 재능을 찾아주는 일이다.

어린이 중심 새벽기도회 등 다음 세대 '역점'

김포두란노교회: 이상문 목사

김포두란노교회는 다음 세대를 향한 사랑과 헌신으로 특별한 사역을 펼치고 있다. 이상문 목사의 신념과 비전 아래 교회는 어린이와 가족을 중심으로 하는 다양한 프로그램을 통해 지역사회를 섬기고 있다. 아기학교, 어린이 특별새벽기도회, 가족과 함께하는 예배 '새여시' 등은 삶을 변화시키는 만남의 장이 되고 있다. 신앙을 넘어 행복에 초점을 맞춘 이 사역들은 믿음이 없는 가정에도 따뜻한 위로와 소망을 전하고 있다. '복음 빼고는 다 바꿔라'는 이상문 목사의 철학은 고정관념을 넘어 시대에 맞는 새로운 접근법으로 빛을 발하고 있다.

작은 생명에게 전하는 하나님의 사랑

김포두란노교회의 대표적인 사역 중 하나인 아기학교는 이상문 담임목사의 눈물 어린 기도로 시작되었다. 어느 날 TV 뉴스를 보던 이 목사는 산후우울증을 앓던 한 어머니가 자신의 아이와 함께 목숨을 끊었다는 비극적인 사건을 접하게 되었다. 이 목사는 밥 한술조차 삼키기 어려울 만큼 가슴이 먹먹했고, 즉시 하나님 앞에 엎드려 기도했다. "이런 가정을 교회가 어떻게 도울 수 있을까요?"라는 그의 간절한 외침에 하나님은 응답하셨다. 바로 아기학교였다.

아기학교는 신앙이 없는 가정을 대상으로 하는 독특한 프로그램이다. 이 목사는 "복음은 두 번째"라며, 엄마와 아이들이 행복을 느낄 수 있는 공간을 만드는 것을 최우선으로 삼았다. 교회는 엄마들이 아이들과 함께 웃고, 뛰고, 즐길 수 있

는 다양한 활동들을 준비
했고, 끝난 후에는 맛있는
식사로 그들을 대접했다.

15년 전, 두 자녀를
데리고 처음 아기학교를
찾았던 임경숙 권사는 그
때를 이렇게 회상한다.
"그 당시 저는 교회를 다
니지 않았고, 신앙도 없었

김포두란노교회 아기학교의 아이들과 학부모

지만 교회에서 느낀 따뜻함은 잊을 수 없어요. 아이들이 행복해하는 모습에 저도 자연스럽게 기쁨을 느꼈고, 새로운 친구들을 만나는 것 또한 큰 즐거움이었죠."

그 이후로 아기학교는 수많은 가정들을 변화시켜왔다. 엄마들은 신앙을 받아들이고, 성도가 되었으며, 교사가 되었다. 현재 아기학교를 담당하는 김슬기 관장은 "아기학교를 통해 복음을 전하기보다는, 사랑을 전하는 것이 더 중요했습니다. 그 사랑을 느낀 분들은 자연스럽게 등록하고, 교회의 일원이 되셨죠"라고 말했다.

아기학교는 봄과 가을, 연 2회 12주 과정으로 운영된다. 코로나19로 인해 중단되었던 아기학교는 올해(2022년) 임시 학기로 재개될 예정이다. 4주 또는 6주 과정으로 시작되는 이번 학기는 지역 주민들의 간절한 요청 속에서 특별히 준비되었다.

새여시(새벽을 여는 시간):
가족의 영적 교감을 위한 예배

'새여시(새벽을 여는 시간)'는 가족이 함께 새벽을 맞이하며 영적으로 하나 되는 프로그램이다. 매달 셋째 주말에 열리는 '새여시'는 부모와 자녀가 함께 교회에 나와 새벽을 깨우며 예배드리는 특별한 시간이다.

이상문 목사는 "가족이 함께 같은 말씀을 듣고, 이를 바탕으로 대화를 나눌 때 영적인 소통이 이루어지고 가정이 세워진다"며, 새여시가 단순히 예배의 자리로 그치지 않고, 가족 공동체를 더욱 견고히 하는 시간임을 강조했다. 새여시에서는 예배뿐만 아니라 예배 후 가족 간의 대화 시간이 이어진다. 같은 말씀을 주제로 나누는 대화는 아이와 부모 간의 관계를 더 깊게 만들며, 영적 소통의 창구 역할을 한다.

윤지애 집사는 "아이들이 새여시를 기다리며 평소보다 일찍 잠들고, 아침에는 부모보다 먼저 일어나 교회에 가고 싶어 해요. 아이들이 먼저 하나님께 나아가려는 모습을 보면 부모로서 더 큰 은혜를 느낀다"고 말했다. 새여시를 통해 많은 가정이 영적 화합을 경험하며, 아이들이 자연스럽게 신앙을 삶의 중심에 두게 되었다.

어린이 특별새벽기도회:
기도의 응답을 경험하는 시간

새 학기를 앞둔 봄방학, 김포두란노교회는 특별한 기도회를 개최한다. 바로 어린이 특별새벽기도회다. 아이들이 새 학년에 적응하며 새로운 환경 속에서 하나님과 동행하도록 돕기 위한 이 기도회는 아이들에게 기도 응답의 경험을 선사한다.

조혜령 집사는 어린이 특별새벽기도회에서 자신의 아이와 함께 기도했던 경험을 이렇게 회상했다. "아이가 새로운 학기에 좋은 선생님과 친구들을 만날 수 있도록 기도 제목을 정하고, 일주일 동안 기도했습니다. 그 기도 제목이 놀랍게도 응답되어, 아이는 좋은 선생님을 만나 행복하게 학교생활을 시작할 수 있었어요."

'가족과 함께 새벽을 여는 시간'의 예배 모습

해마다 새 학기를 앞두고 한 주간 동안 열리는 어린이특별새벽기도회

어린이 특별새벽기도회는 아이들에게 신앙의 체험을 제공하고, 부모에게도 큰 은혜를 준다. 이상문 목사는 "아이들이 어려서부터 하나님을 만나는 경험을 하는 것이 중요하다"며 "하나님과의 만남은 그들의 인생을 준비시키고, 나아가 하나님 나라 확장을 위한 기반"이라고 설명했다.

꿈먹살:
지역사회와 연결된 사랑의 축제   김포두란노교회는 매년 어린이날을 기념해 '꿈을 먹고 살지요(꿈먹살)'라는 축제를 개최한다. 교회는 전 스태프가 동원되어 지역의 아이들과 가정들을 섬기기 위해 다양한 프로그램을 준비한다. 코로나19 이후 3년 만에 열린 올해(2022년) 꿈먹살에서는 바이킹, 제기차기, 팔찌 만들기 등 다채로운 활동들이 마련되어 아이들에게 즐거운 추억을 선사했다.

축제에 참여한 한 아이는 "바이킹을 탈 때는 무서웠지만 정말 재미있었어요. 팔찌도 만들어보고, 여러 가지를 체험할 수 있어서 행복했어요"라며 환한 미소를 지었다. 꿈먹살은 교회의 사랑이 지역사회에 전해지는 순간으로, 지역 주민들에게 교회가 그들 곁에 있음을 알리는 중요한 사역이다.

담임목사의 목회 철학:
"다음 세대를 위해 복음 빼고는 다 바꿔라"

이상문 목사는 다음 세대를 세우기 위해 "복음 빼고는 모든 것을 바꿔야 한다"고 강조한다. 이 목사는 전통을 지키는 것이 중요하지만, 그것이 복음 전파를 방해해서는 안 된다고 말하며, 복음의 핵심은 유지하되 방법론은 유연해야 한다고 강조했다.

"다음 세대를 살리기 위해 기성세대의 고정관념을 바꿔야 합니다. 아이들이 새로운 환경 속에서 복음을 받아들일 수 있도록, 교육과 예배 스타일 등 모든 방식을 시대에 맞게 변화시켜야 합니다."

이 목사의 철학은 저출생 시대를 극복하기 위한 교회의 역할에도 반영된다. 김포두란노교회는 출산 장려 운동을 통해 아이를 셋 이상 둔 가정에 재정 지원을 제공하며 다음 세대를 세우는 데 앞장섰다. 셋째 아이를 출산한 가정에는 어린이집 비용을 전액 지원했고, 신앙적 가르침이 포함된 교회 산하 어린이집을 무상으로 운영했다. 또한, 출산 가정을 격려하기 위해 특별 상금을 수여하며 가정의 경제적 부담을 덜어주고자 했다. 이러한 지원은 단순히 물질적 혜택을 넘어, 아이들이 신앙과 사랑 속에서 자라날 수 있는 환경을 조성하고 가정과 교회의 연대를 강화하는 데 중점을 두었다. 이를 통해 교회는 가정과 사회의 기반을 강화하며, 하나님의 축복 안에서 다음 세대를 준비하는 데 기여하고 있다.

"복음을 통해 세상을 변화시키자"는 이상문 목사의 외침은 오늘도 수많은 사람들에게 도전과 감동을 주고 있다.

복음 + 결합 … 다음 세대 독창적 모델 제시

포도나무교회: 여주봉 목사

경기도 용인의 포도나무교회는 '다음 세대를 하나님께로 이끌자'는 비전 아래 다양한 사역을 펼치고 있다. 군 선교와 학군단 사역을 통해 80여 개 대학 청년들에게 복음을 전하며, 새물결기독학교와 다아트 도서관을 운영해 성경적 가치관과 올바른 교육을 제공하고 있다. 포도나무교회는 단순히 신앙 교육에 그치지 않고, 다음 세대가 삶의 현장에서 하나님의 뜻을 이루는 리더로 자라나도록 돕고 있다. 포도나무교회의 사역은 복음과 교육을 결합한 독창적인 모델로, 하나님의 사랑과 진리를 전하며 희망의 씨앗을 심고 있다.

군 선교를 통해 다음 세대 세움

ROTC(학생군사훈련단) 등 군 선교를 통해 한국 교회의 다음 세대 세움에 주력하고 있는 경기도 용인시 기흥구 신갈동에 자리한 포도나무교회. 본격적으로 군 선교를 시작한 것은 지난 2007년부터다. 군 선교는 육군과 해군, 공군, ROTC 즉, 학생군사훈련단까지 전군을 대상으로 하고 있다.

여주봉 목사는 포도나무교회의 핵심 사역을 '다음 세대 사역'으로 정의하며, 교회의 전반적인 방향이 하나님께서 이끄시는 대로 다음 세대를 위한 사역으로 전환되었다고 설명했다. 여 목사는 수년 전부터 하나님이 이러한 사역을 계획하셨음을 느끼며, 교회 전체가 이에 맞춰 변화했다고 덧붙였다. 특히 군 선교에 있어서, 포도나무교회는 거의 모든 군대를 대상으로 사역하며 그들을 섬기고 있다고 말했다. 이처럼 포도나무교회가 군 선교를 중점적으로 하고 있는 이유는 다음 세대를 하나님께 이끌기 위해서다.

김기옥 포도나무교회 선교위원장은 과거 1970~1980년대에는 교회와 사회가 회복과 부흥을 경험했지만, 이후 서구 문화의 영향을 받아 세속화가 급속히 진행되면서 젊은이들과 군대가 영적으로 침체되었다고 지적했다. 그는 포도나무교회가 이러한 상황을 극복하고 다음 세대를 하나님께로 이끌어야 한다는 사명감을 가지고, 군 선교를 중점적으로 추진하게 되었다고 군 선교의 취지를 이야기한다.

이렇게 시작한 군 선교가 올해(2022년)로 벌써 15년째. 코로나 이후 여러 가지 활동들이 제한되면서 군 선교 가운데 가장 활발한 사역은 각 대학 학생군사훈련단 선교. 여 목사는 이전에도 간접적인 방법으로 군 선교를 이어왔으며, 최근에는 활동이 점차 본격화되고 있다고 전했다. 그는 과거 직접 방문이 어려운 상황에서는 훈련 시 필요한 선물을 준비해 위로를 전하기도 했으며, 지금은 이러한 활동이 다시 활발히 재개되고 있다고 밝혔다.

80여 개 대학에서 선교 활동 코로나 이전 100여 곳에서 현재는 80여 개의 대학에 간사들을 세워 매주 한 번씩 선교활동을 벌이고 있다.

조은영 간사는 현재(2022년) 만나는 성균관대 수원자연과학캠퍼스 학군단 62기 학생 중 크리스천은 단 한 명뿐이라며, 처음에는 10명이 모였으나 수업 시간 변경으로 정규적으로 만나는 인원은 5명이라고 전했다.

그녀는 학생들이 학업과 훈련을 병행하는 것이 얼마나 어려운지 알기에, 이들이 건강한 가치관을 가지고 군 생활을 준비하며 임관 후에도 올바르게 성장하기를 바라는 마음으로 학군단을 섬긴다고 말했다. 또한, 이 학생들이 삶을 주관하시는 하나님을 알게 되기를 소망하며 활동을 이어가고 있으며, 자신 또한 학생들과의 만남을 통해 큰 힘을 얻고 있

조은영 성균관대수원캠퍼스 학군단 간사

조은영 간사는 매주 목요일 성균관대수원캠퍼스 학군단을 찾아 교제를 나누며 하나님의 사랑을 전한다.

다고 밝혔다. 학생들은 이 같은 선교 사역에 믿음이 다시 생겨나고 섬김 자체가 은혜라고 얘기한다.

성균관대수원캠퍼스 학군단 A학생은 간사님이 매주 방문해 기도와 격려를 해주면서 자신의 믿음이 다시 생겨날 것 같다는 희망을 품게 되었다고 한다. 또 학군단 B학생은 간사님의 섬김 자체가 큰 은혜라고 느끼며, 학군단에서 자신이 유일한 기독교인이기에 동기와 후보생 중 한 명이라도 더 주님을 알게 되고 믿음을 가지는 역사가 일어나기를 간절히 바란다고 말했다.

'다아트 도서관' 개관

다음 세대 사역의 하나로 새물결기독학교를 운영하고 있는 포도나무교회는 최근 학생들과 마을 주민들을 위해 '다아트 도서관'을 개관했다. 문을 연 지 얼마 되지 않아 주로 새물결기독학교 학생들이 많이 찾고 있다. 학생들은 무엇보다도 안전한 정보를 접할 수 있는 것이 장점이라고 얘기한다.

새물결기독학교 ○○○학생은 다아트 도서관의 가장 큰 장점으로, 교회 내 기독교 학교 안에 위치한 도서관이라는 점을 들며, 학생들이 무분별한 정보에 노출되지 않고 올바른 진리의 울타리 안에서 안전하게 정보를 접할 수 있다는 점을 강조했다. 좋은 책들을 지역 주민과 함께 나누고 싶다는 바람도 있다. ○○○학생은 다아트 도서관이 훌륭한 시설이지만, 아쉬운 점도 있다고 말했다. 그는 이 도서관이 기독교인뿐만 아니라 지역 주민들도 함께 와서 책을 읽고 나누는 공간이 되기를 희망하며, 나눔을 통해 건강한 책들과 좋은 도서들이 더욱 많은 사람들과 공유되기를 바란다고 전했다. 현재 고등학교 과정까지 운영되고 있는 '새물결기독학교'는 앞으로 '새물결대학'을 세우는 것이 목표다.

여주봉 목사는 새물결대학 설립을 위해 지속적으로 기도하고 있다고 밝혔다. 단순히 예배를 드리고 성경 과목을 포함하는 것으로 기독교 대학이 정의되지 않는다며, 성경적 세계관으로 무장한 각 분야의 인재를 양성하는 대학을 세우고 싶다는 비전을 강조했다. 캠퍼스 선교와 해외 단기 선교를 새롭게 준비하고 있는 포도나무교회는 주님을 잘 따라가는 것이 다음 세대를 키우는 일이 가장 중요하다고 말한다.

여 목사는 주님의 인도하심에 따라 육해공군과 400여 개 캠퍼스에 간사를 세워 섬기는 사역을 진행하며, 이를 통해 젊은이들이 준비되고 강화될 것이라고 말했다. 또, 매년 천 명씩 해외 250개 지역으로 파송해 그 나라의 언어를 배우고 지역을 섬기며 선교사들을 도와 선교적 삶을 실천하게 될 때, 한국 사회가 크게 변화할 것이라고 확신했다.

포도나무교회는 다음 세대를 향한 하나님의 뜻을 따라 군 선교와 캠퍼스 사역, 그리고 새물결기독학교를 통해 복음과 사랑을 실천하고 있다. 이 땅과 열방에 주님의 빛을 전하며, 진리로 무장된 젊은 세대를 세우는 이들의 여정은 앞으로도 계속될 것이다. '주님을 따르며, 세상을 변화시키는 교회'로서의 사명을 다하는 포도나무교회는 희망과 비전을 품고 나아가고 있다.

새물결기독학교 학생들의 공부하는 모습

'다아트 도서관'

변두리의 작은 교회가 만드는 큰 변화

변두리교회: 김혁 목사

경기도 고양시의 작은 교회, 변두리교회는 그 이름처럼 변두리에서 소외된 이들과 함께하며 새로운 교회의 모습을 보여주고 있다. 예배당을 넘어 야채가게, 스터디카페, 대안학교로 확장된 사역은 지역사회를 섬기고 사랑을 전하는 실천으로 이어진다. 특히 대안학교는 학생 한 명, 한 명을 깊이 이해하며 꿈을 찾도록 돕는 특별한 공간으로 자리 잡았다. 작은 교회와 작은 학교가 협력하며 만들어가는 이곳은, 하나님의 사랑이 어떻게 삶 속에서 구체화될 수 있는지를 보여준다. 변두리교회는 단순한 예배 공간을 넘어, 진정한 공동체와 나눔의 상징으로 성장하고 있다.

'변두리스테이션':
평일엔 스터디카페, 주일엔 예배당

경기도 고양시 백석동 한쪽 구석. 사람들의 시선을 끌 만한 화려한 외관은 없지만 조용히 이곳을 지키는 '변두리교회'가 있다. 이름부터 특별한 이 교회는 겉보기엔 평범하지만 지역과 사람들 속으로 깊이 스며들며 작지만 강렬한 영향을 끼치는 공동체다.

변두리교회는 지역 주민과 청소년을 위한 복합공간으로 자리 잡았다. 이곳은 평일엔 '변두리스테이션'이라는 이름으로 스터디카페와 주민 카페로 운영되고, 주말에는 따뜻한 예배당으로 변신한다. 주민들 사이에서 이곳은 그야말로 '이웃과 소통하는 공간'으로 불린다.

**변두리를 향한 부르심,
변두리교회의 시작**

2017년, 변두리교회는 은혜교회의 공간 지원을 통해 설립되었다. 당시 개척교회였던 변두리교회는 별도의 예배 공간조차 마련할 수 없는 상황이었으나, 지역의 또 다른 작은 교회였던 은혜교회가 자신들의 공간을 기꺼이 나눠주며 함께 예배를 드렸다.

김혁 목사는 이때의 경험을 떠올리며 이렇게 말했다. "우리는 그야말로 아무것도 없었어요. 하지만 은혜교회가 우리를 품어주며 3년간 함께 예배드리고 지원해주었죠. 작은 교회 간의 연대가 아니었다면 오늘의 변두리교회는 존재하지 않았을 겁니다."

이러한 경험은 변두리교회가 추구하는 철학의 뿌리가 되었다. 변두리교회는 예수님이 중심부가 아닌 변방의 사람들에게 다가가신 모습을 따라, 항상 변두리로 향하겠다는 다짐으로 시작되었다. 김 목사는 "우리의 사명은 예수님처럼 변두리에 있는 사람들과 함께 교회를 세우는 것"이라고 강조했다.

평일엔 주민들의 카페와 스터디카페, 주일엔 예배실로 사용하고 있는 변두리스테이션

**야채가게에서 피어난
지역사회와의 연결 통로**

2017년, 변두리교회는 지역과 소통하며 복음을 전하는 새로운 방법을 모색하던 중 독특한 아이디어를 실현했다. 바로 '청춘야채가게'였다. 겉보기엔 평범한 과일과 채소를 판매하는 소규모 상점이었지만, 이곳은 단순한 가게 이상의 의미를 지녔다. 청춘야채가게는 지역 주민들이 자유롭게 드나들며 이야기를 나누고 연결될 수 있는 만남의 장으로 자리 잡았다.

이곳에서는 신선한 과일과 채소가 진열대를 채웠지만, 진짜 상품은 그 너머에 있었다. 바로 지역 주민들과의 따뜻한 소통과 관계였다. 가게를 운영하던 변두리교회 구성원들은 단순히 물건을 판매하는 상인이 아니라, 주민들의 이야기를 듣고 그들의 삶에 관심을 기울이는 친구가 되었다. 주민들이 가게를 찾는 이유는 필요한 식료품을 구입하기 위함만이 아니었다. 정겨운 대화, 서로의 일상을 공유하는 시간, 그리고 때로는 교회에서 준비한 작은 프로그램이나 이벤트로 이어지는 따뜻한 환대가 있었다.

수익금 역시 특별했다. 청춘야채가게는 수익을 지역 내 어려운 이웃들에게 환원하며 나눔의 사역을 실천했다. 독거노인, 도움이 필요한 가정, 그리고 갑작스러운 위기를 맞은 주민들에게 야채가게의 수익은 삶의 작은 희망이 되어 주었다. 나눔의 손길은 단순히 금전적 지원에 그치지 않았다. 야채를 포장하며 함께 나누는 대화, 전달 과정에서 전해진 격려와 기도가 삶의 무게를 덜어주는 큰 위로가 되었다.

**6년의 사역,
새로운 비전의 시작**

야채가게는 6년간 변두리교회의 상징적인 사역으로 자리 잡았다. 하지만 2023년, 변두리교회는 야채가게의 문을 닫으며 새로운 비전을 꿈꾸게 된다. 김혁 목사는 가게를 종료하게 된 배경을 이렇게 설명한다. "야채가게는 교회와 지역사회를 연결하는 놀라운 다리였습니다. 하지만 하나님께서 우리를 새로운 방향으로 부르셨다는 것을 느꼈습니다. 가게가 끝난 것은 실패가 아니라, 또 다른 소명을 향한 자연스러운 전환이었습니다."

그 후 변두리교회는 지역과의 연결을 이어가되, 초점은 새로운 사역으로 옮겨졌다. 바로 변두리학교였다. 김 목사는 야채가게를 통해 지역 주민들과 쌓은 신뢰와 관계를 발판 삼아, 교육 사역에 전념할 수 있는 환경을 마련했다. "야채가게가 단순히 상점이었다면 이런 전환은 불가능했을 겁니다. 하지만 6년 동안 가게에서 주민들과 교감하며 쌓은 관계가 있었기에, 이제는 그들의 아이들, 그들의 미래를 돕는 방향으로 나아갈 수 있었습니다."

야채가게는 종료되었지만, 그 사역의 열매는 여전히 지역 곳곳에서 맺히고 있다. 주민들은 여전히 변두리교회를 찾고, 학교 사역을 통해 자녀들의 교육과 꿈을 키우고 있다. 야채가게는 교회 사역의 한 챕터로 끝난 것이 아니라, 변두리교회의 정체성을 보여주는 중요한 상징으로 남았다.

변두리학교:
아이들의 꿈을 여는 작은 학교

교회 설립 전부터 시작된 변두리학교는 교육을 제공하는 대안학교를 넘어, 아이들의 삶과 꿈을 일구는 공간으로 자리 잡았다. 김혁 목사가 "우리 자녀들에게 자유롭고 신앙적인 교육을 제공하고 싶다"는 단순한 바람에서 시작된 학교는 이제 20여 명의 학생이 다니는 초·중·고 통합 대안학교로 성장했다.

변두리학교의 가장 큰 특징은 의도적으로 작은 규모를 유지한다는 점이다. 김 목사는 "학교가 작기 때문에 학생 한 명, 한 명에게 맞춤형 교육을 제공할 수 있다"며, "공교육에서는 놓칠 수 있는 세세한 부분까지 세심하게 돌보는 것이 이 학교의 장점"이라고 강조했다.

실제로 변두리학교는 교사와 학생, 학부모가 하나의 공동체처럼 운영된다. 학부모들은 급식을

변두리교회가 운영하고 있는 기독대안학교인 '변두리학교'

변두리스테이션에서 공부하고 있는 변두리학교 학생들

함께 준비하고, 교사들은 자원봉사 형태로 재능을 기부하며 학생들을 가르친다. 경제적으로 어려운 가정의 학생들도 걱정 없이 다닐 수 있도록 공동체 전체가 비용을 나누는 방식으로 운영되고 있다.

오유진 교감은 이렇게 말했다. "우리 학교는 공교육에서 감당하기 어려운 아이들에게 꼭 필요한 학교입니다. 경계선에 있는 아이들, 마음의 상처가 있는 아이들이 이곳에서 사랑받으며 회복되는 모습을 보며 하나님의 손길을 느낍니다."

학생들의 꿈과 희망이 피어나는 곳

변두리학교의 학생들 대부분은 자신만의 사연을 품고 있다. 초등학교 6학년 때 일반 학교에서 변두리학교로 전학 온 신가영 학생은 이곳에서의 생활이 더없이 행복하다고 말한다. "일반 학교에서는 따돌림과 욕설이 많았어요. 하지만 변두리학교는 그런 게 전혀 없어요. 여기서는 정말 편안하게 공부할 수 있어요."

중학교 3학년 김룻 학생은 춤을 좋아해 예체능 분야로 진로를 꿈꾸고 있다. 고등학교 1학년 송은샘 학생은 "아직 꿈은 확실하지 않지만, 그림을 그리고 자연과 함께하는 일을 하고 싶다"며 학교와 진로지도 선생님에게 감사함을 전했다.

김률 진로지도 교사는 학생들의 꿈을 지원하는 것이 학교의 중요한 역할이라고 설명했다. "아이들이 다양한 경험을 통해 흥미를 찾고 꿈을 발전시킬 수 있도록 돕고 있습니다. 대안학교의 작은 규모는 오히려 아이들 한 명 한 명의 가능성을 더 잘 발현시킬 수 있는 환경을 제공합니다."

**작은 교회와 학교가 만드는
연대와 희망**

변두리학교의 가장 독특한 점은 작은 교회들이 연대하여 학교를 운영한다는 것이다. 현재 10여 개의 작은 교회들이 함께 변두리학교를 지원하고 있다. 김혁 목사는 "작은 교회가 학교를 세울 수 있다는 것을 보여주는 사례"라며, "연대와 협력이 변두리학교의 가장 큰 강점"이라고 말했다.

변두리교회는 앞으로도 작은 교회의 특성을 살리며, 지역사회 속에서 구체적으로 섬기는 사역을 이어갈 계획이다. 김 목사는 "작은 교회는 큰 교회가 할 수 없는 일을 할 수 있다. 작은 교회의 이동성과 친밀함은 지역 구석구석에서 복음을 전하는 데 적합하다"고 강조했다.

변두리교회와 변두리학교는 아이들에게 꿈을 심어주고, 그 꿈이 또 다른 변두리의 사람들을 돕는 선순환이 되기를 바라고 있다. 김 목사는 "하나님의 공급하심을 몸소 체험한 아이들이 성장하여, 그들의 것을 나누는 삶을 살기를 소망한다"고 말했다.

작은 교회와 작은 학교. 하지만 이들이 만들어가는 변화는 작지 않다. 변두리의 한구석에서 시작된 이 이야기가 하나님의 사랑으로 세상을 채워가는 큰 울림이 되기를 기대해본다.

다음 세대를 품은 공동체의 선교와 비전

영은교회: 이승구 목사

영은교회는 1960년 노동자들의 헌신으로 시작되어 63년 동안 지역사회를 섬기며 신앙과 사랑의 본을 보여 왔다. 설립 초기부터 유치원을 세워 맞벌이 가정을 돕고, 장학재단을 설립해 어려운 학생들을 지원하며 교육의 가치를 실천해왔다. 이러한 노력은 조이카페와 꿈나무 토요학교 같은 프로그램으로 이어져 다음 세대를 돌보는 데 중점을 두었다. 더불어, 기독학부모교실을 통해 부모와 자녀가 신앙 안에서 조화를 이루도록 도와왔다. 이처럼 영은교회는 다음 세대를 위한 교육과 섬김을 이어가는 데 헌신해왔다. 이런 여정을 통해 영은교회는 믿음과 사랑으로 세상을 변화시키는 공동체의 본보기가 되었다.

사람을 살리고 세상을 품는
63년의 여정

서울 영등포구 양평동에 자리한 영은교회는 지역사회의 중심이 되어온 특별한 공동체로, 그 시작부터 지역과 깊이 연결된 독특한 역사를 자랑한다. 영은교회가 설립된 1960년대는 한국 사회가 6.25 전쟁의 아픔에서 벗어나기 위해 재건과 성장을 본격화하던 시기였다. 그중에서도 영등포는 방직 공장이 밀집한 노동자들의 마을로, 당시 산업화의 중심지로 급격히 발전하고 있었다. 지역 주민들 대부분은 공장 노동자로, 하루 종일 고된 육체노동에 시달리며 생계를 이어갔다.

그러나 물질적인 생계 이상의 필요도 그들의 삶을 지배하고 있었다. 하루하루가 힘겨운 노동으로 채워지는 가운데, 그들은 정신적인 쉼과 위로를 절실히 원했다. 특히 이곳 주민들 중 상당수는 전쟁과 분단이라는 역사적 아픔을 직접 겪은 실향민이거나 가난과 불안정 속에서 살아가던 사람들이었다. 그들은 고향을 잃은 아픔, 가족과의 이별, 그리고 생존에 대한 끊임없는 압박 속에서 살아가며 마음속에 깊은 상처를 안고 있었다. 이러한 배경 속에서, 신앙은 단순한 종교적 관념을 넘어 삶의 희망과 생존을 가능하게 하는 중요한 기반으로 자리 잡았다.

영은교회는 바로 이러한 현실 속에서 설립되었다. 특이한 점은 이 교회가 특정 목회자에 의해 개척된 것이 아니라, 공장에서 함께 일하던 노동자들의 열정과 협력으로 시작되었다는 것이다. 그들은 '우리가 함께 신앙의 중심을 세우자'라는 단순하지만 강렬한 소망을 품고 한자리에 모였다. 교회라는 이름 아래 함께 예배드리던 작은 모임은 점차 확대되었고, 그들의 헌신과 협력은 신앙 공동체를 넘어서 마을 전체에 희망을 주는 중심축이 되었다.

당시 교회를 세우기 위해 모인 노동자들은 대부분 공장에 근무하는 맞벌이 부부였다. 생계를 책임져야 했던 이들은 자녀를 보살필 시간조차 부족했지만, 자녀 교육과 신앙 계승의 중요성만큼은 누구보다도 강하게 인식하고 있었다. 그 결과, 영은교회는 자녀들을 위한 유치원을 개설하며 지역사회의 보육 문제를 해결하는 데에도 앞장섰다. 이런 사역은 가난과 노동의 한계를 넘어서고자 했던 주민들에게 커다란 힘과 위로가 되었다.

아이들의 미래를 품다:
유치원의 설립

영은교회가 설립된 직후, 맞벌이 부부가 많았던 지역의 특성을 반영해 가장 먼저 시작된 사역 중 하나가 바로 유치원의 설립이었다. 1963년, 영은유치원이 문을 열며 지역의 아이들을 돌보고 교육하는 새로운 장이 열렸다. 당시 방직 공장에서 일하던 부모들은 자녀를 돌볼 시간이 부족했고, 아이들은 방치되기 쉽던 상황이었다. 이러한 상황 속에서 영은유치원은 아이들에게 안전한 배움터와 돌봄의 공간을 제공했다.

영은유치원은 단순히 아이들을 맡아주는 시설이 아니었다. 기독교적 가치에 기반한 교육과 올바른 인성 함양을 목표로 삼았다. 특히, 당시 유치원 2대 원장이었던 이길자 원장은 인성 교육을 매우 강조하며, 아이들이 올바른 품성과 배려

영은유치원 1회 졸업앨범

심을 가진 사람으로 성장할 수 있도록 심혈을 기울였다. 이러한 노력은 곧 지역사회에 신뢰를 쌓으며 교회 밖에서도 인정받는 교육기관으로 자리 잡게 했다.

영은유치원의 영향력은 교육의 차원을 넘어섰다. 졸업생들 중 다수가 이후 교회와 지역사회의 중심이 되었고, 현재도 유치원의 졸업생으로서 교회를 섬기는 성도들이 많다. 그들의 헌신은 교회의 성장과 사역에 큰 자산이 되고 있다.

교육과 장학사업:
희망의 씨앗 심기

영은교회는 초창기부터 교육의 중요성을 인식하며 지역의 아이들이 배움의 기회를 놓치지 않도록 돕는 데 힘써왔다. 교회 설립 초기, 경제적 어려움 속에서도 성도들이 십시일반으로 모은 기금은 장학재단 설립으로 이어졌다. 이 장학재단은 돈이 없어 학업을 이어가지 못할 위기에 처한 학생들에게 빛과 같은 존재였다.

장학재단은 설립 당시 10억 원이라는 큰 기금으로 시작되어, 이후 수많은 지역 학생들에게 혜택을 제공해 왔다. 현재도 매년 약 40~50명의 학생들이 영은교회의 장학금을 받고 있다. 특히, 교회의 장학사업은 재정적 지원에 그치지 않고,

아이들이 기독교적 가치관을 바탕으로 세상을 변화시키는 리더로 성장할 수 있도록 돕는 데 초점을 맞추고 있다.

이승구 담임목사는 "다음 세대를 위해 투자하는 것은 교회의 가장 중요한 사명 중 하나"라고 강조한다. 이러한 철학은 단순한 말에 그치지 않고, 교회의 전반적인 사역에 스며들어 있다.

**지역 아이들의 놀이터,
조이카페와 꿈나무 토요학교**

영은교회가 자랑하는 또 하나의 독특한 사역은 바로 토요일마다 지역 아이들을 위해 열리는 '조이카페'다. 이 프로그램은 아이들에게 교회를 단순한 종교적 공간이 아니라, 따뜻하고 친근한 장소로 느낄 수 있도록 기획된 전도 프로그램으로, 아이들에게 특히 큰 인기를 얻고 있다. 조이카페는 놀이와 신앙이 만나는 특별한 공간으로, 지역 아이들이 마음껏 웃고 뛰놀며 친구들과 어울릴 수 있는 소중한 시간을 제공한다.

조이카페의 활동은 다양하고 창의적이다. 아이들은 공예 만들기, 슈링클스 아트, 보드게임, 미니어처 제작 등 여러 가지 체험형 프로그램에 참여하며 창의력을 키우고 놀이를 즐긴다. 이러한 활동은 아이들이 자연스럽게 교회 문화를 접하고, 친구들과 협력하며 사회성을 기를 수 있는 기회를 제공한다. 활동이 끝난 후에는 간단한 복음 메시지가 전해진다. 이 시간은 아이들에게 교회의 본질을 전달하는 순간이자, 신앙에 대해 부담 없이 접근할 수 있는 계기를 만들어준다.

영은교회는 전도 프로그램의 하나로 매주 토요일 '조이카페'를 운영하고 있다.

조이카페에 참여하는 아이들 중에는 교회를 다니지 않는 친구들도 많다. 실제로 교회를 다니는 아이들이 자신의 친구를 데려오는 경우가 많아, 조이카페는 전도의 통로로도 역할을 하고 있다. 믿지 않는 가정의 아이들 역시 조이카페를 통해 교회를 경험하며 새로운 친구를 사귀고, 교회 공동체와 긍정적인 관계를 형성한다. 이처럼 조이카페는 아이들 간의 관계를 강화하고, 지역사회와 교회의 연결고리를 만들어내는 중요한 사역으로 성장하고 있다.

이와 함께, 영은교회는 '꿈나무 토요학교'를 통해 지역 아이들의 성장을 돕고 있다. 꿈나무 토요학교는 운동, 음악, 미술, 영어 등 다양한 교육 프로그램을 통해 아이들의 재능을 발굴하고 개발하는 데 초점을 맞추고 있다. 예를 들어 축구, 탁구, 배드민턴과 같은 스포츠 활동을 통해 건강한 신체를 기를 수 있도록 돕고 리코더, 클래식 기타, 워십 댄스 등의 음악 프로그램은 아이들의 예술적 감각과 표현력을 키운다. 또한 비누 공예, 뜨개질, 제과 같은 창작 활동은 아이들의 창의성을 자극하며 영어 성경반은 신앙 교육과 영어 학습을 병행할 수 있는 독특한 기회를 제공한다.

부모와 함께 성장하는 교회:
기독학부모교실

영은교회는 자녀 교육에 어려움을 느끼는 부모들을 위해 '기독학부모교실'을 열고 있다. 부모들이 신앙적으로 성장하고, 자녀를 믿

영은교회는 자녀들을 신앙적으로 양육하기 위해 기독학부모교실을 운영한다.

음 안에서 양육할 수 있는 구체적인 방법을 배우는 시간이다. 8주 과정으로 구성된 이 프로그램은 자녀 양육의 어려움뿐만 아니라, 부모 스스로 신앙적 정체성을 확립하도록 돕는다.

기독학부모교실에 참여한 한 부모는 "교회에서 배운 것을 가정에서 실천할 수 있도록 방향을 제시받았다"며, 이 시간이 가정의 신앙적 재건에 큰 도움이 되었음을 밝혔다.

영은교회의 미래를 향한 비전

영은교회는 지난 63년간 지역사회의 변화를 선도하며 성장해왔다. 그러나 교회의 비전은 단순히 과거의 성취에 머물지 않는다. 이승구 목사는 영은교회의 사명을 세 가지로 요약한다. '사람을 살리는 교회, 세상 속으로 움직이는 교회, 그리고 연합하는 교회.'

교회는 건물 안에서의 활동에 머무르지 않고, 지역사회와 세상 속으로 나아가 하나님 나라의 가치를 전파해야 한다는 것이다. 이를 위해 영은교회는 매년 해외 선교지에 1만 달러를 지원하는 프로그램을 운영하며, 지역사회와 함께 피해자들을 돕는 사역에도 앞장서고 있다.

영은교회의 이야기는 한 교회의 역사가 아니라, 신앙의 힘으로 지역사회를 변화시켜 온 감동의 여정이다. 그들이 뿌린 신앙과 사랑의 씨앗은 수많은 열매를 맺었고, 지금도 새로운 세대를 준비하며 꽃을 피우고 있다. 앞으로도 영은교회는 사랑과 섬김의 사역을 통해 지역과 세계를 변화시키는 하나님의 도구로서의 역할을 충실히 감당할 것이다.

스터디·키즈카페로 지역사회 섬기는 교회

청주서남교회: 장승권 목사

청주서남교회는 '섬나도'라는 사역 철학을 통해 지역사회와 다음 세대를 위한 섬김에 헌신하고 있다. 어린이들을 위한 키즈카페 '하이랜드'는 안전하고 창의적인 놀이 공간을 제공하며 부모들에게 신뢰를, 청소년들을 위한 스터디카페 '에메트'는 부담 없는 학습 환경을 제공하며 큰 호응을 얻고 있다. 장승권 목사는 교회의 본질을 세상을 섬기고 나누며 도와주는 데 두고, 이러한 사역을 통해 하나님의 사랑을 실천하고자 한다. 성도들의 자발적 참여와 지역 주민들과의 협력은 교회를 소통과 나눔의 장으로 만들어가고 있다. 특히, 다음 세대를 믿음으로 양육하며, 교회는 지역과 함께하는 진정한 공동체로 자리 잡았다. 이러한 노력은 이웃 사랑과 나눔의 실천으로서 교회의 새로운 가능성을 열어가고 있다.

**지역사회를 품은 교회,
청주서남교회의 특별한 여정**

청주시 서원구 서부로에 자리 잡은 청주서남교회는 지역사회의 필요를 깊이 이해하며 섬김과 나눔을 실천하는 공동체다. 지역 주민들과 다음 세대를 향한 특별한 비전을 실현하고 있는 청주서남교회는 '세상을 향한 빛과 소금의 공동체'라는 사명을 실현하며 희망과 사랑을 나누는 데 앞장서고 있다. 이러한 사역의 중심에는 장승권 담임목사의 깊은 철학과 성도들의 자발적인 헌신이 있다. 교회의 비전과 사역은 지역 주민들에게 따뜻한 울림을 전하며, 세대를 초월한 사랑과 나눔의 모델을 만들어가고 있다.

'섬나도' 사역 철학:
지역사회와 함께하는 교회

장승권 목사는 교회의 본질은 세상을 섬기고, 나누며, 돕는 데 있다고 말하며 이를 '섬나도'라는 철학으로 표현한다. '섬나도'는 섬김, 나눔, 도움을 의미하며, 교회의 사역이 지역사회를 위한 실질적인 사랑의 실천으로 나타나야 한다는 메시지를 담고 있다. 장 목사는 "교회의 존재 가치는 교회 자체를 위해 있는 것이 아니라, 주님께서 명하신 대로 세상 속에서 빛과 소금의 역할을 감당하는 것"이라고 강조한다. 이러한 철학을 바탕으로 청주서남교회는 지역사회의 필요에 민감하게 반응하며 다양한 사역을 펼치고 있다.

키즈카페 '하이랜드':
아이들과 가족을 위한 쉼터

청주서남교회가 지역사회를 위해 마련한 대표적인 공간 중 하나는 키즈카페 '하이랜드'이다. 2019년에 문을 연 '하이랜드'는 어린이들을 위한 안전하고 창의적인 놀이 공간으로, 교회 아이들뿐만 아니라 지역 주민들과 어린이집, 유치원 등에서도 폭넓게 이용할 수 있다.

하이랜드는 '하나님의 아이들의 땅'이라는 뜻으로, 아이들이 마음껏 뛰놀고 상상력을 펼칠 수 있도록 설계되었다. 오전에는 어린이집이나 유치원 같은 기관이 단체로 방문하며, 오후에는 지역 주민과 교회 아이들이 자유롭게 이용할 수 있다. 안전하고 넓은 공간으로 입소문이 난 이곳은 먼 지역에서도 찾아올 정도로 인기를

키즈카페는 지역 아이들뿐 아니라 어린이집과 유치원 등 기관에서도 사전 예약을 통해 이용하고 있다.

끌고 있다. 한 어머니는 "미세먼지와 꽃가루 때문에 야외 활동이 어려운 날에도 안전한 공간에서 아이가 즐겁게 놀 수 있어 너무 좋다"며 감사의 마음을 전했다.

특히, 하이랜드는 1일 1기관만 이용 가능하도록 예약제를 운영해 더욱 안전하게 관리되고 있다. 이러한 운영 방식은 부모들에게 신뢰를 주며, 아이들에게는 안전하고 쾌적한 놀이 환경을 제공하고 있다. 이곳은 지역 아이들과 가족들에게 교회의 사랑과 환대를 전하는 중요한 역할을 하고 있다.

스터디카페 '에메트':
청소년을 위한 학습 공간

청주서남교회는 지역 어린이들을 위한 키즈카페에 이어 2023년 3월, 청소년들을 위해 특별히 마련한 스터디카페 '에메트'를 개관하며 지역사회에 또 다른 희망의 공간을 열었다. '에메트'는 히브리어로 '진리'를 뜻하며, 그 이름처럼 이곳은 청소년들이 학업에 집중하며 진리를 탐구하고, 스스로의 가능성을 발견할 수 있는 특별한 공간으로 자리 잡았다. 기존의 상업적 스터디카페와는 달리, '에메트'는 누구나 부담 없이 이용할 수 있도록 설계되었으며, 학업에 필요한 실질적인 환경뿐만 아니라 따뜻한 배려와 사랑을 담고 있다.

에메트의 공간은 청소년들의 학습 집중력을 극대화하기 위해 세심하게 디자인되었다. 각 좌석은 칸막이로 구분된 1인실 형태로 제공되며, 학생들이 자신만의 공간에서 방해받지 않고 공부에 몰두할 수 있다. 여기에 라면과 간식을 즐길 수 있는 편의시설과 넓은 휴식 공간까지 갖춰져 있어 단순한 학습 공간을 넘어

스터디카페에는 일명 한강 라면을 즐길 수 있는 기계도 설치돼 학생들에게 인기를 얻고 있다.

지역 학생들이 스터디카페에서 공부하고 있는 모습

청소년들에게 편안한 쉼과 즐거움을 제공한다. 특히 학업 스트레스에서 잠시 벗어날 수 있는 '라면방'은 에메트를 찾는 학생들에게 가장 인기 있는 코너 중 하나다. '한강라면'으로 불리는 라면 기계를 통해 간단한 간식을 즐길 수 있는 이 공간은 공부 중 출출할 때 찾는 아지트로 자리 잡았다.

이곳은 교회를 다니지 않는 청소년들에게도 열려 있다. 교회와의 연계 없이도 누구나 부담 없이 이용할 수 있어, 청소년들이 자연스럽게 교회와 연결될 수 있는 다리가 되고 있다. 한 학생은 에메트를 이용하며 "다른 스터디카페에 비해 이곳은 훨씬 편안하고, 공부도 더 잘 된다"고 만족감을 표했다. 또 다른 학생은 "집에서 공부하면 층간 소음 때문에 집중하기 어렵지만, 에메트에서는 조용하고 집중이 잘 된다"며 감사의 마음을 전했다. 이러한 긍정적인 경험은 청소년들 사이에서 입소문을 타며 더 많은 학생들이 이곳을 찾게 되는 계기가 되고 있다.

자원봉사로 이루어지는 따뜻한 손길 스터디카페는 학생들에게 교회가 제공하는 따뜻한 사랑과 배려를 느끼게 한다. 자원봉사자로 나선 성도들은 매일 저녁 6시부터 밤 10시까지 학생들을 돕고 돌보며, 그들의 학습을 응원한다. 한 자원봉사자는 "아이들이 공부에 열중하는 모습을 보며 마치 내 자녀를 보는 것 같은 마음이 든다"고 말했다. 성도들의 헌신은 스터디카페를 단순히 학습의 장이 아닌, 지역사회의 따뜻한 공동체로 만들어가고 있다.

장승권 목사는 "스터디카페를 통해 청소년들이 학업과 꿈을 이루는 동시에, 자연스럽게 하나님의 사랑을 경험할 수 있기를 바란다"며 스터디카페에 담긴 비전을 전했다. 스터디카페 '에메트'는 지역사회의 청소년들에게 단순한 공부방 이상의 의미를 부여하며, 그들이 미래를 향해 나아갈 수 있도록 힘이 되어주고 있다.

다음 세대를 위한 비전:
믿음의 유산 전하기 청주서남교회의 또 다른 중심 사역은 다음 세대를 향한 헌신이다. 장승권 목사는 교회가 다음 세대에게 신앙을 전수하고, 믿음의 유산을 이어가는 것이 가장 중요한 사명 중 하나라고 강조한다. 그는 "성경 속의 요셉, 다니엘, 사무엘, 다윗, 베드로, 그리고 바울처럼, 우리 아이들도 신앙 안에서 성장하며 하나님의 뜻을 따라 세상을 이끄는 리더로 자라나기를 바란다"고 말했다. 이러한 믿음의 위인들은 오늘날 교회가 다음 세대를 위해 비전을 세우는 데 중요한 영감이 되고 있다.

장 목사는 다음 세대가 신앙의 뿌리를 내리고 성숙한 인격과 리더십을 갖출 수 있도록 돕는 것을 목표로 삼고 있다.

이 비전은 청소년들에게 학업과 신앙을 조화롭게 키울 수 있는 기회를 제공하며, 아이들에게는 안전하고 따뜻한 놀이 공간을 마련함으로써 실질적인 사랑을 전하고 있다. 청주서남교회는 단순히 종교 활동에 머물지 않고, 다음 세대와 함께 성장하며 믿음의 유산을 전하는 교회의 본질적인 역할을 충실히 수행하고 있다.

지역사회의 중심이 되는 교회   청주서남교회의 사역은 지역 주민들에게 실질적인 사랑을 전하는 동시에, 교회의 본질을 다시금 일깨우는 역할을 하고 있다. 주차장 공유, 전기차 충전소 설치, 지역 봉사 협력 등 다양한 활동을 통해 교회는 지역사회와의 소통과 협력을 강화하고 있다. 또한, 교회는 로터리클럽과의 협력을 통해 어려운 이웃들을 돕고, 부활절과 추수감사절 등 특별한 날에는 지역 주민들과 함께하는 나눔의 행사를 열어 사랑을 전하고 있다.

함께 성장하는 공동체로서의 비전   장승권 목사는 "교회의 본질은 공동체성에 있다"고 강조하며, 교회가 지역 주민들과 함께 성장하는 진정한 공동체가 되기를 소망하고 있다. 그는 "우리 교회가 지역사회에서 '교회다운 교회'로 인식되기를 바란다"며, 교회의 모든 사역이 이웃 사랑과 섬김의 실천으로 이어지도록 이끌고 있다.

청주서남교회의 사역은 지역사회의 필요를 채우며 이웃 사랑을 실천하는 교회의 새로운 모델을 제시하고 있다.

시냇가 하늘 숲의 꿈, 사랑과 돌봄의 기록

과천교회: 주현신 목사

과천교회는 오랜 시간 동안 마을과 함께 호흡하며 지역사회의 필요를 채우기 위해 다양한 사역을 펼쳐왔다. 특히 '시냇가 상담센터'의 개설로 심리적 어려움을 겪는 사람들을 돌보고, 생명 돌봄을 실천하며 지역사회에 큰 위로가 되었다. '청소년 꿈터'는 지역 청소년들에게 꿈을 키우고 건강한 문화를 누릴 기회를 제공했으며, 맞벌이 가정을 위한 초등 저학년 돌봄 서비스는 바쁜 부모들에게 안심하고 아이들을 맡길 수 있는 따뜻한 울타리가 되었다. 과천교회는 이 모든 사역을 통해 마을을 섬기고, 세상을 더욱 이롭게 하는 사랑의 발자취를 남겨가고 있다.

과천교회,
73년의 사랑과 섬김의 역사

과천교회의 역사는 73년 전, 과천에서 가장 먼저 세워진 교회로 시작되었다. '어머니 교회'로서의 책임감을 지닌 이 공동체는 마을을 사랑으로 보듬고, 예배와 섬김, 선교적 삶을 실천하며 끊임없이 지역사회와 함께해 왔다. 과천교회는 신앙의 중심을 예배에 두며, 하나님 사랑 안에서 서로를 세워주는 공동체로 자리 잡았다.

주현신 위임목사는 과천교회가 지향하는 바를 '마을 교회'로 정의하며, 마을 전체가 교회의 일부가 되기를 바란다고 말했다. 교인들뿐 아니라 과천 시민 모두가 '우리 동네, 우리 교회'라고 자부할 수 있는, 그런 섬김의 공간을 만들기 위해 노력해 왔다.

생명 돌봄과 시냇가 상담센터

21세기에 들어서면서, 마음이 아픈 사람들이 점점 늘어나고 있다는 사실에 주목한 과천교회는 '시냇가 상담센터'를 설립하게 되었다. 이곳은 심리적 어려움을 겪는 이들에게 사랑으로 다가가 마음의 치유를 돕는 공간이다. 주현신 목사는 십자가 사랑으로 아픈 마음을 보듬고, 건강한 삶을 회복하는 데 도움을 주고자 상담센터를 설립했다고 설명했다. 이 상담센터는 교인들만을 위한 것이 아니라, 지역 주민 누구나 찾아와 도움을 받을 수 있다.

과천경찰서와 업무 협약을 통해, 자살 예방 활동에도 힘을 쏟았으며, 과천시 정신건강센터와 협력하여 중독과 가정폭력 등 다양한 문제를 다루고 있다. 이처럼 교회는 생명 돌봄의 역할을 자처하며, 지역사회 내에서 소외된 이들을 위한 중요한 안식처로 자리 잡고 있다.

청소년 꿈터와 과천스타

청소년들이 건강한 문화를 누리고 꿈을 펼칠 수 있도록 지원하는 과천교회의 또 다른 사역은 '청소년 꿈터'이다. 과천교회는 과천지역 청소년들을 위해 힐링센터를 운영하며, 그들의 정신적, 정서적 성장을 돕는 프로그램을 제공해 왔다. 그중에서도 '과천스타'와 'e스타'는 지역 청소년들 사이에서 큰 인기를 끌고 있는 대표적인 행사이다.

과천스타는 청소년들이 자신의 끼와 재능을 발산할 수 있는 무대이다. 노래, 춤, 연주 등 다양한 분야에서 청소년들이 경연을 펼치며, 자신만의 꿈을 키워나가

'e스타' 대회에서 상을 받은 학생들이 파이팅을 외치고 있는 모습

는 축제의 장이기도 하다. 과천교회는 이 대회를 10여 년간 꾸준히 개최해 오며, 많은 청소년에게 희망과 용기를 심어주었다.

e스타, 즉 e스포츠 대회 역시 청소년들에게 인기 있는 프로그램이다. 과천교회는 게임 문화를 양지로 끌어올려 건강하게 즐길 수 있도록 이 대회를 기획했으며,

과천 지역의 대표적인 청소년프로그램으로 자리 잡은 '과천스타'

프로 게이머와의 만남, 전문가 강의, 가족과 함께하는 경기를 통해 단순한 승부를 넘어 게임을 긍정적으로 활용할 수 있는 기회를 제공해 오고 있다.

하늘행복나눔재단과 마을 돌봄

과천교회가 지역사회를 섬기는 또 다른 중요한 통로는 하늘행복나눔재단이다. 이 재단은 17년 전, 마을 주민들과 사회적 약자를 돌보기 위한 목적에서 설립되었다. 설립 이후, 장애인주간보호센터, 노인복지센터, 그리고 과천시 건강가정지원센터 등 다양한 시설을 운영하며 지역 주민들의 삶에 따뜻한 도움을 제공해 왔다. 주현신 목사는 재단을 통해 교회가 마을에 실질적인 섬김을 전하고 있다고 말하며, "마을 주민 모두가 우리 교회의 가족이다"라는 신념을 가지고 돌봄 사역에 전념해 왔다.

장애인주간보호센터는 일상생활에서 도움이 필요한 장애인들이 편안하고 안전하게 생활할 수 있도록 지원하는 중요한 역할을 하고 있다. 이곳에서는 장애인들이 자신의 능력을 최대한 발휘할 수 있도록 다양한 프로그램과 돌봄을 제공하고 있으며, 그 가족들에게도 큰 위로와 도움이 되고 있다.

노인복지센터는 고령화 사회에서 독거노인과 생활이 어려운 노인들에게 삶의 질을 높일 수 있는 다양한 복지 서비스를 제공하고 있다. 과천교회는 이곳에서 노인들에게 정서적 위로와 사회적 지원을 제공함으로써, 그들이 외로움을 덜 느끼고 삶의 활력을 찾을 수 있도록 돕고 있다. 주 목사는 이 사역을 통해 "어르신들이 단지 생활을 영위하는 것에 그치지 않고, 사랑과 돌봄을 느낄 수 있도록 최선을

다하고 있다"고 밝혔다.

다함께돌봄센터, 맞벌이 가정을 위한 사랑의 울타리

최근 과천교회는 다함께돌봄센터를 통해 저출산 문제 해결과 맞벌이 가정을 지원하는 사역에도 깊이 관여하고 있다. 돌봄센터는 아파트 단지마다 개설된 돌봄 공간으로, 맞벌이 부모가 안심하고 자녀를 맡길 수 있는 안전한 장소를 제공한다. 과천시와의 협력을 통해 운영되고 있는 돌봄센터는 주로 초등학교 저학년을 대상으로 하며, 부모들이 일하는 동안 아이들이 안전하게 시간을 보낼 수 있도록 돕고 있다.

돌봄센터에서는 원예 수업, 전래 놀이, 숲 체험과 같은 다양한 프로그램이 진행된다. 이를 통해 아이들은 자연 속에서 뛰어놀고, 전통놀이를 배우며, 신체와 정서의 균형을 잡아가는 시간을 갖는다. 센터는 단순한 돌봄을 넘어, 아이들이 마음껏 활동하며 건강하게 성장할 수 있는 공간을 제공하고 있다.

학부모들의 이야기

맞벌이 가정의 현실 속에서 자녀 돌봄 문제는 언제나 부모들의 큰 걱정거리이다. 과천교회가 운영하는 다함께돌봄센터는 맞벌이 부모들에게 큰 안도감을 주는 장소로 자리 잡았다.

중앙동 다함께돌봄센터에서 방과 후 지역 어린이들이 책을 읽고 있는 모습

중앙동 다함께돌봄센터 어린이들의 바깥활동

학부모 오민희 씨는 자기 경험을 이렇게 이야기한다. "맞벌이하다 보니 아이를 맡길 곳을 찾는 게 정말 힘들었어요. 자리가 없다는 말을 들을 때마다 답답했죠. 그런데 과천교회의 돌봄센터에서 자리가 생겼고, 아이를 보내게 되었어요. 처음엔 많이 걱정했는데, 아이가 돌아와서 밝게 웃는 모습을 보니 정말 안심이 되었어요. 선생님들도 아이들을 정말 따뜻하게 대해 주셔서 안심할 수 있었어요."

서정희 씨 역시 돌봄센터에 아이를 보내면서 느낀 안도감을 나누었다. "우리 아이가 학교에서도 생활하지만, 방학 때는 특히 돌봄이 필요한데, 여기서는 다양한 프로그램을 통해 아이가 안전하게 시간을 보내고 있어요. 선생님들이 세심하게 아이들을 챙겨 주셔서 부모로서 정말 감사해요. 특히 숲 체험 같은 자연 속에서 뛰어놀 수 있는 활동은 아이들에게 정말 좋은 경험이 되었어요."

서정희 씨는 돌봄센터가 초등 3학년까지만 이용 가능하다는 점이 아쉽다고 말했다. "우리 아이가 여기 너무 좋아해서 내년에 더 다닐 수 없다는 게 아쉬워요. 고학년 친구들도 함께할 수 있으면 좋겠어요."

이처럼 과천교회의 돌봄센터는 부모들에게는 일할 수 있는 안심을, 아이들에게는 행복하고 안전한 공간을 제공하며, 지역사회의 중요한 역할을 해내고 있다.

시냇가 하늘 숲을 꿈꾸는 교회

주현신 목사는 과천교회를 '시냇가 하늘 숲' 교회로 묘사했다. 그가 설명하는 이 교회의 비전은 성경 속 에덴동산과 같은 이상적인 공동체의 모습이다. 주 목사는 "시냇가 하늘 숲은 마치 에덴동산이나 물댄 동산, 혹은 새 하늘과 새 땅과도 같은 모습일 수 있다"고 설명하며, 하나님이 꿈꾸시는 세상을 이루기 위한 교회의 사명을 이야기했다.

그가 바라보는 과천교회의 궁극적인 지향점은 바로 하나님 나라였다. 하나님 나라는 세상을 더욱 이롭게 만드는 구체적인 사명을 포함하고 있다. 그는 과천교회가 빛과 소금의 역할을 통해, 세상을 향한 하나님의 뜻을 이루는 데 기여하는 교회가 되기를 소망한다. 그 소망 속에는 세상이 하나님의 뜻에 따라 변화되고, 교회를 통해 그 변화가 실현될 때 느끼는 깊은 감사가 담겨 있다.

세상을 향해 담장을 넘는 '무성한 가지'

성진교회: 김종천 목사

성진교회는 사당동 지역사회에서 선한 사역을 통해 따뜻한 나눔을 실천하며, 이웃과 지역 주민들에게 큰 사랑을 받고 있는 교회이다. 김종천 목사의 지도 아래, 교회는 어르신들을 섬기고, 소상공인들을 지원하는 등 다양한 사회적 활동을 통해 교회의 담장을 넘어 지역사회로 뻗어나가고 있다. 특히, 군 선교와 농촌 교회 지원, 그리고 성도들과 깊은 교감을 바탕으로 복음의 씨앗을 심는 사역을 활발히 펼치며, '선교적 교회'라는 비전으로 나아가고 있다.

선교적 교회, 지역사회를 품다

성진교회의 김종천 담임목사는 교회의 방향을 '담장을 넘는 교회'로 설정했다. 그 의미는 단순히 교회 안에서만 머무는 신앙생활을 벗어나, 세상 속으로 나아가 이웃과 지역사회를 섬기고 복음을 전하는 교회로 자리매김하는 것이다.

김종천 목사는 성경 창세기 49장의 요셉 이야기를 인용하며, "무성한 가지가 되어서 담을 뛰어넘나이다"라는 구절을 성진교회의 비전으로 삼았다. 그는 교회가 그저 교회 안에서만 머무르는 것이 아니라, 담을 넘어 지역사회와 이웃을 유익하게 하고, 그들에게 실질적인 도움이 되는 교회가 되어야 한다고 강조했다.

김 목사는 "교회가 이곳에 있으므로 주변의 이웃들이 '성진교회가 있어서 참 좋다'는 말을 들을 수 있는 교회가 되길 바란다"고 말했다. 이는 성진교회가 지역 주민들에게 실질적인 혜택을 제공하는 사랑의 공동체가 되겠다는 다짐을 담고 있다. 그가 제시한 이러한 비전은 성진교회가 지향하는 '선교적 교회'의 본질을 잘 드러낸다. 선교적 교회란 단지 내부에서 신앙생활에 그치는 것이 아니라, 교회 밖으로 나가 세상 속에서 예수님의 사랑을 전하는 교회를 말한다. 교회가 지역과 소통하고, 그들의 필요에 귀 기울이며, 세상 속으로 나아가야 한다는 그의 강조는 교회의 사회적 책임과 연결된다. 성진교회는 이렇게 이웃과 함께하며, 세상을 섬기는 교회로 나가고자 하는 뚜렷한 방향을 설정하고 그 길을 걸어가고 있다.

사역 중 가장 돋보이는 활동은 서울시 동작구 사당동 지역 어르신들을 위한 다양한 섬김 프로그램이다. 그중에서도 '꿈꾸는 예배'는 지역 어르신들에게 특별한 시간을 제공한다. 예전에는 '경로대학'으로 불렸던 이 프로그램은 어르신들을 위한 맞춤형 예배와 교제를 통해 그들의 삶에 활력을 불어넣어 준다. 어르신들에게 예배는 마음의 위로와 사회적 교감을 제공하는 시간이다. 특히 성진교회의 원로 목사 시절부터 시작된 이 전통은 오랜 세월에 걸쳐 지역사회와의 끈끈한 유대감을 형성하게 만든 주축이었다. 지역 주민들 사이에서 성진교회는 '믿음직한 이웃'으로 불린다. 많은 어르신은 자녀들에게 "나중에 교회를 다니게 되면 성진교회에 가라"고 말할 정도로 교회를 신뢰하고 사랑한다.

코로나19로 어려움을 겪던 시기에도 성진교회는 그 역할을 다했다. 경제적으로 어려움을 겪는 지역 소상공인들을 돕기 위해 '행복 쿠폰'이라는 프로그램을 시행했다. 교회는 재정을 투자하여 쿠폰을 발행했고, 교인들이 이 쿠폰을 지역 상점에서 사용할 수 있도록 했다. 이러한 나눔과 섬김은 지역사회에서 성진교회에 대한 신뢰를 더욱 강화시켰고, 교회가 그저 영적인 안식처가 아니라, 실제로 사람들의 삶에 기여하는 존재임을 증명해 냈다.

성진교회는 또한 지역사회와의 교류를 강화하기 위해 지역 주민들이 쉽게 교회에 다가올 수 있는 다양한 방법들을 고민하며 지역사회에 더욱 깊숙이 자리 잡고 있다.

담장을 넘는 사역의 시작   성진교회가 실천하고 있는 '담장을 넘는 사역'은 교회의 담장을 넘어 더 넓은 세상으로 복음을 전하는 활동이다. 이 사역은 다양한 형태로 이루어지지만, 그중에서도 농촌 지역과 군부대를 대상으로 한 선교는 성

성진교회 국내 단기 선교팀이 전북 고창군의 호우 피해 가정을 방문해 복구작업을 펼치고 있다.

진교회의 대표적인 섬김 사역이다. 성진교회의 성도들은 농촌의 어려운 환경을 돕고, 군부대에서 복음을 전하며 예수님의 사랑을 나누고 있다.

8월 10일부터 사흘간의 일정으로 진행된 국내 단기 선교. 전라북도 고창 광명교회에서 어린이성경학교와 전도, 농촌봉사활동 등을 펼쳤다. 이 지역은 폭우로 인해 큰 피해를 보았고, 성진교회 성도들은 이를 돕기 위해 팔을 걷어붙였다. 성도들은 농가를 찾아 무너진 집을 복구하고, 주일학교를 운영해 지역 아이들에게 복음을 전했다. 한 농가에서는 쓰레기로 가득한 집을 하루 종일 청소하며, 그 집의 어르신과 대화를 나누고 복음을 전하는 일이 있었다. 이 어르신은 처음에는 성도들의 방문을 거부했지만, 성도들의 진심 어린 사랑과 헌신에 마음을 열고 결국 예수님을 영접하게 되었다. 이 과정에서 성도들은 한 영혼을 향한 하나님의 사랑을 깊이 체험하며 큰 감동을 받았다.

고창 광명교회와 성진교회의
아름다운 동행

고창 광명교회 강평화 목사는 성진교회의 헌신과 섬김이 고창 광명교회에 큰 변화를 가져왔음을 감사의 마음으로 전했다. 성진교회가 고창 면 지역에서 축호 전도를 하며 복음을 전한 덕분에, 그동안 교회에 마음의 문을 닫고 있던 주민들이 교회에 대해 긍정적인 태도를 가지게 되었다는 것이다. 그는 성진교회가 뿌린 복음의 씨앗이 열매를 맺을 수 있도록 광명교회가 후속 조치를 이어가겠다고 다짐하며, 주민들이 실제로 교회에 나오게 되는 날을 기대하고 있다.

강 목사는 성진교회의 팀이 고창에서 진행한 청소 봉사활동에 대해 깊은 감사를 표했다. 혼자 지내며 교회에 나오지 않던 한 어르신은 성진교회 팀의 봉사활동을 통해 마음을 열고, 이제는 교회에 나오겠다는 약속을 했다. 그 어르신의 변화를 목격하며, 성진교회 팀의 섬김이 단순한 물리적 봉사에 그치지 않고, 영적인 변화로 이어졌다는 점에서 큰 감동을 받았다고 전했다.

군인 자녀들을 위한 군부대 선교 큰 의미

성진교회의 군부대 선교 역시 큰 의미가 있다. 김종천 목사는 군목으로 24년 동안 사역하며 군인들과 그 가족들을 위한 복음 전도에 헌신해 왔다. 이러한 경험을 바탕으로 성진교회는 군인 자녀들을 위한 선교에 특히 주력하고 있다. 군 자녀들은 부모님의 근무지 이동으로 인해 자주 이사를 하며, 안정적인 신앙생활을 이어 나가기 어려운 상황에 놓여 있다. 이러한 아이들에게 성진교회의 성도들은 예수님의 사랑을 전하고, 신앙의 뿌리를 내릴 수 있도록 도와주고 있다.

특히 이번 여름 성경학교는 군 자녀들에게 큰 감동을 주었다. 성진교회의 성

성진교회 국내 단기 선교팀이 고창 광명교회를 찾아 강평화 목사와 담소를 나누고 있는 모습

고창 광명교회 어린이성경학교 물놀이 모습

도들은 아이들과 함께 그림 전도를 하며 하나님에 대해 가르쳤고, 물놀이와 다양한 활동을 통해 아이들과 즐거운 시간을 보냈다. 이를 통해 아이들은 교회와 신앙에 대해 긍정적인 인식을 가지게 되었고, 성도들은 아이들이 순수하고 진실한 마음으로 하나님을 받아들이는 모습을 보며 큰 보람을 느꼈다.

강원도 화천 군부대교회 성경학교에서 다양한 놀이를 하는 주일학교 학생들

이번 성경학교에서 가장 감동적인 순간 중 하나는 아이들이 기도하는 모습이었다. 군 자녀들은 전도사님의 말씀을 들으며 무릎을 꿇고 하나님께 간절히 기도했다. 성도들은 그 모습을 보며 아이들이 하나님을 진심으로 따르고 있음을 느꼈다. 이 아이들이 하나님 안에서 자라가며 앞으로도 신앙을 이어가기를 바라는 마음으로 성도들은 그들과 함께 기도하며 시간을 보냈다.

또한 성진교회의 성도들은 군부대 주변의 상황을 직접 목격하며, 군인 가족들이 처한 어려운 현실을 이해하게 되었다. 군인들은 나라를 위해 헌신하지만, 그 가족들은 자주 이사하고 신앙 생활을 안정적으로 이어가기가 어려운 상황에 처해 있다. 성도들은 이런 아이들에게 신앙의 뿌리를 심어주고, 교회가 그들의 안식처가 될 수 있도록 돕고자 했다.

군부대 선교는 성진교회의 지속적인 관심과 사랑을 바탕으로 계속 이어질 예정이다. 성도들은 이러한 선교 활동을 통해 예수님의 사랑을 전하고, 그 사랑을 받은 이들이 다시 지역사회에서 예수님의 사랑을 나누는 선순환을 이루기를 기대하고 있다.

성진교회의 비전:
세상을 향해 담장을 넘는 교회   김종천 목사는 성진교회의 비전을 한 문장으로 이렇게 정리했다. "만약 우리 교회가 사라진다면 누가 가장 슬퍼할까요?" 김 목사

는 교회가 지역사회와 더불어 살아가는 공동체가 되어야 한다고 강조했다. 그는 어느 책에서 읽은 이 질문이 성진교회의 목표를 세우는 데 큰 영향을 주었다고 말했다. 교회의 존재가 사라졌을 때, 단순히 교인들만이 아닌 지역 주민들도 "저 교회가 없어지면 안 되는데" 하고 아쉬워할 수 있는 교회가 되어야 한다는 것이다.

김 목사는 교회가 그런 역할을 하려면 교회의 문턱을 낮추고, 개방적인 자세로 세상과 소통해야 한다고 주장했다. 누구든지 교회에 들어왔을 때 따뜻함을 느끼고, 행복한 경험을 할 수 있도록, 성진교회는 계속해서 열린 공간으로 자리 잡으려고 한다. 이를 위해 성진교회는 '세상 속으로 나가는 교회'를 목표로 삼고 있다. 그가 말하는 세상 속으로 나가는 교회란, 교회가 담장 안에 머무르지 않고 이웃과 함께하며, 그들의 삶에 영향을 미치는 교회다.

교회는 지역 주민들이 필요로 할 때, 언제나 따뜻한 손길을 내밀 수 있는 곳, 그들이 교회를 통해 위로와 사랑을 느낄 수 있는 그런 곳이다. 성진교회는 그러한 비전을 가지고 세상과 함께 성장하는 교회를 꿈꾸고 있다.

꿈을 찾아주는 '성경적 진로 설계' 선두주자

라이프교회: 김진 목사

라이프교회의 이야기는 단순한 교회 성장 스토리가 아니다. 이는 하나님의 창조 원리와 사명을 바탕으로, 개인과 가정을 회복시키며 세상을 변화시키는 놀라운 여정을 보여준다. 김진 목사와 빅에스더 사모의 20년 간의 헌신과 10만 명이 넘는 임상 연구로 탄생한 옥타그노시스 검사는 그 핵심 도구로 자리 잡았다. 성경적 진로 설계를 통해 한 사람의 삶이 바뀌고, 한 가정이 회복되며, 나아가 전 세계에 복음이 전해지는 사역의 비전은 감동적이다. 라이프교회의 이야기는 하나님께 받은 꿈과 비전이 얼마나 강력한 힘을 발휘할 수 있는지를 보여준다.

하나님의 창조 원리로 세워지는 꿈

경기도 부천시 중동의 작은 예배 공간에서 시작된 라이프교회는 9년이란 시간 동안 특별한 사역으로 주목받아 왔다. "하나님께서 우리 각자를 태초부터 설계하시고 그 안에 하나님의 꿈을 심어놓으셨다"는 신념 아래, 김진 목사와 박에스더 사모는 창조 신앙과 십자가 신앙을 기반으로 한 진로 설계를 연구하며 세상과 교회를 위한 특별한 도구를 만들어왔다. 이들은 단순히 직업이나 학과를 찾아주는 것에 그치지 않고, 한 개인의 고유한 성향과 재능, 하나님이 부여하신 사명을 발견하게 하는 깊이 있는 사역을 펼쳐왔다. 라이프교회는 단지 한 교회의 역할을 넘어, 성경적 진로 설계를 통해 사람의 삶을 변화시키는 주유소와 같은 역할을 감당하고 있다.

10만 명의 임상과 헌신으로 태어난
옥타그노시스 검사

라이프교회의 중심에는 '옥타그노시스 검사'라는 독보적인 진로 설계 도구가 있다. 이 검사는 김진 목사와 박에스더 사모의 20년간의 연구와 10만 4천 명의 임상 결과를 바탕으로 탄생했다. 그 과정은 결코 순탄하지 않았다. 연구를 위해 김 목사 부부는 아파트를 팔고, 고시원에서 생활하며 경제적 어려움 속에서도 포기하지 않았다. 박에스더 사모는 "우리에게는 스마트폰처럼 내비게이션 역할을 하는 창조 원리를 기반으로 한 진로 설계가 필요하다"며 창조 신앙에 기초한 검사 도구의 필요성을 절감했다고 말한다.

옥타그노시스검사는 하나님의 창조 원리를 기반으로 한 성향과 재능을 진단하고, 이를 통해 각 개인이 하나님께 받은 사명과 꿈을 발견하도록 돕는다. 김 목사는 하나님께서 모태에서부터 설계하신 사람의 성향과 재능을 객관적으로 이해하도록 돕는 것이 중요하며, 이를 통해 삶의 목적과 방향을 찾을 수 있도록 지원하고 있다고 강조했다. 이러한 과정을 통해 옥타그노시스 검사는 단순히 학문적 도구가 아니라, 복음과 선교적 비전을 실현하는 강력한 도구로 자리매김했다.

성경적 진로 설계,
새로운 세대를 위한 길잡이

라이프교회의 사역은 다음 세대를 위한 비전으로 뚜렷하다. 김진 목사는 "하나님께서 우리의 고유한 성향과 재능을 통해 사명을

라이프교회는 성경적 진로 설계사 자격 과정을 운영하며 다음 세대 사역자들을 양성하고 있다.

부여하셨다"며, 이를 발견하지 못한 이들이 종종 혼란과 방황 속에 살아간다고 지적했다. 이에 라이프교회는 성경적 진로 설계사 과정을 운영하며, 교회와 사회에서 새로운 세대의 길잡이가 될 전문가를 양성하고 있다. 현재까지 200여 명의 진로 설계사가 배출되었으며, 이들은 전국 곳곳에서 청소년과 가족, 교회 공동체의 회복을 돕고 있다.

특히 김진 목사는 성경적 진로 설계가 사람을 살리는 도구라고 강조한다. 한 여고생이 영적 방황과 불면증에 시달리며 귀신을 보았다고 호소하던 중, 라이프교회를 찾아 진로 설계를 통해 자신의 재능과 성향을 발견하고 삶을 회복한 사례는 많은 이들에게 감동을 주었다. 박에스더 사모는 이를 두고 "라이프교회는 주유소와 같은 곳"이라며, 사람들이 잠시 머물러 영적, 정서적 기름을 채우고 다시 길을 떠날 수 있도록 돕는 곳이라고 표현했다.

가정을 회복시키는 성경적 진로 설계

성경적 진로 설계는 삶의 방향을 제시할 뿐만 아니라, 가정의 갈등을 해소하고 회복시키는 강력한 도구로 활용되고 있다. 많은 부부는 이 상담을 통해 서로의 성향과 재능을 객관적으로 이해하게 되면서 잦았던 갈등의 고리를 끊고 새로운 관계를 시작했다. 한 부부는 박에스더 사모와의 상담을 통해 "남편이 이런 사람이었고, 아내가 이런 사람이었구나"라는 깨달음을 얻었고, 이로 인해 수년간 지속되었던 오해와 불신이 해소되었다. 그들은 단 한 번의 상담만으로도 부부 관계가 눈에 띄게 변화되었다며 놀라움과 감사를 고백했다.

박 사모는 "하나님께서 우리의 배우자를 어떻게 설계하셨는지 깨닫는 순간, 우리는 상대를 이해하고 존중하게 됩니다. 이러한 이해는 단순히 서로를 받아들이는 것을 넘어 배우자를 하나님의 작품으로 바라보는 사랑과 존경으로 이어진다"라고 설명했다. 박에스더 사모의 말처럼 많은 부부가 이 과정을 통해 처음으로 서로를 깊이 이해하고 사랑하며,

박에스더 목사 (라이프교회 김진 목사 사모)

다음 세대를 대상으로 '정체성'에 대해 강의하고 있는 김진 목사

이전보다 더 견고하고 따뜻한 관계를 회복하고 있다.

이러한 사역은 단순히 부부 관계를 개선하는 데 그치지 않는다. 회복된 관계는 가정 전체로 확산되어 자녀들에게도 긍정적인 영향을 미치며, 가족 모두가 하나님의 창조 원리를 깨닫고 그 안에서 새롭게 거듭나는 계기를 제공한다. 상담을 받은 가족들은 하나님의 설계와 섭리를 경험하며, 하나님의 계획 안에서 사랑과 화목이 가득한 새로운 가정을 이루어가는 희망의 이야기를 써 내려가고 있다.

세계 선교를 향한 라이프교회의 비전 라이프교회의 '성경적 진로 설계' 사역은 이제 국경을 넘어 세계 선교의 도구로 활용되고 있다. 일본에서는 현지 선교사들이 옥타그노시스 검사와 진로 설계 과정을 배우고 있으며, 이를 통해 일본 내 복음 전파가 더욱 확장되고 있다. 김진 목사는 일본 선교를 두고 "일본인들은 마음을 쉽게 열지 않지만, 진로 설계를 통해 그들이 하나님이 자신을 창조하신 목적을 발견할 때 복음에 대한 거부감이 줄어든다"고 말한다.

라이프교회의 비전은 명확하다. '1교회 1진로 설계사'라는 목표 아래, 모든 교회가 성경적 진로 설계사를 배출하여 다음 세대를 위한 사역에 참여하도록 독려하고 있다. 이들은 한국뿐만 아니라 미국, 캐나다, 동남아시아로도 확장하며,

전 세계 열방의 복음화를 위한 중요한 도구로 활용할 계획이다.

끝없는 헌신과 비전을 향한 걸음   김진 목사와 박에스더 사모의 헌신은 연구와 사역으로만 설명할 수 없다. 박 사모는 "우리는 연어처럼 물살을 거슬러 오르며 이 길을 걸어왔다"고 회고하며, 이 과정이 때로는 외롭고 힘들었지만, 하나님의 꿈을 이루어가는 여정에 감사했다고 말했다. 이들의 사역은 개인의 진로 문제를 해결하고, 가정을 회복시키며, 교회를 세우고, 선교의 도구로 사용되고 있다.

라이프교회는 하나님의 창조 원리를 통해 꿈을 찾아주는 사역으로, 사람을 살리고 세상을 변화시키는 소명을 감당하고 있다. 김진 목사는 "우리는 사람들에게 하나님께서 그들을 얼마나 사랑하시는지, 그들을 얼마나 독특하고 특별하게 만드셨는지 알려주는 역할을 하고 있다"며, 그 사역의 가치를 강조했다.

라이프교회는 앞으로도 하나님의 사랑과 창조 원리를 전하며, 더 많은 사람에게 꿈과 소망을 심어주는 비전을 실현해 나갈 것이다.

교회를 교회되게… '교회다움' 추구

산본교회: 이상갑 목사

산본교회는 경기도 군포시에 위치한 교회로, 76년의 전통을 이어오며 지역사회와 함께 성장해 오고 있다. 이상갑 목사는 "교회의 본질은 예수님의 사랑을 이웃과 다음 세대에 전하는 것"이라고 강조하며, 교회는 신앙 공동체로서 역할을 넘어 지역사회와 세계를 섬기는 사명을 실천하고 있다. 산본교회는 특히 다음 세대 교육에 중점을 두고, 유년부부터 청년부까지 제자 훈련을 통해 신앙을 키워가고 있다. 또한, 라브리 도서관 운영과 지역사회를 위한 다양한 봉사활동, 꽃장식을 통한 환경미화 등 지역 섬김을 실천하며, 미얀마 등 열방을 향한 선교 사역에도 힘쓰고 있다.

다음 세대를 품은 비전

유년부부터 청년부까지 이어지는 제자 훈련

산본교회의 핵심 사역 가운데 하나는 바로 '다음 세대 제자 훈련'이다. 이상갑 위임목사는 "미래 교회의 주역은 다음 세대에 달려 있다"며 아이들의 신앙 교육에 큰 비중을 두고 있다. 이를 위해 유년부, 소년부, 중등부, 고등부, 청년부에 이르기까지 연령별 맞춤형 제자 훈련이 진행되고 있다. 각 부서별로 다양한 교육 프로그램이 마련되어 있어, 아이들이 자신에게 맞는 방식으로 신앙을 배우고 성장한다.

예를 들어, 유년부에서는 아이들의 발달 단계에 맞춰 성경 이야기를 재미있고 창의적인 방법으로 전달한다. 유년부 담당교사는 "아이들이 교회에 오는 것을 기대하게 만들기 위해 다양한 활동과 놀이를 성경 교육에 접목하고 있다"고 설명한다. 소년부와 중등부는 이와 달리, 좀 더 깊이 있는 성경 공부와 함께 실제적인 삶 속에서 신앙을 실천하는 방법에 대한 교육이 진행된다. 이 과정에서 학생들은 교회뿐만 아니라 가정과 학교에서 신앙을 실천할 수 있는 훈련을 받는다.

청년부에 들어서는 성경을 실질적으로 적용하고, 성도 간의 깊은 교제를 나누는 시간이 많아진다. 청년부는 특히 청년들이 교회를 떠나지 않도록, 이들이 삶 속에서 신앙의 의미를 찾을 수 있는 진지한 고민과 논의의 장을 마련하고 있다.

창의적인 사역과 영어 성경 동화학교

산본교회가 자랑하는 사역 중 하나는 '어린이 영어 성경 동화학교'이다. 이 프로그램은 영어 교육과 신앙을 결합하여 아이들이 다양한 관점에서 성경을 이해할 수 있도록 돕는다. 부모들도 아이들이 성경과 영어를 동시에 배우는 프로그램에 대해 좋은 반응을 보이고 있다.

유치부를 대상으로 하는 '어린이 영어 성경 동화학교'는 매년 여름과 겨울에 두 차례 진행되며, 각기 다른 주제를 가지고 아이들에게 성경 이야기를 전달한다. 예를 들어, '다윗과 골리앗' 이야기를 영어 동화 형식으로 풀어내고, 아이들

영어 성경 동화학교의 수업 장면

이 직접 그 이야기를 연극으로 재현하게 하여 성경의 가르침을 자연스럽게 체득하게 만든다.

프로그램을 마친 아이들은 작은 무대에서 부모님들 앞에서 자신이 배운 성경 이야기를 영어로 발표하는 시간을 가지며, 이를 통해 자신감을 얻고 신앙에 대한 흥미를 키워나간다.

코로나19 팬데믹을 극복한 다음 세대 사역

코로나19 팬데믹 동안, 산본교회는 온라인 예배와 비대면 제자 훈련으로 전환하여 사역을 이어갔다. 교회는 팬데믹으로 인해 청년과 학생들이 교회에서 멀어질 것을 염려했지만, 오히려 온라인 플랫폼을 통해 더 많은 학생이 제자 훈련에 참여하게 되는 긍정적인 결과를 얻었다.

이와 관련해 이상갑 목사는 "다음 세대를 위해서 당회와 모든 사역자, 그리고 교회가 전적으로 지원하고 후원하여 창조적인 사역을 할 수 있도록 특별 지원비라든지 다음 세대의 사역을 위한 후원과 지원을 아끼지 않았기 때문이다"고 밝혔다. 이 목사는 또 "교회는 지금까지 교육비나 다음 세대 사역 비용을 낮춘 적이 없었다"며 계속해서 다음 세대를 건강하게 세워가고 어떻게 하든지 지원해서 우리 자녀 세대를 하나님을 위해 양육하고 키우는 교회가 되겠다고 약속했다.

지역사회를 섬기는 교회

지역을 아름답게 장식하는 '꽃의 교회'

산본교회의 지역 섬김은 그들의 일상 속 작은 실천에서부터 시작된다. 교회는 성전 꽃꽂이 비용을 줄여, 그 자원을 지역 주민들이 지나갈 때마다 볼 수 있도록 교회 외부를 장식하는 데 사용하고 있다. 계절마다 다양한 꽃으로 꾸며진 교회 앞마당은 주민들에게 작은 행복을 선사한다. 매년 열리는 철쭉 축제 기간에는 '철쭉 음악회'를 열어, 지역 주민들과 함께 아름다운 음악과 자연을 즐기는 시간도 가진다.

한 주민은 "교회를 다니지 않지만, 산본교회 앞을 지날 때마다 아름다운 꽃들을 볼 수 있어 기분이 좋아지고 교회가 이웃에게도 이렇게 신경을 쓰는 모습이

교회 앞 꽃 사진

참 인상적"이라 말했다.
　산본교회는 이처럼 이웃들에게 다가가는 작은 실천을 통해 그리스도의 사랑을 전하고 있다.

문화와 나눔의 공간, 라브리 도서관
산본교회는 '라브리 도서관'을 운영하여 지역 주민들에게 신앙 서적과 다양한 도서를 제공하고 있다. '라브리 도서관'은 책을 읽는 공간을 넘어 지역사회의 소통과 배움의 장으로 활용되고 있다. 교회는 또, 도서관을 지역 주민들을 위한 소모임 장소로도 개방하고 있어 이웃들이 자유롭게 모여 이야기를 나눌 수 있는 열린 공간을 제공한다.
　교회 관계자는 "도서관을 통해 지역 주민들이 교회와 더욱 친밀해지고, 신앙을 접할 수 있는 기회를 제공하고 있고, 특히 도서관에서 열리는 작은 세미나 독서 모임을 통해 새로운 사람들이 교회에 관심을 가지게 되는 경우가 많다"고 이야기한다.

생태문화환경위원회의 섬김 활동
생태문화환경위원회는 지역 내에서 재난이나 재해가 발생했을 때, 즉각적으로 대응할 수 있는 팀을 운영하고 있다. 교회는 수해나 화재 같은 위기 상황에서 지역 주민들을 돕기 위해 발 빠르게 나서며, 필요한 물품과 인력을 지원한다. 최근 화재로 사망한 베트남 근로자 부부의 장례비를 지원한 사건은 지역사회에 큰 감동을 주었다.

이치복 경기도 군포소방서장은 이와 관련해 "외국인이 우리나라에서 사망하면 여러 가지 절차가 복잡한데 군포 산본교회가 자체적으로 여러 섬김 활동을 통해 많은 도움을 주었다"며 "산본교회가 군포 지역의 아주 모범적인 교회다"라고 평가했다.

이상갑 목사는 "교회가 지역사회에 줄 수 있는 사랑은 우리의 물질이나 시간이 아니라 그것은 곧 하나님께서 우리에게 주신 사랑을 나누는 것"이라며 교회의 섬김 정신을 강조했다.

세계 열방을 향한 산본교회의 비전

망제리안 전도사와의 협력

산본교회는 미얀마 출신의 망제리안 전도사를 후원하며, 그가 박사 학위를 받을 때까지 지속적인 지원을 하고 있다. 8년 전 한국으로 유학 온 망제리안 전도사는 "한국에서 공부하며 신학을 깊이 있게 배울 수 있었던 것은 산본교회의 전폭적인 지원 덕분"이라며, 교회에 감

망제리안 아신대 대학원생 (구약학 박사과정)

사의 마음을 전했다. 그는 박사 학위를 마친 후 미얀마로 돌아가 복음 전파와 교회 개척에 헌신할 계획을 가지고 있다.

망제리안 전도사는 "미얀마의 청년들에게도 신앙의 힘을 전하고 싶다"며 그들이 예수님을 알고, 예수님을 따르는 삶을 살 수 있도록 돕겠다고 포부를 밝혔다.

수직적 선교에서 수평적 선교로의 전환

산본교회가 망제리안 전도사를 돕고 있는 것은 물질적 지원을 넘어 미얀마 현지에 건강한 교회를 세워가는 선교적 접근이다.

산본교회가 해외 선교 현장에서 사역하고 있는 모습

　　이와 관련해 이상갑 목사는 "선교가 물질 위주의 수직적 선교에서 사람을 세우는 수평적 선교로 바꿔야 한다"고 강조했다.
　　이는 교회가 단순히 물질을 지원하는 것이 아니라, 현지에서 복음을 전할 수 있는 인재를 양성하는 데 초점을 맞추는 것이다. 망제리안 전도사와의 협력도 이러한 철학을 바탕으로 이루어진 것이다.

앞으로의 비전과 결론　　　　산본교회는 앞으로도 다음 세대와 지역사회를 섬기며, 열방을 향해 나아갈 것이다. 교회의 중심에는 언제나 '사람'이 있다. "교회의 비전은 사람들이 예수님을 닮아가는 것입니다. 예수님의 사랑을 품고 이웃과 세상을 섬기는 것이 교회의 본질입니다"라고 강조한 이상갑 목사는 작은 일에도 그리스도의 사랑을 전하는 것을 목표로 하며, 지역사회와 열방을 위해 기도하고 행동하는 교회가 되겠다고 말했다.

100년의 빛… 신앙과 교육의 여정

제천제일교회: 안정균 목사

제천제일교회는 100년 넘게 지역사회의 신앙적 구심점이자 교육의 중심으로 자리 잡아 왔다. 1907년에 설립된 제천제일교회는 일제강점기와 한국전쟁 등 국가적 위기 속에서도 꿋꿋이 지역사회를 섬기며 '어머니 교회'로 불리게 되었다. 제천제일교회는 단순히 예배를 드리는 곳을 넘어, 지역 복음화와 유아교육을 통해 신앙의 실천을 이어 왔다. 특히, 1924년 설립된 유치원은 당시로서는 드물게 지방 아이들을 위한 교육의 장을 마련하며, 기독교 신앙을 바탕으로 아이들에게 희망을 심어주는 역할을 했다. 지난 100여 년 동안 신앙과 사랑으로 지역 주민들의 삶을 어루만진 제천제일교회는 여전히 지역의 중심에서 아이들과 청소년들에게 꿈과 비전을 심어주고 있다.

1907년 설립…

제천 지역의 어머니 교회

"우리 교회는 제천의 어머니 교회입니다." 안정균 담임목사는 제천에서 제천제일교회가 가진 의미를 이렇게 정의했다.

1907년에 설립된 제천제일교회는 초기에는 장로교회로 시작했으나, 1911년 감리교회로 전환하면서 본격적인 신앙의 중심지가 되었다. 당시 제천 읍내에는 교회가 거의 없었고, 유일하게 자리한 제천제일교회는 신앙의 뿌리를 내리고자 하는 지역 주민들에게 구심점이 되었다.

지역의 복음화를 위해 1950년대부터 분립 개척을 시작했다. 안정균 목사는 "지금까지 17개의 교회가 공식적으로 분립 개척되었고, 비공식적인 것까지 합하면 20개가 넘는다"며 교회가 감당한 사역의 무게를 설명했다. 이는 지역사회를 위한 교회의 역할을 상징적으로 보여준다. 교회는 분립을 통해 지역 곳곳에 신앙을 뿌리내리게 했고, 이를 통해 제천의 많은 교회들이 탄생하게 되었다.

100년의 교육,
제천유치원의 여정

제천유치원의 설립은 1924년, 그 당시 한국 사회의 격변기 속에서 시작되었다. 유치원이 처음 문을 연 것은 한국에서 기독교 교육의 중요성이 부각되던 시점이었다. 특히 1919년 3.1운동 이후, 기독교는 한국 사회에서 중요한 역할을 담당하게 되었으며, 독립운동과 맞물려 신앙 교육이 큰 관심을 받기 시작했다. 당시 교회는 단순히 예배를 드리는 곳을 넘어, 사회와 국가의 미래를 책임질 아이들에게 신앙과 교육을 심어주고자 했다.

제천제일교회는 이미 지역에서 신앙의 중심지로 자리 잡고 있었고, 지역사회에 더 많은 봉사를 하기 위해 고민하던 중 아이들을 위한 교육의 필요성을 깨달았다. 당시 교육은 대부분 도시 중심으로 이루어졌고, 지방의 아이들은 교육의 혜택을 누리기 어려운 상황이었다. 이에 교회는 지역의 아이들이 학문을 배우고 사회적 인격을 갖출 수 있는 교육의 장을 마련하고자 했다.

유치원의 설립 배경에 대해 안정균 목사는 이렇게 설명했다. "1919년 3.1운동 당시, 우리 교회 목사님의 자녀들이 독립운동에 참여했습니다. 그들은 이화학당과 배재학당에서 독립 선언서를 몰래 가져와 제천에서 만세운동을 주도했고, 이후 교회와 신앙인들은 엄청난 핍박을 받았습니다. 그런 가운데 교회는 단순히 신앙 공동체로서만 머물 수 없다는 것을 깨닫고, 민족과 사회를 위한 교육적 역할을 강화하기로 결정했습니다."

이러한 배경 속에서, 1924년 교회는 '동명유치원'이라는 이름으로 제천유치원을 설립했다. 당시 전국에 유치원이 많지 않았고, 교육이 부족한 지방에서는 유치원이라는 개념조차 생소한 시기였다. 그럼에도 불구하고 교회는 지역 아이들을 위한 유아교육의 중요성을 인식했고, 기독교 신앙을 바탕으로 아이들을 가르치기 시작했다.

1920년대 당시, 한국에는 한국인 대상으로 운영되는 유치원이 35곳에 불과

초창기 제천유치원(동명유치원) 학생들의 모습

했다. 하지만 그 후 10년 동안 전국적으로 유치원이 급증하게 되었고, 그 과정에서 기독교계 학교들이 유치원 설립에 중요한 역할을 했다. 제천유치원도 이 같은 흐름 속에서 설립되었으며, 특히 지역사회에서 기독교적 가치관을 바탕으로 한 교육의 필요성이 높아지면서 교회는 더욱 적극적으로 유치원 운영에 나서게 되었다.

**전쟁의 참혹함 속에서도
아이들을 품은 유치원**　　한국전쟁의 참혹한 현실 속에서도 제천유치원은 아이들을 품으며 그들에게 교육과 사랑을 전했다. 1952년에 제천유치원을 다녔던 한상백 권사는 그 시절을 회상하며 유치원이 전쟁 중에도 어떻게 아이들을 돌보았는지를 생생히 이야기했다.

"전쟁 중이었지만, 유치원은 문을 닫지 않았습니다. 그때도 전쟁이 완전히 끝나지 않았던 시기였고, 휴전 협상이 진행 중이었죠. 1952년에 저는 유치원에 다녔는데, 여러모로 열악한 환경 속에서도 아이들과 함께 뛰어놀았던 기억이 아직도 남아 있습니다."

전쟁의 폭격과 공습 속에서 일상이 파괴되고 모든 것이 불확실했던 시절, 제천유치원은 그럼에도 불구하고 아이들을 위한 공간을 지켜냈다. 유치원은 아이들이 안전하게 머무를 수 있는 안식처였다. 아이들은 전쟁의 공포 속에서도 유치원에서만큼은 평범한 일상을 누릴 수 있었다.

한상백 권사는 "유치원 마당에서 친구들과 함께 뛰어놀며, 잠시나마 전쟁의 공포를 잊을 수 있었다"고 당시를 회상했다.

**지명희 원장,
40년 가까이 유치원 사역에 헌신**

1986년 교생 시절부터 유치원과의 인연을 맺은 지명희 제천유치원 원장. 40년 가까이 유치원 사역에 헌신하고 있다. 지 원장은 "이곳에서 원장으로 재직하는 것이 큰 영광이자, 신앙의 연장선에서 감당해야 할 사명이라고 생각한다"고 말했다.

지명희 제천유치원 원장

제천유치원의 가장 큰 특징은 '성품 교육' 이다. "성품 교육이 제천유치원의 가장 큰 자랑이다"라고 말한 지 원장은 성품 교육이 아이들의 인성과 내면을 키우는 데 얼마나 중요한 역할을 하는지를 강

제천유치원 개원 100주년 기념식

조했다. 특히, 15년 전부터 성품 교육을 적극적으로 도입해, 아이들이 가정과 사회에서 바르게 성장할 수 있도록 돕고 있다. 이러한 성품 교육의 중요성은 학부모들의 이야기를 통해 더욱 명확해졌다.

학부모들이 전하는 성품 교육의 강점   유치원을 보낸 학부모들은 유치원이 단순히 아이를 돌보는 곳이 아닌, 아이의 삶을 변화시키는 공간이라고 입을 모았다.

권화선 학부모는 유치원의 성품 교육이 가정에서도 이어질 수 있도록 교사들이 도움을 준다고 설명했다. "유치원에서 매주 성품 프로젝트가 나오면, 아이와 함께 대화를 나누면서 부모로서도 많은 것을 배우고 깨닫게 되었습니다." 특히 권화선 학부모는 딸과의 감정 그래프 프로젝트를 회상하며, 유치원의 성품교육이 아이와 부모의 관계까지 변화시켰음을 강조했다.

강형욱 학부모 역시 유치원이 아이에게 미친 영향을 깊이 체감하고 있었다. 그는 "성품 교육을 받은 큰아이가 학교에서 타인을 배려하는 법을 배우며, 학교생활에 잘 적응하는 것을 보면서 유치원의 교육이 아이의 성장을 돕고 있다는 것을 실감했다"고 말했다. 강 씨는 제천유치원이 아이들의 내면을 키우는 소중한 공간임을 거듭 강조하며, 유치원의 사명에 감사함을 전했다.

졸업생 김은영 씨는 1988년에 졸업한 이후, 자신의 아이도 제천유치원을 보내며 유치원의 가치를 다시 한번 확인하게 되었다. 그녀는 "유치원이 나와 내 자녀에게 준 교육은 단순한 지식이 아니라, 삶을 대하는 태도와 신앙을 심어준 것"이라고 회상하며 성품 교육이 아이들이 성장하는 데 큰 힘이 되었다고 말했다.

청소년문화센터, 꿈을 향한 발판   유치원 사역 외에도, 제천제일교회는 다음 세대를 위한 청소년법인을 설립하고 '제천푸른청소년문화센터'를 운영하고 있다. 청소년문화센터는 지역 내 청소년들에게 다양한 문화 프로그램을 제공하며, 그들의 자아 발견과 성장을 돕는 역할을 하고 있다.

안정균 목사는 "교회가 감당해야 할 중요한 역할 중 하나는, 청소년들이 자신의 꿈을 찾고 그 꿈을 이루어 나갈 수 있도록 돕는 것"이라고 강조했다.

김혜주 학생은 제천교회의 청소년 프로그램을 통해 자신의 꿈을 찾게 된 사례 중 하나다. 중학교 2학년인 김혜주 학생은 바리스타 자격증을 따기 전까지는 특별한 꿈이 없었지만, 자격증을 취득한 후 자신에게 새로운 가능성이 열렸음을 깨달았다. "바리스타 자격증을 따고 나서, 내가 할 수 있는 일이 많다는 것을 알게 되었습니다. 커피에 대한 관심뿐만 아니라, 나 자신에 대한 자부심도 생겼어요." 혜주 학생의 이야기는 교회가 청소년들에게 실질적인 기회를 제공하고, 그들의 자아 발견을 돕고 있음을 보여준다.

청소년문화센터는 바리스타 프로그램 외에도 다양한 직업 교육과 문화 활동을 제공하며, 청소년들이 자신만의 길을 찾을 수 있도록 지원하고 있다.

앞으로의 100년, 아이들의 꿈과 비전

지난 100여 년 동안 세천세일교회는 지역사회의 신앙과 교육의 중심으로 자리 잡았고, 유치원과 청소년문화센터를 통해 많은 사람들의 삶에 변화를 가져왔다. 안정균 목사는 "우리 교회의 미래는 자라나는 아이들과 청소년들에게 있다"며, 앞으로의 교회 사역이 더욱더 이들을 위한 방향으로 나아가야 한다고 강조했다. 지난 100여 년 동안 교회는 유치원과 청소년문화센터를 중심으로 지역사회를 섬겨왔고, 그 과정에서 수많은 아이들이 이곳에서 꿈을 찾고, 성장해 나갔다. 이제 다가올 100년은 그들의 후손들, 그리고 다음 세대 청소년들이 신앙을 통해 삶의 방향을 바로잡고, 꿈을 이룰 수 있도록 지원하는 데에 중점을 둘 것이다.

2

지역과 함께하는
교회 이야기

코로나 속에서 피어난 '나눔의 꽃'

강남중앙침례교회: 최병락 목사

코로나 팬데믹으로 전 세계가 멈춘 순간, 강남중앙침례교회는 그 위기를 기회로 바꾸어 지역 상권에 희망을 심기 시작했다. 교회는 코로나로 인해 무너진 상가와 상인들에게 따뜻한 손길을 내밀었다. '살리는 향기'라는 교회의 비전 아래, 성도들은 적극적으로 지역 상권을 돕고 상인들에게 용기와 희망을 주며 그리스도의 사랑을 실천해 나갔다. 이 작은 행동들이 모여 하나의 기적이 되었고, 상권을 다시 일으켜 세우는 힘이 되었다.

코로나 팬데믹 속 지역 상권 살리기:
'살리는 향기를 나누다'

2020년, 전 세계를 강타한 코로나 팬데믹은 누구도 예상치 못한 위기를 불러왔다. 사람들은 집에 머물며 일상과 멀어졌고, 그 중에서도 가장 큰 타격을 입은 것은 지역 상권이었다. 거리에는 사람들이 사라졌고, 매출이 급감한 상점들은 하나둘씩 문을 닫아야 했다. 그럼에도 불구하고 한 지역에서는 새로운 바람이 불기 시작했다. 바로 강남중앙침례교회가 위치한 비트플렉스몰. 이곳 상인들에게 교회의 존재는 그들의 매출을 되살리고, 희망을 되찾아준 '살리는 향기'였다.

비트플렉스몰의 상인들은 2020년 이후로 몰 안이 텅 빈 모습에 절망을 느끼고 있었다. 불고기 브라더스의 이재우 사장은 그때의 절망감을 이렇게 회상했다. "코로나 때문에 2년 동안 상가들이 정말 힘들었습니다. 손님들이 거의 오지 않았고, 몰 안은 마치 죽음의 향기로 가득 찬 것 같았죠. 매출은 나날이 줄어들었고, 가게를 유지하는 것이 불가능해 보였습니다."

상인들의 표정은 날이 갈수록 어두워졌고, 그들의 마음속에는 언제 다시 손님들이 돌아올지 모른다는 불안함이 자리 잡았다. 그런데 2021년, 강남중앙침례교회가 비트플렉스몰 안으로 들어오면서 상황은 극적으로 변화하기 시작했다. 교회가 지역 상권을 되살리는 중요한 역할을 했기 때문이다.

강남중앙침례교회의 역할:
'착한 고객'이 되자

최병락 담임목사는 교회가 들어서자마자 성도들에게 분명한 메시지를 전했다. "우리는 이곳에서 예배를 드리지만, 단순히 예배만으로 이곳에 머물러서는 안 된다. 상가에 있는 상인들에게 착한 고객이 되어 이곳을 되살리는 데 일조해야 한다." 그는 성도들에게 각 매장에서 적극적으로 소비하고, 상인들에게 따뜻한 인사와 격려의 말을 건네라고 당부했다. 단순한 소비 행위가 아니라, 그리스도의 사랑을 실천하는 행위로 이어지길 원했던 것이다.

이에 따라 교회의 성도들은 담임목사의 권고에 따라 적극적으로 움직이기 시작했다. 비트플렉스몰에 들어서는 모든 상점들은 성도들의 따뜻한 환영을 받았다. 그들은 식당에 가서 식사하고, 커피숍에서 커피를 마시며, 상인들에게 "감사

왕십리 비트플렉스몰 상가

합니다", "수고 많으십니다"라는 말을 잊지 않았다. 이러한 작은 행동들이 모여 상인들에게 큰 힘이 되었다.

추수감사절:
지역 상권에 다시 불어넣은 활기 2021년 추수감사절, 강남중앙침례교회는 지역 상권을 더 적극적으로 돕기 위한 특별한 행사를 기획했다. 담임목사의 제안으로, 교회는 성도들에게 5천 원권 상품권을 나누어주었다. 이 상품권은 몰 안에 있는 상점에서 사용할 수 있는 것이었으며, 성도들은 이를 활용해 몰 내에서 다양한 물품을 구매했다. 그 결과, 5천 원의 사용이 아니라, 성도들은 각 매장에서 더 많은 금액을 지출하며 지역 상권에 활기를 불어넣었다.

불고기 브라더스의 이재우 사장은 이때의 효과를 이렇게 말했다. "교회에서 상품권을 나눠주고, 성도들이 몰 안에서 소비를 하기 시작하자 상권이 살아났습니다. 유동 인구가 눈에 띄게 늘었고, 매출도 그에 따라 증가했습니다. 특히 수요일, 금요일, 일요일에는 교회 성도들이 몰에 자주 방문하면서, 매출이 크게 상승했습니다. 교회가 지역 상권에 미친 긍정적인 영향은 그야말로 대단했습니다."

죽음의 향기에서 살리는 향기로:
복음 전파의 새로운 방식 강남중앙침례교회의 사역은 소비를 통한 지역 상권 지원에 그치지 않았다. 최병락 목사는 주일 설교에서 교회가 이 지역에 들어오면서 '죽이는 향기가 아닌 살리는 향기가 되자'는 메시지를 성도들에게 전했다. 그는 "우리가 몰에 들어왔을 때, 상인들이 교인들의 착한 행실을 보고 교회에 대한 긍정적인 이미지를 갖게 하자"고 거듭 강조했다. 그리고 그러한 행실을 통해 자연스럽게 복음이 전파되기를 바랐다.

불고기 브라더스의 이재우 사장은 교회의 이러한 사역에 깊은 인상을 받았다. "처음 교회에 나가서 목사님의 설교를 들었는데, '죽이는 향기와 살리는 향기'에 대한 말씀이었습니다. 그 말씀을 듣고 나니, 교회가 몰에 들어온 것이 단순한 우연이 아니라는 생각이 들었습니다. 교회 교인들이 상가를 돌면서 '살리는

강남중앙침례교회 2021년 11월 첫 주일 예배 모습

향기'를 퍼뜨리는 것을 보고, 저도 이곳이 다시 살아날 수 있다는 희망을 느끼게 되었습니다."

교회의 성도들은 상인들에게 매일같이 작은 친절과 격려의 말을 건넸다. 이는 자연스럽게 상인들의 마음을 움직였고, 그들이 교회와 성도들에게 감사하는 마음을 품게 되었다. 이러한 관계는 상업적 거래를 떠나 서로의 삶을 지탱하는 큰 힘이 되었다.

지역 상권을 넘어서:
피로 회복 캠페인   강남중앙침례교회의 사역은 비트플렉스몰 내에서의 상권 활성화에 그치지 않았다. 교회는 코로나로 인해 지친 지역사회를 돕기 위해 '피로 회복 캠페인'을 시작했다. 이 캠페인은 지역 주민들과 상인들을 대상으로 한 헌혈 캠페인이었으며, 많은 성도들이 자발적으로 참여했다.

교회 성도들이 한겨울 눈 속에서 헌혈 버스 앞에 줄을 서 있는 모습은 많은 이들에게 큰 감동을 주었다. "코로나 시기, 혈액이 부족한 상황에서 우리 교회가 앞장서서 헌혈을 했습니다. 성도님들이 추운 날씨에도 헌혈에 동참해 주셨고, 이는 지역사회에 큰 힘이 되었습니다." 이동길 강남중앙침례교회 장로의 말처럼,

이 캠페인은 헌혈 이상의 의미를 지니고 있었다. 지역사회의 피로를 회복시키고, 생명을 살리는 중요한 사역이었다.

상인들의 감사와 소망   강남중앙침례교회의 이러한 노력은 상인들 사이에서 큰 감동을 불러일으켰다. 비트플렉스몰 B입주업체 송원석 대표는 교회의 사역을 통해 다시 한번 희망을 되찾게 되었다. "처음에는 포기할까도 생각했지만, 교회가 들어오고 나서 작은 희망을 느끼게 됐습니다. 교회 교인들이 상가를 살리고, 저희 같은 상인들에게 큰 힘이 되어 주었어요. 그분들이 없었다면 정말 어려웠을 겁니다." 송 대표는 코로나가 끝난 후에도 교회가 이곳에 남아줄 것을 간절히 소망했다. "하루빨리 코로나가 끝나고, 교회와 성도님들과 함께 정상적인 일상을 회복했으면 좋겠습니다. 교회가 이곳에 있는 한, 저희도 함께 살아갈 수 있다는 희망이 있어요."

지속 가능한 나눔:
강남중앙침례교회의 비전   강남중앙침례교회는 지역 상권 살리기 사역을 일회성으로 끝내지 않았다. 최병락 목사는 이를 "오랫동안 지속되어야 할 사명"이라고 강조했다. 이동길 장로 역시 "이것은 단순한 이벤트가 아니라, 우리 교회의 중요한 사역입니다. 우리는 이 지역 상권을 계속해서 돌볼 것이고, 이곳이 살아날 수 있도록 끝까지 책임질 것입니다"라고 다짐했다.

교회는 앞으로도 비트플렉스몰을 중심으로 한 다양한 사역을 계획하고 있다. 성도들은 소비자에 그치지 않고, 상인들과 깊은 관계를 맺으며 그리스도의 사랑을 실천할 것이다. 이로써 강남중앙침례교회는 '살리는 향기'로 이 지역에 깊이 뿌리내리고, 지역사회와 함께 성장할 것이다.

세상과 교회를 잇는 통로

신길교회: 이기용 목사

신길교회는 지역사회와 긴밀히 연결된 사역으로 주목받고 있다. 이기용 목사의 목회 철학은 '교회와 세상의 통로'라는 비전을 품고, 교회가 지역의 필요를 채우는 다리 역할을 해야 한다는 데 초점이 맞춰져 있다. 이를 통해 신길교회는 셀럽 콘서트, 재래시장 활성화 운동, 작은 교회 목회자 지원 등 다채로운 사역으로 지역사회에 실질적 도움과 감동을 선사하고 있다. 또한 다음 세대를 위한 통합적 목회와 출산 장려 운동을 통해 한국 교회의 미래를 준비하며, 모든 세대가 함께 예배드리는 공동체를 세워가고 있다. 신길교회는 이처럼 세상과 교회를 연결하며, 하나님의 사랑을 삶으로 실천하는 교회로 자리매김하고 있다.

지역사회와 교회의 통로 역할을 시작하다:

셀럽 콘서트

신길교회는 2022년 12월 17일, '교회와 세상이 만나다'는 주제로 제1회 셀럽 콘서트(유명인 초청 대담회)를 열었다. 이 행사는 음악감독 조성우와 개그우먼 정선희가 초대된 특별한 콘서트로, 신길교회 카페에서 진행되었다. 셀럽 콘서트는 교회와 세상의 경계를 허물고 신앙과 일상 사이에 다리를 놓는 시도였다.

이기용 담임목사는 교회가 과거 한국 근대사에서처럼 세상을 선도해야 한다는 사명을 가지고 이 행사를 기획했다. "교회가 세상과 소통하며 문화를 리드할 수 있는 새로운 기회를 만들어보자"는 그의 의지로 시작된 셀럽 콘서트는, 일

2021년 12월 신길교회 카페에서 열린 제1회 셀럽 콘서트

'이기용 목사와 함께하는 아이 소통 유' 토크콘서트

반인들이 교회에 더 가까이 다가갈 수 있는 소통의 장을 제공하였다.

교회 카페는 리모델링을 통해 단순한 커피 한 잔의 공간이기에 앞서, 주민들이 자연스럽게 교회에 발을 들여놓을 수 있는 친근한 장소로 변모했다. 이로 인해 교회 카페를 찾은 지역 주민들은 교회의 본당에 들어가기 어려워했던 비신자들이라도 부담 없이 교회와 접촉하게 되었다.

한 마을주민은 "카페에서 우연히 목사님을 만나고 대화를 나누다, 자연스럽게 교회 예배에 참여하게 되었다"는 경험을 나누며 셀럽 콘서트의 의미를 강조했다.

상권 활성화와 이웃 섬김:
어려운 이웃을 위한 나눔의 손길

신길교회의 사역 중 주목할 부분은 지역 상권을 살리고 한 부모 가정과 어려운 이웃들을 돕는 일이다. 코로나 팬데믹 동안 서울시 영등포구의 대신시장을 비롯한 많은 상인들이 극심한 경제적 어려움을 겪고 있었다. 교회는 이에 대한 대응으로 2019년부터 시작된 재래시장 활성화 운동을 꾸준히 이어왔고, 네 차례에 걸쳐 상인들에게 실질적인 도움을 제공했다. 이 과정에서 신길교회는 대신시장 상인들에게 지역 상품권을 발행해, 교회와 시장 간의 상생 모델을 만들었다.

안연봉 대신시장 번영회장은 "신길교회가 상품권을 발행해 상인들에게 많은 도움이 됐다"며 감사의 마음을 전했다. 이처럼 교회는 지역 상인들에게 실질적인 지원을 제공하며, 그들이 코로나19로 인한 경제적 위기를 극복할 수 있도록 도왔다. 교회의 섬김은 물질적 지원을 넘어서, 상인들의 마음을 따뜻하게 감싸며 교회와 지역사회 간의 유대감을 높였다.

지역 교회를 향한 사랑:
작은 교회 목회자들과의 동행 신길교회는 이와 함께 소규모 교회들이 재정적 어려움 속에서도 꾸준히 목회를 이어갈 수 있도록 돕는 파트너십 사역을 시작했다. 지난 2017년부터 시작된 이 사역은 매년 새벽부흥회에 작은 교회 목회자들을 강사로 초청해 설교 기회를 제공하는 방식으로 이루어졌다. 이를 통해 목회자들은 성도들과 교감하며 은혜로운 시간을 보냈고, 설교를 통해 용기와 새로운 활력을 얻었다.

정릉성결교회 서경배 목사는 "신길교회가 물질적인 후원뿐만 아니라, 저희 목회자들을 새벽부흥회 강단에 세워주었다"며 "그 뜨거운 환대 속에서 말씀을 전하는 것이 큰 은혜였다"고 소감을 밝혔다.

신길교회는 작은 교회 목회자들과의 동행을 통해 이들이 성장을 이어갈 수 있도록 돕고 있으며, 지역 교회와의 상생 모델을 지속적으로 구축해 나가고 있다.

2017년부터 지역 교회를 섬기고 있는 제2회 지역 교회 파트너십

다음 세대를 위한 특별한 준비: 통전적 목회와 출산 장려 운동

신길교회의 통전적 목회 철학은 모든 세대를 아우르는 예배와 사역을 중요시하는 이기용 목사의 목회 방향성을 보여준다. 그는 장·노년뿐만 아니라 영유아부터 청소년에 이르기까지, 온 세대가 함께 예배드리는 교회를 꿈꾸고 있다. 신길교회는 매주 수요일과 금요일, 주일 오후에 온 세대가 함께 모여 찬양하고 예배드리는 시간을 가지며, 아이들도 예배의 중요한 일원으로 함께한다.

이와 더불어 신길교회는 다음 세대를 위한 출산 장려 운동에도 적극적으로 나서고 있다. 출산하면 첫째 아이에게는 50만 원, 둘째 아이에게는 100만 원, 셋째 아이에게는 200만 원의 장려금을 제공하며, 아이를 낳고 키우는 성도들을 격려하고 있다. 이기용 목사는 "아이들은 천하보다 귀한 존재이며, 한국교회의 미래"라고 강조하며, 이들이 교회 안에서 존중받고 축복받아야 함을 역설했다.

2022년 신길교회는 유아 세례식을 통해 44명의 아이에게 세례를 주었으며, 그 아이들의 신앙 성장을 위해 교회가 지속적인 관심과 지원을 아끼지 않고 있다. 이 목사는 "아이들 안에는 미래의 베드로와 바울, 에스더가 자라고 있다"며, 그들이 교회와 국가의 미래임을 잊지 않고 더욱 사랑으로 양육할 것을 다짐했다.

지역사회와 함께하는 새로운 비전

신길교회의 사역은 지역사회와 교회가 함께 성장할 수 있도록 새로운 비전을 제시하고 있다. 이기용 목사는 교회가 단지 신앙의 장이 아닌, 지역사회의 문제를 해결하고 그들의 필요를 채우는 역할을 해야 한다고 강조한다. 그에 따라 교회는 지역 상인들과 어려운 이웃들을 위한 물질적 지원뿐만 아니라, 한부모 가정을 위한 정서적 지원도 제공하고 있다.

이처럼 신길교회는 지역 상인들과 한부모 가정을 섬기며 그들의 삶에 실질적인 변화를 가져다주고 있다. 한부모 가정 중 한 명은 "교회로부터 받은 상품권과 목사님의 편지는 나를 감싸주는 하나님의 사랑이었다"며 감사의 마음을 전했다. 신길교회의 섬김은 사람들의 마음을 움직이며, 이들이 교회와 더욱 가까워질 수 있는 계기가 되고 있다.

예수님의 길을 따르는 교회

도림교회: 정명철 목사

도림교회는 일제강점기 창립 이래 100년 가까이 예수님의 사랑을 실천하며 서울 영등포 지역에서 소외된 이웃과 함께 걸어온 교회이다. '예수 따라 사는 사람들'이라는 표어와 함께 교회는 선한 영향력을 넓혀 왔고, 1981년 통합총회의 시범 교회로 선정되면서 사회적 약자에 대한 다양한 봉사와 지원을 강화해 왔다. 오늘날 도림교회는 경제적 돌봄, 장애인 보호와 교육, 맞벌이 가정을 위한 방과 후 학교, 한글학교 등 여러 사역을 통해 이웃을 섬기며 그리스도의 사랑을 전하고 있다.

사회적 약자를 향한 연속된 섬김

도림교회의 선교 사역은 시작부터 지역사회를 섬기며 사랑을 실천하는 것이었다. 1981년, 통합총회 시범 교회로 선정되면서 '지역사회개발교육원'을 개원하고 노인학교를 열며 지역사회의 어려운 이웃들에게 다가갔다. 교회는 경제적 어려움을 겪는 가정과 독거노인, 어린이들에 이르기까지 다양한 사회적 약자들을 돕기 위해 여러 가지 지원 프로그램을 마련했다.

정명철 담임목사는 "도림교회는 한 교회가 감당하기 힘든 여러 사역을 해 오고 있지만, 가장 우선시하는 사역은 언제나 사회적 약자를 돕는 봉사"라고 강조한다.

이와 함께, 도림교회는 사회적 책임을 다하는 것에 그치지 않고, 나아가 지역사회에 더 큰 사랑을 전하는 것을 사명으로 삼고 있다. 예수님을 따라 섬기는 교회로서, 소외된 이웃들을 향한 봉사와 헌신을 기꺼이 감당하는 성도들이 있기에 가능한 일이다.

장애인을 위한 보호와 교육:
'모랫말 꿈터'

도림교회는 장애인을 위한 특별한 프로그램인 '모랫말 꿈터'를 통해 영등포 근교에 거주하는 지적 장애인 및 발달 장애인들에게 하루 일과를 보낼 수 있는 안전한 보호 공간을 제공하고 있다. '모랫말 꿈터'에서는 낮 동안 장애인들을 보호할 뿐만 아니라, 교육과 자립 훈련, 체육 활동, 캠핑 등 다양한 프로그램을 제공하여 이들이 사회에 적응할 수 있는 능력을 기를 수 있도록 돕고 있다.

장애 자녀를 둔 학부모들은 '모랫말 꿈터'에서 집단생활을 통해 사회성을 키우고, 자립하는 데 큰 도움을 받고 있다며 감사를 표한다. 한 학부모는 "우리 아이가 처음에는 눈을 마주치는 것조차 어려워했지만, 선생님들이 세심하게 보살펴 주시고 일대일 인지 교육과 일상생활 훈련을 해준 덕분에 점차 눈 맞춤이 가능해졌고, 자기가 하고 싶은 말을 할 정도로 발전했다"며 큰 감동을 전했다.

'모랫말 꿈터'는 장애인 자녀를 둔 가족들에게 심리적 안정과 지원을 주는 쉼터 역할을 하고 있다.

사랑의 천사 기금:
생명을 살리는 작은 정성

도림교회는 10년 넘게 이어온 사랑의 천사 기금을 통해 난치병 어린이들을 위한 치료비를 지원하는 데 앞장서고 있다. 사랑의 천사 기금은 교인들이 1만 원씩 자발적으로 헌금하며 쌓아가는 방식으로, 지금까지 총 18차례에 걸쳐 1,800여만 원이 모였다. 이 기금은 전 세계의 소외된 지역에서 희귀 질환을 앓고 있는 아이들을 한국으로 초청해 치료받게 하거나, 해당 국가에서 의료 혜택을 받을 수 있도록 지원하는 데 쓰이고 있다.

최근 남수단에서 쇳조각을 삼킨 글로리아 학생을 초청해 치료비는 물론 항공료와 체류비까지 지원하며 큰 화제가 되었으며, 그 이전에는 몽골의 통갈락 양에게 수년간의 고통을 덜어줄 입술 종양 수술을 지원했다. 사랑의 천사 기금은 도

사랑의 천사, 예배당 입구에 걸려있는 1,004개의 퍼즐로 구성된 성화

림교회의 성도들이 자발적으로 모은 작은 정성이 모여 이루어진 결과물이며, 그 작은 사랑이 전 세계의 아이들에게 새로운 삶의 기회를 제공하고 있다.

사랑의 집수리:
따뜻한 보금자리를 만드는 섬김

도림교회의 사랑은 교회 밖으로, 이웃의 집으로까지 이어진다. '사랑의 집수리'는 주거 환경이 열악한 이웃들을 위해 도림교회가 꾸준히 진행해온 사역으로, 주거지가 낡고 위험한 환경에 처한 이웃들에게 교회의 손길을 건네고자 시작되었다.

교회의 성도들이 싱크대 교체, 도배, 장판 시공 등 주택의 구석구석을 직접 수리하며, 마치 새집처럼 단장해준다. 정명철 목사는 "보통 일주일에 한두 건, 많을 때는 세 건까지 진행하며, 집을 깨끗이 수리하고 이불까지 새로 마련해 주었다"고 말하며, 코로나로 인해 중단된 상황에 안타까움을 전했다. 사랑의 집수리 사역은 단순한 집수리를 넘어, 도움이 필요한 이웃에게 도림교회의 따뜻한 사랑을 전하는 귀한 섬김이다.

다음 세대를 위한
방과 후 학교와 한글학교

도림교회는 맞벌이 가정을 위한 방과 후 학교를 통해 지역 내 초등학생들이 방과 후에도 안전하고 유익한 시간을 보낼 수 있도록 돕고 있다. 방과 후 학교는 평일 아침부터 저녁까지 운영되며, 독서 지도, 생활체육, 과학, 미술, 스키캠프 등 다양한 프로그램을 통해 어린이들에게 즐거운 배움과 성장의 기회를 제공한다. 맞벌이 부모들은 도림교회의 방과 후 학교가 자녀에게 안정적인 배움터이자 보금자리가 되어주어 큰 만족을 느끼고 있으며, 아이들을 믿고 맡길 수 있다는 점을 감사해한다.

또한, 도림교회는 한글을 배우고 싶어 하는 성인들을 위해 한글학교를 30여 년째 운영해 오고 있다. 한글학교는 주로 한글을 모르는 20대에서 80대까지의 지역 주민을 대상으로 하며, 단계별로 교육 과정을 제공하여 초등학교 졸업장을 취득할 수 있도록 돕는다. 성도들은 불교, 천주교 신자부터 일반 주민들에 이르기까지 다양한 수강생들이 한글학교에서 한글을 배우고, 이 과정에서 하나님을 알게 되며 성격이 밝아지는 모습에 큰 감동을 느낀다.

이웃을 위한 열린 공간:
새 성전 도림비전센터

도림교회는 창립 100주년을 앞두고 2019년 새 성전을 건축하면서, 'The Way'라는 개념 아래 성전의 1층 전체를 지역 주민들을 위한 공간으로 개방했다. 이곳에는 카페, 도서관, 키즈룸, 스포츠 라운지, 콘서트홀 등이

옛 도림교회 모습

교회창립 100주년을 앞두고 지난 2019년 12월 입당 예배를 드린 새 성전 '도림비전센터'

마련되어 있으며, 주민들이 자유롭게 이용할 수 있다. 스크린 골프와 탁구를 즐길 수 있는 스포츠 라운지는 지역 주민들이 편하게 모여 소통할 수 있는 장소가 되고 있다.

도림비전센터의 '행복을 파는 가게'는 성도들이 기증한 애장품과 의류, 핸드백을 판매하여 얻은 수익금을 전액 장학금과 이웃돕기에 사용한다. 이곳에서 판매되는 물품들 중에는 지역 인사들이 기증한 명품도 포함되어 있으며, 수익금은 교회 재정과 별도로 관리되어 오로지 이웃을 돕기 위한 기금으로 쓰인다.

지역 주민들은 "이곳에서 쇼핑을 하며 내가 소비한 돈이 이웃돕기에 쓰인다는 점이 큰 보람"이라며 도림비전센터의 사역에 깊은 감사의 마음을 전한다.

충성, 헌신, 겸손을 바탕으로 한
목회 철학

도림교회는 '충성, 헌신, 겸손'이라는 정명철 목사의 목회 철학 아래 운영된다. 정 목사는 끝까지 하나님께 충성하며, 성도와 이웃을 위한 헌신을 아끼지 않고자 노력해왔다.

또한 겸손한 자세로 모든 이들에게 다가가며, 이웃과 함께하는 교회로서의 사명을 잊지 않고 있다. 이러한 목회 철학은 다음 세대에 대한 책임감을 담아 교육에도 집중하고 있다. 도림교회는 아기학교, 교회학교, 제자학교 등 다양한 프로그램을 통해 다음 세대를 위한 신앙 교육을 강화하고 있으며, 이를 통해 한국교회의 미래를 준비하고자 한다.

예수님의 길을 따르며,
사랑을 전하는 도림교회의 다음 100년

도림교회는 지난 100년 동안 지역사회를 섬기며 예수님의 사랑을 전해왔다. 앞으로도 도림교회는 '예수 따라 사는 사람들'이라는 표어를 실천하며 이웃과 함께 살아가고, 지역사회를 섬기는 교회로서의 역할을 다할 것이다. 도림교회의 헌신과 사랑이 지역사회에 더욱 널리 퍼지기를 기대하며, 이웃과 함께하는 아름다운 신앙 공동체로 성장하기를 기도한다.

지역을 품고 세상을 잇는 교회

시온성교회: 최윤철 목사

서울시 영등포구 양산로에 자리한 시온성교회는 지역사회의 필요에 응답하며 그들의 삶과 밀접하게 연결된 다양한 사역을 이어오고 있다. 어르신 반찬 나눔에서부터 아이들을 위한 교육 프로그램, 청년과 다음 세대를 위한 창작 공간 제공에 이르기까지, 시온성교회는 지역 주민들에게 따뜻한 손길을 건네며 삶의 변화를 만들어가고 있다. 특히 '이음 스튜디오'는 지역 주민들을 위한 창작과 소통의 공간으로 주목받고 있다. 무료로 제공되는 '이음 스튜디오'는 주민과 청년들이 부담 없이 이용할 수 있도록 교회라는 흔적을 의도적으로 배제하여 종교적 장벽을 낮췄고, 지역 카페와의 협력을 통해 상생의 길을 열어가며 진정한 공공성과 사랑의 본질을 실현하고 있다.

어르신 섬김으로 시작된
나눔의 발걸음

시온성교회의 섬김 사역은 지역 어르신들을 향한 따뜻한 손길로부터 시작됐다. 최윤철 담임목사는 어르신 섬김을 교회의 가장 중요한 사명 중 하나로 꼽는다. 매 격주로 약 100가정에 직접 만든 반찬을 배달하며, 단순히 음식을 전하는 것을 넘어 가정을 방문하고 안부를 묻는 시간을 갖는다.

"혼자서는 식사를 챙기기 어려운 어르신들에게 반찬을 전하며 그분들의 고독을 덜어드리는 것이 우리 교회가 할 수 있는 작은 사랑의 표현"이라고 최 목사는 강조한다.

뿐만 아니라, 생일을 맞은 독거 어르신들에게는 생일 케이크를 전달하며 가족 같은 사랑을 전한다. 겨울에는 따뜻한 이불을 나누고, 김장철에는 직접 담근 김치를 전달하며 계절마다 어르신들에게 필요한 것을 세심하게 준비한다. 이 같은 섬김은 정서적인 지지를 함께 제공하며 어르신들의 삶에 활력을 불어넣는다. 이러한 나눔을 받은 한 어르신은 "반찬도 좋지만, 사람의 정과 함께 전달되는 마음이 더 소중하다"고 말하며, 이 사역이 단순한 물질적 나눔을 넘어 관계적 나눔이라고 이야기한다.

이뿐만 아니라 가정 방문 중 어르신들의 생활환경을 개선하기 위해 집수리를 진행하거나 LED 전등을 교체하는 등 실질적인 도움을 제공한다. 교회는 어르신들의 주거 환경까지 세심하게 돌보며 진정한 이웃의 역할을 실천하고 있다.

**문화와 예술로 이어지는
삶의 즐거움**

시온성교회는 또, 주민과 성도들을 위한 문화 사역에도 힘쓰고 있다. 특히, 코로나 이전에 운영되었던 아기학교와 관현악 교실은 세대를 아우르는 배움의 장이었다.

관현악 교실은 교회가 전문 강사를 초빙해 아이부터 어른까지 악기를 배우도록 돕는 과정으로, 주말에는 80명이 넘는 인원이 참여할 만큼 큰 인기를 끌었다. 아기학교 역시 어린 자녀를 둔 부모들에게 큰 도움을 주며 교회와 지역이 연

관현악 연주회

결되는 중요한 다리 역할을 했다.

또한, 교회 지하에 마련된 탁구장은 성도뿐 아니라 지역 주민들에게도 문을 열어놓았다. 약 80명의 주민이 회원으로 등록해 교회를 드나들며 탁구를 즐겼고, 이를 통해 자연스럽게 교회와 지역사회가 연결되었다.

이와 함께 시온성교회는 성도들로 이루어진 극단을 운영하며, 1년에 한 번 정기공연을 준비하고 마을 행복 잔치와 같은 지역 행사를 통해 주민들에게 기쁨을 선사하기도 했다.

이 같은 문화 사역은 취미나 여가의 영역을 넘어, 지역 주민과의 연결을 강화하며 더 큰 공동체를 형성하는 계기가 되었다.

**복합 문화공간
'이음 스튜디오'의 탄생**

시온 성교회는 이러한 섬김과 문화 사역을 한 단계 더 발전시키기 위해 새로운 공간, '이음 스튜디오'를 오픈했다. '이음 스튜디오'는 전문가에게 컨설팅을 받아 지역과 세대를 잇는 복합문화 공간으로 설계되었다. '지역을 잇고 세상을 잇다'는 슬로건 아래 이곳은 청년과 주민들이 자유롭게 이용할 수 있는 열린 장소로 운영되고 있다.

스튜디오 내부는 영상 촬영과 편집이 가능한 스튜디오 방 4개와 강연과 세미나를 위한 다목적 홀로 구성되어 있다. 스튜디오는 누구나 무료로 이용 가능하

시온성교회는 지역 문화 사역의 일환으로 '이음 스튜디오'를 만들어 주민과 교회 청년들에게 무료로 제공하고 있다.

며, 편집 장비와 녹화 장비 등도 제공한다.

최윤철 목사는 "교회가 이름을 드러내지 않고 조건 없이 섬길 때 세상과 더 깊이 연결될 수 있다"며, 교회라는 색채를 배제하고 누구나 부담 없이 이용할 수 있는 공간으로 만들었다. 이러한 운영 철학은 교회 내부에서도 큰 공감을 얻어, 전 성도가 함께 이 사역에 동참하고 있다.

**'이음 스튜디오'의
감동적인 이야기**

'이음 스튜디오'가 문을 연 지 한 달이 채 되지 않을 때도 많은 사람들이 이곳을 찾아왔다. 유튜브 크리에이터를 준비 중인 박윤경 씨는 "촬영할 공간이 부족해 늘 고민이었는데, 이음 스튜디오 덕분에 꿈을 이룰 발판이 생겼다"고 고마움을 전했다. 윤경씨는 운동을 재미있게 할 수 있는 방법을 콘텐츠로 제작하며, 건강한 삶을 전파하는 크리에이터로 성장하고 있다.

또한, 교회 청년부는 이 공간을 소그룹 모임 장소로 사용하고 있다. 최주희 청년은 "믿지 않는 친구들에게도 부담 없이 소개할 수 있는 공간"이라며, '이음 스튜디오'가 믿음의 다리가 될 가능성을 강조했다. 유선우 청년은 "공부하고 책 읽을 공간이 생겨 청년으로서 너무 감사하다"며, 이 공간이 자신뿐만 아니라 다른 청년들에게도 귀한 자리가 될 것이라고 말했다.

지역 상생과 협력을 위한 노력

시온성교회는 '이음 스튜디오'를 운영하면서 지역 경제와 상생하는 방법도 고민했다. 음료 판매를 하지 않는 대신, 지역 카페와 협력해 이음을 이용한 사람들이 카페에서 할인 혜택을 받을 수 있도록 했다. 이웃 카페 사장 전운찬 씨는 "이음 스튜디오와 협력하며 지역 경제 활성화에 동참하게 되어 보람을 느낀다"고 밝혔다.

이처럼 '이음 스튜디오'는 단순히 공간을 제공하는 것을 넘어, 지역 상권과의 협력을 통해 더 넓은 선한 영향력을 만들어가고 있다.

교회의 공공성을 실천하며   시온성교회는 그저 예배와 교육에 머무르지 않는다. 교회의 담을 넘어 지역 주민을 품고, 세대와 세상을 잇는 가교로서의 역할을 충실히 하고 있다.

최윤철 목사는 "교회는 마을의 필요를 채우고, 지역 주민들과 함께 살아가는 공동체가 되어야 한다"고 강조하며, '이음 스튜디오'가 단순한 공간이 아닌 사람들을 잇는 만남의 플랫폼이 되길 소망했다.

시온성교회의 다양한 사역은 지역 주민들의 삶을 변화시키고, 세상 속에서 교회의 본질을 다시 발견하게 하는 작은 불씨다. 조건 없는 사랑과 섬김, 그리고 공공성에 대한 실천, 이 모든 것이 시온성교회를 통해 선명히 드러나고 있다.

시온성교회의 이야기는 오늘날 교회가 지역사회와 어떤 관계를 맺어야 하는지에 대한 하나의 해답이 되고 있다. '지역을 섬기고 세상을 잇는 교회'라는 그들의 비전은 앞으로도 계속될 것이다.

이음 스튜디오는 지역 주민들의 사랑방으로도 인기를 얻고 있다.

이웃을 내 몸처럼… 교회 공간 공유하며 사랑 실천

브니엘교회: 유병용 목사

서울 송파구 위례 신도시와 거여·마천 지역의 경계에 자리한 브니엘교회는 사랑과 섬김의 실천으로 지역과 세계를 품고 있다. 장애인과 어르신을 위한 섬김 사역을 통해 실질적인 도움을 제공하며, 교회의 공간을 주민들에게 개방하여 소통과 협력의 장으로 활용하고 있다. 베이커리 카페 운영으로 지역 커뮤니티를 활성화하는 한편, 필리핀 브니엘시니어하이스쿨을 지원하며 교육과 선교의 가치를 실현하고 있다. 장애인 단체 지원, 필리핀 교육 선교, 그리고 젊은 세대를 위한 준비까지, 브니엘교회는 복음의 가치를 삶 속에서 실천하며 사랑의 공동체로 자리매김하고 있다.

장애인과 어르신 섬김:
섬김의 중심에 선 교회

브니엘교회는 약 15년간 장애인을 위한 사역을 지속하며 지역 내 1급 장애인 단체와 전동 휠체어를 사용하는 장애인 모임에 공간과 지원을 아끼지 않았다. 접근이 용이한 시설을 제공하고, 행사 장소를 무상으로 개방하여 장애인 단체들이 모임과 활동을 원활히 할 수 있도록 돕고 있다. 이 과정에서 장애인들을 위한 교육과 행사 도우미 훈련 장소도 함께 제공하며, 지역의 복지 네트워크와 협력하고 있다.

또한, 교회는 매주 몸이 불편하거나 생활이 어려운 20여 가정을 위해 반찬, 빵, 과일, 음료를 전달하며 실질적인 도움을 제공한다. 특히 여름에는 선풍기, 겨울에는 전기 매트와 이불 등을 지원하며, 코로나19 시기에도 비대면 방식으로 사역을 멈추지 않았다. 성탄절에는 각 가정을 위한 특별 선물 세트를 준비하여 따뜻한 온기를 전했다.

**지역사회와의 협력:
소통과 공감의 장**   브니엘교회는 지역 주민들의 삶 속에서 소통과 공감의 중심지로 자리 잡았다. 예배당, 식당, 교육관 등 교회의 다양한 공간들은 예배 시간을 제외하고 언제든 개방되어, 아파트 주민 모임, 피아노 학원 발표회, 미술 전시회 등 지역사회를 위한 다양한 행사에 활용되고 있다.

특히, 위례 신도시와 거여·마천 지역 주민들이 교통 문제나 생활 불편을 논의할 때 브니엘교회는 중요한 역할을 해왔다. 주민들이 문제를 논의하고 해결 방안을 모색하는 회의 장소를 제공하며, 교량 역할을 자처한 것이다.

위례공동현안비상대책위원회의 활동 지원은 브니엘교회의 지역 협력의 대표적인 사례로 꼽힌다. 신도시 개발로 인한 교통 문제와 생활 불편에 대한 주민 의견을 관계 기관에 전달할 때, 교회는 회의 공간을 마련하는 것을 넘어 주민들의 목소리가 효과적으로 전달될 수 있도록 중심을 잡아주며 지원했다.

김영환 위원장은 이를 두고 "브니엘교회는 지역사회의 현안을 논의할 수 있는 중요한 역할을 해왔다"며 감사의 뜻을 전했다. 이러한 노력은 지역과 상생하며 진정으로 이웃과 함께하는 교회의 모습을 보여주는 귀감이 되고 있다.

브니엘교회는 주민들의 소통의 장으로 사용되고 있다.

베이커리 카페:
지역과 세계를 잇는 가교

브니엘교회의 베이커리 카페는 빵과 음료를 제공하는 공간을 넘어, 지역 주민들과 소통하며 공감의 장을 형성하는 중요한 역할을 하고 있다. 카페는 아늑한 분위기와 맛있는 메뉴로 주민들의 발길을 끌며, 자연스럽게 이웃 간의 교류와 연결을 도모하는 커뮤니티 공간으로 자리 잡았다.

이 카페가 특별한 이유는 그 수익금의 사용처에 있다. 베이커리 카페에서 창출된 수익은 지역사회의 소외된 이웃을 돕는 데 사용될 뿐 아니라, 필리핀 선교 사역에도 기여하고 있다. 이 수익금은 필리핀에 설립된 브니엘시니어하이스쿨의 운영과 시설 확충, 학생 장학금 지원 등 실질적인 교육 사역을 통해 현지 학생들의 미래를 밝히는 데 쓰이고 있다.

이처럼 카페는 지역 주민들에게는 따뜻한 휴식처와 만남의 장소를 제공하면서, 동시에 전 세계적으로 선한 영향력을 발휘하는 가교 역할을 하고 있다. 브니엘교회는 이 카페를 통해 지역과 세계를 연결하며 복음과 사랑을 전하는 선교의 새로운 모델을 제시하고 있다.

◀ 베이커리카페에서 나오는 수익금은 필리핀 브니엘시니어하이스쿨에 지원되고 있다.
▼ 브니엘교회가 필리핀에 세운 브니엘시니어하이스쿨

필리핀 선교:
브니엘시니어하이스쿨 건축과 운영 　　브니엘교회는 필리핀 클라 지역에서 선교 활동을 통해 복음을 전하고 있다. 필리핀의 학제가 10학년에서 12학년제로 변경되면서, 브니엘교회는 전문 기술 교육의 필요성을 인식하고 약 3억 원을 투자해 브니엘시니어하이스쿨을 건축했다. 이 학교는 우리나라의 직업학교와 유사한 형태로, 학생들에게 제빵, 커피 제조, 미용 등 다양한 기술을 가르쳐 졸업 후 취업과 창업의 길을 열어준다. 현재 200여 명의 학생들이 학교에서 학업을 이어가고 있으며, 교회는 장학금을 지원하고 실습을 위한 장비를 제공하는 등 학교의 성장을 위해 지속적으로 후원하고 있다. 브니엘교회는 학생들이 배운 기술을 통해 필리핀 내에서 경제적 자립을 이루고, 복음의 가치를 전파하는 삶을 살기를 소망하고 있다.

다음 세대를 위한 사역:
청소년과 청년의 성장 지원 　　브니엘교회는 현대 사회에서 교회와 거리를 두는 경향이 강해진 청소년과 청년 세대를 위한 특별한 프로그램을 준비 중이다. 교회는 신앙 공동체로서 젊은 세대가 공감하고 소속감을 느낄 수 있는 환경을 조성하며, 그들을 교회의 중심으로 끌어들이고자 한다. 이를 통해 다음 세대를 위한 건강한 신앙 공동체의 기반을 다지고 있다.

교회의 비전:
이웃과 세계를 품는 사역 　　유병용 담임목사는 "예배는 삶 속에서 실현되어야 한다"는 철학을 바탕으로 교회를 예배뿐 아니라 이웃과 세상을 섬기는 사랑의 도구로 사용하고 있다. 브니엘교회의 사역은 장애인을 위한 무상 공간 제공, 지역 주민과의 협력, 필리핀 시니어하이스쿨 지원 등 실질적이고 변화를 만들어내는 행동들로 이루어져 있다.
　　브니엘교회는 이웃과 함께하는 섬김의 교회, 그리고 세계를 품는 선교적 비전을 실현하는 공동체로서 그 사명을 충실히 이행하고 있다.

'제중원' 정신 이어받은 '이웃사랑' 실천

남대문교회: 손윤탁 목사

서울 남대문로 5가에 위치한 남대문교회는 137년 전 제중원에서 첫 주일예배를 드리며 한국 기독교의 새로운 역사를 열었다. 이곳은 알렌의 선교 정신, 헤론의 순교 정신, 에비슨의 '남문 밖 정신'이라는 세 가지 핵심 가치를 품고 한국교회의 모범이 되어 왔다. 마을과 이웃을 섬기며 복음의 사랑을 실천해온 남대문교회는, 그 역사만큼이나 깊은 신앙의 유산을 간직하고 있다. 오늘날에도 남대문교회는 과거의 정신을 이어받아 지역사회와 연합하며 선교와 교육, 나눔의 중심에 서서 빛을 밝히고 있다.

제중원의 신앙 공동체에서 시작된 교회

서울의 중심, 남대문로 5가에 자리한 남대문교회는 단순히 오래된 교회가 아니다. 한국교회의 산 역사이며, 신앙의 깊은 뿌리를 간직한 공동체다. 제중원에서 시작된 남대문교회는 한국 최초의 주일 예배를 드린 교회로서, 137년 동안 복음의 불씨를 끊임없이 지켜왔다. 교회는 단순히 신앙의 전통만을 강조하지 않고, 마을과 이웃을 섬기며 하나님의 사랑을 삶으로 실천해왔다.

남대문교회의 역사는 한국 근대 의료 선교와 깊이 연결되어 있다. 1885년, 제중원에서 알렌 선교사가 한국 최초의 근대식 병원을 설립하며 이 땅에 복음을 전하기 시작했다. 당시 병원 내에서 모인 신앙 공동체는 단순히 예배를 드리는 모임을 넘어, 복음의 씨앗을 뿌리는 역할을 했다.

"우리 교회는 제중원에서 시작된 교회입니다. 병원에서 태어난 한국교회 최

서울시 중구 남대문로 5가에 자리한 남대문교회 외경

초의 공동체죠. 우리는 제중원의 신앙 정신을 이어받아 알렌의 선교 정신, 헤론의 순교 정신, 그리고 에비슨의 남문 밖 정신을 지켜가고 있습니다."

손윤탁 담임목사의 이 말은 남대문교회의 사명이 어디에 있는지 잘 보여준다. 제중원에서 시작된 복음의 여정은 단순히 교회의 성장에 머무르지 않았다. 병원을 넘어 지역을 섬기고, 어려운 이웃을 품으며 복음의 손길을 넓혀갔다.

이웃을 섬기는 남문 밖 정신 남대문교회는 '남문 밖 정신'으로 불리는 특별한 신앙의 기조를 가지고 있다. 이는 복음 전파뿐 아니라 어려운 이웃을 섬기고 그들과 함께 살아가는 삶의 방식이다. 137년 전, 남대문교회가 서울 도심을 벗어나 남문 밖으로 자리를 잡았던 이유도 바로 그곳에 어려운 사람들이 많았기 때문이다.

손 목사는 이렇게 말했다. "우리 교회는 한국교회 6만여 개의 교회에 모범이 되고자 합니다. 선교와 순교도 중요하지만, 철저히 이웃과 함께하는 교회가 되어야 합니다. 남문 밖 정신은 바로 그런 마을과 이웃을 위한 정신입니다."

이 같은 정신은 구체적인 사역으로 이어졌다. 남대문교회는 서울시 중구에 위치한 다른 교회들과 협력하여 쪽방촌 주민과 노숙자를 돕고, 구청 및 경찰서와의 협의회를 통해 지역사회를 섬기고 있다. 이 사역은 물질적인 도움에 그치지 않고, 복음의 가치를 삶으로 실천하는 데 초점을 맞추고 있다.

혜심원 아이들과 함께한 10년의 여정

남대문교회의 이웃사랑은 아동보호복지시설 혜심원과의 특별한 인연에서 잘 드러난다. 2010년부터 시작된 혜심원과의 동행은 단순히 예배를 함께 드리는 것을 넘어, 아이들의 전인적인 성장을 돕는 사역으로 발전했다. 교회는 혜심원의 아이들을 교회로 초대해 예배를 드리며, 그들의 신앙과 생활을 함께 돌보았다.

권필환 혜심원장은 이렇게 말했다. "남대문교회는 단순히 아이들에게 신앙을 가르치는 것 이상을 해주셨습니다. 아이들의 생활에 관심을 가지고 필요한 물품을 지원하고, 간식을 챙겨주셨죠. 이러한 사랑 덕분에 아이들은 정서적으로도 안정되고, 신앙적으로도 성장할 수 있었습니다."

코로나 팬데믹 기간에도 남대문교회는 혜심원 아이들과의 관계를 놓지 않았다. 온라인으로 예배를 이어가며 아이들과 소통했고, 올해 7월에는 다시 오프라인에서 여름성경학교를 열어 활기를 되찾았다. 조덕진 교육담당 목사는 이렇게 말했다. "아이들과 함께 예배를 드리며 복음의 기쁨을 나눌 때마다 큰 감동을 받습니다. 교회는 단순히 신앙을 전수하는 곳이 아니라, 이 아이들에게 안정감과 사랑을 전하는 울타리입니다."

혜심원과의 동행은 단순히 교회의 사역이 아니라, 하나님의 사랑을 구체적으로 실천하는 남대문교회의 모습이었다.

남대문교회는 인근 직장인들을 위해 매주 수요일 정오에 '직장인 수요예배'를 드리고 있다.

직장인을 위한 쉼과 회복의 공간

도심 한복판에 위치한 남대문교회는 바쁜 현대인을 위한 쉼터 역할도 해왔다. 매주 수요일 정오에 열리는 직장인 수요예배는 인근 직장인들에게 복음의 쉼표와 같은 시간이다.

　　LG전자에서 근무하는 이○○ 씨는 이 예배를 통해 많은 힘을 얻었다고 전했다. "코로나 이전에는 70~80명이 모여 예배를 드렸고, 예배 후에는 교회가 제공하는 식사를 하며 서로 교제했어요. 지금은 인원이 줄었지만, 이 예배를 통해 한 주간의 피로를 씻고 신앙의 기쁨을 되새길 수 있어 정말 감사합니다."

　　김차주 장로는 직장인 사역이 복음을 전하는 도구가 되고 있다고 강조했다. "직장인 선교회는 단순히 모이는 것에서 그치지 않습니다. 예배를 통해 새로운 사람들을 교회로 이끄는 통로가 되고, 복음의 가치를 삶에 전하는 중요한 역할을 합니다."

음악으로 전하는 하나님의 사랑　　남대문교회는 음악에서도 독보적인 전통을 자랑한다. 근대 음악의 아버지로 불리는 박태준 박사를 비롯해, 많은 음악적 인재들이 이곳을 거쳐 갔다. 최신식 파이프 오르간을 갖춘 교회는 매달 지역 주민과 직장인을 위한 오르간 연주회를 개최하며, 음악을 통해 하나님의 사랑을 전하고 있다.

　　손윤탁 목사는 음악을 통한 복음 전도의 중요성을 이렇게 이야기했다. "음악은 언어를 초월해 복음을 전하는 강력한 도구입니다. 우리의 오르간 연주회는 지역 주민들에게 복음을 전하고, 하나님이 주신 아름다움을 느끼게 하는 소중한 기회입니다."

거리에서 피어나는 복음의 씨앗　　코로나 팬데믹은 전도의 문을 닫게 했지만, 남대문교회는 새로운 방식으로 복음을 전하기 시작했다. 손윤탁 목사는 매주 수요일과 금요일 아침, 교회 앞에서 출근길 사람들을 대상으로 거리 전도를 진행했다.

　　"전도는 멈추지 않아야 합니다. 조용히, 그러나 담대하게 복음을 전할 때 사람들의 마음을 움직일 수 있습니다. 우리 교회 표어대로 가까운 교회로 안내하며, 복음을 전하는 것이 우리의 사명입니다."

남대문교회는 코로나로 침체돼 있는 신앙생활 회복을 위해 길거리 전도에 나섰다.

출근길의 바쁜 사람들 속에서도 조용히 울리는 복음의 메시지는 남대문교회의 사역 정신을 보여주는 또 다른 모습이다.

137년의 역사를 넘어 미래로 남대문교회는 137년의 역사를 지켜온 교회로서, 한국교회의 자존심을 넘어 새로운 세대를 위한 비전을 품고 있다. 매년 알렌 기념상을 통해 복음의 가치를 재조명하며, 지역사회와 교회를 연결하는 다리 역할을 한다. 손윤탁 목사는 교회의 사명을 이렇게 마무리했다. "우리는 과거의 영광에 머무르지 않고, 하나님의 사랑을 전하기 위해 계속 나아갈 것입니다. 이웃과 함께 하며 복음의 빛을 전하는 교회로, 앞으로도 하나님의 사명을 감당하겠습니다."

남대문교회의 이야기는 한 교회의 역사가 아니다. 그것은 복음을 통해 세상을 변화시키는 하나님 사랑의 이야기이다.

쉼과 나눔, 그리고 공공의 선(善) 추구

충현교회: 한규삼 목사

서울 강남 한복판에 위치한 충현교회는 웅장한 고딕 양식 건축물 뒤에 숨겨진 선한 영향력을 통해 지역사회와 함께하는 교회의 새로운 모델을 제시하고 있다. 교회 마당을 개방해 주민과 직장인들에게 쉼터를 제공하고, '정오 음악회'를 열어 문화와 휴식을 나눈다. 발달장애인과 농인을 위한 체계적이고 따뜻한 사역은 단순한 복지를 넘어 이들의 삶을 변화시키는 데 기여하고 있다. 또한, 교회의 철학적 중심을 '공공선'에 두며, 지역사회를 선한 공동체로 만들어가는 비전을 추구한다. 충현교회의 다양한 노력은 오늘날 교회가 지역과 함께 살아가야 할 방향을 보여주는 빛나는 사례라 할 수 있다.

공공선의 비전을 향해 나아가는
충현교회

서울 강남 한복판에 자리한 충현교회는 웅장한 고딕 양식의 건축미를 자랑하며 도시의 상징적 건물로 자리 잡고 있다. 그러나 외적 화려함만으로 그 가치를 정의할 수는 없다. 이 교회는 오래도록 주민과 지역사회를 위한 섬김의 사역을 이어오며, 단절된 공간이 아닌 열린 공동체로 변화하고자 노력하고 있다. 한규삼 담임목사는 "교회가 지역사회와 함께 공공선을 이루는 것이 신학적 가르침의 중심"이라고 강조하며, 이러한 철학을 바탕으로 충현교회는 지역과 함께하는 새로운 길을 열어가고 있다.

교회 마당, 지역사회와의 연결고리가 되다

충현교회의 마당 개방은 지역사회와의 관계를 새롭게 정의하는 시작점이 되었다. 웅장한 고딕양식 건물 앞에 자리 잡은 넓은 마당은 이전에는 교회 성도들만의 공간이었다. 그러나 지금은 누구나 앉아 쉴 수 있는 벤치와 나무 그늘 아래에서 대화를 나누며 재충전할 수 있는 열린 공간이 되었다.

이 마당에서는 휴식 이상의 경험을 할 수 있다. 매주 목요일, 정오 음악회가 열린다. 바이올린 연주, 합창, 독창 등 다양한 음악이 울려 퍼지고, 음악회의 날에는 무료로 제공되는 커피와 음료가 이웃의 마음을 더 따뜻하게 한다. 직장인 A씨는 점심시간에 음악회를 즐기며 "이렇게 교회가 공간을 개방하고 문화를 나눠 주는 것이 너무 감사하다. 더 많은 교회가 이런 시도를 했으면 좋겠다"고 말한다.

이처럼 충현교회의 마당은 주민들과 직장인들이 자연스럽게 대화를 나누고 관계를 형성하는 장이 되고 있다.

주차장에서 피어난 이웃 사랑

교회의 이웃 사랑은 마당에서 끝나지 않는다. 강남 한복판이라는 특성상 주차 공간 부족으로 어려움을 겪는 주민들에게 교회 주차장을 개방하며 새로운 배려를 보여준다. 특히 지난해(2021년) 성탄절에는 주민들에게 주차 공간을 공유하기 위해 특별한 이벤트를 열었다. 이웃들이 참여한 작은

지역 주민들을 위한 정오 음악회

충현교회는 교회 공간을 개방해 주민들과 인근 직장인에게 쉼터로 제공하고 있다.

고딕 양식의 서울 충현교회 외경

행사를 통해 1년 무료 주차권을 선물하며 지역 주민들과의 유대감을 더욱 강화했다. 한 신혼부부는 "강남 지역에서 주차 공간을 구하기 어려운 상황에서 교회의 배려는 단순한 편의를 넘어 진정한 이웃 사랑의 모습이었다"고 감사한 마음을 전했다.

일상 속 선한 영향력의 확산   주차장 개방은 주민들에게 일상의 편의를 제공하며 교회가 공공의 선을 추구하는 공동체로 자리매김하고 있다. 주차장이 제공하는 물리적 공간은 곧 마음을 여는 창구가 되어 주민들과 교회의 관계를 더욱 가깝게 만든다. 이는 공공의 선을 향한 교회의 헌신이 구체적인 행동으로 드러나는 사례로, 지역사회 안에서 선한 영향력을 확산시키고 있다.

마당과 주차장, 이 두 공간은 단순한 물리적 장소를 넘어, 교회의 사명과 지역사회의 필요가 만나는 접점이 되고 있다. 이는 공간을 통해 이웃 사랑과 공공의 선을 실현하는 교회의 사역을 한층 더 빛나게 하고 있다.

발달장애인 돌봄과 농인 사역, 교회의 헌신이 만든 따뜻한 연결

충현교회는 오래전부터 사회적 약자와 소외된 이웃들을 향한 사랑을 실천하며 지역사회에 깊은 뿌리를 내렸다. 그중에서도 발달장애인 돌봄과 농인 사역은 교회의 핵심적인 사역으로, 각각의 분야에서 특별한 의미를 지니며 상호 보완적으로 이웃 사랑을 실천하고 있다. 두 사역은 사람을 향한 깊은 이해와 존중에서 시작된 헌신의 결실이다.

발달장애인 돌봄은 1991년 복지재단 설립과 1995년 복지관 개관으로 본격화되었다. 복지관은 단순히 장애인들의 일상을 돕는 것을 넘어, 그들의 자립과 삶의 질 향상을 위해 다양한 프로그램을 제공한다. 발달장애 청소년과 성인을 위한 직업 훈련, 자립 지원 주거 프로그램, 그리고 발달장애인 바리스타들이 운영하는 카페는 그들이 사회 속에서 당당히 자리 잡을 수 있도록 돕는 실제적 지원의 예다.

특히 성인이 된 발달장애인들을 위한 자립 주거 지원은 부모와 떨어져서도 안정적으로 생활할 수 있는 기반을 마련해 주고 있다. 이러한 사역은 장애인의 가족에게도 큰 위로가 되며, 돌봄의 부담을 함께 나누는 공동체의 진정한 모습을 보여준다.

발달장애인 돌봄 사역과 함께, 농인 사역은 한국교회의 가장 뿌리 깊은 사역 중 하나로 자리 잡고 있다. 주일에는 농인 성도들을 위한 전용 예배가 수어 통역과 함께 진행되며, 농인들이 신앙 공동체 안에서 소외감을 느끼지 않도록 배려한다. 또한 교회는 농인 사역자를 훈련하여 타 교회로 파송하는 역할도 담당하며, 한국교회 전체 농인 사역의 중심적인 역할을 해오고 있다.

농인 예배에서는 수어를 활용한 찬양과 설교가 이루어지며, 큰 화면으로 송출되는 수어 통역은 참석자들에게 신앙적 감동을 선사한다. 농인 성도들은 "수어 통역 덕분에 더 큰 은혜를 받는다"며 교회의 배려에 감사를 표한다. 이는 단순히 예배만을 제공하는 것이 아니라, 농인들이 공동체의 완전한 일원이 될 수 있도록 돕는 포괄적 접근이라 할 수 있다.

**두 사역을 잇는
공통의 가치는 이웃 사랑**   발달장애인 돌봄과 농인 사역은 각기 다른 필요를 가진 이웃들을 섬기지만, 그 뿌리는 동일한 이웃 사랑에 있다. 교회는 장애의 유형에 따라 세밀하게 맞춤형 지원을 제공하는 동시에, 이들을 하나의 신앙 공동체 안에서 연결하고자 노력한다. 발달장애인과 농인 모두 교회 안에서 평등한 하나님의 자녀로서 존중받으며, 그들의 삶의 여정을 함께 걸어가는 동반자로 교회가 자리한다.

교회는 이 두 사역이 단절되지 않도록 다양한 방식을 통해 유기적인 연결을 꾀한다. 예를 들어, 발달장애인을 위한 복지관 카페는 농인 사역의 일환으로 수어를 배우는 프로그램과 연계되기도 한다. 이로 인해 발달장애인과 농인들이 서로의 삶을 이해하고 연대감을 느낄 수 있는 기회를 제공한다.

교회는 앞으로도 이 두 사역을 더욱 발전시키며, 장애와 비장애의 경계를 넘어서는 진정한 공동체의 본을 세워 나갈 것이다. 이는 이웃과 함께 '공공의 선'을 실현하며 사랑을 전하는 교회의 진정한 모습이라 할 수 있다.

공공선을 향한 새로운 비전   한규삼 목사는 교회가 지역사회와 함께하는 데 있어 '공공선'이라는 신학적 가치를 중심으로 삼아야 한다고 강조한다. 과거의 전도 패러다임이 단순히 이웃에게 잘 대하고 교회로 초대하는 데 그쳤다면, 이제는 지역사회 전체를 선한 공동체로 만드는 데 초점을 맞추어야 한다고 말한다.

이를 위해 충현교회는 교육관 옥상을 하늘정원으로 조성해 주민들에게 강남의 스카이라인을 즐길 수 있는 공간을 제공할 계획이다. 또한 교회의 역사와 신앙적 가치를 나누는 교회 투어 프로그램도 준비 중이다. 이러한 계획들은 지역사회와의 관계를 더욱 깊이 있게 맺기 위한 노력의 일환이다.

구제 사역 펼치며 지역사회와 함께하는 교회

AG지구촌교회: 강신승 목사

AG지구촌교회는 지역사회의 신뢰를 회복하고 복음의 본질을 실천하기 위해 끊임없이 노력하는 교회다. 소외된 이웃과 취약계층을 섬기며, 지역 주민과의 상생을 위한 다양한 사역을 펼치고 있다. 노숙인을 위한 식사 제공, 독거노인을 위한 김치 나눔, 지역 상권과 협력하는 상생 프로젝트 등 교회의 문턱을 낮추는 실천은 지역사회에 깊은 감동을 주고 있다. 특히 다음 세대를 위한 청년 사역에 집중하며, 청년들이 스스로 참여하고 성장할 수 있는 공동체를 만들어내는 데 성공했다. 이 모든 사역은 AG지구촌교회가 교회의 본질인 사랑과 섬김을 구현하며, 지역사회와 동행하는 진정한 공동체로 자리 잡아가고 있음을 보여준다.

하나님의 비전과 지역사회의 동행 AG지구촌교회는 이름에서부터 깊은 상징성을 품고 있다. AG는 'Assemblies of God', 즉 하나님의 성회를 뜻하며, 전 세계의 성도들이 하나로 연합하여 그리스도의 복음을 전하고 실천하는 사명을 담고 있다. 강신승 담임목사는 교회의 이름에 담긴 의미를 한국적 정체성과 연결해 해석한다. 강 목사는 AG라는 이름이 한국의 대표적 상징인 무궁화에서 영감을 받아, 흰색은 순수함과 평화를, 적색은 태극기의 열정을, 분홍색은 통일된 민족을 상징한다고 설명했다. 이는 하나님의 뜻을 이루고자 하는 교회의 정체성과 비전을 담고 있다.

**신뢰를 잃어버린 교회의
자성에서 시작된 변화**

2019년, 강신승 목사가 AG지구촌교회에 부임했을 때, 그는 한국교회의 신뢰도 하락과 지역사회와의 단절이라는 심각한 문제를 마주했다. 과거 교회라는 단어가 긍정적으로 받아들여졌던 시절과 달리, 이제는 부정적이고 냉소적인 시선이 지배적인 현실을 보고 깊은 고민에 빠졌다. 이러한 상황에서 강 목사는 "교회가 지역사회에서 신뢰를 회복하지 못하면 복음의 본질조차 전할 수 없다"는 결론에 도달했다.

강 목사의 고민은 곧 행동으로 이어졌다. 그는 지역사회를 위해 교회의 문을 활짝 열고, 주민들과 함께하는 교회가 되기 위한 첫걸음을 내디뎠다. 부임 초기에 관악구 구청장과 동사무소를 찾아가 "교회가 무엇을 도울 수 있겠습니까?"라는 질문으로 대화를 시작했다. 이는 이전에 교회가 지역사회에 손을 내밀던 방식과는 전혀 다른 접근이었다. 이 새로운 시도는 곧 지역 주민들에게 신뢰를 회복하고, AG지구촌교회가 지역사회의 한 부분으로 자리 잡는 계기가 되었다.

사각지대의 이웃을 향한 섬김

지역사회와의 소통은 단순한 대화에 그치지 않고, 실질적인 섬김으로 이어졌다. 강신승 목사는 지역 주민센터와 협력해 복지 사각지대에 놓인 이웃들을 위한 지원을 시작했다. 독거노인, 소년소녀 가장, 경제적 어려움을 겪는 가정들에게 도움을 제공하며, 지역사회의 한 구성원으로 자리 잡았다.

특히 한 고등학생에게 제빵 기술 학원비를 지원한 사례는 지역사회에 큰 감동을 주었다. 할머니와 함께 살아가며 꿈을 잃지 않으려 노력하던 이 소년에게 1년간 학원비를 제공하며, 교회는 한 개인의 미래를 응원했다. 이러한 실천은 단순히 물질적인 도움을 넘어, 이웃의 꿈을 존중하고 삶의 희망을 전한 교회의 진정성을 보여주는 사례이다.

교회의 이러한 사역은 점점 확대되었다. 복지 사각지대에 놓인 이웃을 돕는 데서 나아가, 지역사회 경제를 활성화하는 데까지 영향을 미쳤다.

지역과 함께하는 상생의 사역

코로나19 팬데믹은 지역 상권에 큰 타격을 주었다. 이를 본 AG지구촌교회는 지역 식당과 협력해 어르신들에게 식사 쿠폰을 나눠주는 프로젝트를 시작했다. 이 쿠폰은 지역 식당에서 현금처럼 사용할 수 있었고, 교회는 사용된 쿠폰에 해당하는 금액을 식당에 전액 결제하며 지역 경제에 실질적인 도움을 제공했다. 이와 같은 상생의 사역은 지역 주민들과 상인들로부터 큰 호응을 얻었고, 교회에 대한 신뢰를 더욱 공고히 하는 계기가 되었다.

또한, 경로당에서 요청한 100세 어르신의 생일잔치를 위해 교회 버스를 제공하며 이동의 불편함을 덜어주었다. 이러한 사역은 지역 주민들에게 'AG지구촌교회는 좋은 교회'라는 인식을 심어주었다.

노숙인을 향한 따뜻한 손길

AG지구촌교회의 섬김은 지역사회를 넘어 소외된 이웃들에게까지 확장되었다. 매달 둘째 주 토요일마다 교회는 용산역에서 노숙인들을 위한 식사를 제공한다. 이들은 단순한 끼니가 아니라, 풍성한 제육볶음과 정성스러운 반찬을 통해 따뜻한 마음을 나눈다. 식사 외에도 양말, 속옷, 마스크 같은 생활필수품을 제공하며, 노숙인들이 기본적인 존엄성을 회복할 수 있도록 돕는다.

노숙인들에게 점심을 제공하고 있는 모습

청년부터 어르신까지 모든 세대가 참여한 노숙인 점심 사역은 교회 안에서 사랑과 봉사의 문화를 만들어냈다. 이는 교회의 섬김이 단지 외부로만 향하는 것이 아니라, 내부적으로도 성숙과 변화를 가져오게 했다.

다음 세대를 위한 특별한 사역:
청년들을 품는 교회의 열정

AG지구촌교회는 다음 세대를 향한 비전을 품고, 특히 청년 사역에 과감한 투자를 아끼지 않았다. 강신승 목사는 부임 초기에 청년들이 교회를 떠나는 현실을 목격하며, 이를 한국교회의 가장 큰 위기 중 하나로 인식했다. "청년들이 없는 교회는 미래가 없는 교회다"라는 신념을 가지고, 이 문제를 해결하기 위해 다각적인 접근을 시도했다.

차승희 AG지구촌교회 목사 (청년 담당)

강 목사는 우선 청년들을 위해 전임 사역자와 준전임 사역자를 포함한 유능한 사역자들을 초빙했다. 이 중에서도 청년 사역에 대한 깊은 이해와 따뜻한 리더십을 지닌 차승희 목사를 중심으로, 청년들이 마음을 열고 신앙 안에서 성장할 수 있는 환경을 마련했다. 차 목사는 청년들의 소통 방식과 문화를 이해하고, 그들의 필요를 공감하며, 단순히 지시자가 아닌 영적 동반자로 다가갔다.

매주 예배 시간에는 청년들이 각자 옆에 앉은 사람들과 신앙적인 생각을 나눌 시간을 가지며, 서로를 영적 가족으로 받아들이는 기회를 제공했다. 또한, 웰컴팀과 같은 팀 활동을 통해 처음 방문하는 청년들이 쉽게 공동체에 녹아들 수 있도록 도왔다. 이런 세심한 배려는 청년들이 교회에 정착할 수 있는 기반을 마련한 것이다.

기도와 공동체 중심의 자발적인 활동

청년부의 가장 큰 특징은 자발성이다. 차승희 목사는 "청년부의 활동은 누가 시켜서가 아니라 스스로 필요를 느끼고 행동으로 옮긴 결과"라고 설명한다. 사순절 기간 동안 시작된 특별 새벽기도 모임은 이를 잘 보여주는 사례다. 처음에는 단 몇 명의 청년들이 참여했지만, 점차적으로 더 많은 청년들이 자발적으로 동참하며 기도 모임은 16명이 개근하는 열정적인 행사가 되었다. 이러한 모임들은 단순히 신앙을 나누는 것을 넘어, 청년들이 서로를 격려하고 영적으로 성장할 수 있는 플랫폼을 제공했다.

또한, 청년들은 자신들만의 사역 팀을 조직해 다양한 활동을 계획하고 실행했다. 교회 안에서 큐티(QT) 모임을 운영하고, 지역사회를 위한 봉사활동에 참여하며, 나아가 자신들의 신앙을 삶으로 실천하는 문화를 형성했다.

청년들을 향한 목회적 헌신   강신승 목사는 청년 사역의 성공을 위해 단순히 조직을 만드는 데서 그치지 않았다. 그는 청년 사역자들에게 전폭적인 신뢰와 자율성을 부여하며, 필요할 때는 자신이 직접 청년들을 가르치고 훈련하는 일에 헌신했다. 청년 사역자의 요청에 따라 매주 목요일 저녁, 청년들을 위한 제자 훈련 시간을 마련했다. 강 목사는 지식 전달에 그치지 않고, 청년들과 식사를 함께하며 그들의 이야기를 듣고 공감하려 노력했다. 그는 "머리로 가르치는 것은 쉽게 잊히지만, 가슴으로 전달되는 가르침은 청년들의 삶을 변화시킬 수 있다"고 강조했다.

AG지구촌교회 청년부 예배 모습

특히, 초기 5~6명에 불과했던 청년부가 3년 만에 60명 이상으로 성장하는 동안, 교회의 헌신적인 노력은 끊임없이 이어졌다. 청년들이 마음껏 휴식할 수 있도록 예배실 의자를 치우고, 방처럼 꾸며진 공간을 제공하며, 교회를 그들에게 진정한 쉼터로 만들어주었다. 강 목사는 청년들이 교회에서 단순히 활동하는 구성원이 아니라, 교회의 핵심적인 동력으로 성장하도록 이끌었다.

복지관과의 협력을 통한 더 큰 섬김   청년 사역에 이어 교회는 봉천종합사회복지관과 협력해 취약계층을 위한 다양한 활동을 펼쳤다. 저장 강박증으로 퇴거 위기에 놓인 어르신의 집을 청소하고, 명절마다 고시촌의 독거노인들에게 음식을 나누며 따뜻한 시간을 보냈다.

이러한 협력은 지역사회의 신뢰를 더욱 공고히 했으며, 복지관 관계자들은 AG지구촌교회를 "지역사회의 필요를 이해하고 다가가는 교회"로 평가했다. 이는 교회와 지역사회가 함께 성장하고 상생하는 모델을 제시한 사례로 주목받고 있다.

AG지구촌교회의 여정:
섬김과 비전의 완성
AG지구촌교회는 복음이 담길 수 있는 깨끗하고 선한 그릇을 준비하는 여정을 걸어왔다. 교회와 지역사회의 신뢰 회복을 위해 시작된 섬김은 이웃을 품고, 소외된 사람들에게 손을 내밀며, 다음 세대를 일으키는 사역으로 확장되었다.

AG지구촌교회는 하나님의 비전 아래, 지역사회와 세계를 품는 새로운 모델로 자리 잡아가고 있다. 이는 교회의 본질을 되새기고, 복음의 실천을 통해 진정한 교회의 가치를 증명하는 아름다운 여정이다. AG, 곧 '하나님의 성회'라는 이름이 담고 있는 비전처럼, AG지구촌교회는 사랑과 섬김의 실천을 통해 하나님 나라의 확장을 위해 걸어가고 있다.

90년을 주민과 함께한 '지역 지킴이'

만리현교회: 조준철 목사

서울 용산구 효창동에 위치한 만리현교회는 1932년 공덕동의 천막 교회로 시작해 90년 동안 지역과 함께 성장해 온 교회다. 척박한 환경 속에서도 신앙의 열정을 잃지 않고, 지역 주민들과 함께하는 사랑의 공동체로 자리 잡았다. 현재 만리현교회는 지역 주민을 위한 학사 운영, 장학금 지원, 도서관과 놀이시설 개방 등 다양한 사역으로 지역사회에 기여하고 있다. 특히 매달 열리는 '효창원음악회'와 영어 품성학교는 주민과 다음 세대를 위한 교회의 헌신을 잘 보여준다. 90년의 역사를 넘어 새로운 시대를 준비하며, 만리현교회는 '말씀과 성령이 머무는 교회, 지역과 함께하는 교회'로서 사랑과 신앙의 비전을 이어가고 있다.

지역과 함께 걸어온 90년의 여정

서울 용산구 효창동에 자리한 만리현교회는 올해(2022년)로 설립 90주년을 맞이했다. 1932년 공덕동의 작은 천막 교회에서 시작된 이 교회는 90년 동안 한 번도 지역을 떠나지 않고 주민들과 함께하며 신앙의 발자취를 남겨왔다.

"만리현교회는 이곳에 뿌리를 내려 90년 동안 한 번도 지역을 떠나지 않았습니다." 조준철 담임목사는 교회의 역사를 회고하며 이렇게 말했다. 조 목사는 이어 "1대 담임목사였던 김유현 목사님과 초기 교인들은 신사참배를 거부하며 옥고를 치렀고, 믿음을 지키기 위해 납북되신 분도 있었다"며 이들의 복음에 대한 열정과 희생이 지금까지 교회에 큰 영향을 미치고 있다고 덧붙였다.

1대 김유현 목사가 자신의 집을 팔아 첫 성전을 지었던 이야기는 만리현교회의 초석을 보여주는 대표적인 사례이다. 김 목사의 헌신은 성도들의 희생과 헌신으로 이어졌고, 그 정신은 지금까지도 교회와 지역사회에 살아 숨 쉬고 있다.

희생과 헌신의 발자취 "이 교회는 제 신앙의 어머니 같은 곳입니다. 제 삶의 시작이 이곳에서 이루어졌고, 제 믿음도 여기서 자랐습니다." 김구식 원로장로는 교회의 역사와 자신의 삶이 겹쳐 있음을 이렇게 표현했다. 그는 "80년 넘게 교회를 섬길 수 있었던 것은 제 인생의 가장 큰 축복입니다. 교회와 함께 자라고 성숙한 시간이 얼마나 감사한지 모릅니다"라며 깊은 감사를 전했다.

90주년 기념 예배에서 이형로 원로목사는 "말씀과 성령이 머무는 교회가 될 때 하나님의 영광으로 가득 찰 것입니다. 이 영광은 시간이 지날수록 더욱 커질 것입니다"라고 축복하며, 앞으로의 비전을 성도들과 나누었다. 만리현교회는 이러한 사명을 바탕으로 하나님의 사랑을 지역 주민들과 나누는 본질적인 역할을 수행하고 있다.

지역 주민을 품은 교회:
열린 공동체의 모범 조준철 목사는 "교회는 지역과 함께 가야 합니다. 우리의 사명은 교인들만의 공간을 넘어, 지역 주민 모두가 편히 머물 수 있는 공동체를 만드는 것이다"고 강조했다. 이를 실천하기 위해 만리현교회는 1층에 도서관과 놀이방을 마련해 주민들에게 무료로 개방하고 있다. 도서관은 학생들과 주민들이 공부하거나 독서할 수 있는 공간으로, 조용하고 편안한 환경을 제공한다. 한 지역 주민은 "집 근처에 이렇게 좋은 공간이 있다는 게 너무 감사하다"며 "아이들도 여기서 공부하고 놀 수 있어 마음이 놓인다"고 말했다.

놀이방은 부모와 아이들이 함께 이용할 수 있는 공간으로, 지역 주민들 사이에서 특히 인기가 많다. 조 목사는 "아이들을 돌보는 부모님들이 잠시 쉬거나 아이들과 함께 시간을 보낼 수 있는 공간을 제공하고 싶었다"며, 교회의 이웃 사랑이 담긴 의도를 밝혔다. 코로나19 팬데믹 동안에도 방역 수칙을 철저히 지키며 도서관과 놀이방 운영을 지속한 것은 주민들에게 큰 위로와 힘이 되었다.

학사를 통한 청년 지원

만리현교회는 지방에서 서울로 올라온 학생들에게 거주 공간을 제공하며, 그들이 학업에 전념할 수 있도록 돕는 무료 학사를 운영하고 있다. 이 사역은 송준덕 장로의 헌신에서 비롯되었다. "제가 대학 시절, 공부할 공간이 없어 교회에서 공부했던 기억이 있습니다. 그때의 부족함이 지금의 학생들을 돕고 싶은 마음으로 이어졌습니다." 송 장로는 학사를 기증하게 된 배경을 이렇게 설명했다.

학사는 단순한 숙소를 넘어, 청년들이 신앙과 학업을 함께 성장시킬 수 있는 공간이다. 현재 학사에 거주 중인 김혜원 학생은 "서울에서 공부하며 교회를 다닐 수 있는 공간이 있다는 사실이 정말 큰 축복입니다. 이런 기회를 통해 신앙적으로도 많이 성장하게 되었고, 이 공간을 잘 물려주기 위해 저희도 최선을 다하고 있다"며 학사에 대한 감사와 책임감을 표현했다. 학사에 거주하는 학생들은 생활비를 거의 부담하지 않고도 안정적인 거주 환경을 제공받으며, 교회의 지원 속에서 자신의 꿈을 키워가고 있다. 조준철 목사는 "학생들에게 안정된 환경을 제공함으로써, 그들이 학업에 전념하고 신앙적으로도 성숙해질 수 있도록 돕고 싶다"고 얘기했다. 교회는 학사를 운영하며 학생들에게 학업 지원뿐 아니라, 예배와 교

만리현교회는 지방에서 올라온 학생들이 안정적으로 공부할 수 있도록 무료로 학사를 제공하고 있다.

제의 기회를 제공해 신앙과 실력을 겸비한 인재로 성장할 수 있도록 돕는다.

'효창음악회'를 통한 주민과의 소통

만리현교회는 지역 주민과의 소통을 위해 매달 열리는 '효창원음악회'를 통해 문화와 신앙의 다리를 놓고 있다. 음악회는 지역 주민 누구나 즐길 수 있는 열린 장으로 기획되었다. 매월 마지막 주 토요일, 교회 예배당이나 야외 공간에서 열리는 이 음악회는 성악, 합창, 오케스트라 등 다양한 공연으로 지역 주민들의 마음을 사로잡고 있다.

조준철 목사는 음악회의 취지에 대해 "이 음악회는 주민들과 함께 웃고 소통하며, 코로나 팬데믹 동안 멀어졌던 이웃 간의 관계를 회복하기 위해 시작되었다"며 "교회가 종교적인 공간에 머물러서는 안 되고 문화와 예술로 지역 주민들에게 다가가고, 그들과 함께하는 사랑의 공간이 되어야 한다"고 얘기했다.

음악회는 지역 주민들에게 큰 호응을 얻으며 교회와 지역 간의 가교 역할을 하고 있다. 한 주민은 "음악회에서 이웃들과 함께하는 시간이 정말 즐겁습니다. 교회가 이렇게 열려 있다는 점이 참 좋았다"라고 전했다. 또 다른 주민은 "이웃들과 음악회를 통해 자연스럽게 교류할 수 있었고, 교회가 우리와 함께하고 있다는 느낌이 들었다"고 소감을 말했다.

효창원음악회의 성공 비결은 주민들의 참여와 소통을 중요시하는 데 있다. 교회는 동사무소, 지역 자치단체와 협력해 행사를 알리고, 주민들이 직접 공연팀을 추천하거나 자원봉사로 참여할 수 있는 기회를 제공한다.

특히, 음악회의 프로그램은 다양한 연령대와 취향을 아우른다. 어린아이부터 노년층까지 즐길 수 있는 클래식, 현대 음악, 대중음악 등으로 구성되며, 때로는 지역 예술가들의 무대도 마련된다. 조 목사는 "음악회가 단순한 즐거움의 장을 넘어, 주민들에게 위로와 소망을 전할

만리현교회에서 열린 '제3회 효창원음악회'

수 있기를 바란다"고 덧붙였다.

앞으로도 '효창음악회'는 지역 공동체의 화합과 소통의 장으로 성장하며, 하나님의 사랑을 문화적으로 나누는 귀한 도구로 사용될 것이다.

다음 세대를 위한 '영어품성학교'

만리현교회 또 다음 세대를 위한 교육 프로그램에도 깊은 관심을 기울이고 있다. 대표적인 예로, 영어품성학교가 있다. 주일마다 지역 아이들에게 영어와 신앙을 접목한 교육을 제공하며, 원어민 강사와 함께하는 다양한 활동으로 구성되어 있다. 조준철 목사는 "영어품성학교는 성경의 가르침을 통해 아이들이 올바른 인성과 가치관을 형성하도록 돕는 프로그램이다"고 설명했다.

영어품성학교는 한 달에 하나의 성경 주제를 중심으로 진행된다. 아이들은 애니메이션 설교를 보고, 그룹 활동을 통해 성경 이야기를 배우며, 영어로 토론하고 생각을 나누는 시간을 갖는다. 한 학부모는 "아이들이 성경 이야기를 통해 배움을 얻고 영어로 표현하는 것을 보며 뿌듯함을 느끼고 교회가 이런 교육의 장을 마련해 주어 감사하다"고 전했다.

새로운 100년을 향한 도약

이제 만리현교회는 새로운 100년을 향한 도약을 준비하고 있다. 사랑과 희생으로 세워진 교회의 뿌리는 더욱 단단히 자리 잡고, 그 위에 새로운 가지를 뻗어나가고 있다. 지역 주민들과 함께한 발걸음은 앞으로도 계속될 것이며, 다음 세대의 신앙인들이 그 발걸음을 이어갈 것이다.

90년 동안 뿌려진 믿음과 사랑의 씨앗은 앞으로도 지역과 세대 속에서 풍성한 열매를 맺으며, 하나님의 영광을 드러낼 것이다. 만리현교회는 하나님의 크신 뜻 안에서 지역과 함께, 세대와 함께 걸어가는 신앙 공동체로 더 큰 꿈을 품고 있다.

아동·청소년들에게 꿈과 희망을 주는 '디딤돌'

진성교회: 이재춘 목사

서울 광진구 중곡동 산등성이의 천막촌에서 시작된 진성교회는 1969년 설립 이후, 반세기 넘게 지역사회를 섬기며 성장해왔다. 교회는 예수님이 사랑을 전하는 사명을 중심으로 지역아동센터와 어린이집을 운영하며 아동과 청소년들에게 교육과 돌봄을 제공하고, 다양한 프로그램을 통해 지역 주민들과 소통하는 공동체로 자리 잡았다. 특히, 진성지역아동센터는 학습 지도와 정서 지원, 체험 활동 등을 통해 아이들의 성장을 돕고, 어린이집은 숲 생태교육 등 특화된 프로그램으로 아이들에게 자연 속에서의 건강한 성장을 지원하고 있다.

예수님의 사랑으로 지역을 품다 　진성교회는 50여 년간 중곡동 지역에 복음을 전파하며 지역아동센터와 어린이집 사역에 집중하고 있다.

　진성교회의 이재춘 담임목사는 교회의 사명을 "예수님의 사랑으로 지역사회를 품는 것"이라고 말한다. 2007년부터 진성교회를 섬기고 있는 이 목사는 지역아동센터와 어린이집 사역을 통해 교회의 울타리를 넘어 세상 속으로 들어가는 복음의 실천을 강조한다. 이 목사는 교회가 단순히 예배를 드리는 공간에 머물지 않고, 지역사회의 필요를 채우는 사랑의 공동체가 되어야 한다고 믿는다.

　"복음이 들어오면 병든 사람들이 회복되고, 가난한 이들이 소망을 찾게 됩니다. 중곡동의 천막촌에서 시작된 진성교회는 그런 복음을 전하며 하나님의 나라를 세상 속에 만들어가는 교회가 되고자 노력해왔습니다."

그의 목회 철학은 단순하고 명확하다. 진성교회는 "세상에서 가장 편안한 교회"가 되어야 한다는 것이다. 이 목사는 성도들에게 부담이 아닌 쉼을 주는 교회, 일상 속에서 자연스럽게 신앙이 스며드는 교회를 만들기 위해 노력해왔다. 그의 철학은 진성교회의 표어인 '예수님의 이야기가 가득한 교회'에 고스란히 담겨 있다.

지역아동센터:
아이들에게 꿈과 희망을 전하다

진성교회는 2007년 진성지역아동센터를 설립하며 소외된 아동과 청소년들에게 꿈과 희망을 전하는 사역을 시작했다. 당시 지역 내 돌봄이 필요한 아동들을 위한 시설이 거의 없던 상황에서 진성지역아동센터는 방과 후 학습지도, 특기적성 교육, 심리적 돌봄 등 다양한 프로그램을 제공하며 아이들이 건강하게 성장할 수 있는 환경을 만들어왔다.

센터는 아이들이 각자의 재능과 가능성을 발견하고 발전시킬 수 있도록 돕는 데 초점을 맞추고 있다. 특히, 학업에 어려움을 겪는 아동들에게는 숙제 지도를 통해 기초를 탄탄히 다질 수 있도록 돕고, 예체능 프로그램을 통해 아이들의 숨겨진 재능을 발굴하는 데 힘쓰고 있다. 이 모든 과정은 헌신적인 교사들과 센터 관계자들의 깊은 사랑과 관심 덕분에 가능했다.

진성지역아동센터의 임정민 센터장은 센터가 단순한 돌봄의 역할을 넘어, 아이들에게 새로운 꿈과 희망을 심어주는 공동체로 자리 잡았다고 설명한다. 그

진성지역아동센터 어린이들이 체조 활동 가운데 하나인 발목 줄넘기를 하고 있다.

진성지역아동센터는 방과후학습을 비롯해 숙제 지도, 특기 적성 교육 등 다양한 프로그램을 운영하고 있다.

임정민 진성지역아동센터장

는 지난 15년 동안 수많은 아이들과 함께 하며, 그들이 성장해 사회의 일원이 되는 과정을 지켜본 순간들이 가장 큰 보람이었다고 말했다.

"아이들이 센터에 초등학교 저학년 때부터 와서 청년이 되고, 군 복무를 하거나 사회에 나가 한 일원이 되었다는 소식을 들을 때 가장 행복합니다. 이곳에서 자란 아이들이 자신감을 얻고, 삶에 긍정적인 변화를 경험할 수 있도록 돕는 것이 저희의 사명입니다."

센터를 통해 도움을 받은 학부모 조윤희 씨도 둘째 아이의 놀라운 변화를 이야기하며 감사의 마음을 전했다. 그녀의 둘째 아이는 센터에 오기 전, 무기력함과 자신감 부족으로 인해 많은 어려움을 겪었다. 그러나 센터의 따뜻한 돌봄과 다양한 프로그램 덕분에 아이는 점차 자존감을 회복하며 적극적인 성격으로 변화했다. 조 씨는 교회 선생님들이 보여준 헌신과 사랑에 깊이 감동하며, 감동적인 순간을 회상했다.

"어느 날 학교에서 전화가 왔어요. 아이가 운동장에서 다리를 다쳤다는 소식을 들었을 때 저는 회사에서 일을 하고 있어서 갈 수 없는 상황이었죠. 그런데 진성지역아동센터 선생님들이 직접 차를 몰고 학교로 가서 우리 아이를 병원으로 데려가 주셨습니다. 다행히 큰 부상은 아니었지만, 인대가 늘어나 치료가 필요했어요. 저는 그때 선생님들의 진심 어린 사랑을 느꼈습니다. 그 작은 배려와 관심 덕분에 우리 아이는 단순히 몸만 치유된 것이 아니라, 마음의 활기도 되찾을 수 있었어요."

조윤희 씨는 둘째 아이가 센터에서 보여준 변화를 이야기하며 감격의 눈물을 감추지 못했다. 과거에는 무기력하게 하루하루를 보내던 아이가 이제는 자존감이 높아지고, 새로운 것에 도전하려는 열정적인 모습을 보이게 된 것이다. 특히, 센터의 예체능 활동과 체험 프로그램을 통해 아이는 자신감을 얻게 되었고, 이를 바탕으로 학교생활에서도 좋은 변화를 보이고 있다. 조 씨는 "센터 덕분에 우리 아이가 다시 웃을 수 있게 되었다"고 말했다.

임정민 센터장은 진성지역아동센터가 아이들에게 따뜻한 가정을 대신할 수 있는 작은 공동체가 되기를 바란다고 밝혔다.

"작은 가족과 같은 따뜻한 공동체를 지향합니다. 비록 완벽한 가정공동체는 아니지만, 아이들이 이곳에서 안전하게 지내며 예수님의 사랑을 느끼고, 삶에서 희망과 꿈을 발견할 수 있기를 바랍니다."

어린이집:
자연과 함께하는 특별한 배움

진성교회는 어린아이들을 위한 진성어린이집도 운영하며, '숲 생태교육'이라는 독창적인 프로그램을 통해 아이들에게 자연 속에서 배우는 즐거움을 선사하고 있다. 아이들이 자연과 교감하며 건강한 신체와 마음을 키울 수 있는 공간을 제공한다.

우제범 진성어린이집원장은 "아이들이 자연에서 마음껏 뛰놀며 행복을 느끼고 건강하게 성장할 수 있도록 돕는 것이 어린이집의 사명"이라며, 진성어린이집이 지역사회에 꼭 필요한 역할을 하고 있다고 설명했다.

진성어린이집의 숲 생태교육 모습

헌신적인 교사들:
변화를 만들어가는 사람들

진성지역아동센터와 어린이집이 지금처럼 성공적으로 운영될 수 있었던 것은 무엇보다도 헌신적인 교사들의 끊임없는 노력과 사랑 덕분이다. 그들은 단순히 아이들을 돌보는 것을 넘어, 아이들이 스스로의 가치를 깨닫고 더 나은 삶으로 나아가도록 돕는 길잡이가 되어왔다.

은퇴 후 진성지역아동센터에서 아이들을 돌보고 있는 최정숙 교사는 아이들의 작은 변화 속에서 하나님의 손길을 느낀다. 그녀는 특히 모든 일에 부정적이었던 한 아이가 밝게 변화된 모습을 회상하며 큰 보람을 느낀다고 말했다. "처음에는 모든 걸 거부하고 자신을 닫아버리던 아이였어요. 웃는 얼굴은커녕 친구들과의 대화조차 꺼리던 그 아이가 점점 마음을 열더니, 이제는 환하게 웃으며 친구들과 어울리는 모습을 볼 수 있게 되었어요. 아이가 변화하는 과정을 보면서 매 순간 하나님께서 우리를 통해 이이들을 변화시키고 계심을 느낍니다. 아이들이 마음의 문을 열고 세상과 연결되는 그 순간, 제 마음에도 큰 기쁨이 찾아옵니다."

자폐를 가진 아이를 돌보는 김일수 교사는 한 아이가 식물 채집에 흥미를 보이는 것을 발견한 이후, 이를 교육으로 연결하며 아이의 강점을 살려주는 데 주력했다. 김 교사는 그 과정을 회상하며 이렇게 말했다. "그 아이는 처음에는 수업에 집중하지 못하고, 종종 폭력적인 행동을 보이기도 했습니다. 하지만 우연히 식물 채집에 몰두하는 모습을 발견했을 때, 이 아이에게도 남다른 가능성이 있다는 걸 깨달았죠. 그 뒤로는 식물 채집을 함께하면서 식물 이름을 알려주고, 채집한 식물로 간단한 조형물을 만드는 활동을 했습니다. 아이는 그런 과정에서 차분함을 배우고, 자신의 강점을 활용하는 법을 조금씩 익혀갔습니다. 작은 변화일지 모르지만, 그 아이가 기쁨을 느끼고 발전하는 모습을 보며 저도 사역의 보람을 느낍니다." 김 교사는 또한 아이의 변화가 하나님의 사랑 안에서 가능하다는 확신을 가지고 사역에 임한다고 덧붙였다.

진성지역아동센터와 어린이집 교사들의 헌신은 아이들의 삶에 변화를 일으키는 기적을 만들어내고 있으며, 교사와 아이들 모두에게 하나님 사랑의 증거가 되고 있다.

복음으로 세상을 품다   지역아동센터와 어린이집을 통해 지역사회의 필요를 채우는 데 앞장서고 있는 진성교회는 지역사회에 하나님의 사랑을 전하는 가교역할을 하고 있다.

"교회는 하나님의 사랑을 전달하는 다리와 같습니다. 우리가 예수님의 이야기를 가득 품고 지역사회로 나아간다면, 하나님께서 그 뜻을 이루실 것입니다."

진성교회는 크지 않은 교회지만, 깊은 사랑과 헌신으로 지역사회의 중심에서 선한 영향력을 발휘하고 있다. 앞으로도 예수님의 사랑을 품고 이웃을 섬기며, 하나님이 맡기신 사명을 충실히 감당하는 교회로 나아갈 것이다. 이곳에서 시작된 작은 사랑의 씨앗들은 계속해서 자라나 더 많은 사람들에게 복음의 열매를 맺게 할 것이다.

'멋진 인생'을 만드는 교회

인천 계산중앙교회: 최신성 목사

인천 계양구 작전동에 위치한 계산중앙교회는 120여 년의 전통을 자랑하며, 지역사회와 함께 하나님의 사랑을 나누는 사역에 앞장서고 있다. '멋진 인생을 만드는 교회'라는 표어 아래, 성도들에게 하나님께 쓰임 받고, 이웃에게 칭찬받으며, 하나님 나라의 백성으로 살아가는 삶을 제안한다. 교회는 여름 수영장 운영, 사랑의 집 고쳐주기, 사랑나눔걷기대회, 연탄 배달 등 다양한 사역을 통해 지역 주민들과 손잡고 실천적인 사랑을 전하고 있다. 계산중앙교회는 단순한 구호를 넘어, 이웃과 함께 걸으며 믿음과 사랑을 실천하는 교회로 자리 잡았다.

계산중앙교회의 최신성 담임목사는 한 가지 질문에서 목회를 시작했다.
"하나님께서 교회를 세우신 이유는 무엇인가?"
그 답은 간단하지만 깊이가 있었다.
"하나님은 사람들을 멋진 인생으로 만드신다. 그렇다면 교회는 바로 그 일을 위해 존재해야 한다."
최 목사는 성경을 묵상하며 성경 속 멋진 인생을 산 사람들의 공통점을 발견했다. 그들은 하나님께 쓰임 받고, 이웃에게 칭찬받으며, 하나님 나라의 백성이 되는 삶을 살았다. 이것이 바로 하나님이 바라시는 인생이며, 계산중앙교회가 성도들과 지역 주민들에게 전하고자 하는 메시지였다.

멋진 인생의 첫걸음,
교회 마당에 수영장 설치

2009년 여름, 계산중앙교회는 교회 마당에 어린이 수영장을 개장하며 지역사회와의 첫 발걸음을 내디뎠다. 당시 인천 계양구는 대규모 개발로 성장하는 지역이었지만, 여전히 많은 가정이 경제적으로 어려움을 겪고 있었다.

특히 아이들에게는 더운 여름을 보낼 만한 공간조차 부족했다. 이때 교회는 지역사회의 필요에 응답하며, 교회 마당에 수영장을 설치해 개방하기로 했다. 아이들에게 안전하고 즐거운 여름을 선물하기 위해 자원봉사자들과 함께 운영을 계획했다. 수영장 사역의 중심에는 10년 이상 헌신해 온 황화선 은퇴 장로가 있었다.

매년 여름, 그는 아침 일찍 수영장으로 발걸음을 옮겼다. 수영장 바닥을 닦고, 물을 채우며, 아이들의 웃음소리가 울려 퍼질 준비를 마치는 그의 손길은 단순한 봉사가 아니었다. 그것은 하나님의 사랑을 담는 정성스러운 마음이었다.

황 장로는 수영장 사역의 의미를 이렇게 설명했다. "멋진 인생이란 맡은 바 책임을 감사함으로 다하는 겁니다. 매년 여름, 아이들과 부모님들이 기뻐하는 모습을 보면 이 수영장이 단순한 놀이 시설이 아니라 하나님 축복의 통로라는 생각이 들어요."

황 장로의 말처럼, 수영장은 단순히 물놀이 공간을 넘어섰다. 수영장을 찾은 아이들은 물속에서 뛰노는 동안 교회를 친근하게 느꼈다. 그들의 부모는 아이들

지난 2009년부터 교회 앞 마당에 수영장을 개장해 지역 주민들에게 제공하고 있다.

이 안전하게 놀 수 있도록 교회가 제공하는 세심한 배려와 사랑을 직접 경험했다. 이는 교회와 지역 주민 사이에 신뢰를 쌓는 연결고리가 되었다.

　　매일 아침, 자원봉사자들은 수영장의 준비를 위해 한마음으로 모였다. 청소를 하고, 시설을 점검하고, 더운 날씨 속에서도 기쁘게 아이들을 맞이할 준비를 했다. 그리고 매번 시작 전, 모든 자원봉사자들은 한 자리에 모여 기도했다. "하나님, 오늘도 아이들에게 기쁨을 줄 수 있는 장소로 사용해 주세요. 아이들이 안전하게 놀 수 있도록 지켜주시고, 이 수영장을 통해 당신의 사랑이 전해지게 해주세요."

　　수영장은 무더운 여름의 더위를 잊게 해주는 오아시스이기도 했지만, 그곳에서 이루어진 나눔과 섬김은 신앙의 실천이었다. 매년 수백 명의 아이들과 가족들이 교회 수영장을 찾았고, 그들의 발걸음은 때로는 교회 예배로 이어졌다.

　　황 장로는 수영장 사역을 통해, 교회가 단지 건물이 아니라, 하나님의 사랑이 흘러가는 통로가 될 수 있음을 몸소 증명했다. 그의 헌신과 지원봉사자들의 노력이 만들어 낸 이 공간은, 더운 여름날 하나님의 사랑을 전하는 특별한 사역으로 자리 잡았다. 이러한 섬김의 과정 속에서 황 장로는 매번 자신을 돌아보며 고백했다. "이 수영장이 존재할 수 있는 것은 우리 모두가 하나님의 도구가 되었기 때문입니다. 수영장에서 웃음 짓는 아이들의 얼굴을 볼 때, 하나님께서 우리를 통해 일하시는 것을 깨닫게 됩니다. 그것이 멋진 인생 아닐까요?"

사랑의 집 고쳐주기:
멋진 인생을 향한 헌신　　계산중앙교회의 또 다른 대표적인 사역은 사랑의 집 고쳐주기이다. 이 사역은 실업인선교회가 주도하며, 경제적으로 어려운 가정에 쾌적한 주거 환경을 제공하기 위해 시작되었다. 실업인선교회는 20여 명의 성도들로 구성된 공동체로, 건축업, 인테리어, 전기 공사 등 다양한 전문성을 가진 이들이 모여 있다.

　　권영상 실업인선교회 회장은 이 사역에 대해 이렇게 회상한다. "한 번은 장애인 일곱 명이 사는 가정을 방문한 적이 있었습니다. 그들은 열악한 환경 속에서도 천국을 꿈꾸고 있었지만, 그 집은 우리가 보기에 고쳐야 할 곳이 너무 많았어

계산중앙교회 실업인선교회는 동사무소 등과 연계해 어려운 가정의 집수리를 해주고 있다.

요. 그곳을 고쳐주고 난 뒤, 아이들이 밝게 웃으며 집 안을 돌아다니는 모습을 보며 저도 눈물을 흘렸습니다."

이 사역은 단순한 집수리가 아니다. 그것은 소외된 이들에게 하나님의 사랑을 직접적으로 전하는 과정이다. 실업인선교회의 성도들은 자신의 재능과 시간을 헌신하며, 지역사회에서 멋진 인생의 본보기를 보여준다.

만원의 기적:
작은 헌신이 만드는 큰 변화

계산중앙교회의 사역은 모든 성도가 함께 참여하는 나눔에서 더욱 빛난다. 매월 셋째 주, 성도들은 각자 1만 원씩 헌금하며 '만원의 기적'이라는 프로그램을 통해 사랑을 실천한다. 이 헌금은 여름 수영장 운영, 사랑 나눔 걷기대회, 장학금 지급, 연탄 배달 등 지역사회를 섬기는 데 사용된다.

최신성 목사는 만원의 기적에 대해 이렇게 설명한다. "적은 금액 같지만, 성도들의 사랑이 모이

계산중앙교회는 한 달에 한 번씩 '만원의 기적' 헌금으로 멋진 인생의 프로그램을 만들어가고 있다.

면 큰 변화를 만들 수 있습니다. 우리는 그 기적을 매달 경험하고 있습니다. 한 달에 한 번씩의 작은 헌신이 우리의 삶과 지역사회를 더 나은 곳으로 변화시킵니다."

사랑나눔걷기대회:
함께 걷는 선한 발걸음

이러한 헌신의 기적은 계산중앙교회의 여러 사역 가운데서도 특히 '사랑나눔걷기대회'를 통해 두드러지게 나타난다. 10년 전 시작된 이 행사는 교회와 지역 주민들이 하나 되어 함께 걷는 발걸음을 통해 세상에 선한 영향을 전파하는 아름다운 축제다.

행사는 교회에서 출발해 오조산공원까지 5km를 걷는 코스로 구성되었으며, 단순한 걷기 운동을 넘어 사랑과 나눔의 발걸음을 상징한다. 대회에 참가하기 위해 성도들은 자발적으로 만 원씩 헌금한다. 그렇게 모인 기금은 장학금으로 쓰여 지역사회의 학생들에게 새로운 기회를 제공하고, 또한 어려운 이웃들에게 도움의 손길을 전하는 데 사용된다.

사랑나눔걷기대회는 이웃들과 손잡고 나누는 대화, 함께 웃고 즐기는 순간들 속에서 지역 주민들은 교회를 새롭게 발견하고, 성도들은 하나님의 사랑을 실천하는 기쁨을 경험한다. 걷기 코스 중간중간, 청년들이 운영하는 간식 부스와 포토존이 마련되어 있어 참여자들에게 작은 즐거움을 선사하며, 다양한 세대가 함

사랑나눔걷기대회

께 어우러져 교제하는 장을 만든다.

사랑나눔걷기대회는 단 하루의 행사가 아니라, 매달 이루어지는 작은 헌신의 연장선이다. 성도들의 작은 정성과 노력이 모여, 지역사회의 아이들에게는 꿈을, 이웃들에게는 희망을, 그리고 참여자들에게는 사랑의 본질을 깨닫게 한다. 함께 걷는 발걸음은 곧 하나님의 사랑이 흐르는 길이며, 그 길 위에 기적이 피어나고 있다.

사랑의 연탄 배달:
겨울의 따뜻한 손길 이러한 사랑의 발걸음은 겨울이 되면 또 다른 형태로 이어진다. 추위가 몰아치는 계절, 계산중앙교회는 '사랑의 연탄 배달'을 통해 지역사회를 다시 한번 따스하게 품는다.

계산중앙교회 공동체가 가진 사랑의 온도를 고스란히 전하는 특별한 활동이다. 한 해 5천 장 이상의 연탄을 난방이 어려운 가정에 전달하며, 이웃들에게는 실제적인 온기를, 참여자들에게는 섬김의 기쁨을 선사한다. 연탄 배달은 모든 세대가 함께하는 축제와도 같다. 청년부는 부지런히 연탄을 옮기며 힘을 보태고, 장로님들과 주일학교 아이들까지 각자의 자리에서 협력한다.

"그저 연탄 몇 장을 나누는 일이 아니라, 그 연탄이 놓인 집 안에 하나님의 사랑이 함께 들어가길 소망합니다"라는 한 성도의 고백처럼, 이 사역은 나눔 이상의 감동을 선사한다. 담임목사와 성도들은 매년 연탄 배달을 시작하기 전 모두 함께 모여 기도한다. 그들의 기도는 연탄을 통해 하나님의 따스한 손길이 전달되기를 바라는 진심으로 가득 차 있다.

이처럼 계산중앙교회의 사랑나눔걷기대회와 사랑의 연탄 배달은 각기 다른 방식으로 펼쳐지지만, 그 중심에는 동일한 메시지가 흐른다. 하나님께 받은 사랑을 이웃에게 나누고, 그 나눔 속에서 멋진 인생을 만들어가는 것. 계산중앙교회는 오늘도 '멋진 인생'을 이루는 하나님의 도구로 쓰이고 있다. 그들이 전하는 사랑과 섬김은 지역사회를 넘어 세상 곳곳에 하나님의 따스한 향기를 퍼뜨리고 있다.

한국 개신교의 뿌리, 세상의 음성에 귀 기울여

정동제일교회: 천영태 목사

정동제일교회는 한국 개신교의 시작을 알린 최초의 교회로, 역사와 문화, 교육과 의료를 통해 선한 영향력을 행사해 왔다. 1885년 창립 이래, 시대의 아픔과 변화 속에서 하나님의 음성과 세상의 음성에 귀 기울이며 복음의 본질을 전하는 사명을 감당해 왔다. '정동수요직장인예배'와 '정동월요정오음악회' 같은 사역은 도심 속 직장인들과 지역 주민들에게 영적 쉼과 회복을 제공하며, 오늘날에도 여전히 선교적 도전의 정신을 이어가고 있다. 과거의 '처음'을 바탕으로 현재를 살아내며, 미래를 준비하는 정동제일교회는 한국교회의 모범적 본보기로 자리 잡고 있다.

'처음'에서 이어진 선한 영향력의 여정

서울 도심 한복판, 가을 단풍이 물든 정동 길에 자리 잡은 정동제일교회는 한국 개신교 역사의 시작을 알린 곳이다. 1885년 아펜젤러 선교사에 의해 세워진 정동제일교회는 당시 조선 사회에 새로운 가치와 문화를 심어준 중심지로, 교육과 의료, 기독교 문화를 통해 사람들의 삶에 깊은 울림을 전하며 큰 변화를 가져왔다.

정동제일교회의 천영태 담임목사는 교회의 역사에 대해 깊은 책임감을 느낀다. 천 목사는 정동제일교회를 설명할 때 '처음'이라는 단어를 강조한다. "정동제일교회는 한국 땅에 세워진 최초의 개신교회로서, 모든 것이 새로운 시도와 도전이었습니다. 당시의 '처음'이 준 충격과 감동은 단순한 역사적 사건이 아니라, 복음이 가진 선교적 힘과 변혁의 가능성을 보여준 사례였습니다." 그러나 천 목사는 묻는다. "그때의 그 처음의 충격이 오늘날에도 유효한가?" 이 질문은 천 목사의 목회 철학을 관통하는 가장 중요한 화두이다.

**역사에서 현재로,
선한 영향력의 확장**

정동제일교회는 과거의 영광에 머무르지 않는다. 천영태 목사는 교회가 지금도 여전히 그 '처음'의 의미를 재현할 수 있어야 한다고 믿는다. "정동제일교회를 떠올리며 많은 분들이 '대사회적으로 어떤 역할을 감당할 수 있을까?'라는 기대를 가지고 계십니다. 그 기대에 부응하기 위해 저희는 끊임없이 고민하고 기도합니다."

그가 말하는 '처음'은 단순히 역사적 사실을 넘어선다. 그것은 선교적 도전의 정신이며, 사회의 고통과 아픔을 치유하고 새로운 문화를 창조하는 교회의 사명을 담고 있다. 천 목사는 "오늘날 정동제일교회가 변하지 않는 복음의 가치를 시대의 변화 속에서도 가장 필요한 선한 영향력으로 발휘해야 한다"고 강조한다.

서울시 중구 정동에 자리한 한국 개신교회 최초의 교회인 정동제일교회

직장인을 위한 쉼과 회복:
정동수요직장인예배

정동제일교회는 도심 속에서 특별한 방식으로 선한 영향력을 실천하고 있다. 그 대표적인 예가 바로 '정동수요직장인예배'이다.

정동수요직장인예배는 1980년대에 정동 지역 직장인 신우회에서 시작되었다. 당시, 신앙인으로서 직장 내에서의 어려움을 나누고 함께 기도하기 위해 자발적으로 모인 것이 지금까지 이어져 왔다. 강미영 수요직장인예배위원장은 예배의 역사를 회상하며 "1980년대에 소박하게 시작된 이 예배가 지금은 수많은 직장인에게 쉼과 용기를 주는 공간으로 성장했다"며 감격을 전한다.

코로나19 팬데믹 동안 3년 가까이 대면 예배가 중단되었지만, 올해 다시 문을 연 직장인 예배는 뜨거운 반응을 얻으며 활기를 되찾았다. 처음에는 예배가 재개될 수 있을지에 대한 우려도 있었지만, 예배가 시작되자 많은 직장인이 다시금 발걸음을 옮겼다. 강 위원장은 "예배가 재개된 이후, 직장인들 사이에서 만족도가 높아졌고, 교회는 모든 이들을 위해 성심껏 예배를 준비하고 있다"고 말했다.

직장인들에게 주는 선물 같은 시간

정동극장에서 13년째 근무 중인 정지웅 씨는 이 예배를 통해 크리스천으로서의 삶을 돌아보고 새로운 힘을 얻는다고 말한다. 그는 "직장 근처에 기도할 수 있는 공간이 있다는 것은 큰 축복입니다. 주일예배는 주일예배대로 의미가 있지만, 수요직장인예배는 바쁜 직장 생활 속에서 만나는 하나님의 선물 같은 시간입니다"라고 고백한다. 예배 시간에는 자신이 지은 잘못을 회개하고, 불의한 일들과 어려움 가운데에서도 크리스천의 올바른 길을 걸을 용기를 얻는다고 덧붙였다.

특히 코로나19로 인해 대면 예배가 중단되었던 3년 동안, 직장인들은 예배

정동수요직장인예배 모습

서울시가 지난 1999년 '걷고 싶은 거리' 1호로 지정한 정동제일교회 옆 정동길

를 통한 쉼의 부재를 깊이 느꼈다. 정 씨는 팬데믹 시기에 업무와 대인관계로 인한 스트레스와 좌절감을 해소할 방법이 없었다고 회상하며, 예배가 재개되었을 때 느꼈던 기쁨과 감사함을 전했다. "예배를 통해 하나님께 회개하고 힘을 얻으며, 다시금 용기를 가지고 직장 생활을 이어갈 수 있다는 점에서 이 예배는 제게 너무나 소중한 시간입니다."

문화와 예배의 만남:
정동월요정오음악회

정동제일교회는 단순히 예배를 드리는 공간을 넘어, 도심 속에서 문화와 영성이 만나는 특별한 경험을 제공하고 있다. 그 대표적인 예가 바로 '정동월요정오음악회'이다. 음악회는 매주 월요일 정오에 정동제일교회 베델예배당에서 열리며, 직장인과 지역 주민들에게 아름다운 음악과 함께 특별한 쉼과 감동을 선사한다.

정동길의 명물로 자리 잡은 월요정오음악회는 점심시간에 열린다. 파이프오르간의 웅장한 연주와 수준 높은 성악가들의 찬양은 예배당을 가득 채우며, 덕수궁 돌담길과 정동길을 산책하던 사람들의 발걸음을 붙잡는다. 관객들은 단순히 음악을 듣는 자리에 머물지 않고, 그 공간 속에서 새로운 영적 경험을 하며 깊은 감동을 느낀다. 음악회에 참석했던 한 관객은 "덕수궁 돌담길 단풍을 보러 왔다

박은혜 정동월요정오음악회 담당 (오르가니스트)

가 음악 소리를 따라 들어왔는데, 성악가의 목소리와 오르간 연주에 큰 감동을 받았다"며 정동월요정오음악회의 특별함을 극찬했다.

정동월요정오음악회의 목적은 단순히 청중들에게 아름다운 음악을 들려주는 데 그치지 않는다. 오르가니스트이자 음악회의 주관자인 박은혜 교수는 "음악회를 통해 사람들의 마음에 쉼을 주고, 그 가운데 한 사람이라도 하나님을 만날 수 있기를 바란다"고 말한다. 이 말처럼 월요정오음악회는 복음의 메시지를 음악이라는 문화적 매개체를 통해 전달하는 독특한 방식으로 진행된다.

음악회의 레퍼토리는 일반 클래식 음악이 90%를 차지하며, 나머지 10%는 찬송가와 같은 기독교 음악으로 구성된다. 이는 신앙이 없는 관객도 부담 없이 참여할 수 있도록 배려한 것이다. 하지만 모든 음악회의 배경에는 하나님을 찬양하고 복음을 전하려는 교회의 깊은 사명이 깔려 있다. 박 교수는 "음악회가 열리는 베델예배당에 들어와 파이프오르간의 연주를 듣는 그 순간, 누군가의 마음에 하나님이 스며드는 일이 일어나길 바란다"고 말했다.

두 음성에 귀 기울이는 교회:
비전과 사명

정동제일교회의 천영태 목사는 이 모든 사역의 중심에 '두 음성에 귀 기울이는 교회'라는 비전을 두고 있다. 그는 "하나님께서 우리에게 주시는 성경의 음성과, 사회 속에서 힘들어하는 사람들의 실존적 음성에 동시에 귀 기울여야 한다"고 말하며, 이를 통해 교회의 본질과 사명을 더욱 깊이 깨닫고자 한다.

천 목사는 음악회와 직장인 예배를 포함한 모든 사역이 이러한 두 음성에 응답하는 구체적인 실천이라 말한다. 그는 "음악을 통해 사람들의 아픔과 고통에 다가가고, 말씀을 통해 그들에게 복음의 희망을 전하는 것이 교회의 역할"이라고 강조했다. 이는 단순한 선교를 넘어, 세상 속에서 복음과 현실을 연결하는 다리 역할을 하는 교회의 방향성을 보여준다. 또한 정동제일교회가 단순히 신앙 공동체에 머물지 않고, 사회적 공공성을 회복하는 교회가 되기를 소망한다. "교회는 시대와 함께 변화하며, 소외된 사람들에게 다가가야 한다"며, 이를 위한 다양한 프로그램과 사회적 기여를 준비 중이라고 밝혔다. 베델대학을 통한 어르신 돌봄과 지역 직장인을 위한 정동수요직장인예배, 정동월요정오음악회는 이러한 비전을 실현하는 중요한 도구가 되고 있다.

천영태 목사는 마지막으로 "하나님의 음성을 듣는 것은 말씀 속에서, 세상의 음성을 듣는 것은 이웃의 아픔 속에서 이루어진다"고 말하며, 정동제일교회가 이 두 음성에 귀 기울이며, 지역사회와 세상 속에서 선한 영향력을 발휘하기를 바란다고 덧붙였다. 정동제일교회는 과거의 '처음'이라는 역사를 이어받아, 오늘날에도 하나님과 이웃에게 응답하는 교회로서 그 역할을 다하고 있다.

섬김으로 행복을 디자인하는 교회

구세군수원영문: 최철호 사관

구세군수원영문은 64년 전 설립된 이래, 지역사회와 함께하며 예수 그리스도의 사랑을 전하는 데 앞장서고 있다. 장애인재활작업장을 통해 중증 장애인들에게 일자리와 자립의 기회를 제공하며, 자선냄비 모금으로 이웃사랑을 실천한다. 브라스밴드의 아름다운 연주와 다양한 복지 프로그램은 세대와 경계를 넘어섰다. '행복을 디자인하는 교회'라는 정체성 아래, 영혼 구원과 사회 구원의 사명을 균형 있게 수행하며 지역사회를 섬기고 있다. 교단과 교회를 넘어 함께하는 이웃들과의 협력은 따뜻한 온정과 희망을 전한다.

'마음은 하나님께, 손길은 이웃에게'

경기도 수원시 팔달구 정조로에 자리 잡은 구세군수원영문은 세상의 가장 낮은 곳에 손을 내밀며 하나님의 사랑을 전하고 있다. 64년 전 설립된 구세군수원영문은 "마음은 하나님께, 손길은 이웃에게"라는 표어 아래 영혼구원과 사회구원이라는 두 가지 사명을 균형 있게 실천하고 있다. 교회의 사역은 지역사회와 함께하며, 어려운 이웃을 돕고, 사회적 약자들을 품는 일에 적극적으로 나서는 모습은 많은 사람들에게 깊은 울림을 준다.

구세군수원영문 최철호 사관은 구세군수원영문을 '행복을 디자인하는 교회'라고 소개한다. 그는 "예수 그리스도의 사랑과 은혜를 경험한 사람들이 이를 각자의 삶 속에서 흘려보낼 때, 진정한 행복을 느끼게 된다"고 말한다. 교회는 하나님의 사랑을 기반으로 이웃과 지역사회를 섬기는 사랑의 공동체가 되고자 한다. 이러한 철학은 다양한 사회복지 사역으로 이어지며, 교회의 존재 가치를 높이고 있다.

최 사관은 특히 교회의 역할을 지역사회와 긴밀히 연결 짓는다. "교회의 문턱을 낮추고, 누구나 쉽게 다가올 수 있는 열린 공간을 만드는 것이 중요하다"며, 교회가 세상과 동떨어진 곳이 아닌, 삶의 중심에서 함께 살아가는 존재가 되어야 한다고 강조한다.

직업재활시설:
장애인을 위한 희망의 공간

구세군수원영문은 2006년, 중증 장애인을 위한 직업재활시설인 '구세군 장애인재활작업장'을 설립하며 새로운 사역에 나섰다. 이곳은 장애인들에게 단순한 일자리를 제공하는 것을 넘어, 자립의 기회를 제공하며 삶의 질을 높이고, 사회의 건강한 구성원으로 살아갈 수 있도록 돕고 있다. 화장지 제조 공정에서 두각을 나타내고 있는 정승진 씨는 "일을 통해 자신감을 얻었고, 내 꿈을 실현할 수 있다는 희망을 품게 되었다"고 말했다. 그는 일을 통해 소득을 얻고, 스스로 삶을 설계할 수 있게 되었다며, 행복한 웃음을 전했다.

이곳의 사역은 단순히 장애인들을 돌보는 데 그치지 않는다. 김노정 사관은 "작업 능력이 부족한 장애인들도 주간보호센터에서 다양한 프로그램을 통해 자신감을 얻고, 건강을 회복한 뒤 다시 일할 수 있는 환경으로 돌아갈 수 있도록 돕고 있다"며, 장애인재활작업장이 단순한 복지시설을 넘어, 희망의 사다리가 되고 있다고 설명했다.

김노정 사관(사회복지법인 구세군 장애인재활작업장원장)

자선냄비의 사랑을 울리다

겨울이 오면 구세군수원영문의 자선냄비는 거리 곳곳에서 사랑의 종소리를 울린다. 자선냄비는 단순한 모금을 넘어, 세상의 가장 낮은 곳에 하나님의 따뜻한 손길을 전하는 상징으로 자리 잡았다. 특히, 구세군 브

자선냄비로 이웃 사랑을 전하고 있는 구세군수원영문

라스밴드의 캐럴 연주는 겨울 거리의 낭만과 온기를 더하며, 지나가는 사람들의 발걸음을 멈추게 한다.

브라스밴드 단원 박동현 씨는 "추운 날씨에도 악기를 연주하며 이웃에게 사랑을 전할 수 있다는 것이 감사하다"고 말했다. 올해 처음 참여한 강해인 씨 역시 "이 사역에 참여할 수 있어 영광이며, 어려운 이웃들에게 조금이나마 도움이 되었기를 바란다"며 따뜻한 소감을 전했다.

최철호 사관은 "코로나 상황 속에서도 많은 분들이 여전히 자선냄비 모금에 적극적으로 동참해주신다"며 감사의 마음을 전했다. 그는 자선냄비가 단순히 기부를 넘어, 사랑을 전하는 통로로서의 역할을 충실히 감당하고 있다고 덧붙였다.

이웃과 함께하는 보배로운교회 구세군수원영문의 자선냄비 사역에는 특별한 동역자가 있다. 1998년 설립된 보배로운교회는 20여 년간 자선냄비 모금에 참여하며 이웃 사랑의 실천에 앞장서 왔다. 교단을 초월한 협력으로 이뤄지는 이 사역은, 자선냄비가 단순히 구세군의 전유물이 아니라 모든 교회의 나눔의 기회가 될 수 있음을 보여준다.

류철배 보배로운교회 목사는 "처음에는 작은 개척교회로서 무엇을 할 수 있을지 고민했다"며, 자선냄비 모금이 이웃과 함께 사랑을 실천할 수 있는 소중한 기회였다고 전했다. 그는 자선냄비 활동이 더 많은 교회와 단체의 참여로 확대되기를 바라며, 이를 범 교단적 연합 사업으로 발전시키는 것이 꿈이라고 밝혔다.

보배로운교회의 송미순 권사와 강미숙 권사 역시 "추운 겨울, 어려운 이웃을 위한 이 작은 섬김이 큰 보람으로 돌아온다"며 자부심을 가졌다.

더 큰 사랑을 향한 비전

구세군수원영문은 현재의 사역에 머무르지 않고, 더 넓고 깊은 섬김을 실현하려는 비전을 품고 있다. 최철호 사관은 "교회는 지역사회의 중심이 되어, 노인과 청소년을 포함한 모든 세대가 자연스럽게 찾아와 쉼과 회복을 얻을 수 있는 공간이 되어야 한다"고 강조했다. 최 사관은 교회가 지역사회의 필요를 채우는 사랑의 플랫폼이 되어야 한다는 신념을 가지고 있다. 이를 위해 구세군수원영문은 구체적인 계획을 수립하고 있다.

그중 하나가 브라스밴드 교육 프로그램이다. 구세군의 전통적인 음악 사역을 기반으로 한 이 프로그램은, 지역 아이들에게 악기를 배우고 연주를 즐길 수 있는 기회를 제공할 뿐만 아니라, 음악을 통해 정서적 안정을 찾고 건강한 공동체의 일원으로 성장하도록 돕는다. 브라스밴드 교육 프로그램은 연령과 배경에 상관없이 누구나 참여할 수 있도록 설계되어, 음악을 매개로 세대와 계층을 초월한 소통의 장을 만들고 있다.

또 다른 비전은 노인 복지 프로그램이다. 최 사관은 "100세 시대를 맞아 노인들이 단순히 돌봄의 대상이 아니라, 삶의 새로운 활력을 찾고, 의미 있는 활동에 참여할 수 있도록 돕는 것이 교회의 중요한 역할"이라고 강조한다. 이를 위해 구세군수원영문은 건강관리 세미나, 문화 활동, 차를 마시며 교제할 수 있는 커뮤니티 공간 제공 등을 계획하고 있다. 노인들이 자연스럽게 교회를 찾고, 이곳에서 자신의 삶을 더 풍성히 누릴 수 있도록 돕는 것이다.

"교회 문턱 낮추는 것이 비전의 핵심"

최철호 사관은 특히 교회의 문턱을 낮추는 것을 비전의 핵심으로 삼고 있다. 그는 "교회는 누구에게나 열려 있어야 하며, 그 문턱은 사랑으로 낮아져야 한다"고 말했다. 구세군수원영문은 이 철학에 따라 교회 건물과 프로그램을 재구성하며, 주중에도 지역 주민들이 쉽게 찾아올 수 있는 열린 공동체로 변화하려고 노력하고 있다. 교회의 물리적 공간뿐만 아니라, 영적인 문턱도 낮춰, 더 많은 사람들이 교회를 통해 하나님의 사랑을 경험하고, 그 사랑을 다시 흘려보낼 수 있는 구조를 만들 계획이다.

구세군수원영문은 올해도 자선냄비의 종소리와 함께 한 해를 마무리하며, 더 큰 사랑을 향한 여정을 이어간다. 최철호 사관은 "우리의 모든 사역이 하나님의 사랑을 세상에 전하는 데 집중될 것"이라며, 앞으로도 더 많은 사람들과 사랑을 나누고 세상을 변화시키는 데 헌신할 것을 다짐했다.

구세군수원영문은 다양한 섬김 사역으로 예수그리스도의 사랑을 전하고 있다.

이웃이 사랑하는 교회 되자

한사랑교회: 황성수 목사

서울 양천구에 위치한 한사랑교회는 '이웃이 사랑하는 교회'라는 비전을 품고, 지역사회와의 소통과 섬김에 앞장서고 있다. 1층 로비를 갤러리로 리모델링해 화가들에게 무료로 대관하는 포레스트아트갤러리는 예술과 교회의 만남을 실현하며 주민들에게 열린 문화 공간을 제공한다. 또, 화요일마다 153가정에 사랑의 도시락을 나누는 '화소락' 사역은 코로나 시대에 더욱 따뜻한 손길로 다가갔다. 장애인을 위한 공감 예배, 다음 세대와의 동행 비전 등 세상을 향한 교회의 헌신은 감동적인 울림을 전한다.

이웃이 사랑하는 교회,
한사랑교회의 감동적인 여정

서울 양천구 목동에 자리한 한사랑교회는 '이웃을 사랑하는 교회'라는 개념에 머무르지 않고, '이웃이 사랑하는 교회'로 나아가기 위한 사역에 헌신해 왔다. 교회의 비전은 단순한 구호나 슬로건이 아니라, 지역사회와 실질적인 관계를 맺으며 이뤄낸 결과로 나타난다. 30년 동안 이어온 선교와 섬김의 여정은 황성수 담임목사의 리더십 아래, 도시 한복판에 세워진 교회가 어떻게 세상과 연결되고, 하나님의 사랑을 전하며, 삶의 변화를 만들어갈 수 있는지에 대한 생생한 모델이 되어 주었다.

한사랑교회는 그 이름처럼 도시 속에서 사랑을 실천하며 지역 주민과 공감하고 소통하는 데 많은 노력을 기울여 왔다. 황 목사는 "교회가 고립되지 않고 세상과 대화할 수 있어야 선교하는 교회가 될 수 있다"고 강조하며, 예수님을 믿지

한사랑교회 1층 로비에 마련된 포레스트아트갤러리

않는 사람들과도 공통의 언어를 사용하고, 그들의 문화를 이해하려는 태도가 필요하다고 말합니다. 이런 철학은 교회의 다양한 사역과 프로그램 속에서 구체적으로 실현되었다.

지역사회와 예술의 만남,
포레스트아트갤러리   한사랑교회의 대표적인 시도 중 하나는 1층 로비를 갤러리로 리모델링한 포레스트아트갤러리이다. 2015년, 교회의 1층 주차장을 지역 주민과 소통하는 문화 공간으로 탈바꿈시키는 결정은 매우 혁신적인 발걸음이었다. 황성수 목사는 주차장이 단순히 어두컴컴하고 쓸모없는 공간으로 남아서는 안 된다고 느끼며, 지역 주민과 대화를 나눌 수 있는 매력적인 장소로 만들고자 했다.

갤러리는 매달 새로운 작가를 초청해 작품을 전시하고 있으며, 지금까지 수도권은 물론 전국의 수많은 화가들이 이곳에서 작품을 선보였다. 무료 대관으로 운영되는 이 공간은 작가들에게 작품을 알릴 기회를 제공하고, 지역 주민들에게는 쉽게 예술을 접할 수 있는 열린 문화를 선사한다. 화가 오정식 씨는 "대부분의 갤러리는 비용이 많이 들어 작가로서 큰 부담이지만, 한사랑교회의 갤러리는 무료로 이용할 수 있어 정말 만족스럽다"며, 교회의 배려에 감사를 표했다.

갤러리를 방문한 주민들은 교회의 새로운 모습을 발견하며 감동을 받는다. 한 성도는 "교회에 이런 갤러리가 있다는 것이 자랑스럽다"며, 갤러리가 지역 주민과 성도들에게 소통과 공감의 창구가 되고 있음을 실감케 했다. 비록 운영 면에서 일부 지원의 부족을 느끼는 작가들도 있지만, 갤러리는 이미 양천구 지역의 명소로 자리 잡으며 교회와 이웃의 경계를 허물고 있다.

**도시락으로 전하는 사랑,
'화소락' 사역**

코로나19 팬데믹은 많은 교회의 활동을 멈추게 했다. 한사랑교회도 마찬가지였지만, 이 어려운 시기를 기회로 삼아 새로운 사역인 '화소락'(화요일 소망의 도시락)을 시작했다. 화소락은 지역사회 독거노인들을 대상으로 매주 화요일마다 성도들이 직접 만든 도시락을 전달하며, 단순히 음식을 전하는 데 그치지 않고 말벗이 되어주는 프로그램이다.

황성수 목사는 "이 시대에 가장 필요한 것은 거리 두기가 아니라 누군가 가까이 다가가는 것"이라며, 도시락을 매개로 한 대화와 공감을 통해 이웃들의 외로움을 덜어주고자 했다. 현재 한사랑교회는 양천어르신종합복지관과 협력하여 매주 153가정에 도시락을 전달하고 있다. 교회의 성도들은 도시락 준비부터 배달까지 모든 과정에 정성을 다하며, 단순한 나눔을 넘어 삶을 공유하는 따뜻한 시간을

한사랑교회 성도들이 지역 어르신들에게 전해줄 사랑의 도시락을 만들고 있는 모습

김경식 양천어르신종합복지관 과장

만들어가고 있다.

복지관의 김경식 과장은 "교회가 복지관과 협력하여 도시락을 전하는 일은 정말 감사하고 감동적"이라며, 이 사역이 지역사회의 고립된 이웃들에게 큰 힘이 된다고 전했다. 도시락을 받은 어르신들은 교회의 따뜻한 마음에 감사를 표하며, 이 사역이 단순한 기부를 넘어서는 새로운 형태의 선교임을 몸소 체감하고 있다.

함께 나아가는 교회, 한사랑의 미래

2023년, 한사랑교회는 '함께'라는 키워드를 중심으로 새로운 도전을 준비하고 있다. 교회는 지난 팬데믹의 충격을 딛고 다시 한번 지역사회와 세대 간의 단절을 극복하기 위해 하나 된 비전을 세웠다. 황성수 목사는 "우리는 하나님과 함께, 이웃과 함께, 다음 세대와 함께 나아가야 한다"고 강조하며, '함께'라는 가치를 통해 흩어진 성도들을 하나로 모으고, 멀어진 이웃들과 연결되며, 잊혔던 세대들과의 간극을 메우는 일을 해 나가겠다고 밝혔다.

이웃과 함께하는 교회의 사명은 단순히 이웃에게 베푸는 것으로 끝나지 않았다. 한사랑교회는 '상호작용'을 중요한 가치로 내세우며, 이웃들과의 진정성 있는 대화를 통해 관계를 맺고 있다. 교회는 물질적 지원을 넘어 그들의 이야기를 경청하고, 필요를 채우기 위한 맞춤형 사역을 기획하고 있다. 이러한 노력은 특히 노인, 장애인, 다음 세대와의 관계에서 구체적으로 드러나며, 지역사회 전체에 긍정적인 변화를 가져오고 있다.

공감과 배려를 실천하는 사역들

한사랑교회의 '공감 예배'는 장애인을 대상으로 한 사역의 대표적인 사례이다. 장애를 가진 자녀를 둔 부모들이 교회에서 소외되지 않고 따뜻한 환영을 받을 수 있도록, 교회는 매년 장애인의 날에 공감 예배를 열고 그들의 이야기를 다큐멘터리 형식으로 공유한다. 이를 통해 교인들은 장애인 가족의 삶을 이해하고 그들과 진정성 있는 연대를 맺을 수 있게 되었다. 한 성도는 "장애인을 대하는 우리의 태도가 이 다큐멘터리 이후 많이 변화되었다"며, 이 예배가 교회 공동체에 준 영향을 증언했다.

다음 세대와의 간격을 좁히기 위한 노력도 계속되고 있다. 한사랑교회는 젊은 세대가 가진 고민과 필요를 이해하려고 적극적으로 소통하며, 그들이 교회 안에서 활발히 활동할 수 있는 환경을 조성하고 있다. 어린이와 청소년, 청년들을 대상으로 한 다양한 프로그램들은 단순히 재미와 흥미를 제공하는 데 그치지 않고, 신앙과 삶의 의미를 함께 나누는 데 초점을 맞추고 있다.

함께 나아가는 교회의 비전

한사랑교회의 비전은 지역 교회로서의 역할을 넘어, 이웃과 사회, 하나님과의 관계를 맺는 다리 역할을 하는 데 있다. 황성수 목사는 "우리의 사역은 이웃과의 관계를 회복하는 데 그치는 것이 아니라, 그들이 우리와 함께 하나님을 만나고, 그 사랑을 나눌 수 있도록 돕는 데 있다"고 설명한다. 이러한 비전은 교회가 단순히 베푸는 존재에서, 함께 나누는 공동체로 나아가게 한다.

2023년 한사랑교회는 하나님과의 동행, 이웃과의 연대, 성도들과의 협력을 바탕으로 더욱 깊은 공동체를 이루어 가기를 희망하고 있다. 교회는 선교와 섬김의 사역을 통해 성도들에게 신앙의 본질을 다시금 일깨우고, 이웃들에게는 하나님의 사랑을 구체적으로 보여주는 살아있는 증거가 되고자 한다.

지역과 열방을 품은 '사랑의 공동체'

보배로운교회: 류철배 목사

'보배로운교회'는 이름처럼 귀한 사역으로 지역과 열방에 하나님의 사랑을 전하는 교회이다. 독거노인을 위한 반찬 봉사, 지역 학교에 열린 공간 제공, 방글라데시에 유치원부터 고등학교까지 세운 교육 선교 등 다양한 활동을 통해 사랑의 손길을 전하고 있다. 교회의 문턱을 낮추고 지역과 소통하며, 하나님의 사명을 땅 끝까지 실현하기 위해 헌신하고 있다. 특히, 방글라데시 공업고등학교 설립을 준비하며 학생들의 자립과 복음 전파를 꿈꾸고 있다. 앞으로도 지역사회를 섬기고 열방을 품으며 하나님의 사랑을 실천하는 교회로 나아가고자 한다. '보배로운교회'의 발자취는 우리 시대에 빛과 소금의 역할을 보여주는 감동적인 이야기이다.

경기도 수원시 영통구에 자리한 '보배로운교회'는 이름처럼 보배와 같은 사역으로 지역과 열방에 하나님의 사랑을 전하고 있다. 25년 전에 류철배 담임목사의 헌신으로 시작된 보배로운교회는 작은 씨앗처럼 심겨져 오늘날 지역사회를 섬기고, 해외 선교를 통해 하나님 나라를 확장하는 교회로 성장했다. 교회의 이름처럼 귀하고 가치 있는 사역은 지역 주민들에게 따뜻함을 전하고, 복음의 빛을 세계 끝까지 비추며, 하나님의 사랑을 실천하는 데 앞장서고 있다.

지역 어르신을 위한 섬김:
사랑의 손길로 전하는 온기

보배로운교회의 가장 큰 특징은 섬김의 정신이다. 그중에서도 어르신들을 위한 반찬 봉사는 10년 넘게 꾸준히 이어져 오며 지역 주민들에게 큰 감동을 주고 있다. 독거노인이 점차 증가하는 지역의 특성을 파악한 류철배 목사는 "홀로 사는 어르신들에게 따뜻한 한 끼를 전하는 것이 그리스도의 사랑을 실천하는 길"이라며 반찬 봉사를 시작했다. 이 사역은 단순히 음식을 제공하는 것을 넘어 어르신들에게 정서적 위로와 공동체의 사랑을 나누는 역할을 하고 있다.

홍승연 사모와 성도들은 매달 정성스레 반찬을 만들고 배달하며 어르신들의 안부를 확인한다. 명절이 다가오면 특별한 손길이 더해진다. 동태전, 잡채, 미역국, 소불고기와 같은 명절 음식을 준비하며, 어르신들에게 명절의 따뜻함을 전하려는 성도들의 헌신이 돋보인다. 홍 사모는 "어르신들이 외롭

어르신들의 반찬 봉사 섬김을 하고 있는 홍승연 사모

지 않게 명절의 온기를 느끼며 행복해하시기를 바란다"고 말했다. 또한 강성희 집사는 "하루만 누워 있다가 천국 가셨으면 좋겠다"는 소망을 밝히며, 어르신들이 건강하게 삶을 누릴 수 있도록 기도하며 섬긴다.

보배로운교회는 반찬 봉사에서 멈추지 않는다. 지난 20년간 매월 어르신들을 교회로 초청해 노래잔치, 한방치료, 미용 봉사 등의 행사를 통해 어르신들과의 교감을 이어왔다. 코로나19로 잠시 중단됐던 초청 행사는 올해(2023년)부터 재개될 예정이며, 어르신들의 삶에 또 다른 활력을 불어넣을 예정이다.

지역 학생들과 함께하는 열린 교회:
배움과 축제의 공간

보배로운교회의 섬김은 지역 학생들에게도 깊이 이어지고 있다. 교회 건축 초기부터 류철배 목사는 지역 학교들이 대강당이

보배로운교회 대예배실에서 열린 영덕중학교 학생들의 축제 장면

없어 졸업식이나 입학식을 제대로 치르지 못하는 현실을 안타깝게 여겼다. 이러한 문제를 해결하고자, 류 목사는 교회의 문을 지역 학생들에게 활짝 열기로 결심했다. 이 결심은 단순한 건물 개방을 넘어, 지역 공동체와 함께 성장하겠다는 교회의 비전을 담고 있었다.

교회의 대강당은 지역 학생들을 위한 축제의 장으로 탈바꿈하며 매년 1회, 청명중, 청명고, 영덕중 학생들이 이곳에서 끼와 재능을 마음껏 발휘한다. 천500석 규모의 대강당은 매년 축제 때마다 학생들의 웃음과 열정으로 가득 차며, 아이들의 무대 하나하나가 교회의 사랑과 배려 안에서 꽃피운다. 김판동 영덕중 학생부장 교사는 "교회의 따뜻한 배려로 학생들이 마음껏 축제를 즐길 수 있어 정말 감사하다"며, 이러한 교회의 섬김이 학생들에게 큰 영감과 긍정적인 기억을 남기고 있다고 전했다.

보배로운교회의 나눔은 여기서 멈추지 않는다. 200석 규모의 음악당(아트리움)은 지역 주민들의 다양한 문화 활동을 위한 공간으로 널리 활용되고 있다. 수원시 남성 합창단의 정기 공연, 지역 피아노 학원의 발표회, 뮤지컬 공연 등 다양한 행사가 이곳에서 열려 지역사회의 문화적 풍요를 더하고 있다. 교회가 제공하는 이 열린 공간은 주민들에게 새로운 예술적 경험을 선사하며, 지역 공동체 안에서 교회의 존재를 더 따뜻하고 의미 있게 느끼도록 만든다.

류 목사는 이러한 공간 나눔을 두고 "교회는 단지 성도들만을 위한 공간이 아니라 지역 주민들과 함께 사용해야 한다"고 말한다. 그의 비전대로, 보배로운교회는 단순히 신앙 공동체를 넘어 지역사회와 학생들에게 배움과 축제의 공간을 제공하며, 지역 주민들이 더 나은 삶을 누릴 수 있도록 돕는 사랑의 통로가 되고 있다.

열방을 향한 사역:
방글라데시의 희망이 되다

보배로운교회의 사역은 지역에만 머물지 않는다. 교회의 문을 열고 땅 끝까지 복음을 전하는 데 앞장서고 있다. 그중에서도 방글라데시 사역은 하나님이 인도하신 특별한 이야기로 가득하다. 17년 전, 류철배 목사는 성전 건축을 놓고 기도하던 중 "건축하지 말고 선교하라"는 하나님의 음성을 듣고, 성도들과의 논의를 통해 방글라데시 선교를 시작하게 되었다.

방글라데시는 95%가 무슬림인 나라로 복음을 전하기에 어려움이 많은 지역이다. 그러나 보배로운교회는 이곳에 유치원, 초등학교, 중학교, 고등학교를 세우며 교육과 복음의 두 날개로 하나님의 일을 이어가고 있다. 변영수 선교사는 "학교가 세워지면서 마을이 발전했고, 주민들의 삶이 변화되었다"고 전했다. 술로 싸움을 일삼던 마을 주민들이 교육을 통해 새로운 희망을 품게 되었고, 문맹률이 낮아지며 경제적으로도 발전했다.

보배로운교회가 방글라데시에 세운 보배하이스쿨 학생들

현재(2023년) 보배로운교회는 방글라데시 학교의 확장을 위해 공업고등학교 설립을 추진 중이다. 학생들이 졸업 후에도 기술을 배워 자립할 수 있도록 돕기 위해, 교육청과 협력하며 세부 계획을 마련하고 있다. 류 목사는 "단순히 교육으로 끝나지 않고, 학생들이 그리스도의 사랑을 배우고, 복음을 전하는 일꾼으로 성장하기를 바란다"고 말했다.

25년의 발자취와 30주년을 향한 비전
올해로 창립 25주년을 맞은 보배로운교회는 이제 30주년을 향한 비전을 그리고 있다. 교회는 지역사회의 필요를 더욱 깊이 섬기고, 국내외 선교 사역을 확장하며, 하나님 나라를 이루는 교회로 나아가고자 한다. 특히 방글라데시 공업고등학교가 공업대학, 종합대학으로 확장되기를 꿈꾸며, 학생들이 글로벌 인재로 성장할 수 있는 발판을 마련하려는 계획을 구체화하고 있다.

보배로운교회는 교회가 지역사회 속에 녹아들어 하나님의 사랑을 전하며, 세상의 빛과 소금이 되기를 소망하고 있다. 지역 주민들과의 교감을 통해 복음을 전하고, 열방의 아이들에게 꿈과 희망을 심어주는 교회의 사역은 앞으로도 멈추지 않을 것이다.

사랑의 씨앗, 하나님 나라의 열매
이 모든 사역의 중심에는 하나님의 사랑이 있다. 보배로운교회가 뿌리는 사랑의 씨앗은 단순한 나눔이 아니라 하나님의 나라를 이 땅 위에 이루기 위한 작은 실천들이다. 그 씨앗은 어르신들의 미소에서, 학생들의 열정에서, 그리고 방글라데시 아이들의 희망찬 눈빛에서 열매로 맺히고 있다.

지역에서 열방까지 이어지는 이 교회의 사랑의 씨앗이 더 많은 열매를 맺으며, 하나님의 영광을 드러낼 그날을 기대한다. 보배로운교회가 보여주는 사랑과 섬김의 발자취는 하나님의 손길로 세상을 변화시키는 살아 있는 증거가 되고 있다. 이들의 헌신은 하나님의 나라가 땅에서도 이루어질 수 있음을 보여주는 소망의 등불이다.

한 손엔 복음, 한 손엔 사랑을

천호제일교회: 장이규 목사

서울 강동구 천호제일교회는 지역과 열방을 품고 실천하는 사랑의 공동체이다. 72년의 역사 속에서 자동차 사역, 감사저금통 사역, 샬롬성가대 등 다양한 나눔과 섬김을 통해 이웃과 세상을 변화시켜 왔다. 자동차 한 대의 기증이 어려운 이웃에게는 삶의 희망이 되었고, 작은 동전이 모여 다문화 가정의 행복한 결혼식을 이루는 기적을 만들었다. 특히 샬롬성가대는 어르신들에게 활력을 주고, 찬양을 통해 하나님께 영광을 올리는 은혜의 장이 되고 있다. 지역에서 시작된 사랑은 열방까지 이어지며, 네팔과 아프리카 등지에 하나님의 사랑을 전하고 있다. 천호제일교회의 이야기에는 복음과 사랑으로 세상을 변화시키고자 하는 하나님의 뜻이 담겨 있다.

1951년 철원감리교회
피난민들에 의해 설립

서울 강동구의 천호제일교회는 지역과 세상을 품는 사랑의 공동체로 자리 잡았다. 1951년, 철원감리교회 피난민들에 의해 세워진 천호제일교회는 '한 손에는 복음, 한 손에는 사랑'이라는 비전 아래 마을교회로서의 사명을 감당하고 있다. 장이규 담임목사가 부임한 2006년 이후, 천호제일교회는 이웃과 함께 마을의 행복을 만들어가는 사역들을 하나하나 실천하며 지역사회와 깊이 연결된 교회로 성장해 왔다.

희망의 엔진, 자동차 사역

천호제일교회의 대표적인 사역 중 하나는 자동차를 통해 이웃들에게 희망을 전달하는 자동차 사역이다. 미국 교회에서 목회하던 시절, 장이규 목사는 성도들이 바꾼 중고차를 기증받아 필요한 이웃들에게 나누는

자동차를 점검하고 있는 조천호 자동차 사역 팀장

사역을 경험했다. 이 사역이 가진 실질적인 도움과 변화를 보며 천호제일교회에서도 이 사역을 펼치기로 결심했다.

14년간 이어진 자동차 사역은 성도들이 새 차를 구매할 때 기존의 차량을 기증하면, 이를 정비하여 차가 꼭 필요한 사람들에게 전달하는 방식으로 운영되고 있다. 기증받은 차량은 정비 후, 싱글맘, 개척교회 목회자, 선교사, 청년들에게 우선적으로 제공된다. 자동차 사역 팀장 조천호 집사는 기증받은 차량의 안전성을 철저히 점검하며, 자신의 재능으로 교회를 섬길 수 있다는 것에 감사하고 있다.

자동차 사역으로 인해 많은 이웃의 삶이 변화되었다. 한 성도는 "남편이 큰 어려움을 겪던 시기에 교회에서 받은 차로 일을 시작할 수 있었다"며 감사를 전했다. 또 다른 성도는 "내가 그랜저를 몰 형편은 아니었지만, 교회에서 기증받은 차량 덕분에 가족과 먼 길을 다닐 수 있게 되었다"고 말했다. 기증자는 물론, 차량을 받은 사람들 모두가 하나님의 사랑을 경험하며 서로 감사하는 모습은 자동차 사역의 진정한 가치를 보여준다.

작은 동전이 만든 큰 기적,
감사저금통

또 지속적으로 하고 있는 이색적인 마을 사역은 '감사저금통'을 통한 다문화가정 결혼식 지원. 천호제일교회의 '감사저금통' 사역은 작은 시작이지만, 놀라운 결과를 만들어낸 아름다운 나눔의 사례이다. 연말이 되면 성도들에게 나눠지는 감사저금통은 단순히 동전을 모으는 도구를 넘

어, 하나님 사랑의 실천을 경험하는 귀한 매개체가 되고 있다. 성도들은 저금통에 100원짜리 동전을 하나씩 넣으며 감사의 마음을 모은다. 모인 동전들이 금액은 적지만, 그 쓰임은 결코 작지 않다.

모아진 금액은 다문화가정이나 경제적 어려움으로 인해 결혼식을 올리지 못한 이웃들을 위해 사용된다. 교회는 결혼식에 필요한 모든 것을 지원하며, 이웃들이 새로운 출발을 할 수 있도록 도와준다. 웨딩드레스, 신랑 신부의 메이크업, 사진 촬영과 피로연, 그리고 2박 3일의 신혼여행까지, 교회의 손길은 결혼식을 위한 모든 준비를 섬세하게 돕는다. 장이규 목사는 이 사역에 대해 "작은 동전 하나가 하나님의 축복으로 몇천만 원의 가치로 변화되는 것을 성도들과 함께 경험하며, 우리 모두가 주님의 사랑이 흘러가는 통로가 됨을 느낄 수 있었다"고 전했다.

감사저금통 사역의 영향은 교회 울타리를 넘어 지역사회로도 확산되었다. 천호제일교회의 활동을 본 강동구청은 이 사역에 감동받아 다문화 가정을 위한 결혼식 프로그램을 기획하고 주관하게 되었다. 이러한 확산은 한 교회의 섬김이 어떻게 지역사회 전체에 선한 영향을 끼칠 수 있는지를 보여주는 훌륭한 예가 되고 있다. 그뿐만 아니라, 감사저금통은 결혼식을 지원받은 가족들과 성도들 사이에는 따뜻한 연결이 생기고, 이를 통해 이웃 간의 관계가 더욱 끈끈해진다. 다문화 가정의 가족들은 천호제일교회에 대해 "교회의 사랑이 우리가 하나님을 더 가까이 느끼게 해주었다"고 고백하며, 그들 스스로가 공동체의 소중한 일원이 되었음을 자랑스러워한다.

이 사역은 작은 정성과 헌신이 어떻게 커다란 사랑의 울림을 만들어내는지를 증명한다. 감사저금통을 통해 하나님의 사랑은 한 사람의 삶을 변화시키고, 한 가정의 미래를 밝히며, 더 나아가 지역사회를 따뜻하게 만드는 기적을 이뤄가고 있다. 천호제일교회의 감사저금통은 사랑과 나눔이 우리의 일상 속에서 어떻게 실현될 수 있는지를 보여주는 귀한 사례로, 오늘도 많은 이들에게 감동과 도전을 주고 있다.

감사저금통

천호제일교회 샬롬성가대의 찬양 모습

어르신들의 찬양, 샬롬성가대

감사저금통 사역 외에도 70세 이상의 남녀 어르신들로 구성된 샬롬 성가대는 천호제일교회가 이웃 사랑을 실천하는 또 다른 모습이다. 샬롬 성가대는 어르신들에게 삶의 활력을 주는 역할을 한다. 코로나로 인해 3년간 활동을 멈췄던 성가대는 다시 찬양을 시작하며 기쁨과 감사를 나누고 있다.

"하나님 앞에 영광을 돌릴 수 있다는 것이 얼마나 감사한지 모릅니다." 샬롬성가대의 김봉자 권사는 찬양의 기쁨을 이렇게 전했다. 성가대원들은 두 달 동안 한 곡을 외워 부르며, 하나님께 찬양을 올린다. 그들의 노래는 단순한 화음을 넘어 믿음의 연륜과 신앙 고백이 담겨 있어, 성도들에게 큰 은혜를 선사한다. 지휘자 배은휘 권사는 "한국의 모든 교회에 어르신 성가대가 생겨났으면 좋겠다"고 강조하며, 찬양이 어르신들에게 자아 성취감과 행복을 준다고 말했다.

열방을 품은 사랑의 손길

천호제일교회의 섬김과 헌신은 국경을 넘어 네팔, 아프리카, 미얀마 등 전 세계로 확산되고 있다. 교회가 열방을 품고 진행하는 브레드미션센터 사역은 다양한 방식으로 하나님의 사랑을 전하고 있다. 고아원을 세워 버려진 아이들에게 가정을 만들어주고, 한국 음식을 제공하는 레스토랑을 운영하며 현지인들에게 복음과 문화를 동시에 전한다. 또한, 방과 후 학교를 통해 어린이들에게 교육과 복음을 함께 가르치며, 다음 세대를 세우는 일에 앞장서고 있다.

특히, 네팔에 세운 코리안 레스토랑은 선교의 거점 역할을 하며 비즈니스와 복음을 결합한 새로운 모델로 자리 잡고 있다. 현지에서 선교사들이 합법적으로 활동할 수 있도록 비즈니스 비자를 제공하고, 이 공간을 통해 지역 주민들과 자연스럽게 관계를 맺고 복음을 전할 수 있도록 돕는다. 장이규 목사는 "우리는 한 손에는 복음을, 한 손에는 사랑을 들고 하나님의 나라를 이루기 위해 계속 전진할 것"이라며, 천호제일교회의 비전과 열정을 밝혔다.

교회는 아프리카에서도 공동체 은행과 같은 새로운 모델을 통해 사랑을 전하고 있다. 극심한 가뭄과 경제적 어려움으로 고통받는 가정에 소액 대출을 제공하여 그들이 경제적 자립을 이루도록 돕고, 갚은 금액은 또 다른 가정을 돕는 데 사용된다. 이렇게 이어지는 사랑의 순환은 한 사람, 한 가정, 한 공동체가 스스로 설 수 있도록 돕는 하나님의 손길이 되고 있다.

사랑의 씨앗, 하나님의 열매

천호제일교회는 작은 시작을 통해 하나님의 큰 일을 이루는 교회이다. 성도들이 기증한 자동차 한 대는 한 가정에 이동의 자유를 선물하며 삶의 변화를 가져왔고, 성도들이 모은 작은 동전 하나는 다문화가정과 경제적으로 어려운 이웃들에게 새로운 시작을 열어주었다. 어르신들의 찬양은 교회와 지역사회에 감동과 은혜를 전하며 하나님의 영광을 드러내고 있다. 이웃과 나눈 따뜻한 한 끼의 식사는 단순한 나눔을 넘어 하나님의 사랑을 체험하는 시간으로 이어지고 있다.

천호제일교회가 뿌린 사랑의 씨앗은 점점 자라나 열매를 맺고 있다. 자동차 사역을 통해 새로운 삶을 시작한 이들, 감사저금통을 통해 사랑을 받은 이웃, 찬양 사역을 통해 기쁨과 보람을 얻은 어르신들, 그리고 브레드미션센터를 통해 복음을 접한 열방의 사람들까지, 천호제일교회의 사역은 하나님의 나라를 세우는 도구가 되고 있다.

소망의 이유가 넘쳐나는 교회

일산순복음영산교회: 강신호 목사

일산순복음영산교회는 고(故) 조용기 목사의 성역 50주년을 기념하여 세워진 교회로, 그의 사역 정신을 이어받아 지역사회와 함께하는 교회로 자리 잡고 있다. 강신호 목사의 지도 아래, 교회는 '소망의 이유가 넘쳐나는 교회'라는 표어를 중심으로 다양한 사역을 전개하고 있다. 특히 교회는 체육관을 지역 주민들에게 개방하고, 성미 사역을 통해 소외된 이웃을 돕는 등, 그리스도의 사랑을 실천하고 있다. 성도들과의 소통을 강화하고, 다음 세대를 위한 성품 교육과 전인 양육 프로그램을 통해 교회의 미래를 준비하고 있다.

소망의 이유가 넘쳐나는 교회

일산순복음영산교회는 베드로전서 3장 15절에 근거하여 '소망의 이유가 넘쳐나는 교회'라는 목표를 가지고 있다. 강신호 담임목사는 '예수 안 믿는 사람들이 왜 믿는 사람들은 더 가난하고 가진 것이 없는데도 기쁨으로 사는가'라는 질문을 품게 만드는 교회를 꿈꾸며, 이러한 소망의 이유를 설명할 준비를 하도록 성도들에게 가르치고 있다. 그는 단순한 전도 방식이 아닌, 성도들이 삶 속에서 그리스도의 사랑과 기쁨을 실천함으로써, 주위 사람들에게 자연스럽게 복음이 전해질 수 있도록 이끌고 있다.

강 목사는 이러한 교회의 목표를 설정하며 성도들이 소망의 이유를 묻는 이들에게 온유와 두려움으로 대답할 준비를 해야 한다고 강조했다. 이는 복음을 전할 때 성급하거나 강압적인 태도보다는, 진실된 삶의 모습을 통해 복음을 전하는 것이 더 효과적이라는 메시지를 담고 있다. 성도들은 이러한 소망의 이유를 품고, 각자의 자리에서 그리스도의 빛을 발하며 살아가고 있다. 그들의 모습은 주위 사람들에게 감동을 주고, 복음을 전하는 데 있어 중요한 역할을 하고 있다.

지역 주민과 함께하는 체육 사역   일산순복음영산교회의 체육 사역은 지역 주민들에게 큰 환영을 받고 있다. 교회는 15년 전 새 성전을 건축할 때 함께 지어진 체육관을 지역 주민들에게 개방하여 배드민턴 동호회를 운영하고 있다. 체육관은 교회가 지역사회와 소통하는 중요한 장으로 자리 잡고 있으며, 운동을 통해 주민들과 성도들이 자연스럽게 교류할 수 있는 기회를 제공한다.

배드민턴동호회는 지역 주민들과 성도들이 함께 어우러져 운동을 즐기는 자리로, 매 주일 오후 2시부터 5시까지 운영되고 있다. 강신호 목사는 체육 선교회가 코로나19로 인해 중단된 후, 이를 다시 활성화하기 위해 체육관을 개방했고, 지역 주민들과 성도들이 함께 운동하며 친밀감을 쌓을 수 있도록 장려하고 있다. 배드민턴 코치 전학수 씨는 "체육관을 통해 많은 사람들이 운동하며 서로에게 마음을 열고, 함께 어울릴 수 있어 매우 기쁘다"고 전했다.

배드민턴동호회는 운동을 떠나 사람들 간의 소통과 화합을 이루는 장이 되었다. 지역 주민들은 교회의 문턱을 낮추고 체육관을 개방한 것에 대해 깊은 감사의 마음을 전하며, 교회와 자연스럽게 연결되는 기회를 얻게 되었다. 이와 같은

배드민턴동호회원들이 주일 오후 교회 체육관에서 운동하고 있는 모습

체육 사역은 교회가 지역사회에 선한 영향을 미치는 중요한 수단으로 작용하고 있다. 앞으로도 이러한 활동을 통해 주민들과 교회의 유대는 더욱 깊어질 것으로 기대된다.

성미 사역과 이웃 사랑의 실천   일산순복음영산교회는 오랜 전통을 가진 성미 사역을 현대적으로 재해석하여 지역사회를 돕고 있다. 과거에는 성도들이 교회에 쌀을 기부하여 소외된 이웃을 돕는 방식으로 진행되었으나, 최근에는 쌀의 보관 및 관리 문제로 새로운 방식이 도입되었다. 강신호 목사는 이를 해결하기 위해 '영산 종합 선물 세트' 방식을 제안했다. 이는 성도들이 1~2kg씩 작게 포장된 쌀과 유효기간이 긴 식품을 기부하도록 하여, 이를 예쁘게 포장해 필요한 이웃들에게 전달하는 방식이다.

이 사역은 성도들의 참여를 촉진하며, 지역사회에 더 많은 도움을 줄 수 있는 계기가 될 것이다. 성미 사역은 교회 안에서만 이루어지는 것이 아니라, 지역의 넌크리스천들에게도 그 혜택을 주어 교회의 선한 영향력이 널리 퍼질 수 있도록 기획되었다. 특히, 교회 내에서 손길이 미치지 않는 곳까지도 이 사역을 통해 도움을 전하고자 노력하고 있으며, 성도들도 이러한 새로운 방식에 적극적으로 동참하고 있다.

강 목사는 성미 사역의 중요성을 강조하며, "교회는 지역사회에 선한 영향력을 미쳐야 한다"는 신념을 가지고 있다. 교회는 성미 사역을 통해 소외된 이웃들과 지역사회의 어려운 가정들을 도우며, 그리스도의 사랑을 실천하고 있다.

성도들과의 소통과 화합을 위한 노력   강신호 목사는 성도들과의 소통을 무엇보다 중요하게 생각하며, 교회 내의 모든 부서와 지속적으로 소통하고 있다. 교구별, 기관별로 정기적인 모임을 갖고 있으며, 청년부와 교회학교도 각기 다른 방식으로 소통을 이어가고 있다. 특히, 교회의 카페를 매일 운영하여 성도들이 언제든지 모여 대화를 나눌 수 있는 공간을 제공하고 있다. 이곳에서 성도들은 자연스럽게 모여 교류하고, 서로의 삶을 나누며 교회 공동체로서의 결속력을 강화하고 있다.

교회는 또한 교회의 시설들을 점진적으로 개선해 나가고 있다. 어린아이들이 자유롭게 뛰어놀 수 있도록 무대를 조성하고, 예배를 더욱 생동감 있게 할 수 있는 와이드 화면을 설치하는 등, 교회 내부의 분위기를 보다 개방적이고 따뜻하게 만들고 있다. 이러한 변화는 성도들이 교회에서 더 편안하게 모일 수 있도록 돕고 있으며, 성도들 간의 유대감을 강화하는 데 기여하고 있다.

양육 훈련으로 이루는 교회의 화합

일산순복음영산교회는 성도들 간의 갈등을 해소하고, 교회 내부의 화합을 도모하기 위해 양육 훈련을 도입했다. '회복'이라는 주제로 진행되는 8주 과정의 양육 훈련은 성도들이 서로를 이해하고, 그리스도 안에서 화합을 이루는 것을 목표로 한다. 강신호 목사는 성도들이 훈련을 통해 영적으로 성장하고, 교회 내에서 하나가 될 수 있도록 이 훈련을 적극적으로 추진하고 있다.

현재까지 약 500명의 성도가 이 과정을 수료했으며, 앞으로도 꾸준히 양육 훈련이 이어질 예정이다. 이 훈련은 성도들이 영적으로 회복되고, 교회 내에서 더 깊은 유대감을 형성하는 데 중요한 역할을 하고 있다. 또한, 이 훈련을 통해 성도들은 서로를 더 잘 이해하게 되며, 교회 내에서 발생할 수 있는 갈등을 미리 예방할 수 있게 된다.

양육 훈련 프로그램을 받고 있는 성도들의 모습

다음 세대를 위한 성품학교 강신호 목사는 교회의 미래를 위해 다음 세대에 대한 교육을 매우 중요하게 생각한다. 그는 "공부보다 예수님을 닮아가는 성품이 더 중요하다"는 믿음으로 성품학교를 시작했다. 이 학교는 아이들이 예수님의 성품을 닮아가며, 그리스도의 가르침을 삶 속에서 실천할 수 있도록 돕는 프로그램이다.

성품학교는 외부 기독교 대안학교와 연계하여 운영되며, 아이들이 예수님의 성품을 배우고, 성경적인 가치관을 형성할 기회를 제공한다. 강 목사는 성품 교육이 다음 세대가 세상 속에서 그리스도의 빛을 발할 수 있도록 돕는 중요한 사역이라고 강조한다. 성품학교는 많은 성도의 호응을 얻으며, 미래 믿음의 일꾼들을 길러내는 데 기여하고 있다.

교회의 미래 비전 강신호 목사는 일산순복음영산교회의 비전을 지역사회와 연대 속에서 찾고 있다. 그는 교회가 지역 주민들과 함께 성장하며, 가정이 올바로 세워질 때 교회도 함께 발전할 수 있다고 믿는다. 일산순복음영산교회는 앞으로도 지역사회와 협력하여, 가정과 교회의 건강한 성장을 도모할 계획이다.

일산순복음영산교회는 교회의 성장만을 추구하지 않으며, 지역사회 전체의 발전을 위해 함께 노력하고 있다. 교회는 지역 주민들에게 열린 공간을 제공하고, 그들이 교회 안에서 그리스도의 사랑을 경험할 수 있도록 다양한 활동을 기획하고 있다. 일산순복음영산교회는 앞으로도 그리스도의 가르침을 실천하며, 지역사회와 함께 성장해 나가는 교회로 계속해서 나아갈 것이다.

설립 정신 이어가는 '대 서민교회'

동막교회: 곽재욱 목사

120년이라는 시간은 단순히 숫자가 아니라, 한 교회가 삶의 이야기로 빚어낸 감동의 역사다. 동막교회는 마포의 작은 골목에서 소외된 이웃의 눈물을 닦아주고 서민의 삶에 희망의 불씨를 지핀 사랑의 등불이 되어왔다. 교회의 문턱을 넘은 수많은 발걸음에는 위로와 격려가 담겼고, 그 작은 손길들은 국경을 넘어 몽골의 대지에도 자립의 씨앗을 심었다. 어둠 속에서도 등불처럼 사람들의 곁을 지킨 교회는, 누군가에게는 마지막 쉼터였고 또 다른 이들에게는 새로운 시작의 힘이 되어 주었다. 이 모든 시간은 이름 없는 작은 헌신과 따뜻한 마음들이 모여 세상을 바꿀 수 있음을 증명하는 여정이었다. 앞으로의 120년, 그 사랑의 발자취는 또 얼마나 많은 마음에 빛을 전할 것인가. 동막교회의 이야기는 오늘도 감동으로 이어지고 있다.

서민을 향한 첫걸음:
사무엘 무어 선교사의 결단

1904년 사무엘 무어 선교사에 의해 설립된 동막교회는 서민들과 가장 가까운 곳에서 사랑과 나눔을 실천해 온 120년 역사의 살아있는 증인이다. '서민을 품는 교회'라는 설립 이념은 오늘날까지도 변함없이 동막교회의 정체성을 이루어 왔다. 그 정신은 시대의 변화 속에서도 한결같이 이어져 내려왔다.

동막교회의 이야기는 사무엘 무어 선교사의 결단으로 시작되었다. 무어 선교사는 1896년 승동교회를 세우며 한국 선교 사역을 본격적으로 시작했으나, 백

초창기 동막교회 예배당과 성도들의 모습

정과 같은 사회적 약자를 교회로 초대하는 문제로 갈등을 겪었다. 당시 백정은 철저히 사회에서 배제된 계층이었고, 승동교회의 일부 교인들은 이들을 받아들이는 것에 반발했다. 결국 무어 선교사는 승동교회를 떠났고, 이후 누구도 배제되지 않는 새로운 교회를 세우겠다는 결심을 굳혔다. 그는 특히 서민과 소외된 계층을 위한 교회를 세워야 한다는 사명감을 품고 동막교회를 설립했다.

　1904년, 마포구 신촌 근처에 세워진 동막교회는 초기부터 사대부가 아닌 서민들에게 다가가 그들과 함께하는 교회로 자리 잡았다. 무어 선교사는 "복음은 모든 사람을 위한 것"이라며, 서민과 소외된 이들에게 예배의 문을 활짝 열었다. 이러한 정신은 동막교회의 설립 정신이 되었고, 이후에도 교회의 사역 방향을 결정짓는 중요한 기둥이 되었다.

120년 동안 이어진 사랑의 전통

120년 동안 동막교회는 지역사회와 함께 호흡하고 섬기는 공동체로 자리 잡았다. 교회의 사역은 시간과 상황에 따라 변화했으나, 언제나 이웃과 서민을 위한 나눔과 섬김이라는 본질은 변하지 않았다.

　동막교회는 대표적인 사역 중 하나로 매주 수요일 지역 어르신을 위한 '시니어교실'을 열어왔다. 교회는 지역 어르신들이 즐겁고 활기차게 하루를 보낼 수 있도록 다양한 프로그램을 제공해왔다. 운동, 댄스, 가요 배우기, 사자성어 공부 등 어르신들의 흥미와 건강을 고려한 프로그램들을 운영해 왔다. 이를 통해 어르신들은 교회라는 공간에서 따뜻한 안식처와 활력을 얻어 왔다.

시니어교실 담당 김진성 목사는 시니어교실에 대해, 이 사역의 목적은 단순히 프로그램 제공에 그치지 않고 어르신들이 이곳에서 "잠시라도 걱정을 잊고 기쁨을 찾는 것"이라고 설명했다. 김 목사는 어르신들이 교회에서 함께 웃고 소통하는 모습을 볼 때마다 사역의 보람을 느껴 왔다. 어르신들은 교회의 배려 깊은 나눔과 지원 덕분에 교회가 단순한 예배 공간을 넘어 삶의 기쁨을 다시 찾는 장소로 여기고 있다.

이웃 사랑을 실천하는 나눔의 손길 동막교회는 지역 주민들을 향한 다양한 나눔 활동에도 앞장서 왔다. 매년 명절이 다가오면 교회는 독거노인과 어려운 가정을 위한 선물 상자를 정성껏 준비해 왔다. 쌀, 라면, 과자 등 필수 식료품이 담긴 이 상자는 단순히 물질적인 지원을 넘어 이웃에 대한 관심과 사랑을 전달하는 매개체가 되어 왔다.

특히 교회에서 정기적으로 열리는 바자회는 지역 주민들과 교회의 관계를 더욱 돈독히 만드는 행사로 자리 잡아 왔다. 바자회를 통해 얻은 수익금은 지역사회의 소외된 이웃들을 돕는 데 사용되어 왔다. 장학금 지급과 같은 다양한 형태로 지역사회에 환원되어 왔다. 교회는 이를 통해 '함께 살아가는 공동체'로서의 정체성을 더욱 공고히 해 왔다.

동막교회 성도들이 마을주민들과 함께 고추장을 만들고 있는 모습

동막교회 시니어교실에서 지역 어르신들이 운동을 하고 있는 모습

국경을 넘어 전해진 사랑:
몽골 함팅토야교회 이야기

동막교회의 사랑은 한국 안에서만 머물지 않았다. 2004년, 동막교회는 창립 100주년을 맞아 교회의 사랑을 전 세계로 확장하고자 국제 선교에 첫발을 내디뎠다. 몽골의 수도 울란바토르는 당시 경제적, 사회적으로 큰 어려움을 겪고 있는 지역 중 하나였다. 동막교회는 이곳에 도움의 손길을 내미는 데 주저하지 않았고, 몽골의 울란바토르 지역에 함팅토야교회를 설립하며 선교의 역사를 새롭게 써 내려가기 시작했다.

동막교회의 몽골 선교는 몽골 사람들이 스스로 설립된 교회를 운영할 수 있도록 자립의 기초를 닦아주는 것을 중요한 목표로 삼았다. 함팅토야교회가 세워진 초기, 동막교회는 울란바토르의 지역적 필요와 문화적 배경을 세심히 이해하고자 현지 주민들과 꾸준히 소통했다. 이 과정에서 몽골의 교회가 단순히 외부의 도움에 의존하는 교회가 아니라, 지역사회 안에서 스스로 성장하고 확장해 나갈 수 있는 기반을 마련하는 데 중점을 두었다.

이를 위해 동막교회는 물질적 지원과 영적 후원을 동시에 진행했다. 매년 성도들이 정성껏 모은 선교 헌금을 통해 함팅토야교회가 건축되고, 운영될 수 있는 재정적 기반을 마련했다. 또한 교회의 리더십을 현지인들에게 위임할 수 있도록 목회자 훈련과 리더십 교육을 꾸준히 제공했다. 몽골 지역에 맞는 교육 프로그램을 설계해 성경 공부, 목회 사역, 지역 봉사활동을 가르치며 현지 목회자들과 성도들이 자립할 수 있는 역량을 키웠다.

곽재욱 위임목사는 당시의 선교 방향을 회고하며 "선교란 우리가 단순히 돕고 끝나는 것이 아니라, 현지 공동체가 스스로의 힘으로 지속 가능한 교회를 운영할 수 있도록 돕는 과정"이라고 말했다. 이 같은 철학은 몽골 선교의 중요한 원칙이 되었고, 모든 선교 활동에서 중심에 놓였다.

자립으로 이어진 변화:
몽골 선교의 열매

20년 동안 동막교회는 물심양면으로 함팅토야교회를 지원하며 자립의 길로 이끄는 데 집중했다. 처음에는 교회의 건축비와 운영비를 지원하는 데 많은 노력이 필요했지만, 시간이 지나면서 현지 성도들이 적극적으로 참여하면서 자립의 가능성이 점점 커져갔다. 그 결과 현재 함팅토야교회는 스스로 자립하여 몽골 내 다른 교회들을 돕는 선교의 중심지로 자리 잡았다.

곽재욱 목사는 함팅토야교회의 자립에 대해 "우리가 몽골에 심은 자립의 씨앗은 이제 울란바토르와 그 너머의 지역에서 사랑과 나눔의 열매를 맺고 있습니다. 이것이 바로 우리가 바라던 선교의 모습이다"라고 전했다.

120주년을 기념한 특별한 결단

2024년, 동막교회는 창립 120주년을 맞아 특별한 결단을 내렸다. 함팅토야교회가 완전한 자립을 이루었다는 확신 아래, 동막교회는 그동안 제공했던 모든 선교 자산과 지원 체계를 함팅토야교회에 공식적으로 이양하기로 결정했다. 이 결단은 현지 교회가 독립적으로 선교를 이끌어 갈 수 있도록 돕겠다는 동막교회의 비전을 실천하는 의미다.

교회 자산 이양은 몽골 교회뿐만 아니라 동막교회 성도들에게도 깊은 감동을 주었다. 이 결단은 단순히 '우리가 끝냈다'는 의미가 아니라, 새로운 시작을 알리는 일이었다. 곽재욱 목사는 "우리의 역할은 이곳에서 끝났지만, 하나님께서 시작하실 일은 이제부터가 본격적"이라며 함팅토야교회가 앞으로 더 큰 영향력

동막교회가 창립 120주년을 맞아 몽골 울란바토르 100주년 기념교회인 함팅토야교회에서 선교 자산 이양식을 가졌다.

을 발휘할 것이라는 기대를 밝혔다.

**나눔의 정신,
선교의 미래로 이어지다**   함팅토야교회의 이야기는 동막교회가 실천해 온 나눔의 정신이 단순한 물질적 지원에서 그치지 않고, 진정한 사랑의 실천으로 이어졌음을 보여주는 사례다. 동막교회의 헌신과 몽골 교회의 노력은 자립을 통한 선교의 지속 가능성을 실현한 모범적 사례로 평가받고 있다. 이는 단순히 선교 사역에 국한된 이야기가 아니라, 전 세계의 교회가 앞으로 나아가야 할 방향을 제시하는 교훈이 되었다.

동막교회와 함팅토야교회의 이야기는 하나님의 사랑이 국경을 초월해 전해질 수 있음을 보여주는 살아 있는 증거가 되었다. 앞으로도 동막교회는 이러한 나눔과 자립의 정신을 이어가며, 새로운 선교의 길을 열어나갈 것을 다짐하고 있다. "선교는 끝이 아니라, 또 다른 시작"이라는 곽재욱 목사의 말처럼, 동막교회는 오늘도 하나님의 사랑을 더 많은 이들과 나누기 위해 새로운 걸음을 내딛고 있다.

지역사회와 동행하는 사랑 공동체

하나교회: 정영구 목사

하나교회는 단순한 예배의 공간을 넘어, 교회의 울타리를 넘어서 지역사회와 함께 살아가는 공동체로 자리매김해 왔다. 정영구 목사는 2004년 교회를 세우며 교회를 위한 것이 아닌 사람을 위한 사역을 꿈꾸었고, 하나교회는 가족 같은 따뜻한 관계를 중심으로 성장해 왔다. 교인들은 '자원함'을 바탕으로 자율적으로 참여하고 헌신하며, 다양한 프로그램을 통해 신앙과 삶을 깊이 나누는 공동체를 만들어 가고 있다. 또한, 교회는 지역 주민들과의 밀접한 교류를 통해 서로의 필요를 채우며 살아가는 교회의 본질을 실천하고 있다.

생명 공동체의 시작

2004년 정영구 담임목사는 교회를 세우기 전에 깊은 고민에 빠졌다. 수많은 교회가 이미 존재하는데, 왜 또 하나의 교회가 필요할까? 하지만 그에게 주어진 마음은 명확했다. 그가 세우려는 교회는 건물이나 예배만을 위한 것이 아니라, 진정한 생명 공동체가 되어야 했다. 성경에서 강조하는 생명과 관계, 그 생명력을 나누는 공동체를 만들고자 했던 것이다. 그리고 그 생각은 단순히 '하나교회'라는 이름을 넘어서, 영어로 'Hana Community Church', 즉 공동체 교회라는 뜻으로 확장되었다.

당시 '공동체'라는 개념은 낯설고 이상한 용어로 여겨졌지만, 시간이 지나면서 사람들 사이에서 흔히 쓰이는 말이 되었다. 하나교회는 단순한 성도들의 집합체가 아니라 서로를 진정으로 이해하고 가족처럼 지내는 곳이다. 이 교회에 발을 들인 사람들은 곧바로 느낄 수 있다. 여기는 진정한 가족 같은 교회, 그리고 한 몸의 지체로서 서로 깊이 연결된 공동체라는 것을….

'자원함'과 헌신의 원리 공동체가 되기 위해 하나교회가 가지고 있는 가장 중요한 원리는 '자원함'이다. 교인들이 스스로 자발적으로 교회 활동에 참여하며, 그 마음에서 우러난 행동이 교회의 헌신으로 이어지는 것이다. 처음 교회에 들어온 이들에게는 1년 동안 아무런 활동을 하지 말고, 예배만 드리며 교제하라고 권한다. 1년이 지나고 나서야 그들은 자신이 원하는 바를 찾고, 그에 맞는 헌신을 할 수 있다. 이 과정은 억지로 이루어지지 않으며, 자연스럽게 자원함에서 책임으로, 그리고 헌신으로 이어진다.

이와 같은 원리를 통해 교인들은 자발적이고 진정성 있는 헌신을 하게 되고, 교회는 강요나 부담이 없는 자유로운 공간으로 유지된다. 그 결과, 모든 것이 자발적으로 시작되었고, 사람들이 진정으로 좋아하는 일을 할 수 있게 되었다.

각자의 재능으로 다양한 섬김 교인들은 각자가 가지고 있는 재능을 살려 자원함으로 다양한 섬김 사역을 하고 있다.

자발적인 활동의 중심에는 자기주도 학습 코칭, 학부모들을 위한 생각 정리 기술 전수, 그리고 셀프 가드닝 프로그램이 있다.

하나교회에서 진행되는 자기주도 학습 코칭은 청소년들을 위한 특별한 프로그램이다. 교회 내에서 이 사역을 주도하는 교인들은 학생들이 스스로 공부하는 능력을 기르도록 돕는다. 특히 고등학생을 대상으로 한 입시 코칭은 단순한 학습 지도를 넘어, 학생들이 주체적으로 자신의 학습을 계획하고 관리할 수 있도록 훈련시킨다.

이 코칭 프로그램은 교회 안팎의 학생들이 자발적으로 참여하며, 교회에 다니지 않는 학생들도 부담 없이 도움을 받을 수 있다. 코칭을 담당하는 교인들은 학습이 끝난 후 자연스럽게 학생들이 교회로 연결될 수 있도록 신앙을 나누기도 한다. 이 과정에서 청소년들이 신앙적 기초를 다지며 성장하는 것을 보는 것은 교

학부모들을 위한 생각 정리 기술을 전수하고 있는 마인드맵 클래스

회와 코칭 팀 모두에게 큰 기쁨이다.

마인드맵을 통한 치유와 소통

또 다른 독특한 사역은 학부모들을 위한 생각 정리 기술 전수 프로그램이다. 이 프로그램은 주로 학부모들을 대상으로 하며, 그들이 자녀 교육에 대한 불안과 스트레스를 효과적으로 관리할 수 있도록 돕는다. 특히 마인드맵 기법을 활용해 복잡한 생각을 시각화하고 정리하는 방법을 전수함으로써, 학부모들이 자신의 삶을 되돌아보고 마음의 평안을 찾도록 돕는다.

프로그램을 통해 학부모들은 단순히 자녀의 학업 성취에만 몰두하는 것이 아니라, 자신의 가치와 삶의 방향성을 다시 한번 되돌아볼 기회를 얻게 된다. 나아가 자녀 교육에서 오는 부담감을 덜고, 더 나은 부모가 되기 위한 성장을 경험하게 된다. 학부모들은 자신이 놓치고 있던 삶의 중요한 부분들을 되찾으며, 자녀와의 관계뿐만 아니라 자신을 향한 긍정적인 변화를 맞이한다.

자연과 함께하는 치유와 나눔의 시간

하나교회는 이와 함께 셀프 가드닝이라는 특별한 활동을 통해 자연과의 연결을 중요시한다. 교인들은 자발적으로 교회나 집 주변에서 작은 정원을 가꾸며, 꽃과 식물을 키운다. 이 과정에서 사람들은 자연의 생명력을 느끼고, 그 속에서 하나님이 창조하신 세상과 더 깊은 연결을 경험한다.

특히 교회 내의 '열린 뜰'은 교인들과 지역 주민들이 자유롭게 드나들며 휴식을 취할 수 있는 공간으로 활용되고 있다. 이곳은 누구에게나 열려 있으며, 단순히 식

셀프 가드닝을 진행하고 있는 모습

물을 돌보는 장소를 넘어 마음의 평안과 회복을 경험할 수 있는 공간이다. 교인들은 이곳에서 서로 교류하며, 자연 속에서 신앙을 나누고 마음을 치유하는 시간을 갖는다. 또한, 정원 가꾸기를 통해 하나님이 주신 자연의 아름다움과 그 속에 담긴 창조의 섭리를 깊이 묵상하게 된다.

정영구 목사,
수년간 지역 시민단체 공동대표 맡아

정영구 목사는 자원함은 결국 지역 커뮤니티와 긴밀하게 협력관계를 형성하는 것이라고 정의한다.

협력관계 형성을 위해 지역 주민들과 관계를 맺으며 시민단체 활동에도 깊이 관여해 왔다. 수년간 지역 시민단체의 공동대표로 활동하며, 지역 주민들과 함께 마을의 문제를 해결하고, 더 나은 공동체를 만들어 가는 일에 헌신해 왔다. 그가 교회를 개척한 이후로 품어왔던 신념은 '교회는 지역사회 안에 뿌리를 내리고, 사람들과 함께 호흡해야 한다'는 것이었다. 이 신념은 정 목사가 시민단체 활동을 시작한 중요한 동기 중의 하나였다.

그가 맡았던 시민단체는 동작구에 있는 '희망 나눔 동작 네트워크'라는 조직이었다. 이 단체는 마을 공동체를 활성화하고, 주민들이 주도적으로 문제를 해결할 수 있도록 돕는 역할을 해왔다. 정 목사는 이 단체의 공동대표로서 지역에서 벌어지는 다양한 사회적 문제들을 주민들과 함께 고민하고, 그들의 목소리를 대변하며 여러 활동을 이끌었다.

**'교회가 앞장서기보다는
주민들과 나란히 걸어가는 것'**

특히 교회가 주도하는 활동이 아닌, 주민들이 필요로 하는 부분을 함께 해결해 나가는 것이 중요하다고 생각했다. 그가 가장 중요하게 여긴 원칙 중 하나는 '교회가 앞장서기보다는 주민들과 나란히 걸어가는 것'이다. 교회는 필요한 자원과 공간을 제공하고, 주민들은 그 안에서 자신들이 원하는 활동을 펼칠 수 있도록 자율성을 주는 방식이었다. 이 과정에서 정영구 목사는 다양한 사회적 의제를 주민들과 함께 논의하고, 실질적인 변화를 이루는 데 앞장섰다.

예를 들어, 지역에 작은 도서관을 만들기 위한 논의가 진행될 때, 정 목사는 적극적으로 이 과정에 참여했다. 그가 주도적으로 이끌기보다는, 주민들과 함께 정치인들을 만나고, 도서관 설립에 필요한 자원을 모으는 과정을 함께했다. 그 결과 성대골 어린이 도서관이 설립되었고, 이는 지역 주민들이 스스로 만들어낸 자랑스러운 성과가 되었다. 정 목사는 이를 통해 교회가 직접적으로 무엇을 하려 하기보다, 주민들이 필요로 하는 일을 지원하는 방식이 더 큰 변화를 가져온다고 믿었다.

또한, 정 목사는 공동대표로서 지역 내 다양한 협동조합과 협력했다. 마을의 소상공인들이나 시민단체들과 연계하여, 마을 급식 협동조합을 설립하고 운영하는 데에도 중요한 역할을 했다. 이 협동조합은 경제적으로 어려운 가정에 저렴하고 건강한 급식을 제공하면서 지역 경제 활성화에도 기여했다. 그의 이러한 활동

매주 금요일 오후 지역 주민들과 함께 책을 읽는 '소 풀 뜯기' 프로그램

은 교회가 지역사회의 중심에서 서로의 필요를 채우고, 더 나은 미래를 함께 만들어가는 중요한 사역으로 자리 잡았다.

타 종교인들과의 성경 공부

타 종교인들과의 성경 공부는 하나교회가 가지고 있는 독특한 사역 중 하나다. 정영구 목사는 지역 주민들과의 교류를 통해 자연스럽게 불교 등 다른 종교를 믿는 사람들과도 성경 공부를 나눈다. 이들은 교회에 다니지는 않지만, 성경에 대한 관심으로 모여들며, 각자의 삶 속에서 말씀의 힘을 발견한다.

한 사례로, 한 불교 신자가 성경 공부 도중 한 단어에 깊은 감동을 받고 눈물을 흘리며 은혜를 체험한 일이 있었다. 정 목사는 그 순간 전도를 시도하기보다는 그 감동을 존중하고 기다려 주었다. 결국 그 신자는 스스로 예수님을 영접하고, 하나교회의 집사로까지 성장하게 되었다. 이처럼 하나교회는 강요가 아닌 자연스러운 접근을 통해 사람들에게 신앙의 길을 제시하고 있다.

주택협동조합의 비전:
함께 살아가는 삶의 공간

정영구 목사는 지역사회와 교회의 경계를 넘어서는 새로운 비전을 품고 있다. 그가 꿈꾸는 미래 계획 중 가장 중요한 것은 주택협동조합을 통해 어린아이부터 어른까지, 다양한 세대의 주민들이 함께 살아가는 공동체를 만드는 것이다.

이 계획의 핵심은 세대 통합이다. 정 목사는 어린아이들부터 노년층까지 다양한 연령대의 주민들이 함께 모여 살아가는 공간을 만들고 싶어 한다.

그가 인용하는 영화 '내일'에서처럼, 다양한 경제적, 교육적, 사회적 배경을 가진 사람들이 한 공간에서 어울리며 각자의 독특한 역할을 해내는 모습은 하나교회와 지역 주민들의 미래 공동체가 나아갈 방향과 일치한다.

'상록수' 정신 계승… 지역 부흥의 '산증인'

샘골교회(경기도 안산): 박성민 목사

안산샘골교회는 1907년에 설립되어 지금까지 117년 동안 그 자리를 지켜왔다. 민족의 대부흥기에 세워진 이 교회는 지역사회의 영적 중심이 되었고, 수많은 교회를 세우며 복음의 씨앗을 뿌렸다. 또한 최용신 전도사의 농촌 계몽 운동과 교육 사역을 비롯한 다양한 사역을 통해 지역을 섬기며 하나님의 사랑을 실천해왔다. 현재까지도 교회는 지역사회의 치유와 회복을 위해 앞장서며, 각자의 자리에서 선한 영향력을 끼치고자 하는 교인들의 헌신적인 사역으로 꾸준히 성장하고 있다.

샘골교회의 설립과 역사

안산 샘골교회는 1907년, 홍원삼, 홍순호 두 형제가 샘골, 자신들의 집에서 작은 예배 모임을 시작하면서 태동했다. 당시 한국은 교회의 대부흥기였고, 이들이 드린 첫 예배는 그 거대한 영적 흐름의 작은 물줄기 중 하나였다. 이 형제의 집에서 드린 예배는 마룻바닥 위에서 소박하게 시작되었지만, 그 신앙의 불씨는 점점 더 커졌다. 예배를 시작한 이래, 홍 형제는 이웃을 초대하고 지역 주민들과 함께 예배를 드리기 시작하며 교회의 틀이 잡히기 시작했다.

그 후 샘골교회는 일제강점기와 한국전쟁, 산업화 시대를 거치며 더욱 견고해졌다. 일제강점기에는 신앙의 박해에도 굴하지 않고 교회의 존재를 지켰으며, 해방 후 한국전쟁과 급격한 산업화가 이뤄지던 시기에도 지역 주민들을 위한 예배 공동체로서 역할을 다했다. 산업화로 인해 안산이 발전하면서 샘골교회는 교회와 지역사회의 연결 고리로 자리 잡았으며, 복음의 빛을 밝히며 성장해 나갔다.

샘골교회가 직면했던 큰 도전 중 하나는 교회의 부지를 잃을 뻔한 일이었다. 공원이 들어서며 교회가 있던 땅을 개발하려는 시도가 있었지만, 교회와 지역사회의 노력으로 안산시와 협의를 이루어 내어, 교회는 지금의 자리를 지킬 수 있었다. 이러한 과정은 샘골교회가 지역사회의 중요한 역사적 유산으로 자리 잡았음을 상징한다.

샘골교회 종탑

최용신 전도사의 헌신과 농촌 계몽 운동

샘골교회의 역사를 말할 때 빼놓을 수 없는 중요한 인물은 바로 심훈의 소설 『상록수』의 여주인공 채영신의 실재 인물인 최용신 전도사다. 1920년대 초반, YWCA(한국기독교여성연합회)의 파송을 받아 안산에 온 최용신 전도사는 샘골교회에서 농촌 계몽 운동을 전개했다. 그 당시 안산은 대체로 농촌 지역으로, 교육에 대한 인식이 낮고 복음의 씨앗이 아직 깊이 뿌리내리지 않은 상황이었다. 그러나 최 전도사는 단순한 전도사 이상의 역할을 감당하며, 지역사회의 변화를 위한 헌신적인 리더로 자리매김했다.

최용신 전도사는 지역사회에 들어오자마자 농촌 지역의 열악한 교육 환경에 깊은 문제의식을 느꼈다. 당시 농촌 사회는 가난과 무지로 인해 자녀 교육의 중요성이 간과되던 시기였다. 아이 대부분은 농사일에 동원되었고, 교육을 받기보다는 생계유지를 위한 노동에 시달려야 했다. 최 전도사는 이러한 현실을 변화시키고자 샘골교회를 기반으로 교육 운동을 펼치기 시작했다. 그녀는 교회에서뿐만 아니라 집집마다 방문해 부모들과 대화를 나누며 아이들의 교육 필요성을 설득했다.

최 전도사의 접근 방식은 매우 독창적이고도 혁신적이었다. 그녀는 아이들을 위한 교실을 마련하고, 천국 강습소라는 이름의 교육 공간을 개설해 수업을 진행했다. 이곳에서는 기초적인 학문뿐 아니라, 성경을 통해 아이들에게 신앙의 가르침도 전했다. 주간반, 야간반, 주말반으로 나뉜 수업은 매우 체계적으로 운영되었으며, 점차 많은 아이가 이 교육 프로그램에 참여하게 되었다. 이러한 프로그램은 당시에는 매우 진보적인 교육 형태였고, 농촌 지역 주민들 사이에서도 큰 반향을 일으켰다.

최용신 전도사의 사역은 교육에 국한되지 않고 농촌 주민들에게 복음을 전파하고, 그들이 삶의 방향을 하나님께로 돌리도록 인도하는 역할도 동시에 수행했다. 특히, 당시 농촌 여성들이 사회적, 경제적으로 매우 어려운 상황에 처해 있었기 때문에, 그녀는 여성들의 삶에도 깊이 관여하며 그들의 권리와 교육의 중요성을 강조했다. 이러한 헌신은 지역사회를 교육적으로 발전시키는 데에 중요한 전환점을 제공했고, 교회가 지역사회의 중심으로 자리 잡는 데에 크게 기여했다.

하지만 최용신 전도사의 헌신적인 사역은 그녀의 건강을 해치기도 했다. 그녀는 몸이 쇠약해진 상태에서도 아이들의 교육과 지역사회의 변화를 위한 헌신을 멈추지 않았다. 결국 그녀는 26세라는 젊은 나이에 병으로 세상을 떠나게 되었지만, 그녀가 남긴 교육과 복음의 유산은 여전히 샘골교회와 안산 지역 주민들의 가슴 속에 깊이 남아 있다.

샘골교회는 소설 『상록수』의 여주인공 최용신 전도사가 농촌 계몽운동을 하며 교육과 복음의 씨앗을 뿌린 역사적인 교회이다.

최용신 기념관과 교육의 계승

샘골교회는 최용신 전도사의 헌신적인 사역을 기억하고 그 정신을 계승하기 위해 '최용신 기념관'을 운영하고 있다. 기념관에서는 최 전도사의 삶과 사역을 재조명하고, 그 정신을 배우고자 하는 이들에게 교육의 기회를 제공한다. 기념관을 방문한 아이들은 최 전도사의 희생과 헌신을 직접 느끼고, 그 정신을 이어받아 자신들의 삶 속에서 실천하려고 노력하고 있다.

교회는 또한 다양한 선교 유적지 방문 프로그램을 통해 신앙 교육을 강화하고 있다. 아이들은 선교 유적지를 방문하면서 선교사들의 삶과 복음 전파의 의미를 되새기고, 자신들이 신앙의 계승자로서 어떤 역할을 감당해야 하는지 깊이 생각하게 된다. 이를 통해 교회는 다음 세대에게 신앙을 전수하고, 그들이 기독교 정신을 바탕으로 살아가도록 돕고 있다.

최용신 기념관에 전시된 소설 『상록수』와 관련된 자료들

노년 세대를 위한 사역:
행복속회

샘골교회는 오랫동안 이 지역에 뿌리를 내린 노년 세대들을 위한 특별한 사역으로 '행복속회'를 진행하고 있다. 행복속회는 70세 이상의 성도들이 매주 모여 함께 예배를 드리며, 신앙 안에서 서로 교제하고 삶의 활력을 얻는 시간을 제공한다. 노년층이 많아지는 현대 사회에서, 이들의 신앙적 여정이 끝까지 의미 있고 활기차게 이어질 수 있도록 돕는 것이 이 사역의 핵심이다.

행복속회는 다양한 프로그램을 통해 어르신들이 신앙생활을 지속적으로 영위하며, 그 속에서 하나님과 깊은 교제를 나누도록 돕는다. 예배를 통해 영적인 만족을 얻고, 이외에도 미술, 음악, 체조 등 다양한 활동을 통해 신체적·정신적 건강을 유지할 수 있도록 돕는다. 이러한 프로그램들은 어르신들이 단순히 시간을 보내는 것이 아니라, 자신들의 삶을 풍성하게 만들며, 각자의 재능을 새롭게 발견

샘골교회가 70살 이상의 어르신을 대상으로 10년 넘게 진행하고 있는 '행복속회'

하고 개발하는 기회를 제공한다. 이를 통해 어르신들은 신앙 안에서 서로의 삶을 나누고, 함께 성장하며, 예수님이 오시는 그날까지 활기찬 삶을 유지하도록 격려받는다.

    안산은 도시 개발과 함께 크게 변화했지만, 이 지역에 오래도록 정착한 노년 세대는 오랜 시간 동안 샘골교회와 깊은 유대를 형성해 왔다. 이들은 젊은 시절부터 이곳에서 가정을 꾸리고, 교회의 성장과 변화를 직접 경험해 온 이들이다. 그만큼 샘골교회와 그들에게는 깊은 유대감이 형성되어 있으며, 교회는 이러한 유대감을 바탕으로 이들의 삶의 지혜와 신앙을 존중하며 그들과 함께 걸어가고자 한다.

패밀리 센터:

세대를 잇는 다리

샘골교회는 노년 세대를 위한 행복속회를 진행하고 있는 가운데 가족 단위의 신앙 공동체를 더욱 강화하고, 지역사회와 교회 간의 자연스러운 연결을 위해 '패밀리 센터' 설립을 계획하고 있다. 패밀리 센터는 노년 세대와 청소년들이 함께 모여 신앙과 일상을 나누며 서로 교제할 수 있는 공간이 될 것이다. 이 센터는 교회의 사역을 가족 단위로 확장시켜, 각 세대가 서로 소통하고 이해할 수 있도록 돕기 위한 것이다. 교회는 특히 초고령화 사회로 접어드는 현재의 한국 사회에서, 시니어 세대를 돌보는 일이 교회의 중요한 사명 중 하나라고 인식한다.

패밀리 센터는 어르신들이 신앙 안에서 건강하게 노년을 보낼 수 있는 프로그램을 제공할 뿐만 아니라, 청소년들이 자신의 진로를 탐색하고, 새로운 기술을 배울 수 있는 공간이기도 하다. 바리스타 교육이나 각종 체험 학습 프로그램을 통해 청소년들은 다양한 분야의 기술을 배우고, 이를 통해 자신들의 꿈을 발견할 기회를 얻게 된다. 이는 지역사회 내에서 세대를 이어주는 중요한 다리 역할을 하는 공간으로 자리매김하는 데 기여할 것이다.

샘골교회의 미래 비전   샘골교회는 지역사회를 섬기는 모교회로서의 역할을 지속적으로 감당해 나가고 있다. 최용신 전도사의 정신을 이어받아 교육과 복음 전파에 힘쓰며, 다음 세대와 노년 세대를 모두 아우르는 사역을 통해 지역사회의 영적 회복을 꿈꾸고 있다. 교회는 지역사회와 긴밀히 연결되며, 그 속에서 하나님 나라의 확장을 이루어 가고자 한다. 앞으로도 샘골교회는 복음의 빛을 안산 지역에 비추며, 지역사회의 중심으로서 선한 영향력을 계속해서 펼쳐나갈 것이다.

전통교회에서 미래를 준비하는 교회

용인제일교회: 임병선 목사

용인제일교회는 올해로 50주년을 맞이한 교회로, 지역사회와 다음 세대를 위한 특별한 사역을 꾸준히 이어가고 있다. 임병선 목사는 12년 전 부임한 이후, 교회 건축을 통해 예배 공간을 지역 주민과 다음 세대를 위해 내어주는 등 다양한 프로그램을 운영하며 주민들에게 복음과 사랑을 전하고 있다. 또 팬데믹으로 인해 많은 교회가 어려움을 겪고 있는 가운데 지역사회를 위한 봉사와 섬김의 기회로 삼았다. 그중에서도 가장 눈에 띄는 사역은 십리프로젝트이다. 교회 반경 4킬로미터 내에 있는 사람들에게 실질적인 도움을 제공하겠다는 취지로 시작되었으며, 생명사랑팀과 소망나눔팀을 통해 도움이 필요한 이들에게 24시간 상담과 긴급 지원을 제공하며, 그들의 삶 속에서 희망을 전하고 있다.

전통을 이어가며,
새로운 변화를 꿈꾸다

용인제일교회는 50년의 역사 속에서 전통을 지켜왔지만, 임병선 담임목사의 부임 이후로 교회는 새로운 도전을 시도했다. 그는 '미래를 준비하는 교회'로 나아가기 위해, 다음 세대와 지역사회를 위한 사역을 고민해 왔다. 코로나19 팬데믹으로 인해 많은 어려움을 겪었지만, 코로나 기간은 교회와 성도들에게 오히려 새로운 비전을 찾는 기회가 되었다.

지난 2019년, 용인제일교회는 건축을 완료하고 새로운 예배당에 입당했다. 그리고 이 공간은 주일 예배뿐만 아니라 주중에도 지역 아이들과 주민들이 사용할 수 있는 복합 공간으로 설계되었다. 예배 공간만으로 쓰는 것이 아니라, 댄스 연습실로, 풋살장으로, 다양한 용도로 활용되며 지역사회의 사람들이 언제든지 편하게 이용할 수 있는 공간이 되었다. 이처럼 교회는 외적으로 보여주는 건물이 아니라 지역 주민들이 편하게 쓸 수 있는 모두의 공간으로 자리 잡았다. 댄스 연습실로 변신한 유치부실은 지역 대학생들과 청소년들의 연습 공간으로 제공되며, 풋살장은 아이들이 마음껏 뛰어놀 수 있는 운동장으로 활용된다.

임 목사는 교회 건축이 왜 비난받는지 고민하다가, 모든 공간을 지역 주민들과 다음 세대를 위해 내놓자는 생각을 했다고 한다. 이러한 결정은 많은 지역 주민에게 긍정적인 반응을 이끌어냈고, 교회는 지역사회의 중요한 자산으로 자리 잡게 되었다.

교회에서 캠핑과 야시장:
소통과 나눔의 장

용인제일교회는 교회의 내부 공간뿐 아니라 외부 공간에 캠핑장과 야시장을 열어 교회와 지역사회가 함께하는 이색적인 프로그램을 가졌다. 지난봄 야시장 라이프 마켓을 통해 지역 주민들과의 소통을 강화하고, 지역 경제 활성화에 기여했다. 이 행사는 캠핑, 콘서트, 야시장을 결합한 다채로운 프

▼ 용인제일교회는 교회의 모든 공간을 다음 세대, 지역사회와 함께 사용하고 있다.

로그램으로 구성되어, 많은 이들의 참여를 이끌어냈다. 특히, 1박 2일의 캠핑 프로그램은 젊은 세대와 가족 단위의 참여를 통해 교회와 지역사회의 유대감을 더욱 깊게 만들었다. 교회는 텐트가 없는 사람들을 위해 텐트 대여 서비스를 제공하고, 직접 텐트를 치는 사람들도 자유롭게 참여할 수 있도록 지원했다. 또한, 교회가 후원하여 맛있는 고기를 제공함으로써, 캠핑 참가자들이 더욱 풍성한 경험을 누렸다.

지역 주민들을 위해 마련한 캠핑장

야시장은 교회 성도들과 지역 상인들이 함께 참여하여 식품, 액세서리, 생활용품 등 다양한 상품을 저렴한 가격에 제공함으로써 지역 경제에 긍정적인 영향을 미쳤다.

임병선 목사는 "야시장 라이프 마켓은 교회와 지역사회의 소통을 강화하고, 지역 경제에 기여하는 중요한 행사"라며, 앞으로도 이러한 프로그램을 통해 교회와 지역사회의 유대감을 더욱 깊게 만들고자 한다고 밝혔다.

십리프로젝트:
생명을 지키는 헌신

다양한 모습으로 지역을 섬기고 있는 용인제일교회는 생명 살리는 일에도 무게를 두고 있다. 교회의 반경 4킬로미터, 즉 십리 내에 있는 위기에 처한 사람들을 살리는 '십리프로젝트'는 용인제일교회의 대표적인 사회복지 사역이다.

임병선 목사는 코로나 기간 동안 교회 주변에 있는 김량장역에서 발생한 젊은 청년의 투신자살 사건을 계기로 교회가 지역사회 내에서 실질적인 도움을 줄 방법을 모색하다 '십리프로젝트'를 시작하게 되었다.

십리프로젝트는 '생명 사랑'과 '사랑 나눔' 두 팀으로 구성되어 있다. 생명 사랑팀은 자살 충동을 느끼는 이들에게 직접 찾아가 상담을 제공하며, 필요한 경

용인제일교회가 교회 반경 4킬로미터의 주민들을 대상으로 실시하고 있는 '십리프로젝트'

용인제일교회 '십리프로젝트'의 생명사랑팀

우 지역사회 기관과 연계해 주고 있다. 생명사랑팀은 24시간 대기 시스템을 통해 언제든지 도움이 필요한 이들에게 손길을 내밀 준비가 되어 있다. 교회 콜센터(1855-4620)를 통해 접수된 긴급 전화는 즉시 생명사랑팀으로 전달되어, 목사와 팀원들이 현장에 달려가 상황을 파악하고 필요한 지원을 제공한다. 생명사랑팀은 목사와 사회복지사, 변호사 등 다양한 전문가들로 구성되어 있으며, 이들은 항상 긴급 상황에 대비하여 대기하고 있다.

이진희 목사,
"한 영혼이 천하보다 귀하다"

용인제일교회의 사회복지 담당 목사인 이진희 목사는 "한 영혼이 천하보다 귀하다"는 예수님의 말씀을 깊이 마음에 새기고 있다. 그는 자신의 사역을 통해 이 말을 실천하는 것이 얼마나 큰 축복인지 경험해 왔다고 고백한다.

이 목사는 목자로서 잃어버린 양을 찾아 나서는 것과 같이, 세상에서 도움을 구하는 사람들을 만나는 일을 자신의 중요한 사명으로 삼고 있다. 길을 잃고 방황하는 사람들, 삶의 무게에 짓눌려 힘들어하는 사람들에게 다가가 그들의 이야기를 들어주고, 그들과 시간을 함께하며 위로하는 일은 이 목사에게 있어서 매우 중요한 역할이다. 그는 이들이 자신을 찾아와 자신의 이야기를 들어주는 것만으로도 고맙다고 말할 때, 큰 보람을 느낀다고 한다.

이 목사의 사역은 단순한 상담을 넘어선다. 그들은 결국 예수님을 구주로 영접하게 되고, 지역에 있는 교회로 발걸음을 옮기게 되는 과정을 겪는다. 이런 순간들은 이 목사에게 있어 특별한 기쁨의 순간이다. 한 사람의 영혼이 새롭게 태어나고, 하나님과의 관계를 회복하는 과정을 지켜보는 일은 목회자로서 더없이 뿌듯한 일이라는 것이다.

물론 이러한 사역이 항상 쉬운 것은 아니다. 그는 언제나 핸드폰을 지켜봐야 하고, 긴급한 상황이 발생할 때면 즉시 달려가야 한다. 때로는 일상에서 개인적인 시간이 부족하다고 느끼기도 한다. 하지만 이진희 목사는 그럼에도 불구하고 이 사역을 맡은 것에 대해 감사하고 있다. 하나님께서 그에게 영혼을 살리는 일을 맡기셨다는 사실만으로도 충분히 뿌듯함을 느끼기 때문이다.

이현이 교수의 생명사랑 이야기

이현이 교수는 십리프로젝트에서 중요한 역할을 맡고 있다. 총신대 상담대학원의 겸임 교수로서 다양한 사람들을 만나 상담을 제공하는 그의 일은 단순한 대화나 조언을 넘어선다. 이 교수가 만나는 사람들은 각자의 삶 속에서 깊은 상처와 고통을 겪고 있으며, 그들은 힘겹게 버티던 그 날의 마지막 한 가닥 희망으로 그를 찾는다.

이현이 교수는 그들에게 상담을 제공하며, 다시 삶의 힘을 얻어 갈 수 있도록 돕는 일을 하고 있다. 이 교수는 상담하면서 느낀 깊은 깨달음에 대해 말한다. "인간의 힘으로 할 수 없는 것들이 있습니다. 그 부분들을 우리가 하나님께 맡기고 나아가는 것이 얼마나 중요한지, 상담할 때마다 다시금 깨닫게 됩니다." 이 교수는 많은 사람이 고통 속에서 스스로 해결할 수 없는 문제를 가지고 찾아오지만, 그들의 모든 상황을 완전히 바꾸는 것은 인간의 힘으로는 불가능하다고 말한다. 그가 할 수 있는 일은 그들에게 귀를 기울이고, 마음을 다해 공감하며, 그들이 하나님께 그 문제를 맡기고 나아갈 수 있도록 돕는 일이다.

이현이 용인제일교회 집사 (총신대 상담대학원 겸임교수)

이 교수는 십리프로젝트의 역할을 '생명을 살리는 일'로 정의한다. 교회가 이런 중요한 역할을 하고 있다는 사실에 큰 의미를 부여한다. "교회에서 이 역할을 하는 것이 엄청난 일이라고 생각합니다. 우리는 전화를 통해 만나는 사람들과 긴 시간 함께하지는 않지만, 그들이 가지고 있는 과거, 현재, 그리고 미래를 함께한다는 점에서 상담은 그들의 일생을 만나는 것과 같습니다."

이 교수는 상담을 단순한 대화 이상의 중요한 순간으로 여긴다. 상담이 몇 번의 만남에 그칠 수 있지만, 그 사람의 삶 전체를 다루는 일이라고 말한다. 그들이 겪어온 과거의 고통과 현재의 문제와 미래에 대한 불안까지 모두 상담의 영역에서 다루어야 한다. 상담 시간이 짧더라도, 그 속에서 사람들의 삶이 변화될 수 있도록 하나님께 의탁하며 함께하는 것이 그의 역할이다. 십리프로젝트 생명사랑팀의 생명에 대한 사랑은 실제 많은 생명을 구하고 있다.

절망 속에서 만난 희망:
A성도의 이야기

A성도는 오랜 시간 깊은 절망 속에서 매일 자살에 대한 충동을 느끼며, 삶의 끝자락에서 벗어나지 못했었다. "조금만 힘든 일이 생기면 죽어야지"라는 생각을 반복하며, 자살을 심각하게 고민하곤 했다. 지나가는 차가 자신을 치어주기를 바랄 정도로 삶의 의지를 잃고 있던 어느 날, 그의 어머니가 교구 목사님에게 그 사정을 털어놓았다. 목사님은 곧바로 A성도에게 연락하여 교회에서 운영하는 십리프로젝트의 생명사랑팀과 연결되었다.

상담이 시작되었을 때, A성도는 큰 기대를 하지 않았다. 그동안 많은 사람과 이야기를 나누었지만, 자신의 이야기를 진심으로 들어주고 이해해 주는 사람을 찾기 어려웠기 때문이다. 하지만 생명사랑팀의 상담자는 그의 이야기를 진솔하게 경청했고, 그 마음을 깊이 이해하고 공감하며 다가왔다.

"그분이 너무 진솔하게 제 이야기를 들어주시고 마음을 다해서 신경 써주고 있다는 게 느껴지니까, 자연스럽게 교회로 발걸음을 옮기게 되었어요"라고 말했다. 처음에는 망설였던 그가, 상담을 통해 마음의 문을 열고, 서서히 교회로 발걸음을 옮기기 시작했다. 한 번, 두 번… 그렇게 교회를 찾는 일이 점점 자연스러워졌고, 그 안에서 하나님의 말씀을 접하며 큰 은혜를 받았다.

A성도는 이제 이전과는 완전히 달라졌다. 그는 "지금은 그전보다 더 힘든 일이 생겨도 하나님은 나를 포기하지 않으실 거라는 확신이 있다"며, 하나님의 계획과 보호하심을 깊이 믿게 되었다. 절망 속에서 그를 붙잡아 준 것은 바로 그 믿음이었다. 그는 더 자살에 대해 생각하지 않았고, 자신을 사랑하고 돌보시는 하나님을 의지하며 새로운 삶을 살고 있다. 자신의 이야기를 통해, 지금도 삶의 무게에 짓눌려 자살을 생각하는 사람들에게 이렇게 말하고 싶다고 한다. "하나님은 나를 포기하지 않으셨어요. 그분은 절망 속에서도 나를 붙드셨고, 저를 향한 계획을 가지고 계셨어요. 나도 그렇듯, 그분은 누구도 포기하지 않으십니다"라고….

반찬 봉사를 섬기는 소망나눔팀

반찬 봉사로 섬기는 소망나눔팀은 약 80명의 성도가 참여하여, 약 80가정을 지원하고 있다. 이들은 반찬 지원, 냉장고 운영, 식품 배달 등 다양한 활동을 통해 지역사회의 경제적 어려움을 겪는 이들에게 실질적인 도움을 주고 있다. 소망나눔팀의 헌신은 교회의 사랑이 단순한 말로 끝나지 않고, 실제적인 행동으로 이어지고 있음을 보여준다. 이들의 노력은 많은 이들에게 희망과 생명을 전하며, 교회가 지역사회에 깊이 뿌리내리고 있음을 증명하고 있다.

교회의 벽을 허물고, 세상 속으로

용인제일교회는 단지 한 교회의 성장을 목표로 하지 않는다. 임병선 목사는 용인제일교회뿐만 아니라 한국교회 전체가 직면한 현실을 깊이 통찰하며, 그 안에서 새로운 길을 제시하고자 한다. 그는 "한국교회가 역사가 오래되면서 전통과 기득권들이 쌓였고, 이들이 오히려 다음 세대와 지역 주민들에게 벽처럼 느껴졌다"고 말한다. 교회의 오래된 전통과 관습은 때때로 사람들이 교회에 다가가는 것을 막는 장벽이 되어버렸다.

이제 용인제일교회는 그 벽을 허물고, 더 많은 이들에게 다가가고자 한다. 임 목사는 "교회가 담장을 낮추고, 더 친근하게 다가가야만 복음이 확장될 수 있다"며, 용인제일교회가 용인지역의 교육, 문화, 영성을 책임지는 교회가 되겠다고 약속했다.

젊은 세대와 함께 성장하는 마을 공동체

영복교회: 이정규 목사

인천의 영복교회는 지역사회와 상생하며 다양한 사역을 통해 주민들에게 따뜻한 손길을 전하는 교회로 알려져 있다. 2017년 부임한 이정규 목사는 교회를 젊은 세대와 지역사회에 열린 공동체로 성장시켰다. 특히 30, 40세대가 중심이 된 교회로, 전 세대가 함께 어우러져 교회의 사명을 실천하고 있다. '따뜻한 냉장고' 사역부터 지역 주민과 함께하는 마을 축제, 장학 사업까지 교회는 다양한 방식으로 지역 주민들과 소통하며 그들의 필요에 응답하고 있다.

3040 세대와 함께하는 영복교회

2017년 이정규 담임목사의 부임은 영복교회에 새로운 바람을 불러일으켰다. 전통적이면서도 열린 마음을 지닌 이 목사는 교회를 과거의 신앙과 전통을 계승하면서도, 젊은 세대와 미래를 함께 준비하는 공동체로 만들어가고자 했다. 그는 교회를 '그릇'으로 비유하며, 모든 세대가 함께 들어와 어우러질 수 있는 공간으로 만들겠다는 비전을 제시했다. 이 비전은 단순히 세대별로 나뉘어 각기 다른 예배를 드리는 것이 아니라, 서로를 이해하고 소통하는 공동체로 나아가는 것을 목표로 했다.

영복교회의 성도 구성은 특히 30대와 40대, 즉 3040 세대가 큰 비중을 차지한다. 이들은 젊은 가정을 이룬 부모들로, 그들의 자녀들까지 포함해 교회는 자연스럽게 다음 세대까지 아우르는 공동체가 되었다. 이 목사는 젊은 세대가 교회에 자리를 잡는 것이 단지 숫자의 증가로 나타나는 것이 아니라, 교회가 세대 간 소통과 연합을 통해 내적으로 더 깊어지고 단단해지는 성장이라고 강조했다.

그는 목회 초기에, 3040 세대가 교회 내에서 중요한 역할을 맡고 그들만의 자리를 찾을 수 있도록 독려했다. 젊은 세대들이 교회의 전통을 존중하면서도 새로운 변화를 수용할 수 있도록 교회 구조를 점진적으로 변화시키고, 그들이 교회 사역에 적극적으로 참여할 수 있는 환경을 마련했다. 또한, 이러한 세대 간의 연합이 가능할 수 있었던 것은 영복교회가 이전부터 지켜온 신앙의 전통 덕분이었다. 어른 세대들이 젊은 세대들을 이해하고 포용하는 모습은 자연스럽게 그들 사이에 유대를 형성했고, 이는 교회의 성장에 큰 원동력이 되었다.

교회의 성장 과정에서 한 가지 주목할 만한 점은 이정규 목사의 목회 철학이다. 그는 교회의 성장을 단순한 외적 확장으로 보지 않았다. 오히려 그는 교회가 담을 수 있는 '그릇'의 크기가 중요한 것이 아니라, 그 그릇 안에 담긴 내용이 무엇인지, 그리고 그 그릇이 얼마나 단단한지에 더 중점을 두었다. 세상을 담을 그릇이 되려면 소통해야 한다고 강조하였다. 그래서 지역과 소통하는 교회를 지향한 것이다. 이를 위해 3040 세대는 교회 내에서 다양한 사역에 적극적으로 참여하며, 그들만의 방식으로 교회 공동체에 기여하고 있다. 그들은 예배뿐만 아니라 지역 봉사, 장학 사업, 그리고 다음 세대를 위한 프로그램까지 다양한 활동에 주도적으로 참여하면서, 교회가 더욱 살아있는 공동체로 변화하는 데 중요한 역할을 하고 있다. 이는 영복교회가 세대 간의 벽을 허물고, 교회의 모든 구성원이 함께 성장할 수 있는 통합적인 공동체로 발전하는 데 크게 기여했다.

지역사회와 함께 성장하는 교회   영복교회는 지역사회와의 상생을 중요한 사명으로 여기고 있다. 이정규 목사는 교회가 지역과 분리된 독립적인 존재로 남아 있어서는 안 된다고 강조했다. 그는 "교회는 지역과 함께 성장해야 한다"는 목회 철학을 바탕으로 교회가 지역사회의 일원으로서 어떤 역할을 해야 하는지에 대한 깊은 고민을 시작했다. 이러한 철학은 교회 사역의 방향성을 결정짓는 중요한 기준이 되었고, 지역 주민들과의 관계를 더욱 공고히 하는 다양한 사역으로 이어졌다.

영복교회는 지역의 다양한 기관들과 협력관계를 맺고 있다. 맘카페, 주민센터, 구청, 복지관 등과 MOU(업무협약)를 맺어 지역사회의 실질적인 필요에 부응하

영복교회는 지역과 소통하기 위해 다양한 기관들과 업무협약을 체결하고 함께 사역하고 있다.

고, 도움이 필요한 곳에 교회의 자원과 손길을 기꺼이 내밀고 있다.

특히 '따뜻한 냉장고' 사역은 영복교회의 대표적인 지역 나눔 활동으로 손꼽힌다. 이 사역은 간단하면서도 매우 실질적인 방식으로, 교인들이 장을 볼 때 조금씩 더 구입한 식품들을 교회 내 냉장고에 기부하는 것이다. 교회는 이러한 물품들을 봉사팀이 수거하여 지역 주민센터로 전달하며, 주민센터는 이를 다시 소외된 이웃들에게 배포한다. 이 과정에서 영복교회는 단순한 기부자를 넘어, 지역사회의 일원으로서 주민들의 필요에 응답하고 있다.

이정규 목사는 이 사역이 단순한 물질적 나눔에 그치지 않기를 바랐다. 그는 "우리의 나눔은 단지 필요한 사람들에게 물질을 제공하는 것이 아니라, 그들과의 신뢰와 관계를 형성하는 것이다"라고 강조했다.

'따뜻한 냉장고' 사역은 지역사회의 호응을 얻으며 지속적으로 성장하고 있다. 성도들은 주일마다 성경책과 함께 냉장고에 넣을 식품을 들고 교회로 향하고, 아이들까지도 이 사역에 자연스럽게 참여하고 있다. 이러한 모습은 나눔이 단지 일회성 행사가 아닌, 교회의 일상적이고 자연스러운 사역임을 보여주고 있다. 특히, 이 사역은 지역 주민들과의 관계를 더욱 깊게 만들며, 교회가 지역사회의 실질적인 문제 해결에 기여하고 있음을 확인할 수 있는 사례이다.

영복교회는 이 외에도 다양한 방식으로 지역사회와 함께하고 있다. 예를 들어, 교회에서 운영하는 카페의 수익금은 지역 장학 사업으로 이어져, 경제적 어려움에 처한 학생들이 학업을 지속할 수 있도록 돕고 있다. 이러한 장학 사업은 지역사회의 젊은이들에게 실질적인 지원을 제공하며 그들의 미래를 함께 꿈꿀 수 있는 공동체로 자리 잡게 했다.

영복교회의 사역은 그 범위와 형태에서 끊임없이 진화하고 있다. 이 목사는 지역 주민들과의 소통을 통해, 그들이 진정으로 필요로 하는 것이 무엇인지 항상 귀 기울이며, 그에 맞는 맞춤형 사역을 제공하기 위해 노력하고 있다. 이는 영복교회가 지역사회의 문제를 해결하는 데 중요한 역할을 하는 교회로 인정받게 하였으며, 주민들과 깊은 신뢰 관계를 쌓는 데 큰 도움이 되고 있다.

주민들과 함께하는
생명 플러스 마을 축제

영복교회와 마을공동체가 함께하는 '생명 플러스 마을 축제.' 이 축제는 교회의 대표적인 지역 봉사활동 중 하나로 자리매김했다. 지역 주민들에게 하루를 선물한다는 의미에서 시작되었으며, 교회가 지역사회와 함께 기쁨을 나누는 축제로서 많은 사랑을 받고 있다. 특히 교회의 사역 중에서도 가장 활기차고 기쁨이 넘치는 행사로 꼽힌다. 축제는 단순히 즐거움을 제공하는 데 그치지 않고, 지역사회와의 유대를 강화하고, 서로 돕고 나누는 마음을 심어주는 중요한 사역의 장이다.

'생명 플러스 마을 축제'의 가장 큰 특징 중 하나는 세대를 초월한 참여가 가능하다는 점이다. 어린이부터 어른까지 모든 연령대의 주민들이 함께 즐길 수 있도록 다양한 부스와 프로그램이 마련된다. 놀이기구는 무료로 제공되며, 어린이들은 안전하게 즐길 수 있는 다양한 체험을 할 수 있다. 그뿐만 아니라, 건강 상담 부스와 응급처치 교육 등 실질적인 도움을 제공하는 프로그램들도 함께 운영되어, 지역 주민들의 삶에 실제적인 영향을 미치고 있다. 이러한 프로그램들은 단순히 여가를 채우는 것이 아닌, 주민들이 건강과 안전을 지킬 수 있는 실용적인 정

'생명 플러스 마을 축제'에서 플로깅에 참여한 성도들과 주민들의 기념 촬영

마을 축제장에는 생명을 살리는 심폐소생술 체험장도 마련됐다.

'생명 플러스 마을 축제'

보를 얻을 기회로, 많은 사람에게 유익함을 준다.

또한, 축제는 환경을 생각하는 사역으로도 확장되고 있다. 플로깅 대회는 그중 하나로, 지역 주민들이 쓰레기를 줍는 활동을 하면서 지역 환경을 보호하는 동시에, 함께 걷고 나누는 기쁨을 경험할 수 있는 시간이 된다. 플로깅은 '줍다'와 '조깅'의 합성어로, 걷거나 뛰면서 주변의 쓰레기를 줍는 환경 보호 활동이다. 이 활동에 지역 주민들이 자발적으로 참여하게 됨으로써, 지역사회에 대한 책임감을 느끼고 공동체 의식을 키울 수 있게 된다. 걷기 대회와 플로깅 대회는 지역의 환경 보호와 건강 증진을 함께 도모하는 뜻깊은 시간이다.

이처럼 '생명 플러스 마을 축제'는 지역 주민들에게 즐거움을 선사할 뿐 아니라 공동체의 일원으로서 함께 살아가는 기쁨과 책임을 일깨워 주는 행사로 자리 잡았다.

**코로나 시기를 넘어 지속되는
나눔과 섬김**

코로나19 팬데믹은 전 세계적으로 많은 변화를 불러일으켰고, 교회 공동체도 예외는 아니었다. 전통적인 방식의 예배와 사역들이 제한되면서, 교회는 새로운 도전에 직면했다. 영복교회 또한 이 시기에 마을 축제와 같은 대규모 행사를 진행할 수 없게 되었지만, 이러한 어려움 속에서도 지역사회와의 유대를 끊지 않고, 새로운 방식으로 교인들과 주민들이 함께할 수 있는 프로그램을 제안했다. 바로 '걷기 대회'였다.

걷기 대회는 지역 상인들과 소외계층을 돕는 특별한 방식으로 이루어졌다. 교인들과 지역 주민들은 각자의 집 근처에서 걷기를 실천하고, 그 걸음 수에 따라 교회가 지역 상인들에게 상품권을 발행해 지원하는 방식으로 진행되었다. 교회는 걸음 수를 기반으로 소외계층에게 사용할 수 있는 상품권을 발행했고, 이 상품권을 통해 지역 상점에서 필요한 물품을 구입할 수 있도록 했다. 상인들은 이 상품권을 통해 판매 기회를 얻었고, 소외계층은 필요한 물품을 직접 선택할 수 있는 자유를 누리게 되었다. 지역 상인들과 소외된 이웃 모두를 지원하는 의미 있는 사역이 된 것이다.

미래를 위한 비전:
미래와 꿈을 담는 그릇

다양한 모습으로 지역과 함께 하는 영복교회. 이정규 목사는 교회를 '구원의 방주'로 비유하며, 교회가 그 안에 다양한 사람들과 세대를 품어가는 그릇이 되기를 바란다고 말했다. 그는 교회가 미래를 담는 그릇으로, 다음 세대의 꿈과 희망을 함께 나누고 그들이 신앙을 계승할 수 있도록 돕는 역할을 해야 한다고 강조했다. 교회가 단순히 현재의 사역에만 집중하는 것이 아니라, 다음 세대를 위한 비전을 가지고 지속적으로 성장해 나가는 교회가 되겠다는 다짐을 담고 있다.

지역의 메마른 땅 적시는 원천(源泉)이 되리라

원천교회: 문강원 목사

서울 서대문구 연희동에 자리한 원천교회는 설립 50년을 맞아 지역사회를 섬기며 복음의 빛을 전하는 교회의 본보기가 되고 있다. 이사야서 35장 7절에서 영감을 얻은 교회 이름처럼, 원천교회는 메마른 땅에 성령의 생수를 흘려보내는 역할을 다하고 있다. '사랑의 쌀독'을 통해 나눔의 손길을 전하고, 서대문구 어린이 축제로 다음 세대를 섬기는 이들의 노력은 지역사회를 따뜻하게 적신다. 특히 평신도 중심의 사역을 통해 모든 성도가 주체적으로 섬기는 교회로 성장하고 있다. 문화와 신앙을 융합한 드라마 예배는 말씀을 생생하게 체험케 하며, 지역 주민들에게 새로운 영감을 선사한다.

지역사회를 적시는 성령의 원천

서울 서대문구 연희동에 자리한 원천교회는 설립 50년을 맞은 지금도 지역사회와 함께 호흡하며 복음의 빛을 전하는 사명을 이어가고 있다. '메마른 땅이 변하여 원천이 될 것이며'라는 이사야서 35장 7절 말씀을 중심 가치로 삼아, 교회는 성령의 생수를 흘려보내는 원천이 되고자 끊임없이 노력해왔다. 원천교회는 단순히 지역에 존재하는 건물이 아니라, 지역사회의 고통과 희망을 품으며 하나님의 사랑을 실천하는 공간으로 자리 잡아왔다.

원천교회는 설립 초기부터 지역사회와의 연결을 우선순위에 두어왔다. 교회의 이름이 말해주듯, 메마른 땅을 적시는 원천으로서 역할을 다하기 위해 교회는 항상 담장 밖 세상과 소통하는 방법을 모색해왔다.

원천교회는 사역들을 한데 모아 체계적으로 펼치기 위해 2022년 '원천사회복지단'을 설립했다.

문강원 담임목사는 "교회는 지역에 뿌리내리고, 지역사회를 섬겨야 그 존재 이유를 다할 수 있고 초대교회처럼 우리도 지역과 밀접하게 연결되어 있어야 한다"고 강조했다. 문 목사는 또 "교회의 존재 이유는 지역사회를 사랑으로 섬기고, 하나님의 은혜를 실천하는 데 있다"며, 교회와 지역 간의 연결성을 무엇보다 중요하게 여겼다. 이러한 철학은 원천교회의 모든 사역에 깊이 스며들어 있다.

긍휼의 상징, 사랑의 쌀독

2012년에 시작된 원천교회의 '사랑의 쌀독'은 지역사회의 가장 대표적인 긍휼 사역으로 자리 잡아왔다. 매달 약 2톤의 최상품 쌀을 이웃들에게 전달하며, 지역 내 어려운 이들이 굶주림 없이 생활할 수 있도록 돕고 있다.

'사랑의 쌀독'은 단순히 배고픔을 채우는 사역을 넘어, 지역 주민들과의 신뢰를 기반으로 체계적으로 운영되고 있다. 교회는 주민센터와 협력하여 필요한 사람들에게 도움을 제공하며, 이를 통해 하나님의 사랑을 실질적으로 전달해오고 있다.

문강원 목사는 "'사랑의 쌀독'은 그 자체로 하나님의 사랑을 보여주는 도구다"며 "우리는 쌀 한 포대를 통해 하나님이 그들의 필요를 알고 계심을 전하고자 한다"고 말했다. 이 사역은 지역 주민들의 삶에 위로와 희망을 전하는 중요한 통로가 되고 있다.

장상근 은퇴장로는 사랑의 쌀독 사역의 초기부터 지금까지 함께해온 헌신자로, 이 사역이 지역사회에 미친 영향을 깊이 체감해왔다. 그는 "처음 사랑의 쌀독을 시작했을 때, 지역 내에 정말 쌀이 필요할 사람이 있을까 의문이 들었습니다. 하지만 어느 날 주민

장상근 은퇴장로

센터의 한 사회복지사가 도움을 요청해온 사연을 듣고, 그 필요성이 얼마나 큰지 깨닫게 되었다"고 회고했다.

장 장로는 지역 주민들과 직접 대면하며 느낀 보람과 어려움을 이렇게 전했다. "이 사역을 하다 보면, 정말 어려운 분들도 만나지만, 가끔은 필요하지 않은 분들이 도움을 받으려는 모습도 보게 됩니다. 그런데 제가 항상 강조하는 것은 10명 중 1명만이라도 정말 필요한 사람이 있다면 우리가 그 사명을 다한 것이라는 점입니다. 하나님께서 한 사람을 위해 이 사역을 계속 이어가게 하신다는 믿음으로 나아가고 있습니다."

'사랑의 쌀독' 사역은 처음 시작한 이후 10여 년 동안 한 번도 중단된 적이 없다. 쌀을 채울 헌금과 자원이 떨어질까 걱정했던 적도 있었지만, 하나님께서 언제나 필요를 채워주셨다. 사랑의 쌀독 사역은 지속 가능한 긍휼 모델로 자리 잡았다.

장상근 장로는 이렇게 강조했다. "사랑의 쌀독은 단순히 쌀을 나누는 사역이 아닙니다. 이 사역은 우리가 하나님의 사랑을 전하는 도구입니다. 쌀 한 포대를 통해 절망 속에 있던 이웃들이 다시 일어서는 모습을 보며, 하나님의 은혜를 깨닫고 감사하게 됩니다."

**서대문구 어린이 축제:
다음 세대를 위한 사랑**   매년 5월 어린이날쯤 열리는 서대문구 어린이 축제는 원천교회의 또 다른 대표 사역이다. 14년 전 처음 시작된 어린이 축제는 현재 서

울에서 가장 큰 규모의 어린이 행사로 성장해왔다. 올해만 약 6만 명이 참여했으며, 홍제천 일대는 가족 단위로 모인 주민들로 가득 찼다.

문강원 목사는 축제의 의미를 이렇게 설명했다. "이 축제는 단순한 지역 행사를 넘어, 하나님께서 우리 지역과 다음 세대를 사랑하신다는 것을 체험하는 기회입니다. 우리가 아이들에게 놀이공원을 선물하는 동안, 그들도 하나님의 사랑 안에서 특별한 하루를 경험합니다."

서대문구 어린이 축제는 단순히 어린이들을 위한 놀이의 장을 넘어, 가족들이 함께 즐길 수 있는 축제의 장으로 자리 잡아왔다. 이 축제를 통해 원천교회는 복음을 삶 속에 녹이며, 다음 세대를 위한 하나님의 사랑을 전하는 사명을 감당해왔다.

평신도가 이끄는 교회

원천교회의 독특한 점은 평신도가 중심이 되어 교회를 이끌어간다는 점이었다. 3대 교구 체제를 도입한 원천교회는 각 교구가 독립적으로 사역을 계획하고 실행해왔다. 이를 통해 교회는 기존의 목회자 중심 구조에서 벗어나 성도들이 주체적으로 교회와 세상 속에서 하나님의 일을 감당하도록 장려해왔다.

3대 교구장 홍은미 집사는 "교구장으로 섬기면서 성도들의 아픔과 기쁨을 함께 나누는 과정에서 하나님께서 저를 통해 일하시는 것을 느낀다. 부족한 제가 쓰임 받을 수 있음에 날마다 감사할 뿐이다"라고 말했다.

문강원 목사는 평신도 중심 사역에 대해 "담임목사가 모든 것을 통제하려 한다면 교회는 그 이상 성장할 수 없다. 평신도들이 주체적으로 꿈꾸고 실행할 때 교회는 더욱 풍성해질 수 있다"라고 설명했다.

문화와 신앙의 융합:
드라마 예배

원천교회는 전통적인 예배 형식을 넘어, 신앙을 문화적으로 표현하는 드라마 예배를 도입해왔다. 매년 5차례 열리는 이 특별한 예배는 하나님의 말씀을 시각적으로 표현하며 성도들에게 깊은 감동을 선사해왔다.

매년 다섯 차례 정도 진행하고 있는 '짧은 드라마' 예배

문 목사는 드라마 예배에 대해 "드라마 예배는 말씀을 삶 속에서 체험할 수 있는 도구다. 성도들이 웃고 울며 설교 메시지를 체감할 때, 그 말씀이 그들의 삶 속에서 생생히 살아 움직인다"고 말했다.

교회는 이 경험을 확장하기 위해 기독교적 가치를 담은 극장을 설립하고, 더 많은 사람들에게 신앙의 메시지를 문화적으로 전하는 비전을 가지고 있다. 드라마 예배는 단순히 말씀을 전하는 것이 아니라, 현대적인 감각과 방법을 통해 성경의 메시지를 더 많은 사람들에게 전하는 도구로 활용되고 있다.

하나님의 인도하심을 따라

원천교회는 철저히 하나님의 인도하심에 순종하는 교회를 목표로 해왔다. 문강원 목사는 "우리 교회의 비전은 하나님께서 주시는 순간순간의 사명에 응답하는 것이다. 사람이 세운 계획이 아니라, 성령님이 이끄시는 대로 나아가는 교회가 되기를 원한다"고 강조했다.

지난 50년간 원천교회는 사랑의 쌀독, 어린이 축제, 드라마 예배, 평신도 중심의 사역 등 다양한 활동을 통해 지역사회를 섬기며 복음의 빛을 비춰왔다.

원천교회는 앞으로도 메마른 땅을 적시는 성령의 원천이 되겠다는 다짐을 새롭게 하며, 하나님의 사랑과 은혜를 세상에 흘려보내는 사명을 이어갈 것이다.

지역사회를 섬기는 선교의 전초기지

드림교회(인천): 박장혁 목사

드림교회는 인천 남동구에서 하나님의 사랑을 지역사회에 전하는 선교의 전초기지로 자리 잡고 있다. 매년 마을 축제를 통해 주민들과 소통하고, 출산 장려 운동과 자살 예방 캠페인으로 생명의 소중함을 전하고 있다. 퇴근길 응원 전도와 청년들의 재능 기부로 현대인의 삶에 작은 위로와 희망을 더 하며, 지역 아이들과 청년들을 위한 '드림 클래스'는 교육의 사각지대를 채우고 있다. 특히 '목요공감예배'는 젊은 엄마들에게 삶의 지혜와 위로를 전하며 지역사회의 소통을 돕고 있다. 박장혁 목사는 교회를 하나님이 보내신 지점으로 여기며, 지역사회와 함께 하나님의 꿈을 이루어가는 사역에 헌신하고 있다. 드림교회는 균형 있는 신앙과 예배를 바탕으로, 하나님의 사랑을 삶 속에 실현하며 세상에 선한 변화를 만들어 가고 있다.

하나님의 꿈을 이루어 드리는 교회

드림교회의 박장혁 담임목사는 교회란 하나님께서 이 땅에 보내신 하나님의 지점이라고 생각한다. 그는 이 지역에서 어떻게 하나님을 드러내고, 하나님의 마음을 알릴 수 있을지 고민하는 것이 교회의 본질적인 역할이라고 믿는다. 이러한 그의 철학은 교회의 모든 사역과 활동에 깊이 스며들어 있으며, 지역사회와 함께 호흡하며 하나님의 사랑을 실천하는 것을 중요시한다.

'논현·고잔동 주민을 위한 마을 축제' 모습

마을과 함께하는 10년의 축제

드림교회는 지역사회와 소통을 위해 매년 '논현·고잔동 주민을 위한 마을 축제'를 개최하고 있다. 마을 축제는 교회가 단독으로 주최하는 행사가 아니라, 부녀회, 학교 동아리, 문화센터 등 지역 공동체가 함께 참여하는 마을의 대표적인 축제이다.

축제에서는 지역 주민들이 주인공이 되는 무대가 마련된다. 야외무대에서는 지역 학교의 댄스 동아리, 오케스트라, 미술학원의 작품 발표 등이 이루어지고, 문화센터의 동아리 모임들도 무대에 올라 자신의 재능을 뽐낸다. 드림교회는 이러한 무대를 제공함으로써 주민들이 서로 교류하고 소통할 수 있는 장을 마련하고 있으며, 이는 주민들에게 큰 호응을 얻고 있다.

진명자 논현·고잔동 새마을부녀회장은 드림교회가 개척된 이후로 주민들과 해마다 축제를 열며 교류를 많이 했다고 전했다. 그녀는 목사님의 선한 영향력으로 인해 마을이 더욱 화합되고 살기 좋은 곳으로 바뀌고 있다고 덧붙였다.

**생명의 소중함을 알리는
출산 장려 운동**

한국 사회는 현재 저출산 문제로 인한 심각한 사회적 위기를 겪고 있다. 드림교회는 이에 대한 해결책의 하나로 출산 장려 운동을 펼치고 있다. 작년 한 해 동안 논현·고잔동에서 출생 등록을 한 아이 수는 140명이었다. 교회는 이들을 위해 출생 등록을 하러 오는 엄마들에게 고급 기저귀를 선물로 전달하고 있다.

박장혁 목사는 "만일 출생아 수가 200명이 되면 출산 지원금을 추가로 더 지출해야 하지만 기쁜 마음으로 하고 있다"며 지속적으로 출산 문화 조성해 나갈 계획을 밝혔다.

이러한 출산 장려 활동은 지역 주민들에게 큰 호응을 얻고 있으며, 생명의 소중함을 다시 한번 일깨우는 계기가 되고 있다.

**'당신은 소중합니다':
자살 예방 활동**

드림교회는 출산 장려 운동에 이어 자살 예방 운동에도 관심을 쏟고 있다. 마을 축제장에서 생명의 소중함을 알리기 위한 '당신은 소중합니다'라는 주제로 거리 퍼레이드를 진행한다. 이 퍼레이드는 지역 주민들에게 생명의 존엄성과 소중함을 일깨우는 데 목적이 있다.

드림교회가 지역 주민들과 함께 펼치고 있는 자살 예방 캠페인

교회는 아직 자체적인 상담센터를 운영하고 있지는 않지만, 힘들어하고 어려워하는 분들을 전문 상담 기관으로 연계해주고 있다. 박 목사는 교회 안에서 목회자가 상담하는 것도 방법이지만, 프라이버시와 삶의 노출 문제 때문에 전문 상담 기관으로 연계해주는 것이 더 효과적이라고 설명했다. 이러한 자살 예방 활동은 생명의 존엄성과 소중함을 지역사회에 알리고, 어려움 속에 있는 이들에게 희망의 빛을 전하고 있다.

퇴근길 응원전도:
작은 위로의 힘   현대인들은 업무와 일상 속에서 많은 스트레스를 겪고 있다. 드림교회는 이러한 주민들을 응원하기 위해 올해 초부터 매주 금요일 저녁마다 '퇴근길 응원전도'를 시작했다.

퇴근길 전도는 교회 이름이나 예배 안내 없이, 오로시 따뜻한 응원의 메시지만을 담은 피켓을 들고 주민들을 응원하는 방식이다. 피켓에는 "괜찮아요, 오늘도 수고하셨어요", "쉬어가도 괜찮아요", "늦게 핀 꽃은 있어도 피지 않는 꽃은 없습니다", "당신은 빛나는데 당신만 몰라요", "결과는 상관없이 당신은 가치 있는 사람입니다" 등의 문구가 적혀 있다.

드림교회의 성도들은 이와 같은 응원 전도를 통해 주민들에게 작은 위로와 힘을 전하고 있다. 한 청년은 알바를 하면서 진상 손님 때문에 자존감이 바닥까지 떨어졌는데, 이런 응원의 한마디로 자신이 가치 있는 사람이라는 것을 마음에 새기고 집에 갈 수 있었다고 했다. 또 다른 주민은 장사하면서 너무 힘들었는데, 응원 문구 하나를 보고 분노가 많이 내려갔다고 말했다.

매주 금요일에 실시하고 있는 '퇴근길 응원전도'

박장혁 목사는 이러한 경험을 통해 작은 응원의 힘을 다시 한번 깨달았다. 그는 분노하고 있는 이 시대 속에서 누군가가 알아주고, 위로해 주는 것만으로도 많은 사고 위험을 줄일 수 있다고 얘기한다.

청년들의 재능 기부:
드림클래스

청년들의 재능을 활용해 지역의 아이들을 돕는 '드림클래스.' 청년들은 각자의 전공을 살려 수학과 영어를 가르치고, 주말에는 아이들과 함께 다양한 체험활동을 한다.

'드림클래스'는 주말에 학교나 기타 사회 기관에서 하지 못하는 것들을 아이들에게 제공하고, 선생님들과 유대 관계를 쌓으며 상담과 멘토링을 진행한다. '드림클래스'는 남동구 자원봉사센터에 등록되어 있으며, 3년 연속 자원봉사 대상을 받는 등 큰 호응을 얻고 있다.

드림클래스는 교육에서 소외된 아이들, 가정에서 부족함이 있는 아이들을 대상으로 진행되며, 청년들과 아이들이 함께 성장하는 장이 되고 있다. 청년들은 자신의 재능을 나누며 보람을 느끼고, 아이들은 주말 동안 행복을 느끼며 미래 진로에 대해 생각할 좋은 기회를 얻고 있다.

목요공감예배:
엄마들을 위한 특별한 시간

지역의 젊은 엄마들을 위한 '목요공감예배.' 공감예배는 매월 두 번째 주 목요일 자녀 교육, 상담, 학교폭력, 마약 문제 등 다양한 주제로 전문 강사를 초청해 진행되고 있다.

지역 주민들은 이 예배를 통해 오프라인으로 강의를 듣기가 쉽지 않은 엄마들에게 큰 도움이 되고 있다고 전했다. 교회가 특강을 열어주니 친구 엄마들과 함께 들을 수 있어 좋고, 관심 갖지 못했던 부분들도 알게 되며, 엄마들과 이야기를 나누고 소통할 수 있는 것이 큰 장점이다.

또한, 사회적인 이슈 문제를 교회가 다루며 함께 고민하고 이야기를 나누는 시간을 가질 수 있어 시각이 넓어지고 매우 유익하다. 이와 함께 목요공감예배는 엄마들이 아이들을 학교에 보내고 남는 시간을 의미 있게 보낼 수 있도록 도와주며, 지역사회의 소통과 연대를 강화하고 있다.

지역사회와 함께하는 선교적 삶   드림교회는 지역사회의 소리를 듣고 한 발 더 다가가기 위해 다양한 노력을 기울이고 있다. 박장혁 목사는 지역 학교의 운영위원으로 참여하고 있으며, 지역사회보장협의체의 활동을 통해 어려운 이웃을 돕고 있다.

최근에는 저장 강박증이 있는 어르신의 집을 청소하는 데 동참하기도 했다. 그 어르신이 애착을 가지고 있던 물건들을 대신 구입해 드렸는데, 이러한 활동을 통해 지역사회와 더욱 긴밀하게 연결되고, 이웃들의 필요를 채워줄 수 있었다고 한다.

그는 이러한 정보를 얻기 위해 운영위원으로서 역할이 중요하다고 강조했다. 이러한 활동들은 교회가 지역사회의 일원으로서 이웃들과 함께 살아가며, 그들의 필요에 귀 기울이고 도움을 줄 수 있는 계기가 되고 있다.

균형감 있는 신앙과 예배   드림교회는 신앙의 균형을 아주 중요하게 생각한다. 체험과 이해, 예배와 선교, 다음 세대와 현재의 성도들 간의 균형을 맞추기 위해 노력하고 있다.

박장혁 목사는 신앙은 균형감이 중요하다고 말한다. 체험이 없으면 뜨겁지가 않고, 이해되지 않으면 깊어지지 않는다. 예배와 선교, 다음 세대와 현재의 성도들 간의 균형을 추구하며, 모두가 함께할 수 있는 예배를 지향하고 있다.

특히, 가정이 없는 이들에게 상처가 될 수 있는 가정 행사를 지양하고, 모두가 함께할 수 있는 예배를 추구하고 있다. 가정이 없는 분들, 가정이 깨진 분들에게는 가족 중심의 행사가 오히려 상처가 될 수 있기 때문이다. 박 목사는 이러한 부분을 고려하여 예배와 사역을 진행하고 있다.

앞으로의 비전과 사명   드림교회는 '하나님의 임재를 경험한 예배자들이 주님의 말씀으로 훈련되어 성령의 능력으로 세상을 변화시키는 교회'를 사명으로 내세우며 한 걸음 한 걸음 나아가고 있다.

박장혁 목사는 "비전은 담임목사가 하고 싶은 것이 아니라, 하나님께서 보여주시는 것"이라고 말한다. 그는 또 성도들과 함께 기도하면서 하나님이 주시는 마음으로 사역을 감당하고 싶다고 얘기한다. 성도들에게 주신 하나님의 마음들을 계속 기도하면서 키워나가고, 하나님 나라의 영역이 넓어질 수 있도록 노력하고 있다.

아울러 "우리가 사는 이 동네가, 우리 마을이 하나님 나라 되기까지 끝까지 전진하려고 노력하고 앞으로도 지역사회와 함께 호흡하며 하나님의 사랑을 실천하는 아름다운 교회로서 역할을 계속해 나갈 것"이라고 말했다.

인천시 남동구 논현동에 자리한 드림교회 외경

'카페 외할머니'에서 피어난 선교의 향기

등불교회(인천): 김헌래 목사

인천 부개동의 작은 골목에 자리한 등불교회는 따뜻한 커피 향기와 함께 하나님의 사랑을 전하는 특별한 공간이다. '카페 외할머니'라는 이름으로 시작된 이곳은 지역 주민들에게 친근하고 편안한 쉼터를 제공하며, 커피를 통해 사람들의 삶에 희망과 위로를 전한다. 김헌래 목사는 바리스타 교육과 해외 커피 사역으로 이웃과 세계를 연결하고, 주민들의 크고 작은 고민을 함께 나누며 하나님의 사랑을 실천하고 있다. 교회와 카페의 조화는 사람들에게 새로운 영적 경험을 선사하며, 작은 행동이 큰 변화를 이룰 수 있음을 보여준다. 등불교회는 오늘도 따뜻한 커피 한 잔과 함께 희망의 빛을 전하며, 예수님의 사랑을 삶으로 실천하고 있다.

부임과 새로운 시작

2011년 11월, 김헌래 담임목사는 부일교회(등불교회의 옛 이름)의 새로운 담임목사로 부임했다. 당시 교회는 상가 3층에 위치한 작은 공간이었다. 그는 부임하자마자 성도들의 삶을 깊이 이해하고자 심방을 시작했다. 그 과정에서 몇몇 권사님들에게 일자리가 필요하다는 사실을 알게 되었다. 당시 구청에서 실버 바리스타 교육을 시행하고 있었지만, 나이 제한으로 인해 60대 초반의 연령층에 밀려 참여하지 못하는 현실이었다.

김 목사는 깊은 고민에 빠졌다. "어떻게 하면 이분들에게 삶의 활력을 불어넣어 줄 수 있을까?" 그는 아내가 공정무역 커피 사업을 하고 있어 커피에 대한 지식과 경험이 있다는 것을 떠올렸다. "우리 교회에서도 카페를 운영해 보면 어떨

까요?" 그는 성도들과 함께 카페를 운영하며 일자리도 제공하고, 교회와 지역사회를 연결하는 새로운 길을 모색하기 시작했다.

'카페 외할머니'의 탄생

교회에서 카페를 열기로 결정한 후, 김헌래 목사와 그의 가족들은 카페의 이름을 정하기 위해 머리를 맞대었다. 어느 저녁 식사 시간, 가족들이 둘러앉아 아이디어를 나누기 시작했다.

"어떤 이름이 좋을까요?" 김 목사가 물었다. 아내는 잠시 생각하더니 말했다. "우리의 목적이 지역 주민들에게 친근하게 다가가는 것이니, 따뜻한 이미지를 주는 이름이면 좋겠어요."

그때 딸이 조심스럽게 제안했다. "아빠, '외할머니 카페'는 어때요?"

김 목사는 그 말을 듣고 "외할머니라… 참 따뜻하고 친근한 이미지구나."

딸은 이어서 설명했다. "요즘 아이들은 집에서 할머니를 볼 기회가 별로 없잖아요. 핵가족화로 인해 할머니와 함께 지내는 경우가 드물어요. 그래서 우리 카페가 할머니의 따뜻함과 편안함을 전해줄 수 있으면 좋겠어요."

아내도 그 의견에 동의하며 덧붙였다. "그리고 우리가 공정무역 커피를 사용하면서 외국인 노동자들을 돕고 있잖아요. '외(外)'라는 글자가 들어가니 외국

등불교회가 운영하고 있는 '까페 외할머니'

지역 어르신들의 나눔 공간

지역 어르신들과 이야기를 나누고 있는 김헌래 목사

인들에게도 친근한 느낌을 줄 수 있을 것 같아요."
　김 목사는 고개를 끄덕이며 말했다. "맞아, 외할머니라는 이름에는 여러 가지 의미가 담길 수 있겠네. 친근하고 따뜻한 이미지는 물론이고, 외국인들에게도 열린 공간이 될 수 있겠어."
　가족들은 서로의 의견에 공감하며 '카페 외할머니'라는 이름으로 짓기로 결정하였다. 이렇게 탄생한 '카페 외할머니'는 지금도 등불교회의 일원으로서, 지역사회와 함께 성장하며 따뜻한 사랑을 나누고 있다.

교회와 카페의 조화　　처음에 교회와 카페는 각각 다른 장소에 있었다. 교회는 상가 3층에 위치한 작은 공간이었고, 카페는 그 옆에 있는 작은 공간에서 운영되었다. 그러나 두 공간 모두 월세를 지불해야 했고, 이는 작은 교회로써 큰 부담이었다. 그래서 효율성과 경제성을 고려하여 두 공간을 하나로 합치게 되었다.
　이러한 결정은 운영상의 편의만을 위한 것이 아니었다. 김헌래 목사는 처음부터 마을 친화적인 교회를 만들고 싶었다. 카페를 찾는 분들이 자연스럽게 교회를 접하고, 교회를 찾는 분들이 카페의 편안함을 느낄 수 있도록 하는 것이다.
　결국 등불교회는 넓은 공간으로 이전하여 교회와 카페를 한 곳에서 운영하게 되었다. 내부는 카페의 아늑함과 교회의 경건함이 조화를 이루도록 디자인되었다.

카페를 찾는 사람들은 건물에 교회 이름이 붙어있지 않아 이곳이 교회라는 것을 알지 못했다. 그러나 따뜻한 분위기와 친절한 서비스에 이끌려 자주 방문하게 되었고, 자연스럽게 교회 활동에도 관심을 가지게 되었다. 이렇듯 교회와 카페의 조화는 사람들에게 새로운 경험을 제공했다. 교회는 더 이상 낯선 곳이 아니었고, 카페는 단순한 상업 공간이 아닌 영적인 휴식처가 되었다.

바리스타 교육의 시작

카페 운영이 안정되자, 김헌래 목사는 커피를 통해 더 많은 사람들에게 도움을 줄 방법을 고민했고 커피 교육을 시작하기로 결심했다.

"커피를 배우고 싶어 하는 분들에게 제가 가진 지식을 나누고 싶습니다." 김 목사는 성도들과 모임에서 이렇게 말했다. "특히 청년들과 어르신들에게 바리스타 기술을 전수하여 새로운 일자리와 기회를 제공하고자 합니다."

동네의 반응은 뜨거웠다. 젊은이들은 새로운 기술을 배우고자 했고, 어르신들은 새로운 도전에 설레게 했다. 김 목사는 8주 과정을 마련하여 이론부터 실습까지 체계적인 교육을 제공했다.

첫 수업 날, 작은 강의실은 학생들로 가득 찼다. 김 목사는 커피의 역사부터 시작하여 원두의 종류, 로스팅 방법, 추출 기술 등을 상세하게 설명했다. 학생들은 열심히 필기하며 그의 말을 경청했다. 실습 시간에는 직접 커피 머신을 다루며 에스프레소를 추출하고 라떼아트를 연습했다. 처음에는 서툴렀지만, 김 목사의

김헌래 목사가 청년들에게 바리스타 교육을 하고 있는 모습

친절한 지도 아래 점점 실력이 향상되었다.

"선생님, 제가 만든 라떼아트 좀 보세요!" 한 청년이 기쁜 얼굴로 컵을 들고 왔다. 김 목사는 그의 작품을 보고 감동했다고 한다.

교육을 마친 수강생들은 자격증을 취득하고 실제 카페에서 일하거나, 자신의 카페를 창업하기도 했다. 김 목사는 그들을 보며 큰 보람을 느꼈다.

해외로 뻗어가는 커피 사역

김헌래 목사의 열정은 해외로도 이어졌다. 그는 국제적인 선교 활동의 일환으로 커피 교육을 해외에 전파하기로 했다.

인도의 첸나이, 미얀마의 양곤, 네팔의 카트만두 등 여러 나라에서 그는 현지인들에게 커피 기술을 전수했다. 언어의 장벽이 있었지만, 커피는 그 자체로 소통의 도구였다.

인도 첸나이에서는 현지 청년들을 위한 커피 교육 프로그램을 진행했다. 학생들은 커피에 대한 지식이 전무했지만, 김 목사의 열정적인 강의에 빠져들었다.

인도 첸나이 마드라스 크리스천칼리지 이도형 교수는 김 목사에게 배운 것을 바탕으로 현재 인도에서 커피 교육을 이어가고 있다. 이 교수는 현지 청년들에게 커피 기술을 가르치며 그들의 자립을 돕고 있다.

"김헌래 목사님께서 가르쳐주신 덕분에 많은 청년들이 새로운 꿈을 꾸게 되

김헌래 목사는 카페 사역을 해외 선교의 유용한 도구로 사용하고 있다.

었습니다. 그들은 이제 자신의 카페를 열거나, 바리스타로서 일하며 삶을 바꾸고 있습니다."

김 목사의 커피 교육은 해외 청년들에게까지 희망과 가능성을 전하는 사역이다.

마을 목사의 하루   김헌래 목사의 하루는 이른 아침부터 시작된다. 그는 카페 문을 열고 커피 머신을 예열하며 하루를 준비한다. 카페는 그의 사무실이자 상담실이다. 하루에도 여러 명의 주민이 그를 찾아와 크고 작은 고민을 털어놓는다.

어느 날 저녁, 한 청년이 술에 취해 카페에 들어왔다. 눈가가 붉어진 그녀는 조용히 자리에 앉아 있었다. 김 목사는 물 한 잔과 따뜻한 차를 그녀 앞에 놓으며 조심스럽게 물었다.

"무슨 일이 있으신가요?"

그녀는 처음에는 망설였지만, 이내 마음을 열고 자신의 이야기를 털어놓기 시작했다. 가족과의 갈등, 친구와의 오해, 직장에서의 스트레스 등 마음속에 쌓인 고민들이 한꺼번에 쏟아져 나왔다.

김 목사는 한 시간 넘게 그녀의 이야기를 조용히 들어주었다. 때로는 고개를 끄덕이며, 때로는 위로의 말을 건넸다.

"감사합니다. 누군가 내 이야기를 들어주는 것만으로도 큰 위로가 되었습니다." 그녀는 마음이 한결 가벼워진 듯 미소 지었다.

또 다른 날에는 중년의 남성이 카페를 찾았다. 얼굴에 걱정이 가득한 그는 김 목사에게 말했다.

"목사님, 제가 암 진단을 받았습니다. 너무 두렵고 불안합니다."

김 목사는 그의 손을 잡고 함께 기도하며 말했다. "함께 이겨낼 수 있습니다. 제가 곁에서 도와드리겠습니다."

그 후로 김 목사는 매일 그에게 전화를 걸어 안부를 묻고, 치료 과정을 함께 했다. 그의 진심 어린 관심과 지지는 남성에게 큰 힘이 되었다.

작은 도움의 손길　　주민들은 다양한 이유로 김헌래 목사를 찾는다. 휴대폰 사용법을 모르거나, 카카오 택시를 부르는 방법을 모를 때, 그는 기꺼이 도움의 손길을 내민다.

어느 날 한 어르신이 카페에 들어왔다. "목사님, 이 휴대폰이 갑자기 작동을 안 해요." 김 목사는 친절하게 휴대폰을 살펴보고 문제를 해결해 드렸다.

그는 이런 작은 일상 속에서 예수 그리스도의 사랑을 전하고자 노력한다.

미래를 향한 비전　　김헌래 목사는 앞으로도 등불교회를 통해 희망의 빛을 전하고자 한다. 그는 자신이 작사한 노래 '바램'을 통해 교회의 비전을 표현했다.

"우리 교회가 누구나 찾아와서 위로를 얻고, 연약한 자들이 세움을 받는 곳이 되길 바랍니다. 예수님이 기뻐하시는 교회가 되는 것이 저의 꿈입니다."

그는 매일매일 작은 실천을 통해 그 꿈을 이루고자 노력한다. 카페에서 만나는 사람들에게 진심으로 다가가고, 그들의 이야기에 귀 기울이며, 필요한 도움을 아끼지 않는다.

그의 이야기는 우리에게 큰 감동을 준다. 작은 행동이 모여 큰 변화를 이룰 수 있다는 것을 보여주는 그의 삶은 많은 이들에게 귀감이 되고 있다. 김헌래 목사와 등불교회의 앞으로의 여정에 하나님의 축복이 함께하길 바라며, 그들의 사역이 더 많은 사람들에게 희망과 사랑을 전하길 기도한다.

예수님과 함께 춤을, 이웃에게 사랑을

광현교회: 서호석 목사

서울 은평구에 위치한 광현교회는 예배드리는 장소를 넘어, 지역 주민과 청소년들에게 꿈과 희망을 심어주는 공동체다. '쥬빌리청소년오케스트라'의 아름다운 선율, 무지개 학교의 활기 넘치는 풋살 경기, 역사 탐방 교실의 배움까지, 광현교회는 마을과 손잡고 다음 세대를 키우는 데 앞장서고 있다. 또 교회 문턱을 낮추고 지역 주민들에게 공간과 사랑을 나누며, 마을의 중심에서 진정한 섬김의 가치를 실천하고 있다. 이곳에서 음악과 놀이, 배움이 하나 되어 아이들의 삶을 변화시키고, 지역 주민들에게 쉼과 사랑의 손길을 전하고 있다. 광현교회는 오늘도 하나님의 사랑을 나누며 마을 공동체를 세워가고 있다.

역사와 비전: 씨를 뿌리다

광현교회의 역사는 단순히 건물을 세운 교회의 이야기가 아니다. 그 역사는 지역사회와의 깊은 연대와 함께, 다음 세대를 위해 새로운 길을 열어가고자 했던 비전의 역사다.

서호석 담임목사는 부임 당시 낡고 협소한 예배 공간을 보며 고민에 빠졌다. 서 목사는 자신에게 던진 질문, "우리 아이들을 이 교회에 기쁘게 보낼 수 있을까?"를 잊을 수 없었다. 그 질문은 교회의 존재 이유에 대한 근본적인 고민으로 이어졌고, 곧 환경을 변화시키고 지역사회의 필요를 채우는 교회를 만들겠다는 결심으로 굳어졌다.

서 목사는 동네를 걸으며 들려온 아이들의 웃음소리를 떠올리며 이렇게 말했다. "그 소리가 저를 멈추게 했습니다. 그 순간 제가 해야 할 일이 명확해졌어

광현교회는 지역 주민들의 회의와 행사, 문화 활동 등을 위해 대예배실을 개방하고 있다.

요. 이제는 열매를 따는 목회가 아니라 씨를 뿌리는 목회를 해야겠다는 소명을 깨달았습니다." 그 깨달음은 교회의 방향을 완전히 바꿔놓았다.

마을과 이웃과 함께하며 지역사회의 필요를 채우는 공동체의 중심이 되는 교회를 꿈꾸기 시작했다.

이러한 비전은 구체적인 실천으로 이어졌다. 교회는 건축부터 공간의 개방성에 중점을 두어 지역 주민들과 함께할 수 있는 구조로 설계되었다. 서 목사는 "건물은 단순히 건물이 아니다"며 하나님의 사랑을 담아내는 그릇이고, 마을 주민들에게 손을 내미는 매개체가 되어야 한다고 강조했다.

**주민들, 광현교회를
마을 공동체의 심장부로 여겨**   건물의 구조를 개방적으로 설계해 주민들이 언제든 이용할 수 있도록 했으며, 교회 공간이 비어 있는 시간을 활용해 다양한 활동과 행사가 열리도록 했다.

박이순 갈현2동 주민자치회장은 광현교회를 두고 "광현교회는 요청만 드리면 본당까지도 흔쾌히 개방합니다. 이곳은 지역 주민들이 필요할 때마다 손쉽게 이용할 수 있는 진정한 열린 공간입니다"라고 말했다. 실제로 주민자치회와 협력하여 주민 총회와 같은 큰 행사도 본당에서 열리고 있으며, 주민들은 교회를 마을 공동체의 심장부로 여기고 있다. 박이순 주민자치회장은 광현교회를 '문턱 없는 교회'로 표현하며, 이곳이 지역 주민들에게 없어서는 안 될 공간임을 거듭 강조했다.

이러한 개방적 태도는 주민들에게 신뢰와 감동을 주었다. 주민센터 관계자들 역시 광현교회를 지역의 중심으로 인정하며, "광현교회는 단순히 예배 공간이 아닌 마을의 중심지로, 주민들이 쉽게 찾고 함께할 수 있는 특별한 장소"라고 평가했다. 이는 교회가 단순히 종교적 기능에 머무르지 않고, 지역사회를 돌보고 함께 호흡하며 살아가고 있음을 보여준다.

광현교회의 열린 마음은 주민들 사이에서도 큰 반향을 일으켰다. 교회는 크리스마스 시즌에는 본당을 열어 누구나 공연과 행사를 즐길 수 있도록 했고, 주민들에게 공간이 필요할 때마다 교회는 아낌없이 내어주었다. 이 같은 노력은 다른 지역 주민들로부터도 큰 부러움을 사고 있다. 한 주민은 "광현교회처럼 본당을 개방하고 주민들과 함께하는 교회는 정말 드물다"며, 광현교회가 지역사회에 끼치는 긍정적 영향을 높이 평가했다.

쥬빌리청소년오케스트라:
음악으로 잇는 사랑

광현교회의 대표적인 사역 중 하나는 '쥬빌리청소년오케스트'라다. 오케스트라는 지역사회와 함께 아이들의 꿈과 희망을 키우는 사랑의 공동체이다. 2014년에 시작된 오케스트라는 교회의 초기 지원으로 발족했으나, 시간이 지나며 지역 주민들과의 협력을 통해 교회와 마을이 함께 성장하는 모델로 발전했다.

쥬빌리청소년오케스트라는 청소년들에게 악기를 배우고 연주할 기회를 제공한다. 송재화 쥬빌리청소년오케스트라단장은 "처음에는 교회가 자궁처럼 이 오케스트라를 품어 시작했지만, 시간이 흐르며 지역 주민들과의

송재화 쥬빌리청소년오케스트라단장

'쥬빌리청소년오케스트라'의 연습 장면

협력을 통해 마을 전체가 함께 아이들을 돌보는 형태로 발전했다"고 설명했다. 그는 "한 아이를 키우려면 온 마을이 필요하다"는 말을 인용하며, 쥬빌리청소년오케스트라가 음악 교육을 넘어 지역 공동체의 협력과 사랑을 보여주는 상징이라고 강조했다.

오케스트라는 매주 토요일, 아이들이 2시간 30분 동안 악기를 연습하고 합주를 하는 자리로 꾸려진다. 이 시간 동안 아이들은 음악적 실력을 키울 뿐만 아니라, 협동심과 책임감을 배운다. 수업은 전문 음악 교사들이 이끌며, 광현교회의 자원봉사자들이 점심과 뒷바라지를 맡아 지원한다.

음악 교육을 넘어선
성장의 장

쥬빌리청소년오케스트라 단원들은 이곳에서 자존감과 자신감을 키우고, 새로운 도전을 통해 스스로를 발견한다. 김지원 학부모는 "우리 아이가 여덟 살 때부터 오케스트라에 참여했는데, 매주 악기를 배우고 연주하면서 자신감이 눈에 띄게 향상됐다"며, 아이들에게 새로운 가능성을 열어주는 공간임을 강조했다.

그녀는 또한 "아이들이 크리스마스 공연이나 지역 주민 총회 같은 행사에 참여해 연주할 기회를 얻는 것이 매우 의미 있다"며, 이러한 경험이 아이들에게 큰 성취감을 안겨준다고 덧붙였다.

아이들은 공연 준비를 통해 서로 협력하는 법을 배우며, 음악이라는 공동 관심사를 통해 친구를 사귀고 관계를 형성한다.

**지역과 교회가 함께 만드는
성공 사례**   쥬빌리청소년오케스트라의 성공 뒤에는 교회와 지역 주민들의 협력이 있었다. 오케스트라의 지속 가능성을 위해 주민들은 예산을 마련하고, 교회는 장소와 자원을 제공하며, 서로의 역할을 충실히 감당하고 있다. 이는 단기적 프로그램에 그치는 것이 아니라, 지속적인 교육과 활동이 가능하게 하는 밑거름이 되었다.

특히 주민자치회와의 협업은 오케스트라를 지역 공동체의 모범 사례로 성장시키는 데 중요한 역할을 했다. 지역사회와의 연계를 통해 주민들은 아이들을 위한 프로그램에 자발적으로 참여했으며, 함께 일하며 지역의 정체성과 소속감을 공유했다. 박이순 주민자치회장은 "쥬빌리청소년오케스트라는 지역 주민 모두가 함께 키워가는 공동체의 결실"이라며, 이 프로그램이 지역 내에서 특별한 가치를 가지고 있다고 설명했다.

쥬빌리청소년오케스트라는 오늘도 새로운 아이들에게 희망을 심고, 마을과 교회의 사랑을 음악이라는 선율로 이어가고 있다.

**무지개 학교:
배움과 놀이의 장**   광현교회는 쥬빌리청소년오케스트라에 이어 매주 토요일 지역 아이들을 위한 무지개 학교를 운영한다. 그중에서도 풋살 교실과 역사 탐방 교실은 아이들에게 협동심과 책임감을 심어주는 핵심 활동으로 자리 잡았다.

풋살 교실을 지도하는 박충은 코치는 "예배실을 풋살장으로 개방한 사례는 매우 특별하다"며, 지역 아이들이 안전한 공간에서 몸을 움직이고 친구들과 협력하며 성장할 수 있는 기회를 갖게 된 점을 높이 평가했다. 그는 아이들이 풋살 경기를 통해 서로를 응원하고 협력하는 법을 배우며, 스포츠를 통해 자신감을 키우

무지개학교의 역사 탐방 교실

광현교회가 운영하고 있는 무지개학교의 풋살 교실

는 모습을 지켜보며 큰 보람을 느낀다고 덧붙였다. 경기 중 자연스럽게 이루어지는 아이들 간의 소통과 협력은 단순한 놀이를 넘어 관계 형성과 사회성을 키우는 중요한 시간으로 자리 잡았다.

　한편, 역사 탐방 교실은 아이들에게 과거와 현재, 그리고 자신이 속한 사회에 대한 깊은 이해를 돕는 프로그램으로, 풋살 교실과는 또 다른 차원에서 아이들의 성장을 지원한다. 이종옥 역사 해설사는 역사 탐방 교실이 아이들에게 단순히 역사를 배우는 것이 아니라, 직접 현장을 탐방하며 역사를 체험할 기회를 제공한다고 설명했다. 그는 "아이들이 교실 안에서 배우는 지식을 넘어, 실제 역사적 현장에서 얻는 경험이 훨씬 더 강렬하고 오래 남는다"고 강조했다. 특히, 역사 탐방은 아이들에게 자신이 속한 나라와 공동체에 대한 책임감을 일깨워주며, 올바른 가치관을 심어주는 데 큰 역할을 하고 있다.

　두 프로그램은 무지개 학교의 핵심 축으로, 아이들이 균형 잡힌 성장의 길을 걷도록 돕는다. 풋살을 통해 신체적 건강과 사회적 관계를 배우고, 역사 탐방을 통해 정체성과 공동체 의식을 키우는 과정은 서로 연결되어 있다. 이종옥 해설사는 "풋살 교실에서 친구들과 협력하는 방법을 배운 아이들이 역사 탐방 교실에서는 과거 사람들의 협력과 희생을 배우며, 자신이 속한 공동체를 사랑하고 책임지는 법을 깨닫는다"고 말했다.

　광현교회는 풋살과 역사를 통해 놀이와 배움의 가치를 동시에 제공하며, 아이들에게 다채로운 경험을 선사하고 있다. 이처럼 무지개학교는 주말의 여가를 채우는 것뿐 아니라 아이들이 서로 연결되고 자신의 가치를 발견하며 지역사회의 건강한 구성원으로 성장하도록 돕는 귀중한 발판이 되고 있다.

사랑을 실천하는 교회:
마을과 함께

광현교회의 문턱 없는 행보는 단순한 시설 제공을 넘어 지역 주민들과 함께 삶을 나누는 데 초점이 맞춰져 있다. 예배당은 때로는 공연장이나 세미나 공간으로 탈바꿈하며, 교회 내 체육관은 주민들의 건강과 여가를 위한 활동 장소로도 활발히 활용된다. 이러한 모습은 광현교회가 지역사회를 품는 마음가짐을 보여주는 사례다.

이와 관련해 서호석 목사는 "세례를 베풀 때 그것이 뭐 수돗물이든 어떤 삼다수든 간에 그것이 하나님의 일을 위해서 구별하여 쓰일 때 그걸 성수라고 하듯이, 교회 공간이라고 하는 것도 예배드릴 때는 거룩한 곳임이 틀림이 없지만 또 예수님께서 하나님이시지만 인간의 몸을 입고 이 땅에 오신 성육신하신 분이신 것처럼 교회의 그 공간이 사람들을 위해서 섬기는 일로 쓰인다면 그것 자체도 거룩한 공간이다"고 설명했다. 그의 이러한 실천적 사명은 지역 주민들에게 큰 울림을 주고 있다.

미래를 위한 소망:
땅 끝까지 사랑을 심다

광현교회가 뿌린 희망의 씨앗은 지역사회와 아이들의 삶 속에서 자라나고 있으며, 그 열매는 하나님 나라의 사랑을 증거하고 있다. 서호석 목사는 "우리가 하는 일은 단순한 사회적 기여가 아니라, 하나님께서 우리에게 맡기신 사랑의 사역"이라고 말하며, 교회가 지역사회를 위한 사랑의 중심축으로 자리 잡기를 바랐다.

이처럼 광현교회는 오늘의 사역에 그치지 않고, 세대와 세대를 이어 희망과 사랑을 전달하고 있다. 지역 주민들과 함께 어려움을 나누고, 다음 세대가 믿음과 사랑 안에서 자라도록 돕는 교회의 모습은 진정한 하나님 나라의 구현을 꿈꾸는 교회의 이상을 보여준다. 광현교회는 오늘도, 그리고 내일도 땅 끝까지 사랑을 심는 일에 변함없이 나아가고 있다.

3

가정을 세우는
따뜻한 목회

가정과 다음 세대를 세우는 신앙의 다리

꿈마을엘림교회: 김영대 목사

꿈마을엘림교회는 '꿈마을'의 비전과 '엘림'의 비전을 품은 교회이다. '꿈 마을(Vision Village)'은 하나님의 뜻이 실현된 하나님의 나라를 상징하고, '엘림(Elim)'은 이스라엘 백성들이 광야에서 처음으로 만난 오아시스의 이름으로 쉼과 안식, 재충전의 장소를 상징한다. 꿈마을엘림교회는 다음 세대와 가정을 위한 교육과 문화 사역에 중점을 두고 지역사회에 깊이 뿌리내린 교회이다. 김영대 목사는 부임 이후, 신앙을 다음 세대에 올바르게 전수하고 지역사회와 함께 성장하는 교회를 만들겠다는 비전을 세우며, 교회학교 강화와 생애주기별 교육 프로그램을 통해 성도들의 영적 성장과 가정 회복을 이루고 있다.

꿈마을엘림교회의 비전:
교육과 문화를 통한 지역사회와 다음 세대 섬김

꿈마을엘림교회는 김영대 담임목사가 부임한 이후, 교회학교와 지역사회를 섬기는 교회를 만들겠다는 비전을 가지고 시작되었다. 교회의 핵심 목표는 두 가지 큰 축으로 나눌 수 있다. 하나는 교육을 통해 신앙을 다음 세대에 올바르게 전수하는 것이고, 다른 하나는 문화 사역을 통해 지역사회에 기여하는 것이다. 김 목사는 "교회의 사역이 단순히 교회 내에서만 이루어지는 것이 아니라, 지역사회와 함께 성장하고 기여하는 교회로 나아가야 한다"고 강조했다.

신앙을 다음 세대에 전수하기 위한
교회학교 강화

　　　　　　　　　　김영대 목사가 가장 중점적으로 추진한 사역은 교회학교 강화이다. 그는 사사기 2장의 말씀을 인용하며, 이스라엘 백성이 가나안에 정착한 후 그다음 세대가 아닌 '다른 세대'가 되었다는 점을 지적하며, 오늘날 한국교회 역시 신앙을 다음 세대에 올바르게 전수하지 못하면 교회가 쇠퇴할 수 있다고 경고했다. 특히 그는 한국교회의 가장 큰 위기 중 하나가 교회학교의 쇠퇴라고 진단하며, 이를 극복하기 위해 교회학교에 많은 자원을 투자하고 있다.

　　그 때문에 꿈마을엘림교회는 교회학교를 운영하는 데 있어 특별한 전략을 가지고 있다. 교회에는 어른 목회자보다 교회학교를 전담하는 목회자가 더 많은데, 이는 교회의 사역 중 교회학교가 얼마나 중요한지를 잘 보여준다. 또한 교회의 리모델링 시에도 본당보다 어린이들을 위한 공간에 더 큰 비용을 투자하여, 교회의 사역 방향이 철저히 다음 세대 양육에 맞추어져 있음을 알 수 있다. 김 목사는 교회가 어린이들이 오고 싶어 하는 공간이 되어야 한다고 강조하며, 아이들이 교회에서 즐겁게 신앙을 배울 수 있도록 다양한 프로그램을 마련했다.

원포인트 설교:
세대를 하나로 묶는 설교 방식　　　　　교회학교 교육을 위해 꿈마을엘림교회에서 시행한 독창적인 프로그램 중 하나는 바로 '원포인트 설교'이다. 원포인트 설교는 유

'원포인트 설교' 주제를 놓고 교역자들이 논의하고 있는 모습

아부터 장년부까지 모든 세대가 동일한 본문과 주제로 설교를 듣는 방식으로, 가정에서 자연스럽게 신앙적인 대화를 나눌 수 있는 환경을 조성한 것이다. 김 목사는 현대 사회에서 부모와 자녀가 함께 예배드리기가 어려운 현실을 고려해, 가족들이 일상 속에서 자연스럽게 영적 대화를 나누는 것이 중요하다고 보았다.

원포인트 설교의 가장 큰 장점은 부모와 자녀가 같은 말씀을 듣고 그 주제를 가지고 대화를 나누는 기회를 제공한다는 점이다. 예를 들어, 부모와 자녀가 집에서 지난주 설교를 떠올리며 "이번 주 설교는 어땠니?"라는 질문을 통해 자연스럽게 신앙적인 대화를 시작할 수 있게 된다. 이런 과정을 통해 가정 내에서의 신앙 소통이 강화되고, 부모와 자녀 간의 관계가 신앙을 매개로 더욱 깊어진다.

이 원포인트 설교는 주일 설교뿐만 아니라, 매일 큐티(QT)를 통해서도 확장되었다. 성도들은 큐티(QT) 책을 통해 매일 같은 본문과 주제로 신앙을 나눌 수 있고, 이를 통해 신앙적 유대감이 더욱 강화되었다. 교회는 특히 어린이부터 장년부까지 각 세대에 맞는 큐디 책을 제공하여, 성도들이 가정에서 신앙을 실천할 수 있도록 돕고 있다. 이처럼 꿈마을엘림교회는 세대 간의 신앙적 연결을 중시하며, 원포인트 설교를 통해 그 연결을 더욱 공고히 했다.

생애주기별 교육 프로그램:
가정을 위한 전인적 사역 꿈마을엘림교회는 교회학교뿐만 아니라 성도들의 생애 전반을 아우르는 교육 프로그램을 통해 가정을 전인적으로 지원하는 데 힘쓰고 있다. 교회의 생애주기별 교육 프로그램은 결혼을 준비하는 커플을 위한 결혼 코칭부터 시작하여, 임신한 부모를 위한 태교학교, 영유아 부모교실, 사춘기 부모교실, 웰빙 스쿨까지 다양한 단계를 아우르고 있다.

결혼 코칭과 태교학교는 특히 많은 성도들에게 큰 호응을 얻고 있는 프로그램 중 하나이다. 결혼을 준비하는 커플들에게 결혼에 대한 신앙적 의미와 책임을 가르치는 결혼 코칭은 단순한 결혼식 준비가 아닌, 결혼 생활의 전반적인 신앙적 기초를 다지는 데 중점을 두고 있다. 또한 태교학교는 부모가 아이를 하나님의 선물로 여기며 신앙적으로 양육할 수 있도록 돕는 프로그램으로, 아빠와 엄마가 함께 참여해 태아에게 신앙을 전수할 수 있는 환경을 조성하고 있다. 부모들은 태담

부부행복학교에서 많은 가정의 부부들이 수업에 열중하고 있다.

을 나누고, 태교 일기를 쓰며, 신앙적인 책임감을 배우게 된다.

영유아 부모교실과 사춘기 부모교실은 자녀가 성장하면서 겪는 다양한 변화에 맞춘 교육 프로그램이다. 부모들이 자녀를 신앙적으로 어떻게 양육해야 하는지, 사춘기 자녀와 어떻게 소통해야 하는지에 대한 실제적인 가르침을 제공하고 있다. 특히 웰빙 스쿨은 자녀 양육뿐만 아니라 성도들이 자신을 돌아보고, 인생의 마지막까지 신앙적으로 준비할 수 있도록 돕는 프로그램으로, 성도들이 삶의 마지막 순간까지 신앙을 붙잡고 행복하게 살아갈 수 있는 길을 제시하고 있다.

문화 사역:
음악과 예술을 통한 지역사회와의 소통

꿈마을엘림교회는 교육 사역뿐만 아니라, 문화 사역에도 큰 힘을 쏟고 있다. 교회는 지역사회와의 연결을 강화하기 위해 음악과 예술을 통한 사역을 활발히 진행하고 있다. 특히 교회 내에 음악 목사를 세워 교회의 음악 사역을 체계적으로 운영하고 있으며, 클래식 아카데미를 통해 지역 아이들에게 피아노, 바이올린, 플루트 등 다양한 악기를 가르치고 있다.

또한 교회는 어린이 합창단을 운영하여, 음악을 통해 어린이들이 신앙과 예술을 함께 경험할 기회를 제공하고 있다. 합창단은 코로나로 인해 잠시 중단되었

꿈마을엘림교회 외경

으나, 교회는 이를 재개할 계획을 세우고 있다. 이러한 음악 사역은 단순히 교회 내에서만 이루어지는 것이 아니라, 지역사회의 아이들과도 함께하는 프로그램으로, 교회와 지역사회가 함께 성장하는 문화적 가교 역할을 하고 있다.

선교와 봉사:
국내외를 아우르는 사랑의 실천   꿈마을엘림교회는 국내외 선교와 봉사 사역에도 큰 비중을 두고 있다. 교회는 네 가정의 선교사를 전임으로 파송하여 해외 선교를 돕고 있으며, 국내에서는 탈북자들과 사할린 교포들을 위해 지교회를 세워 그들의 신앙생활을 지원하고 있다. 특히 탈북자 밀집 지역에서 그들이 신앙적으로나 경제적으로 자립할 수 있도록 돕는 일은 교회의 중요한 사역 중 하나이다.

이 외에도 교회는 아프리카 토고의 목회자 자녀들에게 장학금을 지원하며, 전 세계에 흩어진 선교사 자녀들과 현지 목회자 자녀들의 교육을 돕고 있다. 이처럼 꿈마을엘림교회는 국내외를 아우르며 하나님의 사랑을 실천하는 사역을 활발히 펼치고 있으며, 성도들이 그 사역에 동참할 수 있도록 독려하고 있다.

지역사회를 위한 돌봄과 바자회 사역

꿈마을엘림교회는 지역사회를 위한 다양한 돌봄 프로그램을 운영하고 있다. 교회는 매년 바자회를 열어 지역사회의 어려운 이웃을 돕고 있으며, 특히 암 환자들을 위한 특별한 프로그램을 통해 그들이 신앙적으로 회복되고 치유될 수 있도록 돕고 있다. 김영대 목사는 "교회가 지역사회에서 돌봄의 역할을 할 수 있는 최적의 장소"라고 강조하며, 교회가 지역 주민들에게 필요한 도움을 제공하고, 그들과 함께 소통하는 공동체로 자리 잡기를 원하고 있다.

꿈마을엘림교회의 비전:
행복을 나누는 교회

김영대 목사는 꿈마을엘림교회의 비전이 "성도들이 신앙 안에서 진정한 행복을 누리고, 그 행복을 지역사회와 세계로 확장하는 것"이라고 말했다. 그는 교회가 가정에서 부모와 자녀의 관계를 회복하고, 부부간의 관계를 새롭게 하며, 성도들이 자기 자신에게도 희망을 품을 수 있는 교회가 되어야 한다"고 강조했다. 이러한 비전을 이루기 위해 교회는 다양한 사역을 통해 성도들과 지역사회를 섬기고 있으며, 그 과정에서 많은 이들이 신앙적으로 성장하고 있다.

꿈마을엘림교회의 사역은 지역사회와 세계로 확장되는 사랑과 헌신의 사역이다. 꿈마을엘림교회의 이야기는 한국교회의 새로운 모델로서, 신앙과 사랑을 중심으로 한 가정과 다음 세대를 세우는 감동적인 사례로 남을 것이다.

다음 세대를 세우며 세상을 변화시키는 교회

순복음원당교회: 고경환 목사

순복음원당교회는 1987년 여의도순복음교회 원당지성전으로 시작하고, 1993년 순복음원당교회로 독립하여 자리 잡은 이후 부흥을 이어오고 있다. 30여 년이 넘는 세월 동안, 지역사회와 교회 안팎의 다양한 사람들에게 하나님의 사랑을 전하며 삶의 변화를 이끄는 데 주력해왔다. 특히 순복음원당교회는 '다음 세대를 세우는 교회'라는 비전을 중심으로, 기독교 가치관을 기반으로 한 교육과 돌봄, 영적 성장에 초점을 맞추며 차세대를 이끌어갈 리더들을 양성해 나가고 있다.

다음 세대를 위한 대안학교 설립 비전

고경환 담임목사는 "다음 세대를 세우는 것이 교회의 사명"이라고 강조한다. 고 목사는 "일주일에 한 번 교회에 오는 것으로 아이들이 기독교적 가치관을 가진 성도로 자라는 것은 기적에 가깝다"며, 지속적으로 아이들과 함께하며 신앙과 인성을 세우는 대안학교의 필요성을 설명했다.

대안학교는 교회 인근에 마련된 2천 평 규모의 부지에서 설계 작업을 시작했으며, 유치원 이전의 돌봄 과정부터 고등학교까지의 통합 교육 과정을 제공할 계획이다. 유치원 이전 과정을 특별히 도입하게 된 배경은 저출생 위기 극복을 위한 하나의 방안이기도 하다. 맞벌이 가정을 위한 돌봄 서비스는 물론, 학업과 신앙 교육이 병행되는 프로그램으로 아이들을 사회의 빛과 소금으로 양성하려는 비전을 가지고 있다.

교육 내용과 벤치마킹 전략   고경환 목사는 "무에서 유를 창조하기보다는 이미 검증된 기독교 가치관의 교육 프로그램을 벤치마킹해 시행착오를 줄이고, 효과적인 교육 환경을 만들겠다"고 밝혔다. 그는 미국의 여름·겨울 성경학교 프로그램을 교회에 도입했던 경험을 기반으로, 기존의 우수한 커리큘럼과 연계해 신뢰도 높은 교육을 실행할 계획이다. 그동안 순복음원당교회는 다음 세대를 세우기 위해 미국 큰 단체와 계약을 맺어 여름과 겨울 성경학교 프로그램을 운영해 왔고, 다른 교회도 참여를 원할 경우 프로그램을 만들어 전해주기도 했다.

고 목사는 "다음 세대가 올바른 신앙과 가치관을 갖고 자라날 때 그들이 사회에 긍정적인 영향을 미치며, 결과적으로 교회의 부흥으로 이어진다"며 다음 세대 사역의 중요성을 거듭 강조했다.

마더스 드림:
가정을 변화시키는 어머니 학교   순복음원당교회는 다음 세대 사역에 이어 가정 사역에도 관심이 많다. 2010년에 시작된 '마더스 드림'은 가정을 변화시키고 사회를 새롭게 하는 데 목적을 둔 프로그램이다. 성경적 여성상과 기독교적 가정관을 배우는 이 프로그램은 어머니들이 가정을 다시 세우고 세상에 좋은 변화를 일으킬 수 있도록 돕는다.

김은영 집사는 "마더스 드림을 통해 성경에서 말하는 여성상을 처음 알게 되었고, 돕는 배필과 기도하는 어머니로서 해야 할 역할을 배웠다"고 전했다. 김 집사는 이 시간을 통해 자신이 받은 은혜를 가족에게 흘려보냈으며, 남편과 자녀의 삶에 긍정적인 변화를 가져왔다고 고백했다.

믿음의 가정으로 변화된 이야기   이주연 집사는 결혼 초기에 남편과 잦은 다툼과 갈등으로 어려움을 겪었다. '마더스 드림'을 통해 '변화의 주체는 남편이 아니라 나 자신'이라는 깨달음을 얻은 그녀는 남편을 이해하고 세우기 위해 노력하기 시작했다. 이러한 변화는 남편의 신앙생활로 이어졌고, 지금은 온 가족이 함께

좋은 어머니가 되어 가정을 회복시키고 교회에 덕을 세우며 더 나아가 사회를 변화시키는 '마더스 드림'(어머니 학교)

예배드리는 믿음의 가정으로 변화되었다.

'마더스 드림' 외에도 '파더스 드림'(아버지학교), 제자 훈련 등을 통해 변화된 성도들도 많다.

김병구 집사는 뇌출혈로 쓰러진 뒤 재활병원에서 순복음원당교회의 전도사를 통해 복음을 접했다. 그는 교회의 제자 훈련과 성경대학 과정을 통해 믿음을 갖게 되었고, 지금은 복음을 전하는 삶을 꿈꾸고 있다. 김 집사는 "교회의 도움으로 영적·물질적 위로를 받았다"며, 자신처럼 어려움을 겪는 이들에게 복음을 전하고 싶은 게 희망이자 꿈이라고 이야기한다.

지역사회와 미자립교회를 섬기는
사랑의 실천

순복음원당교회는 성도들을 변화시키고 가정을 회복시키는 교회 내 사역뿐 아니라 지역사회와 미자립교회를 지속적으로 섬기며 예수님의 사랑을 실천하고 있다. 매년 진행되는 김장 나눔과 연탄 나눔은 대표적인 나눔 사역이다. 교회는 코로나로 인해 대면 활동이 제한된 상황에서도 사랑의 선물 박스를 통해 필요한 물품을 전달하며 도움의 손길을 이어갔다.

특히, 100개 이상의 미자립교회에 쌀과 계란, 생필품을 지원하며 어려운 교회와 목회자들을 섬기고 있다. 고경환 목사는 "우리가 받은 축복을 흘려보내는 것이 교회의 사명"이라며 나눔의 중요성을 강조했다.

기도 중심의 예배:
성도들의 영적 성장을 돕다

이밖에 순복음원당교회의 차별화된 사역은 주일예배 중에 기도하는 것이다. 순복음원당교회의 주일예배는 설교와 함께 7분씩 두, 세 번의 기도 시간을 포함한다. 성도들이 예배 중에 기도할 수 있는 시간을 통해, 그들의 영적 성장을 돕고 있다. 고경환 목사는 "기도는 성도들이 하나님과 더 깊이 교제하고 성장할 수 있는 중요한 시간"이라고 강조한다.

예배 시간의 기도는 개인적 묵상의 시간이 아니다. 성도들이 함께 기도 제목을 공유하며, 공동체로서 하나님의 뜻을 구하는 시간이다. 고 목사는 기도 시간을 통해 성도들이 주일 예배 중에라도 스스로 영적으로 채워질 수 있도록 돕고자 했다. "교회에서뿐만 아니라 집에서 기도를 잘 실천하시는 분들도 계시지만, 그렇지 않은 분들도 많습니다. 그래서 이 기도 시간을 통해 모든 성도가 한 주 동안의 삶 속에서 영적인 힘을 얻고, 교회 안에서라도 기도의 습관을 가지게 하는 것이 중요하다고 생각합니다. 이런 사역이 성도들의 신앙 성장에 큰 역할을 한다고 믿습니다."

이처럼 예배의 한 부분으로 기도를 포함시키는 순복음원당교회의 방식은, 바쁜 현대인들에게 기도의 중요성을 체감하게 한다는 점에서 많은 성도들에게 큰 호응을 얻고 있다.

학교와 실버타운:
미래를 위한 두 가지 비전

고경환 목사는 대안학교와 교회가 공간을 공유하며 상호 발전하는 형태의 사역을 계획하고 있다. 대안학교의 강단은 평일에는 학생들이 사용하고, 주일에는 교회의 예배 공간으로 활용할 계획이다. 이를 통해 교육과 신앙을 통합하며, 학교 운영을 지속적으로 지원할 수 있는 기반을 마련하고자 한다.

또한, 고령화 시대에 맞춘 도심형 실버타운 설립 계획도 진행 중이다. 실버타운은 고령 성도들이 존엄성을 유지하며 건강하게 살아갈 수 있는 환경을 제공할 예정이다. 이 공간은 운동, 식사, 여가 활동을 위한 시설은 물론, 성도들이 마지막까지 신앙 안에서 평안하게 생활할 수 있도록 설계된다.

순복음원당교회는 대안학교 설립과 실버타운 계획을 통해 더욱 많은 이들에게 희망을 전하고, 예수님의 사랑을 실천하며, 한국교회 부흥의 중심으로 자리할 것이다.

저출산 위기 극복을 위한 한 방안으로 대안학교의 교육과정을 유치원 이전 어린아이들의 돌봄부터 중고등학교까지 개설할 계획이다.

'아비목회'로 세대를 품는 건강한 교회

군포제일교회: 권태진 목사

1978년 천막 교회로 시작한 군포제일교회는 권태진 목사의 '아비목회' 철학 아래, 조건 없는 사랑과 헌신으로 지역사회를 섬기며 성장해왔다. 제일선교원을 통해 다음 세대를 양육하고, 방과후 학교와 출산장려운동으로 저출산 문제 해결에 기여하는 등 전 세대를 아우르는 사역을 이어가고 있다. 또한, 노인 돌봄과 푸드뱅크를 통해 어르신들과 소외된 이웃에게 따뜻한 손길을 전하며, 교회를 하나님의 사랑이 실천되는 공동체로 만들어가고 있다.

천막에서 시작된 믿음의 여정

1978년, 경기도 군포시의 황량한 나무숲 한가운데 천막을 세우고 시작된 군포제일교회는 당시 단순히 예배를 드리는 공간 이상의 의미를 담고 있었다. 권태진 담임목사는 어려운 환경 속에서도 복음을 전하겠다는 열정으로 첫발을 내디뎠다. 낡은 풍금과 철제 책상은 당시 교회의 소박한 출발을 증명하지만, 그 안에는 하나님을 향한 뜨거운 믿음과 비전이 가득했다. 권 목사는 당시를 회상하며 이렇게 말했다.

"천막 한 채에서 시작했지만, 하나님께서 우리의 헌신을 통해 지역사회를 변화시키실 거라는 확신이 있었습니다. 교회는 단순히 예배를 드리는 장소가 아니라, 이웃의 필요를 채우고 사랑을 나누는 가정이어야 한다고 믿었습니다."

군포제일교회는 설립 초기부터 지역과 다음 세대를 위한 사역을 꿈꿔왔다. 권 목사는 교회를 가정으로 비유하며, 어른과 아이가 조화롭게 어우러지고, 강한

1978년 군포제일교회의 천막교회 모습

자가 약한 자를 돕는 균형 잡힌 공동체의 모델을 제시했다.

다양한 사역, 아비목회 정신 실천 군포제일교회는 설립 후 지역사회의 필요를 적극적으로 파악하며 선교원, 방과 후 학교, 노인 복지센터 등 다양한 사역을 시작했다. 각 사역은 교회의 철학인 '아비목회'의 정신을 실천하며, 조건 없는 사랑과 헌신으로 세대를 아우르는 섬김을 보여주고 있다.

이처럼 군포제일교회의 설립 배경과 사역은 단순한 교회 운영을 넘어 지역 사회를 위한 복음의 실천이라는 큰 그림을 그려왔다.

1982년 설립된 제일선교원은 군포제일교회의 대표적인 사역 중 하나다. 당시 개척교회였던 군포제일교회는 미래를 내다보며 선교원을 세웠다. 권태진 목사는 "교회의 20년, 30년 후를 준비하며 아이들을 사랑으로 양육하는 선교원이 꼭 필요하다고 생각했다"고 말했다.

제일선교원은 교회와 가정, 선교원이 하나가 되어 아이들이 신앙과 인성을 함께 배울 수 있도록 돕는다. 이곳에서는 아이들이 목사님과 장로님을 만나고, 예배를 드리며 어른들의 삶을 가까이에서 배운다. 권 목사는 선교원의 운영 철학에 대해 이렇게 말했다. "아이들을 잘 먹이고 잘 놀게 하면 됩니다. 줄 세우지 말고, 나무라지 말고, 사랑으로 아이들을 대하면 미래에 큰 사람으로 자랄 것입니다."

이기순 제일선교원 원목의 이야기는 군포제일교회의 '아비목회'가 어떤 결실을 맺고 있는지 보여주는 감동적인 사례다. 그녀는 첫아이로 다운증후군을 가진 딸을 낳았을 때, 기쁨보다는 깊은 절망에 빠졌다고 회상한다. "아이가 태어났을 때 저는 세상이 무너지는 것 같았어요. 모든 게 어둡고 숨고 싶다는 생각뿐이었죠. 그런데 목사님께서 찾아오셔서 '너는 건강만 하면 돼. 내가 다 지고 갈게'라고 말씀해 주셨어요. 그 한마디가 제게 새로운 희망을 주었습니다."

목사님의 진심 어린 위로와 기도가 그녀에게 큰 힘이 되었고, 선교원에서의 따뜻한 돌봄이 딸에게는 새로운 세상을 열어주었다. 딸은 선교원 생활을 통해 기도와 사랑을 배우며, 자신감과 자존감을 점차 회복했다. 선교원 선생님들의 세심한 지도와 친구들의 따뜻한 배려 속에서 스스로를 사랑하고, 하나님의 사랑을 깨닫기 시작했다. "선교원에서 5년 동안 기도와 사랑을 받으며 자란 덕분에, 우리 아이는 자폐 아동도 배려할 줄 아는 따뜻한 마음과 자신감을 갖게 되었어요. 이제는 주일 성가대에서 하나님께 찬양을 드리며 활발히 활동하고 있답니다." 이기순 원목은 딸의 모습을 자랑스럽게 전했다.

딸은 학교에서도 밝고 자신감 있는 태도로 여러 활동에 참여하며, 믿음 안에서 자라난 마음의 힘을 발휘하고 있다. 이 원목은 눈시울을 붉히며 말했다. "학교 축제에서 우리 아이가 처음으로 찬송가를 연주하며 찬양했을 때, 하나님의 은혜가 얼마나 큰지 실감했습니다. 선교원과 교회의 사랑이 없었다면 상상도 할 수 없

제일선교원의 어린이들

는 일이었죠."

이기순 원목의 경험은 군포제일교회의 사역이 가정과 지역사회에 소망과 변화를 가져오고 있음을 보여준다.

방과후 학교:
아이들의 배움터

선교원을 졸업한 아이들은 방과후 학교인 '비전의 교실'에서 학습과 신앙 교육을 이어가며 한층 더 성장해간다. '비전의 교실'은 심리적 돌봄, 역사 탐방, 예배 프로그램 등을 통해 아이들이 전인적으로 성장할 수 있는 환경을 제공한다. 특히, 학교에서는 배우기 어려운 신앙적 가치를 심어주고, 다양한 체험 활동을 통해 아이들에게 삶의 방향성을 제시하는 곳이기도 하다.

비전의 교실에서 오랜 시간 아이들을 지도해 온 김선미 교사는 자신의 특별한 이야기를 통해 이 사역의 의미를 더한다. 그녀는 비전의 교실에서 가르치는 시간이 자신이 받은 사랑을 되돌려주는 소명임을 깨닫고 있다.

김선미 교사는 결혼 후 오랜 시간 동안 아이를 갖지 못해 깊은 상처와 고통 속에서 씨름했다고 고백한다. "모든 친구들은 결혼 후 아이를 낳아 교회에 아이들과 함께 오는 모습이 자연스러웠죠. 그런데 저는 매번 남편과 빈손으로 교회에 오는 것이 너무 힘들었습니다. 그때마다 주위의 시선이 부담스럽게 느껴졌고, 외로움이 더해졌죠. 한때는 교회를 옮길까 하는 고민도 했습니다. 하지만 목사님께서 '붙어만 있어라'는 말씀으로 위로해 주시고, 늘 기도해 주신 덕분에 견딜 수 있었습니다."

권태진 목사의 지속적인 기도와 격려는 그녀의 믿음을 붙들어 주었고, 마침내 결혼 12년 만에 기적처럼 귀한 생명을 품에 안게 되었다. 그녀는 그 순간의 감격을 잊을 수 없다고 말했다. "담임목사님과 사모님의 사랑과 기도가 아니었다면, 저는 이 시기를 견뎌내지 못했을 것입니다. 결혼 12년 만에 아이를 안게 되었을 때, 모든 것이 하나님의 계획 안에 있음을 깨달았어요."

그녀는 자신의 경험을 통해 배운 사랑과 은혜를 비전의 교실에서 아이들에게 전하며 큰 보람을 느낀다. "아이들이 이곳에서 배우고 자라는 모습을 보면, 그 순수한 눈망울에 저도 힘을 얻습니다. 제가 받은 사랑을 이 아이들에게 나눠 줄 수 있다는 것이 얼마나 감사한지 몰라요."

김선미 교사와 같은 헌신적인 지도자들의 노력은 그 사랑을 실천하며, 다음 세대를 세우는 중요한 밑거름이 되고 있다.

출산장려운동:
새로운 세대를 키우다

군포제일교회는 대한민국이 직면한 심각한 저출산 문제를 해결하기 위해 발 벗고 나선 교회 중 하나다. 2000년부터 시작된 교회의 출산장려운동은 단순히 물질적 지원을 넘어, 아이를 낳고 키우는 것이 하나님의 축복이며 지역사회의 미래라는 메시지를 전파하는 데 목적이 있다. 이 운동은 아이를 낳은 가정에 출산 장려금을 지급하며, 세 자녀 이상 가정에는 추가적인 지원을 제공하는 방식을 통해 부모들에게 실질적인 도움을 주고 있다.

권태진 목사는 출산장려운동의 의의를 이렇게 설명했다. "출산 장려금이 단순한 금전적 지원으로 끝나는 것이 아니라, 교회가 앞장서서 아이를 낳고 키우는 것이 얼마나 큰 축복인지 깨닫게 하는 문화를 만드는 데 기여하기를 바랍니다. 교회는 가정을 세우는 기둥이며, 다음 세대를 향한 소망이 시작되는 곳입니다."

출산장려운동을 통해 혜택을 받은 김기중 성도와 그의 일본인 아내 타케다 사토미는 감사를 전하며 교회의 사랑에 깊은 감동을 받았다고 말했다. "첫째 아이를 낳았을 때 교회에서 100만 원을 지원받았고, 둘째 아이를 낳았을 때는 200만

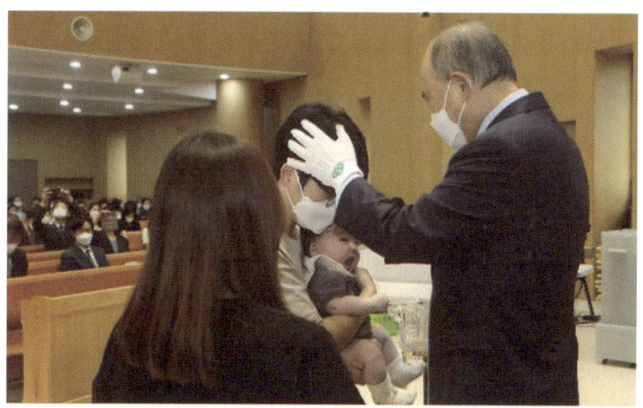

김기중·타케다 사토미 성도 가정의 자녀 김하온

원을 지원받았습니다. 물론 금액도 큰 도움이 되었지만, 금액 이상의 의미가 있었습니다. 교회에서 이렇게 따뜻한 배려와 사랑을 받는다는 것이 얼마나 감사한지 모릅니다. 출산은 두려움이 아니라 기쁨이라는 것을 깨닫게 되었어요."

그들의 둘째 아이가 태어나 교회에서 첫 예배를 드리던 날, 담임목사의 축복기도와 성도들의 따뜻한 축하를 받으며 이 가정은 깊은 감동을 느꼈다고 한다. 타케다 사토미는 이렇게 회상했다. "교회가 마치 하나의 큰 가족처럼 느껴졌어요. 저희가 받은 사랑은 단순히 물질적인 것이 아니라, 이 아이를 통해 하나님께서 저희 가정에 주신 축복을 깨닫게 하는 경험이었습니다."

이러한 출산장려운동은 아이를 낳도록 독려하는 것을 넘어, 교회와 지역사회가 한마음으로 세 자녀 이상을 둔 가정을 축복하고 지원하는 분위기를 조성하고 있다. 교회는 출산 이후의 양육 부담도 덜어주기 위해 다양한 형태의 지원을 마련하고 있다. 세 자녀 이상 가정에는 장학금을 제공하고, 교회 운영의 방과후학교와 선교원을 통해 학습 및 돌봄 서비스를 연계해 제공하며 부모들에게 실질적인 도움을 준다.

권태진 목사는 이 운동이 지역사회에 미치는 긍정적인 변화를 기대하며 말했다. "아이를 낳고 키우는 일이 단순히 개인의 책임으로 치부되지 않기를 바랍니다. 교회와 지역사회가 함께 손을 맞잡고 새로운 세대를 키워갈 때, 그 아이들이 우리의 미래를 아름답게 세워갈 것입니다. 교회는 그 중심에서 하나님의 사랑을 전하며 이 사명을 감당할 것입니다."

이처럼 군포제일교회의 출산장려운동은 물질적 지원 이상의 깊은 의미를 담고 있다. 그것은 새로운 생명에 대한 축복과, 하나님의 창조 질서에 순종하는 공동체의 헌신으로 다음 세대를 향한 희망을 밝히는 운동이 되고 있다.

모든 세대를 품는 사랑의 공동체

군포제일교회의 사랑은 아이들뿐만 아니라 어르신들에게도 닿아 있다. 노인 돌봄 프로그램과 푸드뱅크를 통해 어르신들의 필요를 채우고, 세대 간의 교류를 활성화한다. 선교원의 아이들은 노인 돌봄 프로그램에 참여하며, 어르신들과 함께 시간을 보내고 자연스럽게 세대를 이해하는 법을 배운다.

권태진 목사는 이를 '세대를 넘어서는 공부'라 부르며 이렇게 말했다. "어른들의 행복은 아이들을 만나는 것입니다. 아이들은 어른들에게 역사를 배우고, 어른들은 아이들과 함께하며 과거의 행복을 회상합니다. 교회는 이렇게 모든 세대를 품어야 합니다."

하나님이 이루실 미래를 꿈꾸며 군포제일교회의 모든 사역은 하나님의 사랑과 복음의 실천에서 시작된다. "우리는 세상을 다 바꿀 수는 없지만, 하나님께서 맡기신 이곳에서 사랑으로 품을 수 있는 사람들을 섬기고 싶습니다. 결과는 하나님께 맡기겠습니다. 우리는 다만 사랑을 실천하는 데 최선을 다할 뿐입니다."

천막 교회에서 시작해 오늘날 사랑과 섬김으로 지역사회를 변화시키고 있는 군포제일교회. 이곳에서 피어난 사랑의 씨앗은 앞으로도 세대를 넘어, 세상 곳곳에서 하나님의 영광을 드러낼 것이다.

공동육아 → 다 출산 → 학교로 이어지는 '사랑의 공동체'

산위의마을교회: 김영준 목사

경기도 성남시 수정구 위례순환로에 자리한 '산위의마을교회.' 20여 년 전 믿음의 동지들이 모여 세운 '산위의마을교회'는 복음을 삶 속에 실현하기 위해 헌신하며, 공동체와 가정을 세우고 다음 세대를 양육하는 데 집중하고 있다. '한 아이를 키우는 데 마을이 필요하다'는 철학을 바탕으로 마음의 회복에서 시작된 복음의 씨앗은 가정과 교육, 그리고 생명 존중의 가치로 열매를 맺고 있다. 대안학교인 'City Hill Academy'와 다양한 내적 치유 프로그램, 그리고 생명 존중 캠페인은 그 중심에 있다. 이러한 사역을 통해 산위의마을교회는 다음 세대의 신앙적 부흥을 꿈꾸며, 오늘도 복음의 빛을 세상에 비추고 있다.

**20년 전,
믿음의 동지들로 시작된 여정**

'산위의마을교회'의 시작은 작은 기도 모임이었다. 김영준 담임목사는 교회의 탄생 배경에 대해 이렇게 회고했다. "젊은 싱글들이 모여서 기도하다가 교회가 됐습니다. 그 안에서 결혼하고 가정을 이루며, 복음 중심의 삶을 살아가고자 했습니다. 모든 것이 헌신과 기도의 결과였지요."

이 작은 공동체는 단순히 신앙을 나누는 모임을 넘어, 삶을 함께 나누는 진정한 신앙 공동체로 발전했다. 기도와 헌신은 교회의 중심을 잡아주었고, 초창기 멤버들은 신앙과 삶의 조화를 이루기 위해 서로를 돌보며 성장했다.

신앙 공동체로 시작한 교회는 점차 지역사회로 그 영역을 넓혀갔다. 특히, 교회의 핵심 가치인 '마음의 회복'은 많은 이들에게 깊은 울림을 주며 가정과 다음 세대 사역으로 자연스럽게 이어졌다.

마음의 회복:
복음의 뿌리를 심다

산위의마을교회는 개인의 신앙을 단순히 교리나 이론에 머물게 하지 않고, 마음속 깊은 곳까지 스며들게 하는 것을 가장 중요한 사역으로 여긴다. 김영준 목사는 이를 "머리에서 마음으로의 30cm 사역"이라고 표현하며, 복음이 개인의 삶에 깊이 뿌리내리도록 돕는 과정을 강조했다.

"우리는 하나님 아버지의 사랑을 머리로는 믿지만, 마음속 깊은 곳에서는 여전히 죄책감과 수치심 가운데 살아가는 경우가 많습니다. 이러한 간극을 줄이기 위해 '아버지의 마음 학교'와 같은 프로그램을 운영하며, 복음의 진리가 마음으로 내려오는 과정을 돕고 있습니다."

교회는 이 같은 프로그램을 통해 성도들이 자신의 내면을 깊이 들여다보고, 복음의 빛 안에서 상처를 치유하도록 돕고 있다.

'내적 치유 학교', '기도 학교' 등 다양한 교육 프로그램은 교회 내뿐 아니라 외부 성도들도 참여할 수 있도록 개방되어 있다.

"우리 교회의 목회자들은 매년 일주일 동안 집중 치유 과정을 거치며 자신의 내면을 돌아보고, 복음적 현실과 심리적 현실 사이의 간극을 확인합니다. 이런 과정을 통해 겸손히 성도들을 섬길 수 있게 됩니다." 김 목사의 설명은 '산위의마을교회'의 사역이 단순한 활동이 아니라 진정성과 헌신으로 이루어진 것임을 보여준다.

공동육아로 시작된 가정의 회복

마음의 회복은 자연스럽게 가정의 회복으로 이어졌다. '산위의마을교회'는 복음의 첫 번째 사역지가 가정임을 믿으며, 가정 안에서 복음의 열매가 드러나는 것을 가장 중요한 목표로 삼았다. 이러한 믿음은 공동육아로 구체화되었다.

"젊은 싱글들이 결혼하고 가정을 이루면서, 맞벌이 부부가 대부분이었기에 공동육아는 필연적이었습니다. 아이를 키우는 마을이 되어야 한다는 생각에서 시

공동육아를 하고 있는 모습

작했지요." 김영준 목사는 초기 공동육아의 배경을 이렇게 설명했다.

이러한 공동육아는 곧 어린이집 설립으로 이어졌고, 이후 초등학교, 중학교, 고등학교 과정을 포함한 'City Hill Academy'로 확장되었다.

대안학교인 이곳에서는 단순히 지식을 전달할 뿐 아니라, 아이들에게 복음적 가치를 심는 데 주력하고 있다.

"우리의 교육은 단순히 서비스가 아닙니다. 공동체가 아이들을 조카처럼 여기고, 아이들은 선생님을 이모처럼 여깁니다. 자연스럽게 형성된 이런 문화가 아이들에게 진정한 가정의 연장선이 되어줍니다."

다산의 축복:
가정의 소망이 열매를 맺다

'산위의마을교회'는 독특하게도 높은 출산율로 주목받는다. 가정의 회복이 곧 다산의 문화로 이어지며, 교회 안에서는 두 자녀 이상이 기본이고, 세 자녀나 네 자녀를 둔 가정도 흔히 볼 수 있다. 김대민 목사는 자신의 경험을 통해 이 현상을 설명했다.

김대민 목사(산위의마을교회 다음 세대 담당)

"저는 결혼 후 5년 동안 세 번의 유산을 겪으며 참 힘든 시간을 보냈습니다. 하지만 공동체의 기도와 격려 속에서 하나님이 우리 가정에 자녀를 주실 거라는 기대를 포기하지 않았습니다. 결국 네 명의 아이를 낳으며, 다산이 하나님이 주신 축복임을 확신하게 되었습니다."

산위의마을교회는 마음의 회복이 가정의 회복으로 이어지면서 다자녀 가정이 많다.

이 과정에서 공동체는 부모들에게 양육의 두려움을 기대와 희망으로 바꾸는 역할을 했다. 공동체의 도움은 단순히 물질적 지원을 넘어, 자녀 양육이 복음 안에서 이루어지도록 도왔다.

"저희 교회는 '다산'이라는 단어가 단순히 출산의 의미를 넘어, 복음 안에서 가정을 세우는 축복으로 이해됩니다. 가정이 회복되면 아이들의 얼굴에서 생명력이 드러납니다." 김영준 목사의 말은 가정의 회복이 복음적 공동체의 중요한 열매임을 보여준다.

생명 존중과 다음 세대를 위한 비전

산위의마을교회는 생명 존중 문화를 중심으로 한 다음 세대 사역에도 힘쓰고 있다. 'City Hill Academy'에서는 아이들에게 생명의 가치를 가르치며, 버려진 생명을 지키는 다양한 활동을 진행하고 있다.

"우리는 성이 단순히 즐거움이 아니라 생명으로 이어지는 통로임을 가르칩니다. 아이들이 이를 이해할 때 생명 존중 문화가 자연스럽게 자리 잡습니다." 김영준 목사는 성교육과 생명 존중 캠페인을 교회의 중요한 사역으로 강조했다.

생명 존중 캠페인을 벌이고 있는 시티힐아카데미 학생들

학생들은 베이비박스를 돕는 활동에 참여하며, 버려진 생명에 대한 인식을 개선하기 위해 캠페인과 기금 마련 활동을 펼친다. 한 학생은 이렇게 말했다. "이 아이들은 버려진 존재가 아니라, 지켜진 생명임을 알게 되었습니다. 이를 통해 생명의 가치에 대해 깊이 깨닫게 되었어요."

생명 존중 문화까지 범주를 넓혀가는 산위의마을교회의 다음 세대 사역은 복음이 문화로 창조되는 계기가 될 것으로 보인다.

복음으로 문화를 세우는
공동체의 미래

이와 관련해, 김영준 목사는 이렇게 말한다. "복음이 우리 심령 안에서 문화로 바뀔 때, 그것은 단순히 개인의 변화에 머무르지 않고, 세상을 비추는 등불이 됩니다. 다음 세대가 복음적 가치를 중심으로 세상을 살아갈 수 있도록 돕는 것이 우리의 사명입니다."

'산위의마을교회'의 이야기는 한 공동체의 성공 사례를 넘어, 오늘날 교회가 나아가야 할 방향을 제시한다. 산위의마을교회는 진정한 '산 위의 마을'로서, 복음으로 세상을 밝히는 역할을 충실히 감당하고 있다.

신앙 전수를 위해 '세대 통합 예배' 지향

삼송교회: 김형석 목사

삼송교회는 오랜 세월 동안 지역사회와 함께 호흡하며 섬김의 사역을 실천해 온 교회다. 1965년 오토 디캠프(E. Otto DeCamp) 선교사에 의해 세워진 이래로, 삼송교회는 작은 교회에서 시작해 지금은 천 명에 이르는 성도들이 모여드는 활기찬 공동체로 성장했다. 교회의 중심에는 복음 전파와 세대 간 신앙 전승, 그리고 지역사회를 섬기며 나눔을 실천하는 사명이 자리하고 있다. 교회는 세대 통합 예배를 통해 가족이 함께 예배드리며 신앙을 전수하는 새로운 예배 방식을 도입하고, 국내외에서 다양한 선교 활동과 구제 사역을 펼치며 하나님의 사랑을 전하고 있다.

소박한 시작, 거룩한 비전

삼송교회의 역사는 겸손하고 소박한 시작에서 비롯되었다. 1965년, 오토 디캠프(감의도) 선교사가 고양군 지역을 돌며 교회가 없다는 사실을 깨닫고, 미국 북장로교회에 교회를 세울 자금을 요청한 것이 그 시작이었다. 지원받은 선교 기금을 통해 작은 초가집을 구입해 교회의 첫 모임을 시작했으며, 당시에는 불과 네 명의 신자가 모였던 작은 공동체였다.

김형석 위임목사가 삼송교회에 부임한 것은 교회가 어려움을 겪고 있던 시기였다. 그가 부임했을 때, 교회는 성도가 80명 남짓이었지만, 김 목사는 교회의 성장을 위해 매진했다. "교회는 성도의 수로 대형화되지 않는다"는 그의 철학은 교회의 본질적인 역할인 복음 전파와 신앙 전승에 집중하도록 교인들을 독려했다. 그 결과, 삼송교회는 매년 성도들이 꾸준히 늘어갔고, 그들이 자발적으로 지

삼송교회는 1965년 미국 북장로교회의 지원을 받아 감의도 선교사가 설립했다.

역사회와 선교 사역에 참여하면서 점차 성장해 갔다. 교회는 최대 1,000명에 이르는 성도들이 모이는 활기찬 공동체가 되었다.

그러나 삼송교회의 성장은 단순히 숫자로만 표현되지 않는다. 김형석 목사는 교회가 '소수의 가족 같은 공동체'로 남아야 한다는 확고한 신념을 가지고 있다. 그는 성도 간의 교제가 활발하고, 서로의 신앙을 나누며 함께 성장하는 것이 건강한 교회의 본질임을 강조하며, 삼송교회가 대형화되기보다 진정한 교회의 역할을 다하도록 방향을 잡았다.

팬데믹 속에서 흔들리지 않는 믿음   삼송교회도 코로나19 팬데믹의 충격을 피해 갈 수 없었다. 많은 교회가 그랬듯이, 삼송교회 역시 젊은 세대들이 교회를 떠나는 어려움을 겪었다. 김형석 목사는 이러한 상황에서 신앙 전승의 중요성을 다시금 절감했다. 특히 젊은 세대가 가장 큰 타격을 입었고, 교회학교는 거의 위기에 처했다.

김 목사는 '신앙 전승'의 실패가 한국교회가 직면한 가장 큰 문제라고 지적한다. 부모 세대의 신앙이 자녀들에게 전해지지 않으면, 교회학교의 위기는 단순히 출산율 저하나 인구 감소에서 비롯된 문제가 아니라 신앙의 단절에서 기인한 것이라고 주장한다. 이를 해결하기 위해 삼송교회는 세대 통합 예배를 도입하여,

부모와 자녀가 함께 예배드리는 시간을 통해 신앙을 전수하도록 했다.

세대 통합 예배는 김 목사의 미국 유학 시절 경험에서 영감을 받았다고 한다. 그는 유대교 회당과 아미시 공동체를 방문했을 때, 그들이 단일한 예배 형식 안에서 전 세대가 함께 신앙을 공유하며 전승하는 모습을 보고 깊은 인상을 받았다. 이러한 방식이 신앙을 다음 세대에 온전히 전수하는 데 효과적이라는 확신을 갖고, 삼송교회에 세대 통합 예배를 도입하게 된 것이다.

세대 통합 예배의 실천과 그 열매

삼송교회의 세대 통합 예배는 그리 쉽게 자리 잡은 것이 아니다. 처음 도입되었을 때는 부모와 자녀들이 함께 예배드리는 것에 익숙하지 않아 어수선한 분위기였다. 아이들이 예배 중에 떠들기도 하고, 부모들은 아이들을 단속하느라 분주했다. 그러나 김형석 목사는 이러한 과정을 자연스러운 신앙 교육의 일부로 받아들이고, '조용히 하라'는 강요 없이 시간을 두고 아이들이 예배의 질서를 배우도록 했다. 결과적으로 아이들은 자연스럽게 예배의 중요성과 경건한 태도를 배우며 성숙해 갔다.

세대 통합 예배는 부모와 자녀가 함께 예배드림으로써 자녀들이 부모의 신앙적 본을 보고 배우는 귀한 시간이 되었다. 자녀들은 부모와 함께 찬송가를 부르고 기도하며, 부모가 신앙을 실천하는 모습을 직접 목격했다. 이는 교회학교에서

세대 통합 예배 때 봉헌 특송을 하고 있는 주일학교 어린이들

따로 교육받는 것보다 더 깊은 영향을 주었고, 신앙 전승의 핵심이 되었다.

김 목사는 세대 통합 예배의 중요성을 강조하며, 부모와 자녀가 동일한 예배 문화를 공유할 때 신앙이 자연스럽게 전승될 수 있다고 말한다. 특히 교회는 한 달에 한 번 세대 통합 예배를 드리면서 가족들이 함께 모여 예배드리는 기회를 제공한다. 부모와 자녀가 함께 성경을 봉독하고, 기도하며, 예배의 여러 부분에 적극적으로 참여함으로써 서로의 신앙을 나누고 성장해 나가는 것이다.

세대 통합 예배에 담긴 이향환 권사의 이야기

이향환 삼송교회 권사 가족

이향환 권사는 삼송교회에서 오랜 시간 신앙생활을 해온 성도로, 그의 삶은 신앙의 깊은 뿌리와 자녀들에게 물려주고자 하는 영적 유산으로 가득 차 있다. 1983년부터 삼송교회에 출석한 이향환 권사는 40년이 넘는 시간 동안 교회와 함께하며, 그 신앙의 발자취를 가족들과 나누고 있다. 특히 삼송교회가 실천하고 있는 세대 통합 예배는 이 권사의 신앙생활에 중요한 의미를 담고 있다. 그녀에게 세대 통합 예배는 단순한 형식적 변화가 아니라, 가족과 함께 신앙을 나누고, 자녀들에게 영적인 본을 보여줄 수 있는 귀한 시간이자 축복이다.

가족과 함께하는 예배의 기쁨

이향환 권사는 세대 통합 예배를 통해 자신의 자녀들, 그리고 손주들과 함께 예배드리는 시간을 가장 큰 기쁨으로 여긴다. 요즘 시대는 핵가족화로 인해 대가족의 모습이 점점 사라지고 있지만, 교회에서만큼은 대가족 같은 공동체가 유지될 수 있다는 사실이 그녀에게는 큰 위안이 된다. 이 권사는 자녀들과 손주들이 함께 예배드리는 모습을 보며, 신앙의 전승이 자연스럽게 이루어지는 것을 감사하게 생각한다.

특히 그녀는 자기 자녀들과 손주들이 삼송교회에서 세례를 받고, 신앙 안에서 자라는 모습을 보며 감동을 느낀다고 한다. 큰아이가 처음 손주를 안고 교회에 왔을 때, 김형석 목사가 강대상에서 그 아이를 두 손으로 안고 축복하며 기도해 준 순간을 잊지 못한다고 한다. 그 장면은 그녀에게 자녀 세대에 신앙의 씨앗을 심는 중요한 의식처럼 다가왔다. 또한, 손주들이 교회에서 자라나며 할머니와 부모의 신앙을 이어받는 모습을 보며, 그 어느 재산보다도 더 값진 유산을 물려주고 있다는 자부심을 느낀다고 한다.

교회를 향한 깊은 애정과 헌신

이향환 권사에게 삼송교회는 인생의 중요한 부분을 차지하는 공동체이다. 그녀는 교회에서 가족과 같은 성도들과 함께 신앙생활을 하며, 교회의 크고 작은 풍파 속에서도 하나님의 은혜를 경험했다고 고백한다. 그녀는 어려운 시기에도 교회를 떠나지 않고 묵묵히 신앙을 지켰으며, 그 시간 속에서 신앙의 뿌리가 더욱 깊어졌다고 말한다.

그녀는 세대 통합 예배가 교회의 미래를 위해 중요하다고 믿는다. 교회가 단순히 어른들의 예배 공간이 아닌, 모든 세대가 함께 예배드리는 공동체가 되어야 한다는 생각에서 비롯된 이 예배 방식은, 다음 세대에게 신앙을 자연스럽게 전수할 수 있는 가장 좋은 방법이라는 확신이 있다. 그녀는 손주들이 교회에서 찬양하고, 예배드리는 모습을 보며, 자신의 신앙이 그들에게 좋은 본이 되기를 바란다. 또한, 손주들이 자신을 떠올릴 때 "우리 할머니는 언제나 주님 앞에 헌신한 분이었다"는 기억이 남기를 기대하며, 신앙생활에 더욱 정성을 쏟고 있다.

지역사회와 함께하는 사랑의 나눔

삼송교회는 교회 내에서의 신앙 성장에만 집중하지 않는다. 지역사회의 필요를 발견하고, 그들에게 실제적인 도움을 주는 사역을 꾸준히 펼치고 있다. 매년 교회는 '사랑의 쌀 나누기'와 '사랑의 김치 나누기'와 같은 구제 활동을 통해 지역 내 독거노인과 저소득 가정들에 손길을 내밀고 있다. 이와 같은 구제 사역은 물질적인 나눔을 넘어, 지역사회를 섬기고 사랑을 전하는 복음의 통로가 되기 위해 헌신하고 있다는 것을 보여준다.

교회는 영등포산업선교회와 협력하여 노숙자들을 위한 쌀을 기부하는 등, 지역사회 내 어려운 이웃을 돕는 데에 앞장서고 있다. 김형석 목사는 "교회는 단순한 구제 기관이 아니며, 구제는 복음을 전하는 하나의 방법"이라고 강조한다. 교회가 지역사회의 필요를 채우는 동시에, 그들의 영혼을 돌보고 하나님의 사랑을 전하는 사명을 다하고 있음을 깨닫게 한다.

탈북민을 향한 특별한 사역 삼송교회는 북한 선교에도 특별한 관심을 가지고 있다. 김형석 목사는 탈북민들을 위한 심리 상담과 적응 프로그램을 운영하며, 그들이 남한 사회에서 정착할 수 있도록 돕고 있다. 특히 탈북민들이 겪는 정서적 어려움과 스트레스를 해소하기 위해, 상담을 통해 그들의 마음을 돌보고 있다.

탈북민 사역은 김형석 목사와 강명도 북한학 교수의 협력으로 시작되었으며, 탈북민들이 남한 사회에 적응하고 신앙을 통해 새로운 삶을 살아갈 수 있도록 돕는 데 중요한 역할을 하고 있다. 이러한 사역을 통해 삼송교회는 북한 선교와 탈북민 지원이라는 큰 과업을 꾸준히 수행하고 있다.

국내외 선교:
복음의 씨앗을 뿌리다 삼송교회의 사역은 국내에만 국한되지 않는다. 교회는 해외 선교에도 활발하게 참여하고 있으며, 아프리카와 동남아시아, 북한 등지에 선교사를 파송하고 교회와 학교를 건립하는 데 힘쓰고 있다. 특히 말레이시아, 인도네시아, 필리핀 등의 불교 및 이슬람 국가에서 선교 활동을 활발히 진행하고 있으며, 선교사들의 생계와 사역을 지원하기 위해 꾸준히 후원하고 있다.

삼송교회는 재정적인 지원에 그치지 않고, 선교지에서 자립할 수 있도록 교육을 통한 선교를 강조하고 있다. 교회는 우간다의 신학대학교 이사로 참여하며, 현지 신학자들을 양성하는 데 힘을 보태고 있다. 또한, 말레이시아에서는 학교를 세워 지역사회의 자립을 돕고 있으며, 이러한 교육 선교를 통해 복음이 장기적으로 전파될 수 있도록 기반을 다지고 있다.

김형석 목사는 "교육 선교는 복음을 전하는 가장 지속 가능한 방법"이라고 말하며, 선교지에서 교육을 통해 그들이 스스로 자신의 사회를 복음화할 수 있도록 돕는 것이 중요하다고 강조한다.

작은 공동체의 큰 꿈 삼송교회는 대형화를 목표로 하지 않는다. 김형석 목사는 교회의 본질은 성도 간의 깊은 교제와 신앙적 성숙에 있다고 강조했듯이 교회가 지나치게 커지면, 성도들이 서로를 알기 어렵고, 신앙적 교류가 단절될 수 있다고 우려한다. 그래서 삼송교회는 대형화를 추구하지 않으며, 지역사회와 긴밀히 연결된 작은 공동체의 역할을 다하고자 한다.

삼송교회의 목표는 성도들이 가족 같은 분위기 속에서 서로의 신앙을 나누고, 함께 성장해 가는 것이다. 김 목사는 "교회는 복음을 전파하는 공동체로서, 성도들이 서로를 돌보고, 함께 신앙의 여정을 걸어가는 곳이어야 한다"고 거듭 강조한다. 그래서 삼송교회는 더 많은 사람을 끌어모으기보다는, 각 성도가 신앙 안에서 깊이 뿌리내리고 자라날 수 있도록 돕는 데에 집중하고 있다.

말씀으로 세대를 잇고 가정을 세우다

서산교회: 장상철 목사

충남 서산의 서산교회는 다음 세대를 말씀으로 세우고 가정을 복음으로 회복시키는 사역에 앞장서고 있다. '제자 되고 제자 삼는 교회'라는 비전 아래, 이곳은 가정을 신앙의 중심으로 세우며 자녀들이 믿음 안에서 성장하도록 돕는다. 특히, 초등학생 대상의 '리더학교'와 전 교인 참여의 '300가정 말씀학교'를 통해 가정과 세대를 복음으로 연결하며 지역사회와 한국교회의 미래를 준비하는 새로운 모델을 제시하고 있다. 서산교회는 말씀으로 세대를 잇고 가정을 세우는 교회의 역할을 실천하며, 지속 가능한 신앙의 길을 개척하고 있다.

제자 되고 제자 삼는 교회:
서산교회의 목표

충남 서산의 한적한 도시에 자리 잡은 서산교회는 첫눈에 평범한 교회로 보인다. 하지만 그 안에서 펼쳐지는 사역은 평범함을 뛰어넘어 한국교회에 새로운 길을 제시하고 있다. 서산교회는 '제자 되고 제자 삼는 교회'를 목표로 다음 세대를 말씀으로 세우고 가정을 하나님의 말씀으로 회복시키는 특별한 비전을 실현하고 있다.

교회의 사명은 먼저 성도들이 스스로 신앙의 제자가 되고, 그다음으로 서산 지역 인구의 10분의 1을 하나님의 제자로 삼는 것이다. 이 사역의 중심에는 가정을 복음화하고 자녀를 믿음 안에서 양육하는 과정이 필수적이라는 확신이 있었다.

장상철 담임목사는 제자를 세우기 위한 그 시작은 가정에서부터 출발해야 했다. 장 목사는 가정을 복음의 중심으로 세우고, 자녀들에게 하나님의 말씀을 전하며, 그들이 믿음으로 성장해 장차 대한민국에서 하나님의 선한 뜻을 펼칠 수 있는 사람이 되기를 소망했다.

윌리엄 윌버포스를 롤 모델로 한 비전

장상철 목사는 이 같은 사명을 실현하기 위해 역사적 인물인 윌리엄 윌버포스를 롤 모델로 삼았다. 윌버포스는 회심 이후 영국 노예무역 제도를 폐지하는 데 헌신하며 인권을 위해 큰 업적을 남긴 인물이었다.

장 목사는 서산교회의 자녀들도 윌버포스처럼 믿음을 실천하며 세상에 선한 영향을 미치는 인물로 자라기를 꿈꾸었다.

다음 세대 사역의 초석:
리더학교

이러한 비전은 '리더학교'라는 프로그램으로 구체화되었다. 2010년 시작된 리더학교는 초등학교 5학년 학생들을 대상으로 성경, 세계사, 한국사를 융합한 독창적인 커리큘럼을 제공한다. 이 프로그램은 서산교회가 다음 세대를 준비하는 중요한 초석이 되었고, 가정을 복음화하고 하나님의 나라를 세우는 도구로 자리 잡았다.

리더학교의 성공 뒤에는 김명희 권사의 헌신이 있었다. 김 권사는 리더학교와 관련해 아이들이 성경적 세계관과 신앙의 뿌리를 깊이 내리는 과정이라고 설명했다. 특히 성경과 세계사, 한국사를 융합해 가르침으로써, 아이들이 역사를 하나님의 관점으로 이해하게 된다고 강조했다. 또, 한국사 교육을 통해 복음이 한국에 전해진 과정과 신앙 선배들의 발자취를 배우며, 자신의 정체성을 깨닫는 데 큰 도움을 주고 있다고

김명희 서산교회 리더학교 부장(권사)

리더학교 학생들이 체험학습으로 서울 양화진 선교사의 묘역을 둘러보고 있다.

리더학교에서 주최한 학부모와 학생을 대상으로 한 특강

전했다. 리더학교는 학습만으로 끝내지 않고, 매년 4~5차례 현장 체험 학습을 통해 아이들이 배운 내용을 직접 보고 느낄 수 있도록 돕고 있다. 김 권사는 "이 과정을 통해 아이들이 하나님이 역사를 주관하신다는 사실을 실감하며, 믿음으로 세상을 바라보는 법을 배운다"며 앞으로 리더학교 교육의 노하우를 교재로 개발해 더 많은 교회가 프로그램을 적용할 수 있도록 돕고 싶다는 꿈을 밝혔다.

리더학교에 다니고 있는 학생들은 학습과 신앙을 통해 날로 성장하고 있다. 곽상엽 학생은 처음에는 성경과 세계사가 전혀 관련이 없다고 생각했지만, 함께 배우며 둘 사이의 깊은 연결 고리를 발견했다고 말했다. 또 "세계사에서 일어난 사건들을 성경의 관점으로 보니, 하나님이 역사를 주관하셨다는 사실이 실감 났다"고 전했다.

리더학교는 지식을 가르치는 데 그치지 않고 아이들의 삶에 실질적인 변화를 이끌어가고 있다.

프로그램에 참여했던 학생들은 협동심과 자신감을 배웠고, 학교에서는 자연스럽게 친구들을 이끄는 리더로 성장하고 있다.

이훈영 학부모는 리더학교를 통해 자녀가 신앙적으로 성장하고 삶에 긍정적인 변화를 경험했다고 말한다. 자녀가 성경을 기반으로 한 세계사와 교회사를 배우면서 역사를 새로운 관점으로 이해하면서 질문도 많아졌고, 특히 학교생활에서도 친구를 배려하고 리더로서 협동심을 발휘하는 모습을 보며, 리더학교가 아이에게 중요한 영향을 주었다고 했다. 또, 이전에는 자신감이 부족하고 나서는 것을 꺼렸던 아이가, 리더 스쿨을 다니면서 자신감을 갖고 새로운 도전에 나서는 모습을 보게 되어 기쁘다고 덧붙였다.

10년 전 리더학교를 졸업한 최종혁 청년. 종혁 청년은 리더학교에서 배운 경험을 회상하며 "리더학교를 다닐 때부터 무슨 일을 하든, 하나님께 감사하는 습관도 생겼었고 지금 대학을 졸업할 때까지 내가 어떤 공부를 하고, 어떤 일을 해야 성경에 나왔던 사람들처럼 하나님한테 쓰임 받는 삶을 살 수 있을까? 이런 생각을 하게 해줬던 게 리더학교였던 것 같다"고 고백했다.

가정 회복을 위한 노력:
300가정 말씀학교

리더학교에 이어 진행되고 있는 '300가정 말씀학교.' 장상철 목사는 '300가정 말씀학교'에 대해 300가정은 서산교회 전체의 성도가 300가정이라는 의미라며 가정 예배를 통해 말씀 중심의 신앙을 회복하는 운동이라고 설명했다. 그러면서 "가정에서 말씀으로 자녀를 양육하고, 부모와 자녀가 함께 예배드릴 때 믿음의 뿌리가 깊어지고 가정이 하나님의 은혜로 변화된다"고 강조했다.

네 명의 자녀와 함께 늘 가정예배를 드리는 민경준·김유진 집사 가정. 가정예배가 정착되기까지 우여곡절도 많았지만 변화된 가정의 모습이 마냥 행복하다. 민경준·김유진 집사는 셋째 아이가 태어난 후 가정예배를 시작하며 신앙 중

네 명의 자녀와 가정예배를 드리고 있는 민경준·김유진 집사 가정

심의 가정으로 변화를 경험했다. 예배 초기에 시행착오가 있었지만, 꾸준히 말씀을 나누고 기도하며 가족 간 소통과 신뢰가 깊어졌다. 특히 사춘기 딸과의 대화가 어려웠던 부분이 묵상 나눔을 통해 해결되었고, 아이의 고민과 생각을 이해하는 계기가 되었다. 부모와 자녀는 서로를 위해 기도하며 믿음 안에서 더욱 단단한 관계를 형성해 나갔다. 민경준·김유진 집사 부부는 가정예배가 단순한 신앙 활동을 넘어, 가족 구성원 모두를 영적으로 성장시키는 기회가 되었음을 느꼈다. 이들은 "믿음으로 세운 가정이 이웃에게도 긍정적인 영향을 끼칠 수 있기를 바란다"고 했다.

선순환 구조와 리더십센터 설립 구상

장상철 목사는 서산교회의 미래를 꿈꾸며, 현재 진행 중인 '리더학교'와 '300가정 말씀학교'를 지속 가능한 사역으로 자리 잡게 하는 데 주력하고 있다. 그는 리더학교에서 성장한 아이들이 미래에 강사가 되어 후배들을 양육하는 선순환 구조를 만들고 싶다고 밝혔다. 이를 통해 특별한 노력이 아닌, 신앙이 자연스럽게 삶 속에 녹아드는 교회 문화를 구축하고자 한다.

또, 서산교회에서 쌓아온 교육과 사역의 경험을 전국의 교회와 공유하기 위해 '리더십센터' 설립을 구상 중이다. 리더십센터는 교재 개발과 교육 프로그램을 통해 다른 교회에서도 쉽게 적용할 수 있는 모델을 제공할 예정이다. 장 목사는 "서산교회가 특별한 교회가 아닌, 누구나 할 수 있는 사역을 보여줌으로써 한국교회가 다음 세대를 향한 비전을 품도록 돕고 싶다"고 말했다. 장 목사의 궁극적인 목표는 하나님의 말씀을 통해 지역을 넘어 한국교회와 세계를 변화시키는 데 있다.

4

국내외 선교로 잇는
복음의 다리

세계교회에 '새벽기도' 전수… 성령의 새바람 일으켜

삼천교회: 우광성 목사

강원도 원주시 봉화로에 위치한 삼천교회는 기도와 선교를 통해 지역을 넘어 세계를 향한 비전을 실현하고 있다. 새벽기도를 중심으로 한 삼천교회의 기도 사역은 성령의 불길을 일으키며 국내외 교회에 영적 부흥의 모델이 되고 있다. 또한 삼천로뎀힐링타운과 글로벌 빌리지를 통해 영적 치유와 교육을 제공하며, 지역과 세계의 다리를 놓고 있다. 우크라이나를 비롯한 여러 국가를 지원하는 선교 활동은 평화와 복음의 메시지를 전하는 데 헌신하고 있다. 삼천교회는 기도의 힘으로 세상을 변화시키며, 하나님의 사랑을 전하는 사명을 실천하고 있다.

세상을 향한 삼천교회의 비전:
기도와 선교의 힘

삼천교회는 강원도 원주시 봉화로에 자리 잡은 교회이지만, 그들의 비전은 지역사회에만 국한되지 않는다. 이들은 원주를 넘어 전 세계를 향한 사명감을 가지고 있으며, 그 중심에는 '기도'와 '선교'라는 두 축이 자리하고 있다. 삼천교회의 사역은 종교적인 울타리 안에서만 머무르는 것이 아니라, 그들의 기도와 섬김이 세계 곳곳에 뿌리내리도록 힘쓰고 있다.

기도의 불씨를 전 세계로 퍼뜨리다:
새벽기도의 힘

　　　　　　　　　　　삼천교회의 가장 중심적인 사역 중 하나는 새벽기도. 이들은 매월 첫 한 주간을 '알파 만나 특새'라고 불리는 새벽 부흥회로 채우고 있다.

　'알파'라는 단어는 '첫 번째'라는 뜻을 담고 있으며, 이 부흥회는 새벽에 온 성도들이 함께 기도한 후 교회에서 공동 식사를 나누고 교제하는 시간을 가진다. 이 기간에는 신앙생활에서 중요한 주제를 선정하여, 어린아이부터 어르신들까지 모두 하나가 되어 기도의 힘을 나누며 영적으로 성장할 수 있는 시간을 갖는다.

　이러한 새벽 부흥회는 삼천교회만의 기도 문화일뿐만 아니라, 이 기도 문화는 해외 교회에도 전파되었다. 지난 2015년부터 시작된 해외 지도자 세미나는 삼천교회가 새벽기도를 전 세계에 전파하기 위한 중요한 발판이었다. 매년 11월, 수능 수험생을 위한 특별 새벽기도 기간에 맞춰 브라질, 유럽, 아프리카 등 다양한 지역에서 목회자들을 초청하여 그들이 삼천교회의 새벽기도를 직접 체험하게 한다.

　우광성 담임목사는 기도의 힘이 그저 말에 그치지 않도록, 목회자들이 직접 그 힘을 경험하게 하고자 했다. 그는 이렇게 설명했다. "한국교회의 부흥은 기도에서 시작되었습니다. 기도를 통해 하나님을 정말 만날 수 있으며, 그 기도의 능력이 바로 교회의 원동력이 됩니다. 그래서 우리는 해외 목회자들을 삼천교회로

삼천교회는 지난 2015년부터 해외 목회자들을 초청해 새벽기도 전수를 위한 세미나를 개최하고 있다.

초청해 그들이 새벽기도를 체험하도록 했습니다."

삼천교회가 새벽기도의 불씨를 전 세계에 퍼뜨리기 위해 노력한 결과, 많은 교회들이 그 기도의 힘을 체험하게 되었다. 브라질의 주니올 목사는 삼천교회에서의 경험을 이렇게 회상했다. "삼천교회에서 5년간 목회자 연수회를 통해 새벽기도를 경험하며, 영적 부흥의 비결을 배웠습니다. 현재 브라질, 유럽, 아프리카에 있는 1,000개가 넘는 교회들이 삼천교회의 새벽기도를 실천하고 있으며, 성령의 새바람이 불고 있습니다."

이처럼 삼천교회의 새벽기도 사역은 전 세계로 뻗어나가고 있으며, 그 기도의 힘은 각국의 교회에서 성령의 불길을 일으키고 있다.

영적 치유와 회복을 위한 사역:
삼천로뎀힐링타운

삼천교회의 또 다른 중요한 사역 중 하나는 바로 '삼천로뎀힐링타운' 이다. 힐링타운은 원주시 신림면 황둔리에 위치한 5천 평 규모의 대지 위에 세워지고 있으며, 그 목적은 영적 치유와 회복에 있다. 우광성 목사는 코로나 팬데믹으로 인해 사람들의 마음이 지치고 상처받은 것을 보며, 그들이 진정으로 회복할 수 있는 공간이 필요하다고 느껴 힐링타운을 세우게 된 것이다.

힐링타운은 휴식 공간뿐 아니라 예수님을 만나고, 그분을 통해 영혼의 치유를 경험하는 공간으로 설계되었다. 우 목사는 이 프로젝트의 목적을 다음과 같이 설명했다. "과학이 발달하면서 인간성도 함께 발달해야 하지만, 기계화되면서 오히려 인간성은 더 어려워지고 많은 이들이 상처받고 있습니다. 이제는 정말로 영혼의 치유가 필요한 시대입니다. 이 힐링타운은 그저 쉬는 공간이 아니라, 예수님을 만나 영혼이 치유되는 곳이 될 것입니다."

삼천로뎀힐링타운은 펜션형으로 설계되어, 방문객들이 개인적인 프라이버시를 유지하면서도 깊은 휴식을 취할 수 있도록 계획되었다. 이곳은 삼천교회 성도들뿐만 아니라, 예수를 믿지 않는 이들에게도 열려 있으며, 원주 지역 주민들에게도 저렴한 가격으로 제공될 예정이다. 그들은 이곳에서 자연스럽게 교회를 접하고, 영적인 회복과 평안을 찾을 수 있는 기회를 얻게 될 것이다.

지난해 11월, 삼천교회는 힐링타운의 기공예배를 드리며 본격적인 공사에 착수했다. 우 목사는 힐링타운이 완성되면, 많은 사람들이 이곳에서 진정한 힐링과 회복을 경험할 수 있을 것으로 기대한다.

어린이들의 체험 학습장:
자연사 박물관과 십자가 전시

삼천교회는 기도와 영적 치유뿐만 아니라, 지역 사회를 위한 교육적인 사역에도 힘쓰고 있다. 교회 안에 위치한 '글로벌 빌리지'는 지역 어린이들을 위한 체험 학습장으로 큰 인기를 얻고 있다.

글로벌 빌리지 안에 있는 자연사 박물관은 미국, 영국, 아프리카, 이스라엘 등 전 세계 60개국에서 수집한 기념품들과 희귀한 전시물들로 가득하다. 이곳은 지역의 유치원, 어린이집, 초등학교 학생들이 세계 문화를 직접 체험할 수 있는 학습장으로 자리 잡고 있다. 아이들은 책에서만 보았던 동물과 전통 악기들을 직접 만져보고 연주해볼 수 있으며, 각 나라의 독특한 문화를 경험할 수 있다.

또한 사순절 기간에는 전 세계에서 제작된 다양한 십자가들이 전시되어, 신앙의 깊은 의미를 되새길 수 있는 공간을 제공한다. 특히 예수님의 실제 십자가 처형 장면을 형상화한 십자가는 많은 이들에게 진정한 희생의 의미를 일깨워준

글로벌빌리지 안에 있는 또 하나의 '자연사 박물관'은 어린이들의 체험학습장으로 인기를 얻고 있다.

삼천교회의 십자가 전시관

다. 우 목사는 이 십자가에 대해 "많은 사람들이 예수님의 십자가를 아름답게 표현하려 하지만, 실제로는 그분의 다리와 손이 축 늘어져 고통스러운 모습이 진정한 모습"이라며 이 십자기를 볼 때마다 예수님의 완전한 희생을 느낄 수 있다"고 말한다.

자연사 박물관과 십자가 전시는 아이들에게 신앙의 의미뿐만 아니라, 세계 문화에 대한 이해를 넓힐 수 있는 기회를 제공하고 있다. 삼천교회는 이러한 전시와 체험 프로그램을 통해 지역사회의 아이들이 글로벌한 시각을 갖고 자라날 수 있도록 돕고 있다.

우크라이나와의 인연:
평화를 위한 기도

삼천교회는 우크라이나와도 깊은 인연을 맺고 있다. 이들은 우크라이나에서 고아원을 운영하며, 그 지역의 기독교 공동체와 협력하여 사역을 펼치고 있다. 우크라이나가 전쟁의 고통을 겪는 가운데, 삼천교회는 그들과 함께하며 지속적으로 기도하고 있다.

우광성 목사는 우크라이나 사람들의 평화를 사랑하는 마음을 강조하며, 그들이 다시 평화를 되찾을 수 있기를 간절히 바라고 있다. "우크라이나 사람들은 평화를 사랑하는 민족입니다. 우리는 그들이 전쟁을 끝내고 다시 평화를 되찾을 수 있도록 계속해서 기도하고 있습니다."

삼천교회는 기도와 함께 우크라이나에 선교적 지원을 아끼지 않고 있으며, 그곳의 교회와 선교사들을 물질적으로도 돕고 있다. 그들은 평화가 다시 찾아올 날을 고대하며, 우크라이나의 신앙 공동체와 함께 나아가고 있다.

삼천교회의 비전:
지역과 세계를 잇는 다리
　　삼천교회의 사역은 단지 한 교회의 사역에 머무르지 않는다. 그들은 기도와 선교, 교육과 치유를 통해 지역과 세계를 잇는 다리 역할을 하고 있으며, 그들의 사역은 계속해서 확장되고 있다. 우광성 목사는 30년 넘게 목회를 하면서 한 번도 '부흥'이라는 단어를 교회 표어로 사용한 적이 없었지만, 코로나 팬데믹을 겪으며 그 단어의 의미를 다시금 되새기게 되었다고 말한다. "하나님이 정말 살아계시면, 이 어려운 시기에 부흥의 모습을 보여주실 것입니다."

　　삼천교회의 사역은 이러한 신념을 바탕으로 끊임없이 나아가고 있다. 그들의 기도와 섬김은 앞으로도 지역사회와 세계에 긍정적인 변화를 일으키며, 하나님 나라를 확장하는 데 기여할 것이다.

지구촌을 복음으로 밝히는 선교의 '횃불'

한국중앙교회: 임석순 목사

서울 광진구 중곡동에 위치한 한국중앙교회는 한국전쟁 후 극심한 혼란과 가난 속에서 시작된 교회다. 최복규 원로목사가 전도사 시절 가난하고 소외된 이들을 품으며 세운 이 교회는 초기부터 지역사회를 섬기고 열방을 향한 복음의 비전을 품으며 성장해왔다. 이후 임석순 담임목사 아래 화평과 사랑의 가치를 중심으로 더욱 단단한 공동체로 자리 잡았다. 선교와 지역사회 섬김에 중점을 둔 사역은 국내와 해외를 아우르며, 복음의 본질에 충실한 교회로 나아가는 길을 열고 있다. 특히 333 비전을 통해 다음 세대와 세계 선교를 준비하며, 교회로서의 사명을 다하고 있다.

한국교회의 가치와 역할

한국중앙교회의 가장 큰 자랑은 무엇일까? 임석순 담임목사는 주저하지 않고 '화평'을 꼽는다.

"우리 교회의 자랑은 화평입니다. 제가 이곳에서 사역한 지난 20년 동안, 당회가 40분을 넘긴 적이 단 한 번도 없었습니다. 목소리가 높아진 적도 없었죠. 이는 제가 잘해서가 아니라, 우리 교회를 세우신 최복규 원로목사님의 목회 철학 덕분입니다. 목사님께서는 복음의 중심에서 성도들이 화평을 이루는 것이 가장 중요한 가치임을 몸소 보여주셨습니다."

교회 내부의 화평은 성도 간의 관계를 넘어, 지역사회와의 연결로 이어졌다. 교회의 화목한 분위기와 신뢰는 성도들뿐만 아니라 외부 사람들에게도 감동을 주며, 자연스레 교회를 빛나는 공동체로 만들었다.

한국중앙교회는 설립 초기부터 선교에 특별한 비전을 두고 사역해왔다. 교회의 초석을 세운 최복규 원로목사가 품은 꿈은 단순했다. "온 지구촌을 복음으로 밝히라." 단순하지만 강렬한 비전은 이후 교회의 사역 중심이 되었다.

우간다에서 펼치는 선교의 새로운 비전

현재 한국중앙교회는 선교사를 직접 파송하거나 재정적으로 후원하며 170가정의 선교사들을 섬기고 있다. 이 가운데 송인진 선교사는 1995년부터 우간다에서 헌신적으로 사역해온 대표적인 사례이다.

"우간다에 처음 갔을 때는 전기도, 전화도 없는 지역에서 우물을 길어 쓰며 살았습니다. 외롭고 낯선 환경이었지만 하나님께서 사역을 통해 지도자들의 마음을 변화시키는 것을 보며 저 자신이 더욱 겸손히 나아갈 수 있었습니다."

송인진 선교사는 우간다 성공회와 협력하며 영성훈련센터를 설립하고 지도자들의 영적 성장을 돕고 있다. 그가 강조하는 것은 단순히 교회의 숫자를 늘리는 것이 아니다.

"선교의 패러다임이 바뀌어야 합니다. 이제는 현지 지도자를 양육하고, 교회가 자립할 수 있도록 돕는 것이 중요합니다. 대륙별 거점을 확보하고, 현지 교단과 협력하여 더 많은 선교적 영향력을 발휘해야 합니다."

그의 사역은 교회 안에서 다음 세대의 준비로도 이어진다. 송 선교사는 청소년 훈련센터와 환경 회복 프로젝트를 계획하며, 고아와 싱글맘을 위한 자립 공동체를 세우기 위해 애쓰고 있다.

송인진 선교사(우간다)

코로나19 팬데믹…
한국중앙교회의 국내 선교 전환점

코로나19 팬데믹은 한국중앙교회의 선교 방향에 새로운 전환점을 가져왔다. 교회는 해외 선교뿐만 아니라 국내 선교에도 더욱 집중하기 시작했다. 마스크 대란 당시, 교회는 4천만 원 상당의 마스크를 구입

우리 동네 행복나눔 김장

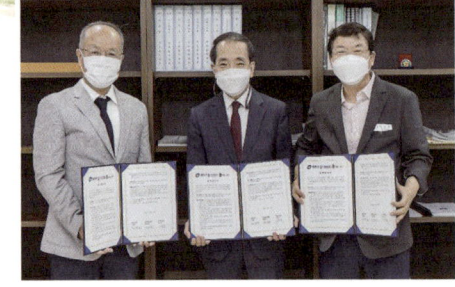

지역사회를 돕기위한 한국중앙교회-이랜드-광진구청의 협약식

해 광진구청에 기부했다. 마스크 기부는 미자립교회 280여 곳에 지원금이 전달되는 계기가 되었고, 광진구청과의 협력은 이후에도 이어졌다.

임석순 목사는 지역사회를 섬기는 일이 교회의 사명임을 강조한다. "교회는 복음을 전하는 것이 핵심 사명이지만, 이를 위해서는 지역사회와 함께 가야 한다고 생각합니다. 교회가 정치적 연합을 넘어, 섬김의 태도로 지역을 품는 것이 중요합니다."

이후 한국중앙교회는 이랜드와 함께 광진구의 어려운 이웃을 돕는 프로젝트에 참여하며 섬김의 범위를 넓혀갔다.

특별한 사랑:
장애인을 품은 가버나움교회

1999년, 한국중앙교회는 장애인들을 위한 특별한 교회를 설립했다. 가버나움교회는 지적발달장애인을 위한 사랑부, 성인 장애인을 위한 성인부, 농아인을 위한 농아인부로 구성되어 있으며, 장애인과 그 가족들에게 신앙과 사랑의 터전이 되고 있다.

고정옥 전도사는 가버나움교회의 특별함을 이렇게 설명한다. "우리 사랑부 친구들은 우리가 그들에게 사랑을 주는 존재가 아니라, 우리가 더 큰 사랑을 받는 존재들입니다. 처음에는 장애인 부서에서 봉사하는 것이 어렵다고 생각했던 사람들이 오히려 사랑을 배우고 감동을 받으며 신앙적으로도 성장하는 것을 자주 봅니다."

고정옥 가버나움교회 전도사

코로나 팬데믹 동안에도 교회는 장애인들과의 관계를 놓지 않기 위해 꾸준히 방문하고 소통하며, 다시 대면 예배를 재개한 이후 빠르게 회복의 길로 나아가고 있다.

333 비전:
한국의 시대를 준비하다

2012년, 한국중앙교회는 '333 비전'을 선포하며 새로운 미래를 준비했다. 이 비전은 교회의 사역과 방향성을 요약하는 세 가지 목표로 구성된다.

1. 3천 명의 예수를 닮은 제자 세우기
2. 300명의 선교 용사 파송하기
3. 30개의 예수를 닮은 교회 세우기

임석순 목사는 이 비전이 단순한 숫자가 아니라, 복음의 본질을 되찾는 여정을 나타낸다고 강조한다.

"복음은 단순히 외적인 성장에 머무르는 것이 아니라, 성도들의 삶 속에 뿌리내려야 합니다. 하나님의 교회가 복음의 중심으로 돌아가고, 작은 변화에서부터 시작하여 세상을 바꾸는 선교의 사명을 감당해야 합니다."

60년의 섬김, 그리고 새로운 시작

2022년 여름, 창립 60주년을 맞은 한국중앙교회는 복음의 본질로 돌아가는 교회로서 새로운 출발점에 섰다. 과거의 성과에 머물지 않고, 선교와 섬김의 가치를 더욱 강화해 지역과 세계를 아우르는 교회로 나아가기를 임석순 목사는 소망한다.

"한국중앙교회는 외형적인 성장이 아니라, 본질에 충실한 교회로 남고자 합니다. 복음의 본질에 집중하고, 지역사회와 세계를 섬기며 빛과 소금의 역할을 다하겠습니다."

60년의 세월 동안 화평과 사랑을 중심으로 성장한 한국중앙교회. 한국중앙교회는 이제 그 발걸음을 다음 세대를 향해, 그리고 새로운 시대를 향해 내디디고 있다. 복음의 본질을 붙들고 지역과 열방을 품는 한국중앙교회의 여정은 앞으로도 많은 이들에게 감동과 변화를 선사할 것이다. 한국중앙교회, 그 60년의 사랑과 섬김은 이제 새로운 세대 속에서 다시 꽃을 피우고 있다.

모이기를 힘쓰는 교회, 흩어져 섬기다

은혜광성교회: 박재신 목사

서울 강동구 천호동 은혜광성교회는 1959년 광나루 모래밭 천막교회로 시작했다. 2016년 12월 6일 광성교회에서 은혜광성교회로 새롭게 출발했으며 2021년 5월, 새 성전에서 첫 예배를 드리며 새로운 도약의 발걸음을 내디뎠다. 박재신 목사는 이 성전이 단순한 예배 공간을 넘어 하나님의 은혜를 흘려보내는 통로가 되기를 소망한다고 전한다. 교회의 사명은 초대교회의 본질로 돌아가는 것이다. 함께 모여 예배하고 기도하며, 흩어져 복음과 사랑을 전하는 교회. 은혜광성교회는 '모이기를 힘쓰는 교회'라는 비전을 품고 예배와 섬김, 선교를 통해 세상에 하나님의 은혜를 나누고 있다.

분쟁에서 새 성전으로:
은혜의 이야기

은혜광성교회는 과거에 교회 분쟁이라는 어려움을 겪었다. 그러나 이 과정은 오히려 성도들이 하나로 뭉치고, 하나님께 의지하며 나아가는 계기가 되었다. 새 성전 건축은 그 과정의 열매였다. 특히, 교회는 성전의 공간을 단순한 교회 내부용으로만 한정하지 않았다. 지역사회를 섬기고 선교를 위한 숙소와 샤워실을 마련하는 등 하나님의 사랑을 나누는 거점으로 삼았다.

조도 복음화: 섬을 품는 선교 사역

은혜광성교회의 대표적인 사역은 전남 진도군 조도 지역의 복음화다. 상조도, 하조도, 나배도를 포함한 20여 개의 섬으로 이루어진 조도는 약 1,500명의 주민이 거주하고 있다. 섬 지역 특성상 외부와의 교류가 적고, 신앙을 전파하기 어려운 환경이지만 은혜광성교회는 이 지역을 꾸준히 섬기며 복음의 씨앗을 심고 있다.

조도와의 인연은 6년 전(2022년 현재), 교회 고등부에서 한 교사가 건넨 목회자의 전화번호로 시작됐다. 김명곤 집사는 조도 목회자와의 첫 통화를 계기로 선교 헌금을 보내기 시작했다. 이후 청년부가 여름성경학교를 준비하며 조도와의 관계는 점점 깊어졌다. 처음으로 성경학교를 열었을 때, 섬 주민들은 큰 감동을 받았고, 성도들은 조도 사역에 대한 비전을 품게 되었다.

코로나19로 인해 현장 방문이 어려웠던 2년 동안에도 교회는 온라인으로 교제를 이어갔고, 올해(2022년) 다시 조도를 방문하며 사역을 재개했다. 이번 방문은 어린이 선교, 중고등부 찬양 집회, 노방 전도, 그리고 의료 선교까지 총 4개 팀으로 이루어졌으며, 7살부터 76세까지 다양한 연령층의 성도들이 참여했다.

박재신 담임목사는 소노 선교를 장기적으로 계획하며, 10년 이상의 헌신을 약속했다. 그는 조도의 초등학생들이 중·고등학생, 나아가 복음의 일꾼으로 성장할 수 있도록 지속적으로 양육할 것이라고 밝혔다. 교회는 또한 조도 지역 아이들을 서울로 초청해 교회와 지역사회가 연합된 활동을 진행할 계획이다.

다문화 가정과 의료 사역:
섬세한 사랑의 손길

조도는 다문화 가정이 많은 지역으로, 복음 전파의 새로운 도전과 가능성을 제공하고 있다. 이번 선교에서 미취학부를 맡았던 김새민

조도 선교에서 은혜광성교회 청년들이 찬양하며 노방전도를 하고 있는 모습

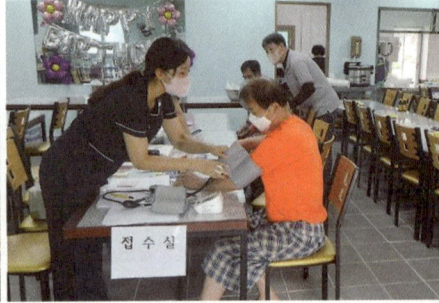

조도 선교에 나선 은혜광성교회 의료봉사팀

청년은 다문화 가정 아이들과의 교류에서 특별한 은혜를 경험했다. 그는 베트남어 전공을 살려 언어 장벽이 있는 아이들과 소통하며, 그들의 가정에 복음의 메시지를 전했다. 아이들의 어머니들이 교회에 나오지는 않지만, 주보를 번역해 전달하며 관계를 형성해 나가는 과정에서 선교의 가능성을 발견했다.

처음으로 진행된 의료 선교도 많은 감동을 남겼다. 피부과 전문의로 참여한 이경열 장로는 치료를 받던 한 주민이 암 투병 중인 며느리를 위해 기도를 요청하자, 함께 기도하며 교회에 나올 것을 권유했다. 그 주민은 바로 그 자리에서 교회에 나가겠다는 결단을 내렸다. 그는 의료 선교가 단순히 신체적 치료를 넘어, 영혼의 치유까지 이끌어내는 특별한 사역임을 실감했다고 전했다.

조도교회연합회와의 협력:
함께 이루는 '복음의 시너지'

조도 선교는 은혜광성교회 단독의 사역이 아니다. 이 사역은 조도교회연합회와의 긴밀한 협력을 통해 여러 교회가 힘을 합쳐 이루는 하나님의 일이다. 조도 지역에는 상조도, 하조도, 나배도를 중심으로 약 20여 개의 작은 교회들이 있다. 이 교회들은 대부분 열악한 환경 속에서 섬 주민들을 섬기며 복음을 전하고 있다. 이런 가운데 은혜광성교회와 조도교회연합회가 협력하면서 지역 복음화에 새로운 바람이 불고 있다.

조도교회연합회의 김성우 목사는 은혜광성교회가 가진 진심과 헌신을 누구보다도 잘 알고 있다. 그는 은혜광성교회를 '엘리야의 손바닥만 한 구름'에 비유하며, 은혜광성교회가 조도에 하나님의 큰비를 내릴 도구가 될 것이라는 기대를 전했다. 김 목사는 "한 영혼에 대한 하나님의 마음"을 함께 품고 있는 동역자로서, 은혜광성교회와의 협력은 자신의 사역에 큰 격려와 힘이 된다고 말했다.

김 목사는 단발성으로 이루어지는 선교의 한계를 잘 알고 있었다. "1년에 한 번 여름에 집중적으로 이루어지는 선교는 필요하지만, 동네 주민들은 쉽게 이를 이벤트성으로 받

조도에서 진행된 미취학부 여름성경학교

와플 전도를 하고 있는 김성우 상조도침례교회 담임목사

아들입니다. 단순히 선물이나 물질을 나누는 것으로 끝난다면 그 진정성이 전달되지 않을 수 있습니다." 김 목사는 이렇게 말하며, 은혜광성교회의 접근 방식이 주민들에게 얼마나 큰 영향을 미쳤는지 설명했다. 은혜광성교회는 단순한 선물 전달 이상의 진심 어린 관계를 형성하기 위해 노력했고, 이로 인해 주민들의 마음이 열리고 복음이 더 깊이 뿌리내릴 수 있었다는 것이다.

각 교회 장점 살려 역할 분담 사역 진행   연합회와 은혜광성교회는 각 교회의 장점을 살려 역할을 분담하며 사역을 진행했다. 한 교회는 주일학교를 맡아 아이들을 섬겼고, 다른 교회는 청소년부를 중심으로 예배와 활동을 주도했다. 또한, 노방 전도, 의료 선교, 그리고 노년층을 위한 특별 프로그램까지 각 분야에 적합한 사역을 나누며 연합의 시너지를 극대화했다. 이러한 초교파적인 연합은 서로 다른 배경과 교단이 함께 복음을 위해 힘쓰는 아름다운 모습으로 이어지고 있다.

김 목사는 무엇보다 은혜광성교회가 보여준 지속적인 헌신이 주민들의 삶을 변화시키는 데 중요한 역할을 했다고 강조했다. 그는 "은혜광성교회처럼 몇 년 동안 꾸준히 한 곳을 섬기는 교회는 드물다"며, "조도 복음화를 위해 은혜광성교회와 연합하여 한 영혼, 한 영혼을 향한 하나님의 마음을 품고 나아가는 것이 얼마나 큰 축복인지 매일 깨닫고 앞으로도 이 연합이 더 깊고 넓게 이루어지길 기대한다"고 말했다.

조도교회연합회와 은혜광성교회가 함께 만들어가는 이 복음의 협력은 섬 지역 복음화의 새로운 모델로 자리 잡고 있다.

교회의 비전:
은혜를 세상에 돌려주는 교회

은혜광성교회는 받은 은혜를 세상에 돌려주기 위해 다양한 계획을 세우고 있다. 조도 지역을 위한 장기적인 선교 외에도 클래식 음악회를 비롯한 문화 사역, 서울 구경과 같은 체험 활동 등을 통해 복음을 전하고 있다. 이와 함께 교회는 지역사회와도 소통하며, 열린 교회로 자리 잡기를 꿈꾸고 있다.

박재신 목사는 교회의 비전을 이렇게 요약한다. "우리는 받은 은혜를 세상에 돌려주기 위해 존재합니다. 하나님께 칭찬받는 교회, 세상에서도 인정받는 교회가 되는 것이 은혜광성교회의 꿈입니다."

은혜광성교회는 하나님의 사랑을 전하고, 이웃을 섬기는 복음의 통로로서 세상을 품고 있다. 그들의 헌신과 사랑이 조도라는 작은 섬을 넘어 더 큰 세상으로 확산되기를 기대하며, 그 발걸음이 더욱 힘차고 복된 여정을 이어가길 소망한다.

본연의 모습으로 돌아간 '성령 공동체'

제자교회: 권호욱 목사

서울 양천구 목동에 위치한 제자교회는 한때 지역을 대표하는 대형 교회로 찬란한 시기를 보냈으나, 급성장과 함께 내적 갈등으로 오랜 법적 분쟁을 겪으며 위기를 맞았다. 8년간의 분열과 상처 속에서도 제자교회는 그리스도의 본질을 붙들며 위기를 극복해 나갔다. 의료선교와 지역 섬김을 멈추지 않은 헌신적인 사역은 교회의 중심을 지켜주는 버팀목이 되었다. 현재 제자교회는 감사 노트 운동과 지역사회 나눔을 통해 성도들과 지역 주민들에게 새 희망을 전하고 있다. 과거의 상처를 딛고 새로운 비전을 품은 제자교회는 본연의 사명으로 돌아가며 진정한 성령 공동체로 거듭나고 있다.

성장의 그늘 속에서 맞이한 위기

1988년, 제자교회는 목동 9단지의 작은 상가에서 시작되었다. 교회는 지역사회를 섬기며 꾸준히 성장했지만, 1998년 현재의 건물로 이전하면서 폭발적인 성장을 이루었다. 이 건물은 서울시 건축 대상을 받을 만큼 독창적이고 아름다워, 지역 주민들에게도 사랑받는 랜드마크가 되었다. 당시 제자교회는 7천여 명의 장년 성도와 1천여 명의 청년 성도가 함께하는 대형 교회로 자리 잡았다.

그러나 급격한 성장 뒤에는 복잡한 문제가 숨겨져 있었다. 재정 운영을 둘러싼 불투명성과 갈등이 시작되었고, 이는 곧 성도들 간의 반목과 지도부 간의 다툼으로 이어졌다. 성도들 사이에 신뢰는 점차 무너졌고, 교회는 분열의 길로 들어섰다. 내부 갈등은 외부로까지 퍼지며 법정 다툼으로 비화되었고, 결국 대법원판

결까지 이어지는 긴 법적 분쟁이 시작되었다. 권호욱 담임목사는 "분쟁은 교회의 영광을 땅에 떨어뜨렸다"며, "교회가 조롱과 비난의 대상이 되었던 아픔은 잊을 수 없다"고 회고했다.

분쟁 속에서도 흔들리지 않은 의료선교

교회가 갈등과 분쟁으로 휘청이던 시기에도 제자교회가 포기하지 않은 사역이 있다. 바로 20년 넘게 이어져 온 남동공단 외국인 근로자들을 위한 의료선교다. 분쟁이 최고조에 달했던 때에도 성도들은 매달 한 번씩 인천 남동공단으로 진료 봉사를 이어갔다. 권호욱 목사는 "이 사역이야말로 제자교회의 중심을 잡아준 축이었다"고 말했다.

남동공단은 외국인 노동자들이 밀집된 지역이다. 이들 중 다수는 불안정한 신분과 열악한 근무 환경 속에서 일하며 의료 서비스에 접근하기 어려운 처지에 놓여 있다. 제자교회는 내과, 치과, 피부과, 한방 등 다양한 전문의를 포함한 의료선교팀을 구성해 이들을 위한 종합병원 수준의 진료를 제공했다. 의료선교의 궁극적인 목표는 단순한 치료를 넘어 복음을 전하는 데 있었다.

"우리 의료선교팀은 정말 헌신적입니다. 주중에도 병원에서 환자를 돌보며 바쁘게 일하지만, 주일이면 스스로 시간을 내서 남동공단으로 향합니다. 이들은 단순히 치료하는 것을 넘어, 그리스도의 사랑을 몸소 전하고 있습니다." 권호욱

진료를 기다리고 있는 남동공단 외국인 근로자들

목사의 말처럼 의료선교팀의 헌신은 제자교회의 신앙과 사명을 증명하는 대표적인 사례가 되었다.

헌신과 감동의 현장

의료선교팀은 다양한 전문 분야의 의사들로 구성되어 있다. 응급의학과 전문의 유기철 집사는 7년째, 이 사역에 참여하고 있다. 그는 "근로자 중에는 근골격계 질환, 디스크, 고혈압, 당뇨 등 다양한 문제로 고통받는 분들이 많다"며, "작은 도움이라도 줄 수 있는 것이 제게도 큰 감사다"라고 말했다. 유 집사는 특히 첫 해외 의료선교를 떠났던 라오스에서 경험을 떠올리며, "내가 하는 것이 아니라 하나님이 길을 여신다는 것을 깊이 체험했다"고 회고했다.

피부과 전문의 설경덕 집사는 16년째 의료선교에 동참하고 있다. 그는 "외국인 노동자들에게 단순히 진료를 넘어 복음을 전할 수 있다는 점이 의료선교의 진정한 가치"라며, "그들이 한국에서 받은 사랑을 본국에 돌아가 나눌 수 있도록 돕고 싶다"고 말했다.

설경덕 제자교회 집사(피부과전문의)

실제로 제자교회는 의료선교를 통해 현지 목회자들을 양성하는 데도 기여해왔다. 외국인 근로자 중 일부는 한국에서 신학교를 졸업하고 목사 안수를 받은 뒤 본국으로 돌아가 교회를 세우기도 했다.

외국인 근로자들의 감사와 변화

외국인 근로자들에게 제자교회의 의료선교는 단순한 진료를 넘어 삶의 버팀목이 되었다. 필리핀에서 온 리안 씨는 "매달 찾아와 진료를 해주는 제자교회 덕분에 배 아픔도 나았다"며 감사의 인사를 전했다. 또 다른 근로자는 "병원비가 부담돼 포기할 뻔한 치료를 무료로 받을 수 있었다"며 "교회에서 받은 사랑을 평생 잊지 못할 것"이라고 말했다.

10년째 의료선교에 참여 중인 김경애 권사는 "외국인 근로자들이 가족을 위해 힘든 노동을 견디는 모습을 보면 저 자신이 더 큰 감동을 받는다"고 말했다. 그는 이들의 건강을 위해 고혈압과 당뇨 예방 정보를 번역해서 제공하고 싶다는 소망을 밝혔다. "작은 도움이지만, 그들이 한국에서 좋은 추억을 가지고 돌아가기를 바라는 마음뿐입니다."

감사를 기록하며 나아가는 새로운 시작   제자교회는 법적 분쟁이 마무리된 후 새로운 사역들을 통해 교회의 본질을 회복하고 있다. 권호욱 목사는 "분쟁으로 인해 성도들이 감사를 잃어버렸다"며, "이를 회복하기 위해 감사 노트 운동을 시작했다"고 말했다. 성도들은 매일 3~5가지 감사한 일을 기록하며, 삶 속에서 하나님의 은혜를 되새기고 있다. 이 감사 노트 운동은 성도들 사이에서 큰 호응을 얻으며 교회의 분위기를 바꿔놓았다.

지역사회를 향한 새로운 비전   제자교회는 지역사회를 섬기기 위한 다양한 사역도 이어가고 있다. 매년 성탄절마다 진행되는 '기프트 박스' 나눔은 그중 하나다. 성도들이 정성껏 준비한 선물을 독거노인, 한부모 가정, 보육원 등 도움이 필요한 이웃들에게 전달하는 이 사역은 지역 주민들에게도 따뜻한 감동을 전하고 있다.

작은 도서관 '토라'

또한 제자교회는 지역 어린이들을 위한 '토라 도서관'을 개관했다. 이 도서관은 신앙 서적을 중심으로 어린이와 청소년들이 자유롭게 책을 읽을 수 있는 공간이다.

제자교회는 이제 과거의 상처를 딛고 교회의 본질로 돌아가고 있다. 권호욱 목사는 "그동안 교회로 인해 지역사회에 많은 어려움을 끼쳐 죄송하다"며, "이제는 지역사회를 섬기는 교회로서 새로운 역사를 써가겠다"고 다짐했다.

오랜 갈등 속에서도 그리스도의 사랑을 잃지 않았던 제자교회. 그들의 헌신은 단순한 봉사를 넘어, 상처받은 교회가 본래의 거룩함과 사랑을 회복할 수 있다는 희망을 보여주고 있다. 앞으로 제자교회가 펼쳐갈 선한 영향력과 사역의 여정이 기대된다.

'김치선교'로 새로운 태국선교 비전제시

신월동교회: 고신원 목사

신월동교회는 설립 50년 동안 화목과 사랑으로 지역사회와 세계를 품으며 예수님의 사랑을 실천하는 교회다. 철거민촌에서 시작된 작은 교회가 세대와 세대를 잇는 화목한 공동체로 성장하며, 지역아동센터를 통해 다음 세대 교육에 헌신하고, 김장 나눔과 미자립교회 지원을 통해 이웃을 섬기는 사랑의 사역을 지속해 왔다. 최근에는 '김치선교'를 통해 세계로 나아가는 새로운 선교 모델을 제시하며, 하나님의 사랑을 음식과 만남을 통해 전하고 있다. 교회 밖으로 나가는 교회, 지역과 함께하는 교회가 되기 위한 신월동교회의 발걸음은 지역과 세계를 향한 하나님의 마음을 담고 있다.

화목한 50년의 발자취

서울 양천구 신월3동의 한적한 거리에 자리한 신월동교회. 이 교회는 50년 전 철거민촌에 복음의 씨앗을 뿌리며 시작되었다. 열 가정의 작은 모임에서 시작된 신월동교회는 반세기가 지난 지금, 4대에 걸쳐 예배를 드리는 가정이 있을 정도로 신앙의 뿌리가 깊다. 설립 당시부터 지금까지 단 한 번의 갈등 없이 화목한 공동체로 성장해온 교회는 지역사회와 함께 살아가는 교회로 정평이 나 있다.

고신원 담임목사는 "신월동교회는 설립 초기부터 한 번도 다툼이 없었던 화목한 교회로, 개척 멤버들과 새로운 성도들이 아름다운 조화를 이루며 성장해 왔다"며 교회의 역사를 설명했다. 고 목사의 말처럼 신월동교회는 화목과 사랑으로 단단히 묶인 공동체를 통해 이웃에게 그리스도의 사랑을 전하고 있다.

서울시 양천구 신월 3동에 자리한 신월동교회와 비전센터

다음 세대를 위한 교육적 사명

신월동교회의 사역 중심에는 항상 다음 세대가 있었다. 고신원 목사는 미국에서 13년간의 목회를 마치고 고향 땅인 신월동으로 돌아오며, 이곳에서의 목회 방향에 대해 깊이 기도했다. 고 목사는 '가난의 대물림을 끊는 유일한 방법은 교육'이라는 하나님의 강한 메시지를 받았다. 이에 따라 고 목사는 다음 세대의 교육을 돕기 위해 지역아동센터 설립을 결정했다.

지역아동센터는 아이들에게 꿈과 희망을 심어주는 배움의 장이 되었다. 특히 필리핀 출신의 다문화 가정인 티모사 제시벨 씨의 아들은 센터를 통해 한국어를 배우고 학업에서도 뛰어난 성취를 이루었다. 제시벨 씨는 "센터 덕분에 아들이 한국 사회에 적응하고 성장할 수 있었다"며 감사의 마음을 전했다. 그녀의 아들 고진석 군 역시 "센터에서 배운 덕분에 자신감이 생겼고, 학업 성적도 많이 좋아졌다"며 센터가 자신의 인생에 중요한 역할을 했다고 말했다.

고 목사는 "센터를 통해 아이들이 가난의 굴레에서 벗어나 선순환의 길로 나아갈 수 있기를 바란다"며, 다음 세대를 위한 교회의 헌신을 강조했다.

지역사회를 위한 사랑의 나눔

신월동교회는 창립 이래 줄곧 지역사회를 향한 사랑과 섬김의 사역을 이어오며, 이웃들에게 따뜻한 위로와 희망을 전해왔다. 매년 겨울 김장철이 되면 교회는 더욱 분주해진다. 교인들은 한마음으로 모여 정성스럽게 김치를 담그며, 이를 지역의 독거노인과 소외된 이웃들에게 나누는 전통을 이어오고 있다. 신월동교회의 지하 식당은 이웃을 위해 김치를 담그는 교인들의 웃음과 이야기로 가득하다. 송재숙 권사는 김장 행사에 참여하며 이렇게 말한다. "김치를 받고 기뻐하는 어르신들의 모습을 보면 뿌듯함이 밀려옵니다. 특히 혼자 계시는 분들에게는 이 김치 한 통이 단순한 음식이 아니라 따뜻한 마음을 나누는 매개체라는 생각이 들어요." 송 권사는 봉사에 참여하면서 자신도 더 많은 감사와 은혜를 느낀다고 덧붙였다.

김장 나눔 행사는 연례적인 활동에 그치지 않는다. 교인들은 행사에 앞서 어려운 이웃의 명단을 꼼꼼히 확인하며, 진정 필요한 곳에 김치와 함께 하나님의 사랑을 전달하기 위해 노력한다. 김치를 나르는 교역자와 봉사자들의 얼굴에는 사명감이 가득하다. 강다윗 목사는 "김치를 전해 받는 이웃들이 고마워하며 눈물을 흘릴 때마다 우리가 하는 일이 얼마나 의미 있는지 다시금 깨닫는다"며, 이 일이 하나님의 사랑을 나누는 귀한 기회임을 강조했다.

신월동교회의 섬김은 지역사회를 넘어 교회 간의 협력으로까지 확장되고 있다. 교회는 지역 내 20여 곳의 미자립교회를 지원하며 난방비와 쌀을 나누는 사

이웃 주민들에게 나눠주기 위해 김장김치를 담그고 있는 신월동교회 성도들

역을 매년 지속적으로 이어가고 있다. 고신원 목사는 "교회는 단순히 자신만의 사역에만 그쳐서는 안 됩니다. 교회는 지역 공동체 안에서 함께 성장하고, 서로를 도와 하나님의 사명을 이루는 것이 중요하다"고 말했다. 실제로 신월동교회는 인근 미자립교회들과 긴밀히 협력하며, 그들의 필요를 채워주기 위해 물질적 지원은 물론 영적인 동역의 역할까지 감당하고 있다.

특히 고 목사는 교회 간 협력의 중요성을 강조하며, 과거 한 일화를 언급했다. 한 지역 교회가 행사 주차 공간을 마련하지 못해 고민하던 중, 신월동교회는 흔쾌히 자신의 주차장을 제공했다. 이 소식은 지역 교회들 사이에서 큰 감동을 일으켰다. 당시, 일부 목회자들은 성도들이 다른 교회로 갈 수도 있다는 우려를 표했지만, 고 목사는 "하나님의 일은 경쟁이 아니라 협력이고, 우리 모두 하나님 나라를 확장하는 동역자"라며 주차장뿐 아니라 인적, 물적 자원을 기꺼이 나눴다.

그뿐만 아니라, 신월동교회는 지역의 독거 어르신들을 위한 특별한 섬김도 잊지 않는다. 겨울철에는 도배와 장판 교체, 오래된 이불 세탁이나 새 이불 전달 등 생활환경을 개선해주는 봉사를 통해, 소외된 이웃들에게 더 나은 삶의 조건을 제공하고 있다. 봉사에 참여한 이숙희 권사는 "어려운 환경 속에서 살아가는 어르신들을 돕는 것은 우리의 사명입니다. 이 일들을 통해 하나님의 사랑을 전할 수 있어 감사하고, 봉사 자체가 저희에게도 큰 기쁨이 됩니다"라며, 매년 봉사에 참여하는 마음을 전했다.

세계로 뻗어나가는 김치선교   50주년을 맞아 신월동교회는 새로운 선교의 길을 열었다. 그 중심에는 태국 남부 춤폰주에 세운 희년 기념교회와 함께 시작된 '김치선교'가 있다. 이는 한국 문화를 알리는 활동이 아니라, 현지 주민들과 소통하며 복음을 전하는 독특하고 창의적인 선교 방식으로 자리 잡았다.

김치선교의 시작은 태국 선교사의 한마디에서 비롯되었다. "현지 주민들이 한국 문화를 좋아하고, 특히 김치에 큰 관심을 가지고 있습니다"라는 말에 영감을 얻은 신월동교회는 김치를 매개로 한 선교를 기획했다. 한국의 전통 음식인 김치를 태국 주민들과 나누고, 김치 담그는 법을 가르치며 그 과정에서 자연스럽게 복음을 전하고자 했다. 고신원 목사는 "김치는 단순한 음식이 아니라, 한국 문화를

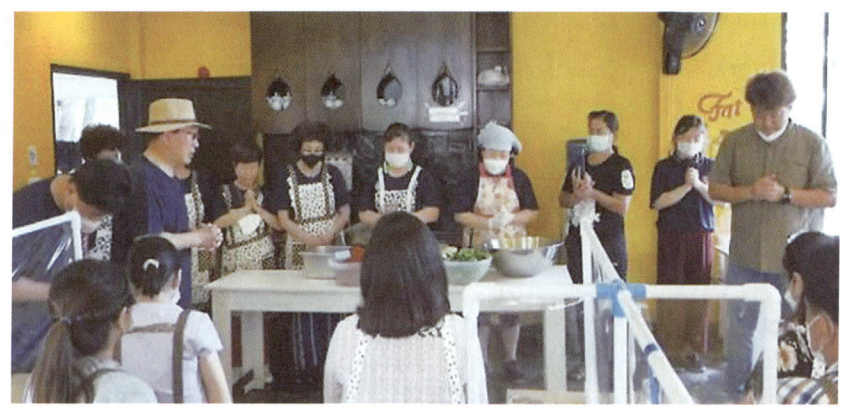
신월동교회 김치선교단이 태국 현지에서 김치 담그는 방법을 가르쳐 주고 있다.

통해 사람들의 마음을 열고 그리스도의 사랑을 전할 수 있는 도구"라며, 이 새로운 선교 방식에 강한 기대를 보였다.

김치선교의 첫걸음은 현지인의 뜨거운 반응 속에서 시작되었다. 희년 기념 교회에서 열린 김치 담그기 워크숍에는 예상보다 많은 현지인이 몰려들었다. 주민들은 김치 담그는 전 과정을 하나도 놓치지 않으려는 열정을 보이며, 재료를 다루는 법부터 김치를 숙성시키는 방법까지 꼼꼼히 배우고 기록했다. 김치 담그기를 배우며 즐거워하는 현지인들을 보며 유영미 권사는 "우리가 단순히 음식을 가르치는 것이 아니라, 그 속에 담긴 정성과 사랑을 나누고 있음을 느꼈다"며 감동을 전했다. 김치 담그는 과정에서 자연스럽게 이어진 대화는 그리스도의 사랑과 복음을 전하는 중요한 순간이 되었다.

태국 춤폰주의 주민들은 김치의 매운맛과 깊은 풍미에 매료되었을 뿐만 아니라, 이를 통해 한국 문화를 더 깊이 이해하고 복음에 마음을 열기 시작했다. 한 어머니는 워크숍에서 만들어진 김치를 들고 "이 김치가 단순한 음식이 아니라, 새로운 삶의 경험과 연결된 선물"이라고 소감을 밝혔다. 워크숍에 참여한 한 아버지는 김치 담그는 과정을 배우며 "한국의 전통음식은 사랑과 나눔의 정신을 담고 있다는 것을 알게 되었다"고 말했다.

한준희 선교사는 "김치선교는 한국 문화를 전달하는 차원을 넘어, 사람들의 삶 속에 들어가 현지 문화와 깊이 소통하며 복음을 전할 수 있는 새로운 선교 방식"이라며, 김치선교 사역의 가능성을 높이 평가했다. 그는 또한 "김치선교를 통해 현지 교회와 주민들이 더 가까워졌고, 복음 전파의 통로가 더욱 넓어졌다"고 덧붙였다.

김치선교단의 구성원 대부분은 60대 이상의 권사와 집사들이다. 이들은 오랜 시간 김장을 해오며 쌓은 경험을 선교의 도구로 활용했다. "우리가 이렇게 나이 들어서도 하나님의 일을 할 수 있다는 것이 얼마나 감사한지 모르겠어요" 유영미 권사는, 김치선교가 자신에게 주는 영적 의미와 기쁨을 전했다.

고신원 목사는 김치선교의 진정한 의의를 이렇게 설명했다. "김치선교는 성도들이 자신의 일상적 재능과 경험을 선교의 도구로 삼는 새로운 방식입니다. 이는 단순히 음식을 가르치는 것을 넘어, 복음의 메시지를 전달하는 중요한 기회가 되었습니다." 그는 앞으로도 이와 같은 창의적인 선교 방식을 지속적으로 모색하겠다고 다짐하며, 김치선교가 다른 지역과 문화권으로도 확장되기를 소망했다.

김치선교는 일회성 이벤트로 끝나지 않았다. 신월동교회와 태국 춤폰주 주민들 사이에 형성된 끈끈한 관계는 복음의 씨앗이 되어 현지 교회와 지역사회를 더욱 풍성하게 만들고 있다. 이들은 단순히 김치를 배운 것이 아니라, 그 안에 담긴 한국의 문화적 가치를 통해 그리스도의 사랑을 느끼고 있다. 신월동교회의 김치선교는 이제 태국을 넘어 세계로 뻗어나갈 준비를 하고 있으며, 이를 통해 더 많은 사람들이 복음의 따뜻함을 경험하게 될 것이다.

"교회는 단순히 머무르는 곳이 아니라, 세상 속으로 나아가야 합니다"라는 고신원 목사의 말처럼, 신월동교회의 김치선교는 새로운 선교의 패러다임을 제시하며, 한국교회의 선교적 열정을 세계에 보여주는 살아 있는 사례가 되고 있다.

꿈이 있는 교회, 꿈대로 되는 교회

경기중앙교회: 이춘복 목사

경기중앙교회는 '꿈이 있는 교회, 꿈대로 되는 교회'라는 표어 아래, 지역과 세상을 품는 사역을 통해 하나님의 사랑을 실천하고 있다. 1982년 설립된 이래 지역사회의 중심에서 복음의 등불로 서 왔으며, 위기 청소년 돌봄과 엄마 밥상 사역을 통해 소외된 이들에게 따뜻한 손길을 전하고 있다. 31개국에 128개 교회를 헌당하는 독창적인 선교 활동은 성도들의 헌신과 비전의 결실이다. 다음 세대를 세우는 교육 사역과 팬데믹 이후 예배 회복에 헌신하며, 미래의 신앙 공동체를 준비하고 있다. 경기중앙교회는 균형 잡힌 건강한 교회를 목표로 예배, 선교, 봉사, 교육, 친교의 사명을 조화롭게 실천하며 나아가고 있다.

삶 속에서 그리스도의 사랑 실천

경기중앙교회는 1982년, 경기도 의왕시에 설립된 이래 지역사회의 변화와 필요에 부응하며 성장해 온 교회다. 의왕시는 당시 급격히 도시화와 산업화가 진행되던 지역으로, 다양한 사회적 문제와 필요를 안고 있었다. 경기중앙교회는 이러한 상황 속에서 지역 주민들에게 신앙과 위로를 전하는 한편, 하나님의 사랑을 실천하는 공동체로 자리 잡았다.

교회의 시작은 소수의 헌신적인 성도들이 주축이 되어 이루어졌다. 이들은 지역사회의 중심에서 하나님의 말씀을 전하며, 삶 속에서 그리스도의 사랑을 실천하는 데 헌신했다. 초창기 예배당은 소박했지만, 예배와 기도를 통해 하나님께 더욱 가까이 나아가는 열정으로 가득했다. 교회는 예배드리는 공간을 넘어, 주민들에게 소통과 희망의 장이 되었고, 이는 교회 성장의 원동력이 되었다.

경기중앙교회는 위기 청소년 섬김 사역으로 소년원을 방문해 찬양과 예배로 함께하고 있다.

　　소외된 이웃을 위한 구제 활동, 위기 청소년을 위한 돌봄 사역, 그리고 다음 세대를 위한 교육적 지원은 경기중앙교회의 초기 사역의 핵심이었다. 이러한 노력은 시간이 지나며 교회와 지역사회를 연결하는 든든한 가교 역할을 했다.

엄마밥상:
위기 청소년들에게 전한 따뜻한 사랑의 식탁
　　　　　　　　　　　　　　　　　　　　경기중앙교회의 대표적 사역 중 하나인 '엄마밥상'은 결손 가정의 청소년들에게 하나님의 사랑을 전하는 특별한 자리다. '엄마밥상'은 특히 교도소 및 소년원에 있는 위기 청소년들을 대상으로 진행되며, 부모의 품에서 충분한 사랑을 받지 못한 아이들에게 한 끼 식사 이상의 의미를 선사한다.
　　교회 권사님들과 성도들은 마치 자신의 자녀를 위해 음식을 준비하듯, 아이들이 가장 먹고 싶어 하는 음식을 물어보고, 정성스럽게 김치를 담그고 국을 끓이며 마음을 담았다. 어떤 날에는 아이들이 장어구이나 초밥처럼 평소 쉽게 먹지 못했던 음식을 요청하면, 이를 기꺼이 준비해 직접 현장에서 구워주는 등 진심을 다했다. 아이들이 "엄마의 밥은 이런 거였군요. 저는 한 번도 먹어본 적 없어요"라고 고백하며 눈물을 보일 때, 이 사역이 얼마나 큰 위로와 희망을 전했는지 실감할 수 있었다.

'엄마밥상'은 청소년들에게 큰 변화를 가져왔다. 음식을 함께 나누며 자연스럽게 대화가 오갔고, 처음에는 경계심을 보이던 아이들도 점차 마음의 문을 열며 교회의 품 안에서 편안함을 느끼게 되었다. "엄마가 이런 밥을 차려줬다면 내 삶이 조금은 달라졌을까요?"라는 말 속에는 그동안의 상처와 회복에 대한 열망이 고스란히 담겨 있었다.

엄마밥상은 또한 청소년들에게 사랑받고 있다는 확신을 심어줌으로써, 그들이 자신의 미래를 다시 그릴 수 있는 힘을 얻는 데 중요한 역할을 했다. 어떤 아이는 교회를 다니기 시작하며 신앙 안에서 변화된 삶을 살게 되었고, 출소 후에도 교회와 연을 이어 결혼식이나 자녀의 축복 기도를 위해 교회를 찾는 등 희망의 이야기를 만들어갔다. 이 아이 중 한 명은 "밥을 먹으며 들었던 이야기가 지금의 저를 만들었다"며 감사의 인사를 전하기도 했다.

코로나 팬데믹으로 인해 잠시 중단되었던 엄마밥상은 다시 재개를 앞두고 있다. 교회 권사님들은 새로운 아이들과 만날 날을 기다리며 설렘과 기대감을 감추지 않는다. 그들은 이번에도 '밥 한 끼' 이상의 사랑과 희망을 전하기 위해, 더욱 따뜻한 마음으로 준비하고 있다.

각 가정이 해외 선교지에 교회 헌당

경기중앙교회는 지역사회를 넘어 전 세계로 복음을 전하는 선교 사명을 감당해 왔다. 특히, 각 성도 가정이 선교지에 교회

경기중앙교회 성도 가정이 말레이시아에 세운 교회

를 세우는 사역은 경기중앙교회의 독창적인 특징이다. 지금까지 31개국에 128개의 교회를 헌당한 이 사역은 단순히 재정적 지원을 넘어, 성도들이 선교지와 직접 연결되어 하나님의 사랑을 나누는 장을 만들어왔다.

헌당 된 교회는 현지 선교사들의 지속적인 관리와 후원을 통해 그리스도의 복음을 전하는 거점으로 자리 잡았다. 경기중앙교회는 '땅끝까지 복음을 전하라'는 주님의 명령을 따라 선교 사역을 계속 확장하고 있으며, 앞으로도 세계 곳곳에 하나님의 나라를 세우는 일에 매진할 계획이다.

다음 세대를 향한 헌신 경기중앙교회의 또 다른 중심 비전은 다음 세대를 세우는 것이다. 교회는 '다음 세대가 우리보다 더 신실한 믿음을 가지고 더 큰 일을 하기를 소망한다'는 기도 아래, 다양한 교육적 지원과 프로그램을 통해 청소년들을 양육하고 있다. 중·고등부 동계수련회의 재개는 코로나19 팬데믹 이후에도 교회가 다음 세대를 위해 지속적으로 투자하고 있음을 보여주는 대표적인 사례다.

교회는 청소년들이 신앙 안에서 성장하며, 하나님 안에서 자신의 정체성을 발견할 수 있도록 돕는 데 중점을 두고 있다. 이를 통해, 많은 청소년이 신앙적 뿌리를 내리고, 미래의 교회와 사회를 이끌어갈 리더로 성장하고 있다.

중·고등부 제주도 수련회

팬데믹을 넘어 예배 회복으로

코로나19 팬데믹은 경기중앙교회에도 큰 도전이었다. 교회는 전통적인 예배 방식을 넘어 온라인 예배와 소그룹 중심의 사역을 통해 성도들의 신앙을 지켜냈다. 이춘복 목사는 "예배가 회복될 때 성도들은 예배자로서의 삶을 살 수 있다"며, 팬데믹 이후 예배 회복에 모든 역량을 집중하고 있다. 예배 회복은 단순히 형식적인 복구를 넘어, 성도들이 하나님과 더욱 깊은 관계를 맺을 수 있도록 돕는 영적 회복의 과정으로 여겨진다.

균형 잡힌 건강한 교회의 비전

경기중앙교회가 꿈꾸는 궁극적인 목표는 균형 잡힌 건강한 교회다. 예배, 선교, 교육, 봉사, 친교라는 교회의 사명을 조화롭게 실천하는 것이 교회의 지향점이다. 이를 통해 경기중앙교회는 단순한 성장을 넘어, 하나님께서 주신 사명을 온전히 감당하며 지역사회와 세계를 품는 교회로 나아가고 있다.

'꿈이 있는 교회, 꿈대로 되는 교회'라는 표어 아래 경기중앙교회는 오늘도 새로운 여정을 이어가고 있다. 지역사회의 어려움을 품고, 다음 세대를 세우며, 세계 곳곳에 복음을 전하는 이 교회는 균형 잡힌 건강한 교회로서의 비전을 가지고, 하나님의 나라를 세우는 여정에 헌신하고 있다. 경기중앙교회의 이야기는 앞으로도 많은 이들에게 영감과 희망을 전하며, 교회가 세상 속에서 어떻게 그리스도의 사랑을 실천할 수 있는지를 보여줄 것이다.

다음 세대를 품은 학원 선교

덕신학원선교회: 홍기용 회장

덕신학원선교회는 2020년 인천 강화지역 기독교대한감리회 목회자들이 연합하여 결성한 학원선교 단체로, 다음 세대의 복음화를 목표로 삼고 있다. 석 달에 한 번씩 진행되는 멘토링 수업을 통해 목회자들은 학생들과 직접 소통하며 신앙적 가르침과 정서적 지원을 제공한다. 이 사역은 학생들에게 신앙의 힘을 심어주고, 교회를 다니지 않는 학생들에게 기독교를 새로운 시각으로 접할 기회를 제공한다. 덕신고등학교는 이 선교회의 노력으로 기독교 학생 비율이 꾸준히 증가하며 복음화의 성과를 이루고 있다. 선교회는 장학금 지원, 나눔 행사, 기독교적 인성교육 등을 통해 학생들의 삶에 실질적인 변화를 이끌고 있다.

다음 세대를 품은 학원 선교의 여정   강화도의 평범한 아침, 덕신고등학교의 캠퍼스는 새로운 활기로 가득 찼다. 신입생들의 설렘 가득한 표정, 재학생들의 따뜻한 환영 인사, 그리고 학교 앞에서 볼펜을 나눠주며 격려의 말을 전하는 목회자들의 모습이 어우러져 새 학기의 시작을 더욱 특별하게 만든다. 이 모든 장면은 기독교 정신을 바탕으로 학원의 복음화를 실천하는 덕신학원선교회의 선교 활동을 상징적으로 보여준다.

덕신학원선교회의 탄생과 배경   2020년, 덕신학원의 복음화를 꿈꾸며 인천 강화지역의 기독교대한감리회 소속 목회자들이 연합해 결성한 덕신학원선교회는 한국 학원 선교의 새로운 방향을 제시하고 있다. 사립학교의 학생 감소 문제와 기독교 교육의 필요성이 맞물린 상황 속에서, 덕신학원선교회는 학원의 기독교 정신을 기반으로 한 복음 전파를 목표로 삼았다.

선교회는 약 20여 명의 목회자와 평신도로 구성되어 있으며, 이들은 매월 정기적으로 모임을 갖고 기도와 전략 수립에 힘쓴다. 특히 목회자들은 학원 선교를 통해 단순히 신앙 전파에 그치지 않고, 다음 세대의 삶의 변화를 일으키는 데 중점을 두고 있다.

덕신학원선교회의 주요 사역 덕신학원선교회가 펼치는 다양한 사역 중 가장 주목할 만한 활동은 멘토링 수업이다. 석 달에 한 번씩 각 학급에 들어가는 목회자들은 학생들과 직접 소통하며 신앙적 지침을 제공한다. 목회자들은 단순히 강연에 그치지 않고, 학생들의 고민과 기도 제목을 들어주며 그들과 깊은 유대감을 형성한다.

홍기용 선교회장(송해교회 담임목사)은 "아이들이 목사님들에게 속마음을 털어놓고 기도 제목을 나누는 관계를 맺게 된 것이 가장 뿌듯하다"고 말했다. 멘토링 수업은 교회에 다니는 학생들에게는 믿음을 공고히 하고, 교회에 다니지 않는 학생들에게는 기독교를 새로운 시각으로 접할 기회를 제공하고 있다.

덕신학원선교회 목회자들이 3개월에 한 번씩 1년에 4차례 실시하고 있는 덕신고 멘토링 수업

2학년 김예닮 학생은 "덕신학원선교회가 기독교를 알지 못하는 학생들에게는 새로운 세계를 열어주고, 교회를 다니는 학생들에게는 신앙을 굳건히 하는 기회를 제공한다"며 멘토링 수업의 중요성을 강조했다. 또한 임예지 총학생회장은 "성경적 세계관에 기반한 목사님들의 말씀이 매우 유익했다"고 전했다.

멘토링 수업 외에도 선교회는 다양한 예배와 기도회, 나눔 행사를 통해 학생들에게 신앙적 가치와 인성을 심어주고 있다. 특히, 학급 단위로 진행되는 학급 미션 프로그램은 학생들이 성경적 가치관을 직접 경험하도록 돕는 독창적인 활동으로 평가받고 있다.

변화를 만들어내는 학원 선교

덕신학원선교회의 노력은 학생들의 삶에 뚜렷한 변화를 가져오고 있다. 박상익 교장에 따르면, 학교 내 기독교 학생 비율은 해마다 증가하고 있다. "졸업한 학생 중 34%가 기독교 신앙을 가졌다면, 현재 3학년은 40%, 2학년은 44%로 늘어났습니다. 특히 이번 신입생 중 60% 이상이 기독교 학생이라는 점은 큰 변화"라고 설명했다.

이유나 학교법인 덕신학원 이사장

이와 같은 변화는 학교뿐만 아니라 학부모와 지역사회에도 긍정적인 영향을 미치고 있다. 이유나 이사장은 "기독교 학교라는 정체성을 강조한 덕신고등학교의 차별화된 사역이 정원을 초과하게 만드는 원동력이 됐다"며 "덕신학원선교회가 이룬 성과는 하나님의 역사"라고 강조했다.

학교와 선교회의 상생 노력

덕신학원선교회의 사역은 단순히 학교 내부의 변화에 머물지 않는다. 선교회는 학교의 발전과 지역사회의 복음화를 동시에 추구하고 있다. 목회자들은 학교의 '홍보대사'로서, 지역 교회와 학부모들에게 덕신고등학교의 비전을 전하며 학교의 위상을 높이고 있다.

덕신고등학교에서 모임을 가진 후 기념 사진을 촬영한 덕신학원선교회 목회자들

또한, 선교회는 학생들이 삶의 다양한 영역에서 꿈을 키울 수 있도록 돕고 있다. 졸업생들에게 장학금을 지급하며, 학내 행사에 필요한 재정 지원도 아끼지 않는다. 홍기용 선교회장은 "학생들이 단순히 학교에서 신앙을 배우는 것을 넘어, 그들의 삶 속에서 꿈을 발견하고 실현할 수 있도록 돕는 것이 우리의 목표"라고 말했다.

다음 세대를 위한 더 큰 비전 덕신학원선교회는 덕신고등학교를 넘어 강화 전역의 다음 세대를 위한 네트워크를 구축하고 있다. 홍기용 선교회장은 "강화 지역의 다른 학교들과 연계하여 기독교 학생 모임, 교사 모임 등을 통해 지역 전체의 복음화를 도모하고 있다"며, "이를 통해 강화 지역을 넘어 대한민국 학원 선교의 롤 모델로 자리 잡고 싶다"고 밝혔다.

목회자들은 학생들이 하나님을 만나는 경험을 통해 비전을 발견하고, 지역 사회의 복음화에 동참할 수 있는 길을 열고자 노력하고 있다. 이유나 이사장은 "우리 학교가 단순한 학문 교육을 넘어, 신앙과 인성교육을 통해 '기독교 명문학교'로 자리 잡기를 소망한다"고 말했다.

덕신학원선교회의 이야기는 한 학교의 선교 활동이 아니다. 이는 학원 복음화와 한국교회 선교의 새로운 가능성을 보여주는 사례다. 학생들의 신앙적 성장, 학교의 기독교 정체성 회복, 그리고 지역 교회와의 연합은 다음 세대를 위한 희망의 씨앗이 되어가고 있다.

강화도의 하늘 아래에서 이어지는 덕신학원선교회의 헌신은 오늘도 다음 세대를 위한 빛과 소금의 역할을 묵묵히 감당하고 있다.

선교적 삶 지향… 비전 선교사 파송

인천제일교회: 이제일 목사

인천제일교회는 10년 전, 인천 논현동에 세워져 오늘날 감리교회로 자리 잡은 교회이다. 처음 100여 명의 성도로 시작해 지속적인 성장을 이루며, 선교와 복음 전파를 핵심 가치로 삼고 있는 교회로 평가받고 있다. 특히 성도들에게 선교적 삶을 훈련시키며, 가정과 직장, 그리고 일상의 모든 곳에서 선교사로 살아가도록 도전하고 있다. 인천제일교회는 단순히 해외 선교를 넘어서, 성도들의 삶 자체가 선교적이 되도록 다양한 교육과 훈련을 통해 그 사명을 실천하는 공동체이다.

새로운 10년을 바라보는 비전

인천제일교회는 새로운 10년을 맞이하면서, 더욱 강력한 비전을 제시하고 있다. 성도 개개인이 선교적 삶을 살아가는 '비전 선교사'로 파송되는 것이 그 목표이다. 이제일 담임목사는 "우리 교회는 선교하는 교회로, 선교를 위해 모든 것을 바치는 공동체"라고 강조하며, 교회의 전반적인 사역이 선교적 마인드에 기초하고 있다고 설명했다.

특히, 인천제일교회는 선교의 트렌드를 선도하고 있으며, '미셔널 처치(Missional Church)'라는 개념을 강조하고 있다. 이 교회의 목표는 해외뿐 아니라, 성도들의 일상 속에서도 선교적 마인드로 살아가는 것을 훈련시키는 데 있다. 이 목사는 "우리는 하나님이 선교하시는 하나님(Missio Dei)임을 믿는다"며, 성도들이 일상에서 선교적 사명을 실천하도록 도전하고 있다.

선교적 삶의 교육

선교적 삶이란 하나님의 뜻대로 살아가는 것이다. 인천제일교회는 어린 시절부터 선교적 마인드를 심어주는 교육을 중시한다. 아이들이 하나님의 마음을 품고 세상을 바라볼 수 있도록 어렸을 때부터 선교적 커리큘럼을 도입하고 이를 통해 아이들은 시리아, 우크라이나 전쟁 난민 등 전 세계적인 이슈를 배울 뿐 아니라, 그들을 위해 후원하고 기도하는 활동에 동참한다.

그뿐만 아니라, 교회는 성도들에게 정기적인 선교적 훈련을 실시한다. 이제일 목사는 이와 관련해 "교회가 할 일은 파송된 성도들이 선교사로서 잘 살아가는지 점검하고, 그들과 지속적으로 소통하는 것"이라고 강조한다. 비전 선교사로서의 삶이 단순한 훈련으로 끝나는 것이 아니라, 그들의 일상 속에서 계속해서 이어지도록 도와주는 것이 교회의 중요한 역할이라는 것이다.

파송 선교사의 특별한 준비 과정

비전 선교사로 파송되기 전, 인천제일교회 성도들은 철저한 훈련 과정을 거치게 되는 데 4주간의 리더십 과정을 통해 선교사의 정체성과 사명에 대해 깊이 고민하고, 이를 가정과 직장에서 실천하는 훈련을 받는다. 이제일 목사는 이 훈련을 통해 성도들이 "영적 선교사의 이름표를 달고 살아가는 삶을 배우고, 그들이 속한 공동체에서 선교적인 영향력을 발휘할 수 있도록 돕고 있다"고 이야기한다.

훈련 과정 중에는 자신을 돌아보고, 하나님 앞에서 자신의 사명을 다시 한번 확인하는 시간이 주어진다. 심지어 선교사 파송을 앞두고 유서까지 작성하며, 선교사로서의 헌신을 다짐하는 순간도 포함된다. 이는 성도들이 그들의 삶을 온전히 하나님께 드리며, 선교사로서 책임감을 무겁게 받아들이도록 돕는 특별한 과정이다.

지역사회와 해외에서 펼쳐지는 사랑의 실천

인천제일교회의 선교적 사역은 지역사회와 해외 선교지에서 구체적인 변화를 일으키며, 가시적인 열매를 맺고 있다. 교회는 성

인천제일교회가 동아프리카 우간다 굴루지역에 설립한 지모교회 모습

도들이 하나님의 사랑을 실천하는 공동체로서 지역과 세계를 섬기는 일에 적극적으로 나서고 있다. 그 대표적인 예로, 매년 진행되는 추수감사절 사랑의 과일 나눔 행사가 있다.

이 행사에서 성도들은 하나씩 과일을 준비해 교회로 가져온다. 어떤 성도는 작은 귤 하나를, 또 어떤 성도는 사과 한 박스를 기부하며, 각자가 할 수 있는 대로 참여한다. 이렇게 모인 과일은 교회 1층 로비에 가득 쌓이고, 성도들은 함께 과일을 포장하여 지역의 어려운 이웃들에게 나누어 준다. 과일 나눔 외에도, 인천제일교회는 지역 상권의 협력을 이끌어 내어 설렁탕, 고기 등의 식품을 추가로 나눈다. 또 지역 상인들과 협력하여, 상점에서 기부받은 음식들을 함께 준비한 뒤, 노년복지관과 같은 단체를 통해 더욱 도움이 필요한 사람들에게 전달한다. 이 모든 과정은 교회와 기업, 성도들이 협력하여 이루어지며, 지역사회에 큰 호응과 감동을 불러일으키고 있다.

한 성도는 나눔 행사를 통해 받은 이웃의 감사 인사를 회상하며 "들리는 소문 속에서 너무나 감사하다. 이런 고기를 언제 먹어보겠냐는 말이 가슴 깊이 와닿았다"라며, 그 나눔이 하나님의 사랑을 전하는 강력한 도구임을 고백했다.

해외로 뻗어가는 선교적 사랑:
우간다 염소 분양 사역

인천제일교회는 지역사회 섬김뿐만 아니라, 해외에서도 활발한 선교적 사역을 이어가고 있다. 그중 하나가 아프리카 우간다에서 진행된 염소 분양 사역이다. 염소는 현지 주민들에게 단순한 가축 이상의 의미가 있다. 염소 한 마리는 가족의 1년 생계를 책임질 수 있을 만큼 중요한 자산이다. 우간다에서는 염소를 통해 아이들의 교육비를 충당하거나, 결혼 자금을 마련하는 등 삶의 중요한 자원을 얻을 수 있기 때문이다.

인천제일교회는 이러한 상황을 이해하고, 성도들과 함께 염소를 기부하는 사역을 시작했다. 이 사역의 감동적인 점은 어린아이들까지도 동참했다는 것이다. 교회의 어린이들은 자신들의 용돈을 모아 염소를 기부했다. 이제일 목사는 "초등학생들이 5만 원짜리 염소 10마리를 기부했을 때, 그들이 드리는 순수한 마음에 교회 전체가 감동을 받았다"고 한다. 5만 원이 그렇게 큰돈은 아니지만, 어린아이들의 작은 헌신이 우간다 주민들에게는 1년간의 생계를 책임지는 큰 축복이다.

이러한 기부는 성도들뿐만 아니라, 지역사회와 교회 전체에 큰 의미를 남겼다. 성도들이 물질을 자신을 위해서만 사용하는 것이 아니라, 하나님의 사랑을 다

인천제일교회는 지난해 동아프리카 지역에 염소와 성경을 보급했다.

른 이들과 나누기 위해 자신의 일부를 내어주는 모습은 성도 간의 연대와 공동체 의식을 강화시켰다. 한 성도는 "이 시대에 사람들이 자기만을 위해 살아가는 가운데, 아이들조차도 이 선한 일에 동참하는 모습을 보며 하나님께 깊이 감사하게 되었다"고 전한다.

지속 가능한 선교:
교회의 장기적 비전

인천제일교회는 이러한 지역사회와 해외에서의 사역을 일회성 행사로 그치지 않고, 지속 가능한 선교 사역으로 발전시키기 위해 꾸준히 노력하고 있다. 교회는 매년 이와 같은 사역들을 체계적으로 계획하고, 더 많은 성도들이 선교에 동참할 수 있도록 장기적인 비전을 가지고 있다. 특히 비전선교사 파송을 통해 성도 개개인이 각자의 자리에서 선교사로 살아갈 수 있도록 훈련시키며, 그들의 삶 속에서 선교적 열매를 맺을 수 있도록 지원하고 있다.

우간다에서의 염소 분양 사역뿐만 아니라, 인천제일교회는 의료 선교와 교육 사역을 통해 현지인들의 삶을 실질적으로 변화시키는 다양한 방법을 모색하고 있다. 교회는 의료진과 협력하여 현지 주민들에게 기본적인 치과 치료를 제공하며, 불소 도포 등의 간단한 치료로 그들의 건강을 돕는다. 또한, 교회는 학교와 협력하여 초등학교와 중·고등학교 학생들을 위한 교육 프로그램을 제공하며, 아이들이 올바르게 성장할 수 있는 환경을 조성하는 데 기여하고 있다.

이처럼 인천제일교회는 지역과 해외에서 다양한 사역을 펼치며, 성도들이 하나님의 선교적 사명을 실천할 수 있도록 돕고 있다. 교회는 성도들이 그들의 시간과 재정, 그리고 마음을 하나님의 사역에 헌신할 기회를 제공하고 있으며, 이를 통해 지역사회와 세계에서 가시적인 열매를 맺고 있다.

통합의 새역사… '아름다운 동행'

중앙교회: 이형노 목사

서울 종로구 인사동에 자리한 중앙교회는 1890년 아펜젤러 선교사에 의해 설립된 한국 개신교의 산실이다. 3.1운동 민족 대표 목회자를 배출하며, 신앙과 애국의 역사를 함께 써 내려온 교회이다. 중앙대학교의 전신을 시작으로, 현재 서울관광고등학교를 운영하며 교육의 사명을 이어가고 있다. 최근 배화교회와의 통합을 통해 세대 간 화합과 새로운 부흥의 길을 열었다. 지역사회와 소통하며 인사동 문화 축제 등 다양한 섬김 사역을 펼치며 고령화 시대 속 실버 목회를 선도하고 있다. '주의 꿈을 품고 세상의 빛으로'라는 비전 아래, 중앙교회는 134년의 역사를 품고 미래를 향해 나아가고 있다.

역사의 중심에서 복음의 빛을 발하다

서울 종로구 인사동 중심부에 자리한 중앙교회는 1890년 아펜젤러 선교사에 의해 설립되었다. 당시 한국은 급격한 변화를 겪고 있는 격동의 시대였으며, 중앙교회는 복음을 전하는 것을 넘어 민족의 아픔과 독립의 염원을 함께 품은 상징적인 공간으로 자리매김했다.

3.1운동 당시 중앙교회는 민족 대표 33인 중 두 명의 목회자를 배출하며, 한국 기독교가 독립운동의 중요한 축으로 자리한 것을 보여주었다. 이들은 복음의 가르침을 통해 사람들에게 희망을 전했을 뿐만 아니라, 민족의 자주독립과 자유를 향한 비전을 설파하며 역사의 물줄기를 바꾸는 데 중요한 역할을 했다.

그것은 민족의 아픔을 품고, 새로운 시대를 향한 기도와 헌신으로 가득 찬 신앙 공동체로서, 한국 현대사에서 중요한 역할을 감당해 왔다. 이러한 역사적 유산은 오늘날에도 이어져, 중앙교회를 대한민국 기독교 역사에서 빼놓을 수 없는 상징으로 자리하게 했다.

교육을 통해 세상을 변화시키다

중앙교회는 복음 전파에만 그치지 않고 교육을 통해 사회를 변화시키는 데 앞장섰다. 설립 초기부터 교육의 중요성을 깊이 인식한 교회는 1890년대 중앙보육학교를 설립하여 지역사회의 교육적 필요를 충족시키고자 했다. 중앙보육학교는 오늘날 중앙대학교의 전신으로 발전하며, 한국 교육사에 남을 많은 인재를 길러낸 기독교적 교육기관으로 자리매김했다. 이는 단순히 지식을 전달하는 것을 넘어, 하나님이 주신 교육의 사명을 통해 세상을 변화시키고자 했던 중앙교회의 깊은 비전을 증명한다.

교육적 비전을 실현하려는 노력은 이후에도 계속 이어졌다. 약 20여 년 전, 교회는 서울시 최초의 관광특성화 고등학교인 서울관광고등학교를 인수하여 기독교적 가치관을 바탕으로 한 교육을 실천해왔다. 서울관광고등학교에서는 기독교적 사랑과 봉사를 몸소 체험할 수 있는 프로그램들을 제공하며, 학생들에게 섬김과 나눔의 의미를 심어준다.

특히, 학생들은 인사동 지역의 관광특구에서 열리는 문화 축제에 자발적으로 참여해 지역사회와의 연계를 강화하며, 실질적인 섬김과 나눔을 실천할 기회

초창기 기독교대한감리회 중앙교회 성도들의 모습

서울관광고등학교의 제빵 실무 교육 시간

를 얻고 있다. 이는 학생들이 단순한 학업 이상의 삶의 가치를 배우는 계기가 되었으며, 더 나아가 자신들의 재능을 통해 사회에 긍정적인 변화를 가져올 수 있는 사궁심을 심어주었다.

중앙교회의 교육 철학은 '빛과 소금'의 역할을 감당하는 인재 양성을 중심으로 한다. 학생들에게 전문성을 배양하는 동시에, 이웃을 사랑하고 섬기는 기독교적 삶의 가치를 심어줌으로써 그들이 어디에 있든지 하나님 나라를 확장하는 도구가 되게 하는 것이 교회의 목표다. 이는 중앙교회의 교육 사역이 단순히 학교 운영에 그치지 않고, 사회와 세상을 향한 복음의 실질적인 확장을 목표로 하고 있음을 보여준다.

서울관광고등학교의 학생들은 이러한 교육 철학 속에서 학문적, 정서적, 영적 성장의 기회를 누리며, 교회와 함께 지역사회에 선한 영향력을 미치는 주체로 서게 되었다. 이처럼 중앙교회의 교육 사역은 하나님 나라의 가치가 현실에서 실현될 수 있음을 증명하며, 교회의 교육적 비전이 지속되고 있음을 여실히 드러낸다.

다음 세대를 위한 새로운 여정   중앙교회는 최근 몇 년간 급격히 변화하는 사회와 교회의 고령화 문제를 인식하고 다음 세대를 위한 새로운 전기를 마련했다. 젊은 세대가 자연스럽게 교회로 연결될 수 있도록, 배화여자대학교 내 배화교회

2023년 여름 중앙교회와 배화교회가 함께 진행한 '여름 꿈 빛 캠프'

와 통합을 추진하며 새로운 도전에 나섰다. 배화교회는 20대부터 40대까지의 청년층이 주를 이루는 젊은 교회였다. 이형노 목사와 김영석 목사는 서로의 비전을 공유하며, 단순히 공간을 나누는 데 그치지 않고, 세대와 세대가 어우러지는 화합적 통합을 꿈꿨다.

행정적 통합은 완료되었지만, 이들은 마음과 마음이 연결되는 진정한 화학적 통합을 위해 긴 호흡으로 교회를 하나로 만들어가는 중이다. 특히, 통합 이후 젊은 층의 증가로 교회학교가 활성화되고 청년 예배가 새롭게 자리 잡으면서, 중앙교회는 활기를 되찾았다. 젊은 성도들은 봉사와 섬김의 역할을 맡아 어르신들과 함께 교회의 공동체성을 강화하고 있다.

지역사회를 품는 교회로 자리매김하다 중앙교회는 위치적 특성과 역사적 배경을 바탕으로 지역사회와의 연결을 강화하고 있다. 인사동이라는 관광특구에 자리 잡은 교회는 서울관광고등학교와 협력하여 지역 축제와 행사를 적극 지원하고 있다. 교회와 학생들이 함께 인사동 문화축제에 참여하며, 지역사회에 기독교적 섬김의 본을 보인다.

또한, 중앙교회는 본당을 개조하여 지역 주민과 관광객들이 사용할 수 있는 문화공간으로 개방했다. 구청과 협력하여 학술 세미나, 학원 발표회, 하례회 등을 교회에서 개최하며, 교회는 신앙의 공간을 넘어 지역의 문화와 교육의 중심지로 기능하고 있다. 교회의 상층부에는 무인 카페와 휴식 공간을 조성하여 지역 직장인들과 주민들이 자유롭게 이용할 수 있도록 배려하며, 일상에서 만날 수 있는 교회로 다가가고 있다.

**고령화와 다음 세대,
두 가지 사명을 품다**   이와 함께 중앙교회는 고령화된 교회의 현실을 직시하며, 어르신들을 위한 '즐거운 목회'에 중점을 두고 있다. 이형노 목사는 "어르신들이 신앙 안에서 더욱 행복한 삶을 누리도록 섬기겠다"며, 실버 목회를 교회의 중요한 비전으로 삼고 있다. 동시에 다음 세대를 세우는 일에도 열정을 다해, 청년과 어린아이들이 신앙 안에서 성장할 수 있는 환경을 제공하고 있다.

134년의 역사를 품은 중앙교회는 과거와 현재, 미래를 아우르며 하나님께서 주신 사명을 이어가고 있다. '주의 꿈을 품고 세상의 빛으로'라는 비전을 따라, 중앙교회는 복음 전파, 교육, 지역 섬김, 세대 화합이라는 네 가지 축을 중심으로 새로운 도약을 준비하고 있다. 한국교회의 미래를 제시하는 모델로, 중앙교회는 세대와 세대를 연결하고, 지역과 세계를 품으며 복음의 빛을 더욱 밝히 비추고 있다.

5

회복과
치유의 은혜

갇힌 자들의 소망을 위한 '교정 사역'

세계로교회(대전): 김성기 목사

세계로교회는 갇힌 자와 소외된 자들에게 하나님의 사랑과 희망을 전하는 교정 사역에 헌신해 왔다. 30여 년간 이어진 교정 사역은 수용자들에게 인격적 변화를 이끌어내며, 그들이 사회로 복귀할 수 있는 길을 열어주고 있다. '새생명희망학교'를 중심으로 한 교화 프로그램과 출소자 재범 방지 종합지원센터 설립 계획은 범죄 없는 사회를 위한 교회의 비전을 보여준다. 또한 교정 사역의 법제화와 학문적 체계화를 위한 노력은 사역의 지속 가능성을 높이고 있다. 세계로교회는 단순한 복음 전파를 넘어, 삶의 회복과 공동체의 변화를 이끄는 희망의 통로가 되고 있다.

3대 핵심 사역,
세움·실버·특수 목회

대전 서구 벌곡로에 자리한 세계로교회는 수십 년간 지역사회의 소외계층을 위한 특수 목회를 펼쳐온 것으로 유명하다. '다음 세대 세움목회, 고령화 시대 실버목회, 소외계층을 위한 특수 목회'를 3대 핵심 사역으로 삼고, 지역사회를 복음과 사랑으로 품어가는 세계로교회는 특히 교도소와 구치소의 재소자 및 출소자들을 섬기는 교정 사역에 깊이 헌신하고 있다.

세계로교회의 다음 세대 사역은 청소년과 청년들에게 올바른 국가관과 준법정신을 심어주는 데 목적을 두고 있다. 경찰청, 교육청과의 MOU를 통해 법 이해와 사회의 정의에 대한 교육을 함께하며, 차세대 글로벌 리더로서 이들이 자라날 수 있도록 돕고 있다.

고령화 시대 실버 목회는 지역 내 70여 개 경로당을 순회하며 고령화 시대의 어르신들을 위한 실버 목회를 펼쳐오고 있다. 이갑선 대자연마을 아파트 경로당 회장은 세계로교회에 대해 "어른들이 활기가 넘치고 경로당 분위기가 좋아졌다"며 자녀들도 부모를 돌보지 않는 세상에 이렇게 어르신들을 찾아와 돌보는 교회가 있어 대단히 고맙고, 지역사회에 꼭 필요한 교회라고 전했다. 그러나 이 모든 사역 가운데 가장 집중적으로 추진하는 것은 바로 교정·교화 사역이다.

김성기 담임목사는 30여 년 전 갱생보호위원으로 출소자를 위한 사역을 시작했다. 강력범이 주를 이루던 당시 출소자 사역은 쉽지 않았고 때로는 위험한 상황이 많았다. 그러나 하나님의 강한 부르심이 있었기에, 김 목사는 교도소와 구치소의 담장 안으로 발걸음을 내디뎠다. 김 목사는 "처음엔 손사래 치며 도망가고 싶었지만, 하나님의 부르심을 거절할 수 없었다"며, 그가 교정 사역에 헌신하게 된 배경을 이야기했다.

출소자들에게 새로운 삶을 위한 '새생명희망학교'

김성기 목사의 사역 가운데 가장 핵심적인 프로그램 중 하나는 '새생명희망학교'이다. 출소를 앞둔 수용자들에게 변화의 의미와 방향을 알려주며 새로운 삶을 설계할 수 있도록 돕는 12주 프로그램은 재소자들

새생명희망학교 수료 예배 모습

수용자들이 하루하루 하나님의 말씀을 묵상하며 기록한 성경 필사본

전국 교도소와 구치소 수용자들의 편지가 새희망교화센터 유리상자 안에 가득 쌓여 있다.

에게 큰 변화를 선사한다. 김 목사는 "한 인격이 변화되어야만 사회에 나갈 준비가 된 것이다. 단순히 교도소 담장을 넘는 것이 출소가 아니라, 존재적인 변화를 경험하고 자기 삶의 주인으로서 설 수 있도록 도와야 한다"고 강조한다. 프로그램을 수료한 출소자는 "김성기 목사님 덕분에 출소 후 내 인생을 어떻게 설계할지를 처음으로 생각해 볼 수 있었다"고 얘기한다.

특히 새생명희망학교는 신앙을 통한 마음의 변화에도 중점을 둔다. "무의식적으로 믿는 것이 아닌, 절실한 믿음을 통해 진정한 변화가 일어나야 한다"는 김 목사의 가르침 아래, 수용자들은 하나님의 사랑을 체험하고, 새로운 길을 걸을 준비를 마치고 출소하게 된다.

김 목사의 교정 사역,
교도소 내부 분위기도 변화시켜

김성기 목사의 교정 사역은 교도소 내부의 분위기도 변화시키고 있다. 서울동부구치소의 김영식 소장은 "교정 사역을 통해 수용자들이 영적으로 변화하면서 수용소 전체에 선한 영향력이 전해지고 있다"고 말한다. 김 소장은 "기독교 교도관들이 수용자들에게 선한 영향력을 전하려면, 영성이 충만해야 한다"며 김 목사의 사역은 교도관들에게도 영적 도전과 힘이 된다며 교정 사역의 가치를 인정했다.

**교정 제도 법제화하기 위해
수년간 서명운동 전개**

또한, 김성기 목사는 교정 제도의 법제화를 위해 수년간 서명운동을 전개하며 국회와 법무부 장관을 만나 교정 사역의 필요성을 꾸준히 알리고 있다. 그는 "교도소에 전담 종교 지도자가 상주하여 수용자들과 깊은 상담을 나누고 영혼을 만질 수 있어야 한다"며, 이를 위한 법제화가 필수적임을 역설한다. 서울동부구치소의 김영식 소장은 이에 대해 "교도소도 학교처럼 전담 성직자가 상주해야 한다"며, 교정 사역 법제화의 필요성을 공감하며 교계와 단체들의 관심을 촉구했다.

**출소자의 재범을 막기 위한
'종합지원센터' 설립**

김성기 목사의 또 다른 꿈은 출소자들이 재범을 피하고 사회에 안정적으로 정착할 수 있도록 돕는 종합지원센터 설립이다. 출소자가 사회에 복귀할 때, 단순히 출소만이 아닌 사회의 일원으로서 역할을 할 수 있도록 철저한 검증과 지원을 제공하는 것이 센터의 목표이다. 김 목사는 "출소 후에 이들이 사회에 성공적으로 안착할 수 있도록, 경건 훈련과 사회 교육을 지속해서 제공하고 싶다"며 출소자들이 사회에서 실패하지 않도록 이끄는 역할을 하고 싶다고 말했다.

소외계층을 위한 비전 캠프와 음악회

김성기 목사는 교정 사역 외에도 다음 세대를 위한 비전 캠프와 수용자 자녀들을 위한 음악회 등 다양한 프로그램을 통해 소외계층을 섬기고 있다. 매년 열리는 비전 캠프는 청소년들에게 교정시설에서의 생활을 체험하게 하고, 법과 죄의 의미를 이해하는 기회를 제공한다. 김 목사는 교도소 독방에 들어가 수감자 음식을 체험하면서 법의 중요성을 피부로 느낀 아이들은 다시는 죄를 짓지 않겠다고 다짐하게 된다고 말한다.

또한, 2019년에는 수용자 자녀들을 위한 특별한 음악회를 열어 주목을 받았다. 이 음악회는 청주여자교도소의 수용자들이 직접 준비한 공연으로 꾸며졌으

수용자 교화와 자녀 지원을 위해 지난 2019년 12월 7일 대전 세계로교회에서 열린 '갇힌 자 교도관 음악회'

며, 이를 통해 모아진 헌금은 어려움에 처한 수용자 자녀들을 돕는 데 사용되었다. 김 목사는 "수용자들은 비록 교도소 담장 안에 있지만, 그들 역시 사회의 일원이다"며 그들에게 사랑을 전하는 것은 곧 우리가 함께 살아가는 사회를 위한 일이다"고 강조했다.

사형수들이 보내온 편지들:
교화의 빛과 소망의 증거

세계로교회의 교정 사역 사무실에는 수많은 편지들이 쌓여 있다. 그중에는 사형수들이 보낸 편지도 포함되어 있다. "내가 진작 예수를 만났다면, 복음을 깨달았다면 이런 신세가 되지 않았을 텐데"라는 회한이 담긴 편지들은 김성기 목사가 사형수들에게 보내는 복음의 메시지와 용서의 능력이 얼마나 깊은 울림을 주는지를 보여준다. 그들은 편지에서 "하나님을 통해 다시 태어날 수 있기를 원한다"고 호소하며, "담장 안에서도 성실하게 삶을 돌아보고, 신앙의 길을 걷고자 노력했다"고 쓰여 있다. 김 목사는 "이들이 보내오는 편지를 보면 우리와 같은 평범한 사람들이며, 한 가정의 가장이자 누군가의 자녀였다"며, 이들에 대한 편견을 넘어서는 진정한 회개와 변화의 가치를 전했다.

교정 사역을 학문적으로 체계화하는
한국교정인성교육학회

김성기 목사는 교정 사역의 학문적 체계화에도 힘쓰고 있다. 그는 한국연구재단에 교정인성교육학회와 교정상담학회를 등록하고, 매년 학술대회를 열어 수용자 교화의 가능성과 효과를 연구하고 있다. 이를 통해 교정학과 인성교육의 중요성을 사회에 알리고, 재소자들의 진정한 변화를 위해 어떻게 접근해야 하는지 논문과 세미나를 통해 연구하고 있다. 김 목사는 "교정도 한류처럼 전 세계가 주목하는 선진 시스템으로 발전할 수 있다"며, 한국 교정 제도의 가능성을 넓혀가고 있다.

사랑으로 생명을 살리는 작은 교회 이야기

사랑의교회: 최석진 목사

서울 강서구 화곡동의 한 건물 3층에 자리 잡은 작은 교회, '사랑의교회'. 소박한 외관 속에서 펼쳐지는 사랑의교회 사역은 지역사회를 넘어 생명을 살리고 사랑을 나누는 놀라운 이야기를 담고 있다. 사랑의교회는 삶의 실질적인 필요를 채우고 마음의 상처를 위로하며, 하나님의 사랑을 실천하는 교회로 자리 잡았다. 위기 청소년을 품고, 독거 중년남성에게 삶의 온기를 전하며, 자살 예방 교육을 통해 생명의 소중함을 일깨우는 이곳은 마치 한 줄기 빛처럼 세상에 희망을 비춘다.

사랑의교회: 생명을 품고 사랑을 나누다

사랑의교회는 기독교대한감리회 소속의 작은 교회다. 하지만 사랑의교회가 품은 사역의 비전은 그 규모와 상관없이 깊고도 넓다. 최석진 담임목사는 사랑의교회를 마을과 지역사회를 섬기는 생명 존중의 거점으로 세우고자 노력해왔다.

"마을에서 반드시 필요하고, 없어서는 안 되는 교회가 되고 싶었습니다. 하나님께서 보내신 곳이라면 어떤 어려움이 있더라도 후회 없이 목회할 수 있을 거라는 확신 속에서 사랑의교회에 왔습니다." 목회지로 이곳을 선택한 데는 깊은 기도와 하나님의 인도하심이 있었다. 사랑의 본질을 깨닫고 이를 실천하려는 최 목사의 결단은 이후 사랑의교회의 중심 사역을 결정짓는 기반이 되었다.

생명 존중의 시작:
지역 청소년들의 쉼터

사랑의교회의 생명 존중 사역은 마을 청소년들과의 우연한 만남으로 시작되었다. 교회가 문을 열고 지역사회에 열려지자, 어려움에 처한 위기 청소년들이 자연스럽게 발걸음을 들이게 되었다. "교회에 찾아오는 아이들에게 라면을 끓여주며 시작한 일이었지만, 시간이 지나면서 이 사역은 배고픈 아이들의 끼니를 책임지는 것 이상이 되었죠." 최석진 목사는 처음 청소년들이 교회를 찾아오던 때를 이렇게 회상한다.

교회는 청소년들에게 단순히 라면을 끓여주는 것을 떠나, 정서적으로 의지할 수 있는 공간으로 자리 잡았다. 라면을 끓여주던 봉사는 점점 위기 청소년들의 쉼터이자 보호막으로 발전했다. 특히 청소년들이 편하게 교회를 찾을 수 있도록 하기 위해 만든 '라면통장'은 성도들이 자발적으로 참여한 사랑의 기적이었다. 김규순 권사는 이렇게 회고했다. "목사님께서 라면 비용 때문에 고민하시던 모습을 보고, 성도들이 십시일반으로 통장을 만들어 매달 지원하기 시작했습니다. 하나님이 하신 일이라 믿습니다."

◀ 청소년들을 위해 맨 처음 '라면통장' 개설을 제안한 사랑의교회 김규순 권사
▼ 사랑의교회는 지역 청소년들에게 라면을 제공하는 등 청소년들의 든든한 버팀목이 되고 있다.

이 사역은 단순히 지역 청소년들을 돌보는 데 그치지 않았다. 아이들과의 지속적인 관계를 통해 교회는 그들의 삶에 직접적인 변화를 일으켰다. 16살에 가출해 교회에서 라면으로 끼니를 해결하던 A청년은 "매일 와서 허기를 달랠 수 있었던 사랑의교회가 없었다면 지금의 제가 없었을 겁니다. 교회가 저를 품어준 사랑을 통해 하나님 뜻대로 살아가고 싶습니다"라고 고백했다.

생명 사역의 확장:
독거 중년남성들을 위한 공동 부엌

청소년들뿐만 아니라 사랑의교회는 사회적 약자들로 관심을 확장하며 독거 중년남성들을 위한 '공동 부엌' 사역을 시작했다. 지역 보건소와 주민센터의 협력으로 시작된 이 프로그램은 혼자 사는 남성들에게 영양 개선과 정서적 지원을 제공하는 생명 존중 활동의 새로운 모델이 되었다.

"혼자 사시는 중년 남성들이 처음에는 씻지도 않고 오셨지만, 시간이 지날수록 삶의 활력을 되찾는 모습을 보며 큰 보람을 느꼈습니다." 최석진 목사는 이 사역의 결과로 나타난 변화를 설명하며, 단순히 음식을 나누는 것을 넘어 삶의 희망과 의미를 전하는 계기가 되었음을 강조했다. 프로그램에 참여했던 B성도는 이렇게 말했다. "교회가 작고 성도도 적지만, 공동 부엌을 통해 많은 생명을 살리는 일에 동참하게 되었습니다. 사랑의교회가 보여준 헌신은 다른 큰 교회도 하지 못한 대단한 일입니다."

혼자 사는 중년남성들의 영양개선과 정서적 지원을 위해 지역 보건소와 주민센터가 사랑의 교회와 협력해 실시하고 있는 공동 부엌 프로그램

자살예방 교육과 생명보듬주일   사랑의교회의 생명 존중 사역은 자살예방 활동을 통해 지역사회와 더욱 깊이 연결되었다. 최석진 목사는 지역 학교와 상담센터, 보건소와 협력하며 자살예방 강사로서 생명 존중의 가치를 전파했다. 매년 9월 10일 세계자살예방의 날을 기념해 진행되는 '생명보듬주일'은 교회가 생명의 가치를 되새기고 지역사회에 생명 사랑을 확산하는 중요한 계기가 되었다.

최 목사는 생명보듬주일 설교에서 이렇게 말했다. "하나님께서는 한 사람 한 사람을 위해 주님까지 십자가에 내어주셨습니다. 우리가 사람과 생명을 소중히 여길 때 하나님께서는 반드시 기뻐하시며 우리의 삶을 선한 뜻 가운데 인도하실 것입니다."

사랑의교회의 생명 존중 사역은 '라이프호프기독교자살예방센터'가 수여하는 '생명보듬상'을 수상하며 그 가치를 인정받았다. 조성돈 라이프호프기독교자살예방센터대표는 사랑의교회를 "작은 교회지만 지역사회와 협력하며 생명의 네트워크를 만들어가는 새로운 모델"이라고 평가했다.

한국교회:
생명 존중 문화 확산시켜야   최석진 목사는 한국교회가 다시금 생명의 소중함을 깊이 이해하고, 이를 중심으로 한 사역을 강화해야 한다고 힘주어 말했다. 최 목사는 현대 사회가 물질적 풍요와 과학의 발달 속에서도 생명의 진정한 가치를 점차 잃어가고 있다고 진단하며, 한국교회가 이에 대한 책임감을 가지고 생명 존중과 사람을 존중하는 문화를 확산시키는 데 더욱 집중해야 한다고 강조했다.

"우리가 사는 세상은 겉으로는 풍요롭고 편리해 보이지만, 실제로는 사랑이 식어가고 생명의 소중함이 잊혀져가고 있는 시대를 맞고 있습니다. 한국교회가 생명을 살리는 일에 앞장서야 합니다. 그 어떤 프로그램이나 활동보다도, 생명을 향한 진정한 사랑과 섬김이 필요한 때입니다. 교회는 생명을 살리는 기관이 되어야 하며, 세상의 아픔 속에서 소망이 되어야 합니다."

최 목사의 바람은 단지 사랑의교회에 국한된 것이 아니다. 그는 한국교회가 사회의 구석구석에 스며들어 이웃의 고통을 덜고, 생명을 지키는 공동체로 자리 잡기를 간절히 소망하고 있다. "사람들이 가장 힘든 순간에 '교회라면 도움을 받을 수 있을 거야'라고 생각하게 해야 합니다. 교회는 언제나 문이 열려 있고, 생명을 살리는 공동체로서의 역할을 충실히 해내야 합니다. 이것이 예수님께서 이 땅에 주신 사명이라고 믿습니다."

미래를 향한 사랑의 비전   사랑의교회는 앞으로도 생명을 품고 사랑을 나누는 교회의 비전을 이어갈 계획이다. 청소년들에게는 쉼과 위로를, 독거남성들에게는 정서적 지지와 공동체의 따뜻함을, 자살위험군에게는 생명 존중의 메시지를 전하는 사역을 지속적으로 확장하고 발전시킬 예정이다.

최석진 목사는 사랑의교회가 작고 연약해 보이지만, 그 안에 담긴 진심과 헌신은 하나님께서 크게 사용하실 것이라고 확신했다. "우리는 우리의 능력으로 결과를 만들려고 하지 않습니다. 결과는 하나님께 맡기겠습니다. 하지만 우리가 사랑과 생명이라는 가치를 붙잡고 그것에 집중한다면, 하나님께서 그 뜻을 이루실 것을 믿습니다. 사랑이 있는 곳에 기적이 일어나고, 생명이 살아나는 역사가 이어질 것입니다."

사랑의교회의 모든 사역은 생명을 중심에 두고, 그 생명을 하나님 안에서 더욱 풍성하게 꽃피우는 것을 목표로 삼고 있다.

"우리가 하는 모든 일은 하나님의 사랑에서 출발합니다. 하나님의 사랑을 전하는 도구가 될 때, 교회는 진정한 의미를 얻게 됩니다. 그 사랑을 받은 사람들이 또 다른 생명을 품고 사랑을 전하는 선순환을 만들어가는 것이 사랑의교회의 목표입니다."

작지만 강한 사랑의교회는 하나님의 은혜를 품고, 이웃과 세상에 사랑과 생명의 씨앗을 뿌리며 새로운 비전을 향해 나아가고 있다.

노숙인들의 자활 돕는 '산마루예수공동체'

산마루교회: 이주연 목사

산마루교회는 초대교회의 정신을 현대 속에서 되살리며, 노숙인과 상처받은 이들에게 치유와 회복의 길을 제시하는 사랑의 공동체다. 이주연 목사의 섬김과 헌신 아래, 산마루예수공동체는 단순한 도움을 넘어 자립과 희망을 심어주는 공간으로 자리 잡았다. 농사를 통해 생명의 가치를 배우고, 기도와 나눔 속에서 하나님의 은혜를 경험하며, 새로운 삶으로 나아가는 이들의 이야기는 오늘날 교회가 가져야 할 소명을 다시금 일깨운다. "뜻이 하늘에서 이루어진 것처럼 땅에서도 이루어지기를" 바라는 그들의 여정은 우리 모두에게 깊은 감동과 도전을 선사한다.

서울 마포구의 한 지하에서 시작된 산마루교회는 지역 교회 이상의 꿈을 품었다. 예수 그리스도의 사랑을 삶으로 증명하고, 상처받은 이들의 치유와 회복을 돕는 공동체가 되는 것. 이 목표는 작은 교회와 신앙 공동체의 경계를 넘어 예수님의 참된 제자로서의 삶을 살고자 했던 신념에서 비롯되었다. 산마루교회의 역사와 사역은 단순히 한 교회의 이야기가 아니다. 그것은 "뜻이 하늘에서 이루어진 것처럼 땅에서도 이루어지기를" 간절히 기도하는 신앙 여정이다.

산마루교회의 태동과 사역의 시작

1990년대 후반, 이주연 목사와 소수의 교우들로 시작된 산마루교회는 처음부터 쉽지 않은 여정을 걸어왔다. 교회가 세상 안에서 어떤 역할을 해야 하는가에 대한 고민은 곧 '섬기는 교회'라는 정체성을 만들어냈다. 특별히 서울역 주변에서 만난 노숙인들은 산마루교회의 사역 방향을 결정짓는 계기가 되었다. 굶주림에 허덕이고 추위에 떨며 희망을 잃어버린 이들과의 만남은 교회의 본질적 역할을 다시금 상기시켰다.

산마루교회는 단순한 구호 활동에 머물지 않았다. 그들은 매주 아침 7시 30분, '이웃사랑 예배'를 통해 노숙인들을 초대했다. 이 예배는 영혼을 위로할 뿐 아니라 그들에게 하나님의 자녀라는 정체성을 심어주고, 새로운 삶의 가능성을 열어주는 기회였다. 그 속에서 노숙인들은 인간다운 존엄과 신앙적 회복을 경험했고, 교회와 공동체는 그들과 함께 울고 웃으며 성장했다.

성장의 딜레마:
섬김의 교회로 나아가다

조기 사역은 여러 도전에 직면했다. 산마루교회는 성장하는 교회냐, 섬기는 교회냐의 기로에서 후자를 선택했다. "우리가 성장하는 교회가 아니라 섬기는 교회가 되어야 한다는 깨달음이 있었습니다. 그 선택은 노숙인 목회에 깊이 헌신하는 계기가 되었습니다." 이주연 목사의 고백은 당시의 결정을 잘 보여준다.

노숙인 사역은 단순한 한 끼 식사 제공이나 일회성 도움으로는 끝날 수 없는 문제였다. 노숙인들의 내면에는 깊은 상처가 있었고, 그들의 삶을 변화시키기 위해서는 삶의 방식 자체를 새롭게 세워야 했다. 산마루교회는 이들에게 자립과 자활을 목표로 하는 장기적인 사역을 계획하기 시작했다. 이 과정에서 교회는 도시

영성일기를 쓰며 하루를 마감하는 산마루예수공동체의 가족들

주일 오전 노숙인예배

농장에서 일하고 있는 산마루예수공동체의 가족들

의 편리함과 안정된 환경을 넘어, 한적한 자연 속에서의 치유와 회복을 실현하기 위한 새로운 공간으로 나아가게 되었다.

평창으로의 이주:
생명의 땅을 일구다

강원도 평창의 한적한 산골짜기는 산마루교회가 꿈꾸던 '하늘의 뜻이 땅에서 이루어지는' 공간이 되었다. 이곳에 세워진 '산마루예수공동체'는 노숙인의 쉼터가 아니라, 자립과 회복을 이루는 살아 있는 공동체였다. 버려진 땅을 개간하며 시작된 이곳에서, 산마루의 가족들은 자연과 함께하며 생명의 소중함을 배우고 있다.

"농사는 단순한 노동이 아니라 생명을 키우는 일입니다. 씨를 뿌리고 물을 주며 자라는 것을 보며 사람들도 변화합니다. 땅과 함께 자라고, 그 안에서 하나님이 주신 생명의 신비를 경험하게 됩니다." 이주연 목사의 말처럼, 농사는 단순히 먹고 살기 위한 수단이 아니라, 공동체 가족들이 하나님과 자연을 통해 치유 받는 도구였다. 지난해(2022년) 약콩 1톤을 수확한 성과는 이곳에 새겨진 땀과 기도의 결실이었다.

평창의 대자연 속에서 산마루 공동체는 특별한 프로그램 없이도 치유와 회복을 경험하고 있다. 매일 아침 기도회로 하루를 시작하며, 말씀 묵상과 노동 속에서 자신을 돌아보고 새로운 삶을 꿈꾼다. 공동체의 가족들은 "여기서는 모든 것이 새롭게 보인다. 내가 하나님의 사랑 안에 있음을 매 순간 느낀다"고 입을 모은다.

변화의 이야기:
한 사람 한 사람의 회복   산마루예수공동체에서 회복의 기적은 날마다 일어나고 있다. 서울역에서 알코올 중독으로 방황하던 이 모 씨는 지금은 술을 끊고 건강한 삶을 살고 있다. 그는 "매일 술로 시작하고 끝나던 내 삶이, 이제는 기도와 감사로 시작된다"고 고백한다. 공동체의 사랑과 하나님의 은혜가 그의 인생을 바꾼 것이다.

또한, 꿈을 잃고 방황하던 청년 김 모 씨는 산마루 공동체에서 인테리어, 목공, 요리 등을 배우며 삶의 새로운 방향을 찾았다. 그는 "여기서 많은 것을 배우며 하고 싶은 일들이 생겼다. 이제는 꿈을 꾸는 법을 배웠다"며 감사를 전한다.

신앙적 갈등과 방황 끝에 공동체를 찾은 정 모 씨는 "이곳에서 하나님의 나라를 이루는 사명을 깨달았다. 단순한 치유를 넘어 하나님과의 관계를 회복하며 새로운 삶을 시작했다"고 말했다. 이들의 이러한 변화는 단순히 외적인 변화가 아니라, 내면의 깊은 회복과 신앙적 성숙의 결과였다.

세상을 향한 비전:
희망의 씨앗을 심다   산마루교회의 궁극적인 비전은 단순히 노숙인을 돕는 것을 넘어선다. 이들은 '초대교회 유무상통 공동체의 현대적 실현'이라는 더 큰 그림을 그리고 있다. 이주연 목사는 "우리는 세상 속 작은 하나님 나라를 이루는 것이 목표입니다. 한 사람이 변화될 때 그 변화가 세상으로 확장될 수 있다는 믿음이 있다"고 강조한다.

현재 산마루 공동체는 자립한 이들이 다시 서울역으로 나아가 노숙인들을 돕는 선순환 구조를 만들어가고 있다. 한 사람이 회복되면 또 다른 사람의 회복에 씨앗이 되고, 그 씨앗이 점점 넓은 땅에 뿌려져 열매를 맺는다. 이 과정은 초대교회의 정신을 현대에 되살리는 일이자, 하나님 나라의 확장을 실현하는 과정이다.

끝맺는 소망:

땅에서도 이루어지는 하나님 나라

"뜻이 하늘에서 이루어진 것처럼 땅에서도 이루어지기를." 산마루교회의 기도는 그들의 삶 속에서 조금씩 이루어지고 있다. 평창의 산골에서 시작된 이 작은 공동체는 단순히 교회의 테두리를 넘어, 세상 곳곳에 하나님의 사랑을 심는 사역으로 나아가고 있다. 이곳의 가족들은 각자의 아픔을 딛고 새로워지는 과정을 통해, 예수님의 사랑이 얼마나 실질적이고 강력한지 직접 증명하고 있다. 이들의 변화는 단지 개인의 치유로 그치지 않고, 세상에 희망의 등불을 밝히는 또 다른 시작이 되고 있다.

농장에서 흙을 만지며 씨앗을 심고, 자라나는 생명을 돌보는 이들의 손길에는 단순한 노동 이상의 의미가 담겨 있다. 그것은 생명을 살리는 하나님의 창조 사역에 참여하는 것이며, 동시에 자신과 주변을 새롭게 세워가는 회복의 여정이다. 땀 흘려 거둔 작물은 단순한 양식 이상의 사랑의 열매로 맺어지며, 나눔을 통해 또 다른 사람들의 삶을 풍요롭게 한다. 이러한 작은 실천 속에서 산마루는 하나님 나라의 원리를 삶으로 살아내고 있다.

산마루교회가 품고 있는 비전은 단순히 이곳에 머물지 않는다. 노숙인들과 청년들의 치유와 자립은 시작에 불과하다. 그들이 다시 세상으로 나아가 삶의 주체로 서는 과정은 또 다른 생명을 살리고, 새로운 공동체를 세우는 씨앗이 된다. 산마루가 뿌린 사랑과 희망의 씨앗은 그들의 손길을 통해 세상 곳곳에서 꽃을 피울 것이다. 더 나아가, 산마루는 이 땅에서 이루어질 하나님 나라의 모습을 보여주는 등불로서, 더 많은 교회와 공동체가 이 길을 함께 걸어가기를 소망하고 있다.

강원도 평창 산마루예수공동체에서 인터뷰하고 있는 이주연 목사

이주연 목사는 이렇게 고백한다. "우리가 이룬 것은 아무것도 없지만, 하나님이 이루신 일들은 놀랍습니다. 우리가 할 일은 그분의 손길에 순종하며 씨를 뿌리는 것뿐입니다." 이러한 겸손한 순종의 삶 속에서, 산마루 공동체는 이 세상 속에서 하늘의 뜻이 이루어지는 작은 천국의 모델이 되어가고 있다.

결손가정 자녀들의 '보금자리'

비전명성교회: 임순철 목사

비전명성교회는 작지만 강력한 사랑과 헌신으로 결손가정 아이들에게 보금자리와 가족의 따뜻함을 제공하는 교회다. 고아 출신 임순철 목사와 신주아 사모의 삶은 상처를 사명으로 승화시키며, 청소년들에게 무조건적인 사랑과 이해를 통해 새로운 꿈과 희망을 심어주고 있다. 월세 걱정과 열악한 환경 속에서도 15명의 아이를 품고, 그들이 자립할 수 있도록 지원하는 교회의 모습은 세상을 변화시키는 사랑의 실천을 보여준다. 비전명성교회는 아이들에게 가족과 같은 존재로 자리 잡으며, 그들이 희망을 꿈꾸는 공간으로 빛나고 있다. 이들의 이야기는 사랑의 힘이 어떻게 세상을 변화시킬 수 있는지를 보여주는 아름다운 사례이다.

임순철 목사·신주아 사모의
사랑과 헌신

서울 구로구 고척동의 한 건물 3층, 비전명성교회는 작지만 강력한 사랑과 헌신으로 결손가정 아이들의 삶을 바꾸고 있다. 교회 건물 자체는 협소하고, 교회 내 재정적 어려움은 심각하지만, 이곳은 상처받은 아이들에게 가족이자 집이 되어주는 공간이다. 임순철 목사와 신주아 사모의 사역은 그들의 헌신이 세상을 변화시킬 수 있음을 보여주는 특별한 이야기로 가득하다.

비전명성교회의 시작은 단순히 사역의 필요성에서 출발한 것이 아니다. 그것은 목사와 사모가 경험한 깊은 상처에서 비롯되었다. 임 목사는 어린 시절 고아로 자라며 부모의 사랑을 경험하지 못했다. 생모가 어디 있는지도 모르던 어린 시절, 그는 자신이 세상으로부터 버림받은 존재라는 상처를 품고 살아왔다. 이런 상처는 그를 하나님 앞으로 이끌었고, 훗날 거리에서 만난 한 아이를 통해 사명을 확신하게 만들었다.

신주아 비전명성교회 사모

"제가 고아로 자라서인지 버려진 아이들을 보면 그들의 상처가 제 마음에 그대로 전해지는 것 같아요. 요한이라는 아이의 할머니가 전도지를 들고 교회에 찾아오며 시작된 이야기는 제 삶의 중심이 되었죠. 그 아이와 그의 친구들이 교회에 모이기 시작하면서 제가 받은 하나님의 사랑을 나누는 것이 제 사명임을 깨달았습니다."

이렇게 시작된 비전명성교회의 결손가정 자녀 섬김 사역은 이제 15명의 아이에게 집과 같은 공간을 제공하는 큰 나무로 성장했다. 비좁고 열악한 교회 공간이지만, 그 안에는 상처를 감싸 안는 사랑이 가득하다.

신앙생활의 실천으로서의 섬김

임순철 목사의 곁에는 그를 든든히 지지하며 사역의 중심에서 헌신하는 신주아 사모가 있다. 신 사모는 뒤늦게 청소년 교육학을 공부하며 청소년 지도사 자격증까지 취득했다. 하지만 사모의 헌신은 단순한 교육적 접근을 넘어 아이들의 삶을 함께 살아가는 데 있다. 그녀는 단순히 돌봄을 제공하는 것을 넘어 아이들의 마음을 이해하고, 그들을 사랑으로 품어주는 것이 자신에게 주어진 사명임을 확신한다.

"아이들과 함께하는 것이 너무 기뻐요. 하나님께서 저희 부부에게 이런 사명을 주셨다는 사실에 감사하고 있습니다. 우리의 삶은 부족하지만, 하나님께서 채워주시는 은혜로 이 아이들과 함께할 수 있어 행복합니다. 섬김은 단순한 행동이 아니라 신앙생활의 실천입니다."

신주아 사모의 사랑은 단순히 말에서 그치지 않는다. 그녀는 아이들이 교회에서 생활하며 안정감을 찾을 수 있도록 엄마처럼 돌보고, 친구처럼 함께한다. 때로는 그들의 사춘기 반항을 이해하고 품는 것도 그녀의 몫이다. "아이들은 이해

임순철 목사가 전도하다 만난 한 아이로부터 시작된 비전명성교회의 결손가정 자녀 섬김이 지금은 이들의 보금자리가 됐다.

하지 않으면 품을 수 없어요. 온전한 가정에서 자라지 못한 결손 아이들은 상처와 모난 부분이 많기 때문에 사랑으로 품고 기다리는 것이 가장 중요합니다."

새로운 꿈을 꾸는 아이들 비전명성교회에서 자란 아이들은 단순히 상처를 치유받는 것을 넘어 새로운 꿈을 꾸기 시작했다.

이호철(가명) 청년은 교회를 자신의 가족이라고 부른다. 한 부모 가정에서 자란 그는 "가족이란 의미를 몰랐던 내가 이곳에서 가족 같은 사랑을 배웠다"며 목사님과 사모님을 자신의 부모님 같은 존재로 여긴다. 그는 바리스타라는 꿈을 키우며 스스로의 삶을 개척해나가고 있다.

"저는 처음엔 종교에 관심도 없었고, 하나님을 믿는 것조차 이해하지 못했어요. 그런데 교회를 다니면서 마음의 의지처가 생기고, 새로운 희망을 볼 수 있었습니다. 저는 목사님과 사모님을 통해 무조건적인 사랑과 헌신이 어떤 것인지 알게 되었어요." 김상호(가명) 청년은 웹툰 작가가 되는 꿈을 품고 있다. 그림을 통해 자신만의 이야기를 표현하고 싶다는 그는, "교회의 사랑과 지지가 없었다면 지금의 꿈조차 없었을 것"이라고 고백한다. 그는 자신이 작가로서 성공하면 받은 사랑과 은혜를 돌려주고 싶다고 말했다.

재정적 어려움 속에서도 이어지는 헌신

비전명성교회의 현실은 결코 녹록하지 않다. 이 작은 교회는 매달 밀려오는 재정적 압박 속에서도 15명의 결손가정 아이들을 품고 그들의 미래를 열어주기 위해 헌신하고 있다. 임순철 목사는 목회자로서의 사명을 넘어선 아버지의 마음으로 이 아이들을 돌보고 있지만, 매달 치러야 하는 월세와 운영비는 그에게 무거운 짐으로 다가온다. 교회의 재정은 턱없이 부족하고, 아이들의 생활비와 학비를 충당하기 위해 임 목사는 때로는 자신의 신용을 담보로 빚을 내는 일조차 마다하지 않는다.

"저희 교회는 세를 내고 있습니다. 하지만 매달 나가는 월세가 너무나 큰 부담입니다. 이 아이들을 위해 더 이상 상처받지 않는 환경을 제공하려면, 교회가 안정적인 보금자리로 남아야 하는데, 재정적 한계가 크다 보니 어려움이 많습니다." 임 목사의 눈빛에는 재정적 어려움에 대한 걱정과 이 아이들을 결코 포기할 수 없다는 결의가 동시에 서려 있었다. 월세는 단순한 금전적 문제를 넘어, 교회와 아이들 모두에게 삶의 터전을 잃을지도 모른다는 두려움으로 다가온다. 하지만 비전명성교회는 재정적 어려움 앞에서도 굴하지 않고, 희망의 끈을 놓지 않으며, 오직 하나님께 기도로 간구한다.

임순철 목사의 끝없는 기도와 희망

임순철 목사는 매일 무릎을 꿇고 아이들을 위한 기도를 올린다. 그의 기도는 단순한 요청이 아니라, 아이들 한 명 한 명에 대한 간절한 사랑의 표현이자, 삶을 변화시키는 강력한 믿음의 행위다. 그는 기도 속에서 "한 아이도 낙오자가 없도록 끝까지 하나님께서 이 아이들을 보호해주시길" 간절히 바란다. 결손가정이라는 아픔을 안고 살아가는 이들에게, 임 목사의 기도는 따뜻한 빛이 되어 그들의 마음속 깊이 스며든다. 그가 올리는 기도는 결코 형식적인 것이 아니다. 아

청소년들을 위해 기도하고 있는 임순철 목사

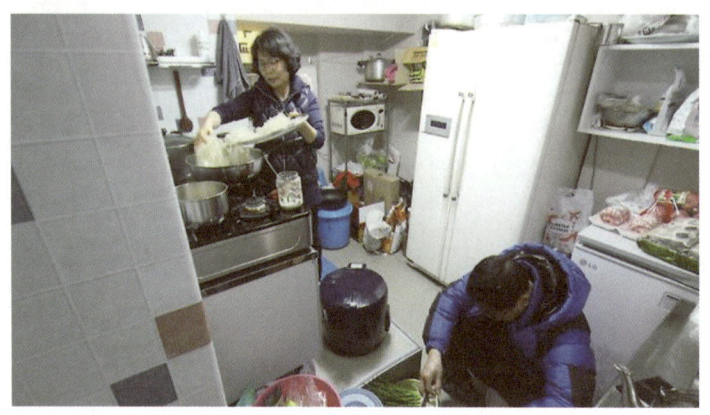
청소년들을 위해 맛있는 식사를 준비하고 있는 임순철 목사 부부

이들을 향한 그의 눈물과 마음은 기도 속에서 드러나며, 그 기도는 곧 이들의 상처를 치유하고, 새로운 생명력을 불어넣는다.

"저는 하나님께서 주신 사명을 끝까지 감당하겠다고 다짐하고 있습니다. 이 아이들이 세상에서 빛과 소금의 역할을 감당하며, 스스로가 소중한 존재임을 깨달을 수 있도록 돕는 것이 제 꿈입니다." 임 목사는 세상이 이들에게 가혹하게 다가올 때조차, 하나님께서 이들의 손을 꼭 잡아주시기를 바란다.

아이들을 위한 임 목사의 사랑은 일상 속 작은 행동들에서도 드러난다. 배고픈 아이에게 밥을 해주는 손길, 어려운 상황 속에서 용기를 북돋아주는 따뜻한 말, 그리고 지칠 때마다 쉬어갈 수 있도록 열어둔 교회 문은 임 목사가 가진 사랑의 본질을 보여준다. 아이들을 향한 그의 헌신은 단순히 이들에게 필요한 것을 제공하는 것을 넘어, 그들에게 꿈과 희망을 심어주는 행위이다.

"이 작은 교회에서 시작된 우리의 사역이 세상 속에서 더 큰 사랑으로 번져가길 바랍니다. 하나님께서 이곳에 심으신 사랑의 씨앗이 언젠가 열매 맺어 세상을 변화시키기를 간절히 기도합니다." 그의 목소리에는 단순한 바람을 넘어선 확신이 담겨 있었다. 그는 자신이 씨앗을 심는 농부와 같다는 생각으로, 이 작은 교회를 통해 시작된 사랑이 세상 구석구석으로 퍼져 나가기를 간절히 꿈꾼다.

비전명성교회는 비록 작은 규모의 교회이지만, 그 안에서 아이들에게 쏟아지는 사랑과 헌신은 그 어떤 대형 교회에서도 찾아볼 수 없는 깊이를 자랑한다. 이곳에서 자란 아이들은 단순히 교회의 수혜자가 아니라, 그 안에서 새로운 가족을 만나고, 인생의 진정한 가치를 배운다. 이 교회는 단순히 종교적인 의미를 넘어, 아이들이 다시 일어서고 세상을 향해 나아갈 힘을 얻는 진정한 안식처가 된다.

임순철 목사와 신 사모는 이 교회를 통해 아이들에게 더 나은 내일을 선물하고자 한다. 이 작은 공간에서 시작된 사랑이 이 아이들의 삶을 바꾸고, 더 나아가 세상에 선한 영향을 끼치기를 바라는 마음은 이 교회의 가장 큰 비전이다.

비전명성교회의 이야기는 작은 교회가 세상을 어떻게 변화시킬 수 있는지, 그리고 한 사람의 헌신이 얼마나 큰 파장을 일으킬 수 있는지를 생생히 보여주는 사례다. 이들의 헌신과 사랑은 단순히 교회 안에 머무는 것이 아니라, 이곳을 거쳐 간 모든 이들의 마음에 깊은 울림을 남긴다. 이러한 이야기는 우리 모두에게 사랑이 가진 진정한 힘을 일깨워 주며, 더 나아가 행동으로 사랑을 실천할 용기를 준다.

임 목사의 기도처럼, 이 작은 교회에서 시작된 사랑이 세상 곳곳으로 퍼져나가 더 많은 사람들에게 희망을 전할 날이 오길 바란다. 그들의 헌신은 단순히 현재를 채우는 것이 아니라, 미래를 바꾸는 씨앗이 되고 있다.

교회와 세상을 잇는 '복음의 다리'

수표교교회: 김진홍 목사

수표교교회와 성육보육원의 이야기는 한국 근현대사의 깊은 상처 속에서 피어난 희망의 기록이다. 전쟁고아들을 돌보며 시작된 성육보육원은 지난 70년간 아이들의 삶을 품고 치유하며 새로운 출발을 도왔다. 부모의 학대나 방임으로 고통받는 아이들은 보육원에서 다시 웃음을 찾고, 퇴소 이후에도 지원을 받으며 꿈을 향해 나아간다. 김진홍 목사는 교회가 하나님과 세상, 사람과 사람을 연결하는 다리로서 역할을 다해야 한다고 강조한다. 성육보육원은 단순한 복지 시설이 아니라 진정한 가정을 잃은 아이들에게 사랑과 희망을 제공하는 터전이다.

수표교교회의 다리,
사랑으로 세상을 잇다

서울 서초구의 한적한 골목길을 걷다 보면, 조용한 아늑함 속에서 묵묵히 113년 역사를 품고 있는 수표교교회를 마주하게 된다. 이 교회는 이름만 들어도 묘한 울림을 준다. 청계천의 물 높이를 재던 수표와 그 곁의 다리에서 유래한 이름처럼, 수표교교회는 시대의 고난 속에서도 사람과 사람, 그리고 세상과 신앙을 잇는 다리 역할을 자처해왔다. 그 다리 위에는 어린 생명들을 향한 무한한 사랑이 빛나고 있다. 그 사랑의 발현이 바로 성육보육원이다.

성육보육원은 전쟁의 폐허 속에서 태어난 한 건물이 아니다. 그것은 사랑과 신앙이 만나 세상을 향한 섬김으로 변화된 공간이다. 오늘날까지 이어지고 있는 이곳의 이야기는, 어떻게 작은 헌신이 깊고 넓은 사랑으로 번질 수 있는지를 보여준다.

전쟁 한가운데서 피어난 사랑의 씨앗

1952년, 한반도를 휩쓴 전쟁의 비극은 수많은 어린 생명들에게 가족과 집을 앗아갔다. 길거리를 떠돌던 아이들은 추위와 배고픔 속에서 하루하루를 버티는 것조차 기적이었다. 그들의 울음소리는 차갑고 삭막한 세상 속에서 희미하게 사라져갔다. 이때, 한 줄기 희망의 빛이 어둠 속에서 피어났다. 평택의 한적한 시골 마을에서, 미군들의 작은 기부와 교회 공동체의 헌신으로 성육보육원이 문을 연 것이다.

처음 보육원이 설립되었을 때는 단 몇 명의 아이들을 돌보는 작은 쉼터에 불과했다. 그러나 그 작은 시작이 곧 커다란 물결이 되었다. 이후 수표교교회가 이 보육원의 운영을 맡으며, 보육원은 단순히 몸만 쉬는 장소가 아닌, 마음까지 치유하고 꿈을 꾸게 하는 사랑의 공간으로 변모했다.

아픔을 딛고 일어선 아이들

성육보육원은 그저 아이들을 보호하는 공간이 아니라, 아이들에게 새 삶을 시작할 기회를 제공하는 곳이다. 오늘날 이곳에는 3세부터 18세까지의 아이들 약 50명이 가족처럼 생활하고 있다. 이들 대부분은 부모의 학대와 방임 속에서 상처를 입고 이곳으로 왔다. 이들의 몸은 물론 마음까지 치유하는 것이 보육원의 중요한 역할이었다.

최미예 원장은 이렇게 회상한다. "아이들 대부분이 깊은 마음의 상처를 안고 있습니다. 특히 친부모로부터 받은 학대는 아이들의 자존감을 무너뜨리고, 자신을 쓸모없는 존재로 여기는 근본적인 두려움을 심어 놓습니다."

그중 한 아이의 이야기가 있다. 그는 부모의 폭력 속에서 자랐고, 그 경험은 분노 조절 장애로 이어졌다. 자해와 폭력적 행동을 일삼던 그는 보육원에 들어와서도 오랫동안 다른 아이들과 어울리지 못했다. 그러나 보육원 직원들의 끊임없는 돌봄과 전문적인 심리 치료를 통해, 아이는 조금씩 마음을 열었다. 몇 년이 지나자 그의 눈빛은 분노 대신 희망으로 채워졌다. 그리고 그는 자신이 원하는 미래

수표교교회가 처음 세워진 옛 청계천 수표교다리와 수표교교회 모습

를 스스로 계획하고 실천하기 시작했다.

최 원장은 "그 아이가 웃으며 '저는 이제 제 꿈을 이룰 거예요'라고 말했을 때, 그동안의 모든 수고가 보람으로 다가왔다"고 했다. 이는 성육보육원의 존재 이유를 보여주는 중요한 메시지다.

떠난 뒤에도 이어지는 끈끈한 관계   성육보육원에서 자란 아이들은 법적으로 20세가 되면 퇴소해야 한다. 그러나 보육원을 떠난 이후의 삶은 그들에게 또 다른 장벽과 같다. 그동안 누군가의 돌봄과 보호 아래에서 생활하던 아이들에게는 사회라는 거대한 무대가 낯설고 두렵게 다가오곤 한다. 사회 속에서 자립해야 한다는 책임감은 물론, 익숙지 않은 환경에서 홀로 서야 한다는 고립감은 그들에게 큰 심리적 부담으로 작용한다. 이러한 상황은 때로는 경제적인 어려움뿐 아니라 정서적 외로움으로도 이어지며, 이들이 새로운 환경에 안정적으로 적응하기 위해서는 많은 지원과 관심이 필요하다.

이를 누구보다 잘 이해하고 있는 수표교교회는 보육원 퇴소생들이 퇴소 후에도 꿈을 잃지 않고 사회 속에서 건강하게 자립할 수 있도록 다양한 지원 프로그램을 운영하고 있다. 교회는 먼저 퇴소생들이 학업이나 직업 훈련을 이어 나갈 수 있도록 장학금을 마련해 재정적인 지원을 아끼지 않는다.

또한, 정기적인 멘토링 프로그램은 퇴소생들에게 특별한 의미를 더한다. 교회의 멘토들은 단순히 조언을 건네는 역할을 넘어, 인생의 동반자로서 아이들의 성장 과정을 지속적으로 지켜보고 지원한다. 퇴소생들이 직면한 어려움이나 고민을 나누며 함께 해결책을 모색하고, 이들의 정서적 안정과 자신감을 높이는 데 큰 도움을 주고 있다. 이 같은 멘토링은 퇴소생들에게 단절이 아닌 연결의 의미를 부여하며, 사회 속에서 진정으로 자신을 이해하고 응원해주는 존재가 있다는 사실을 깨닫게 한다.

더불어, 교회는 퇴소생들이 다시 모일 수 있는 만남의 장을 제공함으로써 그들 간의 유대감을 유지할 수 있도록 돕는다. 이 만남의 장은 단순한 재회의 자리를 넘어 서로의 어려움을 나누고 공감할 수 있는 소통의 공간이다. 보육원 시절의 추억과 경험을 공유하며, 각자가 처한 상황에서 느끼는 어려움과 도전들을 털어놓는 자리에서 서로 의지와 위로를 얻는다. 이는 퇴소생들이 다시 한번 자신의 길을 걸어갈 수 있는 힘을 얻는 원동력이 된다.

사랑을 배우고 나누는 자리 성육보육원이 만들어내는 가장 아름답고 따뜻한 풍경은 매년 여름, 성경학교에서 펼쳐진다. 이 특별한 시간은 수표교교회의 청년들이 보육원을 찾아와 아이들과 함께하며 사랑을 나누는 축제 같은 자리다. 성경학교는 단순히 종교적인 행사를 넘어, 서로 다른 세대와 삶을 살아온 사람들이 마음을 나누며 하나 되는 소중한 시간이 된다.

청년들이 보육원에 도착하는 순간부터 그곳은 웃음과 환호로 가득 찬다. 아이들은 마치 오랫동안 기다려온 가족을 맞이하듯 기쁨에 찬 얼굴로 청년들을 맞이한다. 아이들이 보여주는 그 환한 미소와 반짝이는 눈빛은, 이 시간이 얼마나 그들에게 특별한 의미를 가지는지 여실히 보여준다. 청년들도 마찬가지다. 매년 같은 자리를 찾으며 아이들을 위해 준비해온 것들을 풀어내는 순간, 그들의 얼굴에도 설렘과 기쁨이 가득하다.

청년들은 아이들과 손을 맞잡고 온 마음을 다해 뛰놀고, 웃으며, 한 아이 한 아이에게 진심으로 다가간다. 풍선 놀이, 그림 그리기, 찬양과 율동, 그리고 단순하지만 서로의 눈을 맞추며 나누는 따뜻한 대화는 아이들에게 사랑의 의미를 가르치는 소중한 순간이 된다.

최 원장은 이 시간을 이렇게 표현한다. "청년들이 아이들의 손을 잡아줄 때, 그 손을 통해 아이들은 '나는 사랑받는 존재구나'라는 마음을 느끼게 됩니다. 이 경험은 아이들의 마음속 깊은 곳까지 위로를 전해주고, 그들이 세상 속에서 자신이 소중한 존재라는 사실을 깨닫게 해줍니다."

아이들에게는 이 시간들이 그저 즐겁기만 한 날이 아니다. 이는 그들의 삶에서 드물게 느껴보는 깊은 사랑과 관심을 경험하는 기회다. 어쩌면 아이들에게는 세상에 대한 두려움이나 고립감을 잠시나마 잊게 해주는 선물과도 같다. 청년들의 품속에서, 아이들은 자신이 홀로 있지 않으며, 누군가가 자신을 위해 웃어주고 손을 내밀어준다는 사실을 배운다.

청년들에게도 성경학교는 자신이 사랑을 실천하고 나눌 수 있는 존재임을 느끼게 해주는 계기가 된다. 아이들과 보내는 시간 속에서, 그들은 '사랑이란 나누며 더 커지는 것'임을 깨닫는다. 놀이를 함께하고 아이들의 이야기에 귀를 기울이며, 청년들은 오히려 더 많은 것을 배우고 얻는다는 사실을 알게 된다.

성경학교는 이렇게 사랑을 주고받는 자리로서, 성육보육원과 수표교교회 모두에게 잊지 못할 추억을 선사한다. 해가 질 무렵, 함께 찬양을 부르며 손을 맞잡는 순간, 청년들과 아이들 모두는 말로 표현할 수 없는 따뜻함과 감동으로 가슴이 벅차오름을 느낀다. 서로를 바라보며 웃음과 눈물을 나누는 이 시간은, 서로 다른 삶을 살아온 이들이 함께 울고 웃으며 진정한 사랑을 배우는 시간이다.

성경학교는 끝났지만, 이 시간이 남긴 여운은 아이들의 마음속에 깊이 새겨져 오래도록 지속된다. 사랑을 배우고 나누는 자리는 그날의 추억으로 남아, 아이들에게는 용기와 희망을, 청년들에게는 나눔의 행복을 선사하며 모두의 삶을 조금 더 빛나게 만들어준다.

끝나지 않는 섬김의 다리

보육원과 함께 운영되는 반지마을 요양원은 어르신들에게도 존엄성을 유지하며 마지막 순간까지 평안을 누릴 수 있도록 돕는다. 이

반지마을요양원 어르신들의 놀이마당

처럼 보육원과 요양원은 서로 다른 세대를 품으며, 생애의 처음과 끝을 따뜻하게 연결한다.

수표교교회와 성육보육원이 만들어낸 사랑의 다리는 아직도 완성되지 않았다. 그들은 노숙인 밥퍼, 북한 선교, 이주민 지원 등 다양한 섬김 사역을 통해 계속해서 새로운 발자국을 찍고 있다.

김진홍 담임목사는 이렇게 강조한다. "우리는 단지 교회 건물 안에 머무는 공동체가 아닙니다. 예수님이 하늘에서 땅으로 오셨듯, 우리는 이웃에게 다가가고 세상에 손을 내밀어야 합니다."

수표교교회는 오늘도 그 다리를 놓고 있다. 아이들에게는 희망을, 어르신들에게는 평안을, 그리고 세상에는 사랑을 전하며, 이곳의 이야기는 하나님과 세상을 잇는 아름다운 다리로 계속 이어지고 있다.

도심 속 외로운 사람들의 벗… '파라솔 처치'

좋은우리교회: 장상태 목사

도심 속 작은 파라솔이 외로운 영혼들에게 쉼과 위로를 전한다. 좋은우리교회의 '파라솔 처치'는 경기도 고양시 화정역 광장에서 고민 상담을 통해 삶의 무게에 지친 사람들에게 공감과 희망을 제공한다. 단순한 상담을 넘어, 하나님의 사랑을 나누는 선교적 사역으로 자리 잡은 '파라솔 처치'는 절망 속에서 새로운 길을 찾게 돕는다. 자살 시도를 했던 이들, 고통 속에 방황하던 이들이 치유와 회복을 경험하며 새로운 삶을 살아가고 있다. 교회와 지역사회가 협력하여 만드는 이 사랑의 사역은, 더 나은 세상을 꿈꾸게 한다. '듣는 것만으로도 변화가 시작된다'는 믿음 아래, 파라솔 처치는 오늘도 누군가의 이야기에 귀 기울이고 있다.

도심의 쉼터, 마음의 파라솔:
'고민을 듣습니다'   경기도 고양시 화정역 광장, 무심히 바쁜 일상이 지나가는 이곳에 작은 파라솔이 펼쳐진다. 특별한 장식도, 거창한 안내도 없다. 오직 '고민을 듣습니다'라는 문구가 담긴 배너와 한 사람의 진심 어린 미소가 사람들을 맞이한다. 이는 '좋은우리교회'가 펼치는 '파라솔 처치'라는 독특한 사역의 현장이다. 이곳에선 크고 작은 이야기들이 흘러가며, 고단한 도시의 삶 속에 따스한 쉼과 희망을 전하고 있다.

7년 전, 장상태 목사가 파라솔 하나와 의자 두 개를 들고 길로 나선 것은 단순한 계획이 아니었다. 그것은 결심이었고, 사명이었다. 장 목사는 "사람들의 이야기를 듣자"고 결심했다. 급속도로 발전하는 도시에서 삶의 질은 높아지는 것처럼 보였지만, 그 이면에는 점점 고립되고 상처받는 사람들이 있었다. 그는 이들의 이야기를 들어주는 단순한 행동이 그들의 삶을 바꿀 수 있다는 믿음으로 이 사역을 시작했다.

처음에는 광장의 작은 자리에서 시작한 파라솔 사역이 오늘날에는 깊은 울림을 주고 있다. 파라솔 아래로 모인 사람들은 7년 동안 150명을 넘었다. 그중 절반은 이미 자살 시도를 했던 사람들이었다. 장 목사는 이런 현실 속에서 파라솔 처치의 중요성을 더욱 절감했다. 그는 "도시의 삶은 발전했지만, 그 속에서 외로움에 사로잡힌 사람들이 너무 많다"며, 그들에게 위로와 희망을 나누는 것이 교회의 역할이라고 강조했다.

경청으로 이루어진 기적

파라솔 처치의 가장 큰 특징은 '경청'이다. 장상태 목사는 어떤 화려한 설교나 종교적 권유보다도, 단순히 이야기를 들어주는 것을 중요하게 여긴다. 그의 이러한 태도는 그가 만난 내담자들의 삶을 변화시키는 원동력이 되었다.

한 번은 초등학교 6학년 학생이 찾아왔다. 왕따와 학교폭력으로 인해 자살을 세 번이나 시도했던 아이였다. 학교 옥상에서 뛰어내리려 했던 순간, 어머니의

경기도 고양시 화정역 광장에서 파라솔을 펼치고 상담하는 모습

카톡 상태 메시지에서 "내일은 나아질 거야"라는 문구를 보고 그만둔 이야기를 털어놓았다. 아이는 파라솔 아래에서 자신의 이야기를 처음으로 온전히 들어준 누군가를 만났다. 장 목사의 경청은 그 아이의 마음을 조금씩 치유했고, 더 나은 삶을 꿈꾸게 했다.

또 다른 기억에 남는 사람은 30년 동안 공장에서 일하며 홀로 딸을 키운 할머니였다. 딸이 백혈병으로 세상을 떠난 뒤, 그녀는 고독 속에서 살아가고 있었다. 딸의 사진을 보여주며 눈물짓던 그녀는 "이야기를 들어줘서 고맙다"는 짧은 한마디를 남겼다. 장 목사는 그런 그녀에게 위로와 희망을 전하며, 삶의 고통 속에서도 함께하는 사람이 있다는 것을 느끼게 했다.

삶의 고통을 이해하는 사역자:
장상태 목사의 이야기

장상태 목사가 오늘날 '파라솔 처치'를 이끌며 수많은 사람들의 고통에 귀 기울일 수 있는 데에는, 그 자신의 삶이 고통과 회복의 긴 여정이었기 때문이다. 장 목사는 안정되지 않은 가정에서 성장하며 어린 시절부터 깊은 외로움과 두려움에 시달렸다. 고등학교 시절, 극심한 불안은 그의 일상을 지배했고, 방 안의 물건을 모두 줄로 묶어 놓아야만 겨우 잠을 청할 수 있을 정도로 심리적인 불안정에 시달렸다. 이처럼 삶의 무게에 눌려 길을 잃었던 그는, 고등학교 2학년 때 수련회에서 비로소 하나님을 깊이 만나는 경험을 하게 된다.

그 순간은 단순한 종교적 체험을 넘어 그의 삶을 송두리째 바꾸는 전환점이었다. 그는 수련회에서 자신의 죄와 연약함을 직면하며 하나님 앞에 엎드렸다. "내 생을 하나님께 드리겠다"는 결심은 단순한 선언이 아니었다. 그것은 그의 마음 깊은 곳에서 우러나온, 절망 속에서 발견한 새로운 삶의 시작이었다. 수련회에서 돌아온 그는 집으로 가 어머니

장상태 목사가 도심 속 외로운 사람들의 벗이 되기 위해 파라솔 설치 도구들을 실은 리어카를 끌고 걸어가고 있는 모습

를 껴안고 자신의 삶을 새롭게 하겠다고 다짐했다. 하나님이 주신 새 삶의 방향성은 그로 하여금 목회의 길을 걷게 했고, 지금도 그는 그 다짐을 가슴에 품고 사역의 현장에서 헌신하고 있다.

하지만 그의 여정은 결코 순탄치 않았다. 그의 가정은 또 다른 고통의 무대가 되었다. 장 목사의 장모님은 중증 우울증으로 인해 오랜 시간 고통 받으며 심지어 자살 시도를 하기도 했다. 믿음이 깊었던 권사였던 장모님이었지만, 마음의 병은 단순히 신앙으로만 해결될 수 없었다. 장 목사는 장모님을 보살피며 그 고통을 온전히 받아들이고, 그 아픔 속에서 하나님께 나아갈 힘을 얻도록 돕는 데 최선을 다했다. 그러한 과정에서 그는 자연스럽게 심리학과 상담학에 관심을 가지게 되었고, 본격적으로 공부하며 상담 자격증까지 취득했다. 장 목사는 "장모님의 아픔을 이해하고 보살피는 경험이 제 사역에 있어 큰 밑거름이 되었다"며, 이 과정이 오늘날 파라솔 처치를 시작하게 된 계기 중 하나라고 고백한다.

장 목사의 아내 역시 건강상의 문제로 오랜 시간 고통을 겪었다. 한때는 교회 출석조차 어려울 정도로 몸과 마음이 약해진 그녀를 돌보며, 장 목사는 가족 안에서의 진정한 헌신이 무엇인지 체험했다. 때로는 스스로도 지치고 무너질 것 같은 순간들이 있었지만, 하나님께 의지하며 버텼다. 그는 자신의 가정 안에서 경험한 상처와 치유의 여정을 통해 고통받는 이들에게 어떻게 다가가야 하는지를 배웠다고 말한다.

이 모든 개인적인 경험들이 그를 오늘날의 사역자로, 더 나아가 '고통받는 이들의 친구'로 만들어 주었다. 장 목사는 누구보다도 고통의 언어를 잘 이해하는 사역자다. 그의 삶은 "가장 낮은 자리에서 가장 큰 사랑을 나누라"는 하나님의 메시지로 가득 차 있다. 그래서 그는 거리로 나가 외롭고 힘든 이들의 이야기를 듣는다. 그들은 때로는 그저 울음을 터뜨리며 말없이 앉아 있다 가기도 하고, 조심스레 고통의 이야기를 꺼내기도 한다. 장 목사는 그 순간마다 온 마음으로 공감하며, 말없이 함께 울어주기도 하고, 적절한 도움을 제공하기도 한다.

장 목사는 자신의 경험이 단순히 개인적인 아픔으로 끝나는 것이 아니라, 고통받는 이들을 돕는 하나님의 도구가 되기를 간절히 소망한다. 그는 이렇게 고백한다. "삶의 어두운 골짜기에서 하나님께서 나를 들어 올리셨듯이, 나 역시 누군가를 위해 작은 다리가 되고 싶습니다. 내가 걸어온 고통의 여정이, 다른 이들의 길을 밝히는 등불이 되기를 바랍니다."

그의 고백은 단순한 말이 아니라, 그의 삶이 증명하는 진리다. 장 목사는 자신의 아픔 속에서 싹튼 공감과 사랑의 씨앗을 바탕으로, 수많은 외로운 영혼들에게 희망의 손길을 내밀고 있다.

지역사회와의 협력

파라솔 처치는 개인적인 사역에 그치지 않는다. 이는 지역사회와 긴밀히 연결되어 있다. 좋은우리교회는 파주시 한빛마을 6단지 아파트와 MOU를 체결하고, 지역 주민들을 위한 다양한 봉사활동을 전개하고 있다.

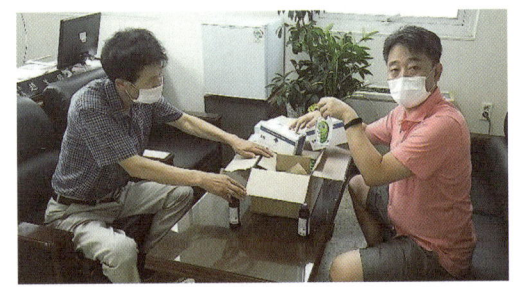

좋은우리교회는 한빛마을 6단지와 MOU를 체결하고 다양한 봉사활동을 하고 있다.

독거노인들에게 김밥을 만들어 배달하거나, 장수 사진을 찍어주는 등의 활동은 지역 주민들에게 큰 감동을 주었다.

아파트 관리사무소의 조지연 소장은 장상태 목사의 활동에 깊은 감사를 표했다. "처음엔 목사님이 우리 아파트 주민인 줄 알았다"며, "목사님이 자발적으로 도와주시니 정말 고맙다"고 말했다. 특히 코로나19로 어려웠던 시기, 방역 물품을 기증하며 주민들의 건강을 챙긴 일은 큰 호응을 얻었다. 이런 활동들은 교회가 지역사회의 중심에 자리 잡고 있다는 것을 보여준다.

선교와 상담의 새로운 가능성

장상태 목사는 파라솔 처치를 통해 선교의 새로운 가능성을 발견했다. "교회가 세상에서 빛과 소금의 역할을 해야 한다"며, 선교가 단순히 교회로 사람을 데려오는 것이 아니라, 그들의 삶을 변화시키는 데 중점을 둬야 한다고 말한다. 그의 목표는 단순히 종교적인 접근이 아니라, 고통받는 사람들에게 하나님의 사랑을 전하는 것이다.

파라솔 처치를 통해 사람들은 교회의 문턱을 넘기 전에 마음의 문을 열게 된다. 이는 선교가 단기적인 목표를 넘어서 장기적인 관점에서 이루어져야 한다는 그의 철학을 잘 보여준다. 장 목사는 "고민 상담 사역이 하나님이 주신 사명"이라며, 앞으로도 이 사역을 계속 이어 나갈 것이라고 다짐했다.

파라솔 아래에서 피어나는 희망 파라솔 처치는 단순한 상담을 넘어, 사람들의 삶에 진정한 변화를 만들어낸다. 삶의 무게를 이기지 못해 지친 이들이 이곳에서 이야기를 나누고, 위로를 얻으며, 다시 삶의 용기를 얻는다. 경청과 따스한 마음이 만들어낸 이 작은 공간은 도시의 소음 속에서 조용한 울림을 주는 희망의 공간이다.

장상태 목사는 말한다. "도시에 그늘진 곳에서 신음하는 사람들이 많습니다. 그들의 이야기를 들어주는 것만으로도 큰 변화가 일어납니다. 이 사역이 그들에게 하나님의 사랑을 경험하는 통로가 되길 바랍니다." 파라솔 처치의 이야기는 이제 막 시작되었을 뿐이다. 이 작은 파라솔 아래에서 피어나는 기적들은 앞으로도 수많은 사람들의 삶을 밝히는 등불이 될 것이다.

빛을 향한 여정… 마약 중독 청년들의 희망 이야기

세상의빛교회: 이종필 목사

세상의빛교회는 세상에 희망의 빛을 전하는 것을 사명으로 삼아, 지역사회와 전 세계를 대상으로 다양한 사역을 전개하고 있다. 특히 청소년 마약 중독 문제 해결에 깊은 관심을 두고, 중독 청소년들이 사신의 가치를 회복하며 건강한 삶을 찾을 수 있도록 돕는 프로그램을 운영 중이다. 이종필 목사가 이끄는 세상의빛교회는 소외된 이웃들에게 실질적인 지원을 제공하며, 그리스도의 사랑을 삶으로 실천하는 데 중점을 둔다. 이러한 노력은 단순히 일회성의 도움에 그치지 않고, 지속적인 관계와 섬김을 통해 이웃들에게 희망과 치유를 전하는 데 큰 역할을 하고 있다.

교회의 비전,
세상을 비추는 그리스도의 빛

이종필 담임목사는 세상의빛교회를 단순히 지역 내 하나의 교회로 머물게 하지 않았다. 그의 비전은 '하나님의 나라가 이 땅에 임할 때 우리는 자연스럽게 세상을 비추는 빛이 될 수 있다'라는 신념에서 비롯되었다. 그가 목회를 시작할 당시, 한국 사회는 민주화와 더불어 포스트모던의 흐름 속에서 교회에 대한 시선이 크게 변화하고 있었다. 많은 이들이 교회를 회의적으로 바라보거나 신앙에 대한 의심을 품고 있었고, 이는 특히 젊은 세대에게서 두드러졌다.

이러한 사회적 흐름 속에서 교회가 단순히 복음만을 전파하는 데 머물러서는 안 된다고 느꼈다. 그는 교회가 시대의 변화에 맞춰 새로운 방식으로 복음을 전해야 한다고 생각했다. 그래서 세상의빛교회는 전통적인 교회 사역을 기반으로 하되, 지역사회에서 이웃을 섬기고, 그들의 필요를 채우는 사역을 통해 하나님의 나라가 실질적으로 이 땅에 임하도록 노력해 왔다.

이러한 노력은 지역사회에서 구체적인 결과로 나타났다. 이 목사는 특히 젊은 세대와 그들의 가정 문제에 주목했다. 현대 사회에서 많은 젊은 가정이 결혼을 기피하거나 자녀 양육에 어려움을 겪고 있는 가운데, 교회는 이들이 하나님의 사랑과 복음을 통해 가정을 회복하고 건강하게 유지할 수 있도록 다양한 프로그램을 마련했다. 이와 함께, 세상의빛교회는 지역 내 소외된 이웃들을 위한 봉사활동을 활발히 전개했다. 그들은 독거노인, 장애인, 위기 청소년 등 다양한 계층과 관계를 맺으며, 단순한 물질적 지원을 넘어서는 지속적인 관계 맺음을 통해 그들의 삶을 변화시키고자 했다.

**제자 훈련과 성경 공부,
변화를 일으키는 시작**

세상의빛교회는 성경적인 교회의 본질을 유지하면서도 시대적 요구에 맞는 사역을 전개하고 있다. 그중에서도 이들이 가장 중요하게 여기는 것은 바로 '제자 훈련'이다. 복음을 단순히 듣는 것으로 그치지 않고, 하나님의 말씀을 생활 속에서 실천하고, 다른 이들에게 전할 수 있는 제자로 양성하는 과정은 교회의 중요한 목표 중 하나다.

교회는 기존의 제자 훈련 프로그램을 보완하고, 현대 사회의 흐름에 맞춰 재구성한 성경 공부 과정을 도입했다. 이 과정은 단순히 교나 성경 지식을 전달하는 것을 넘어, 교인들이 복음의 본질을 깊이 깨닫고, 이를 일상생활에서 실천할 수 있도록 돕는다. 이를 통해 교회는 복음이 실제적인 삶의 변화로 이어질 수 있음을 강조한다.

특히 이 과정에서 중요한 점은, 교회가 강조하는 '하나님의 통치'와 '복음의 사회적 실천'이다. 교회는 성도들이 개인의 구원에만 머물지 않고, 자신이 속한 가정과 사회 속에서 복음을 실천하며, 이웃에게 하나님의 사랑을 전하는 삶을 살도록 가르친다. 이러한 제자 훈련 과정은 교인들이 교회 밖에서도 하나님의 빛을 비추는 존재가 되도록 하는 중요한 과정으로 자리 잡았다.

이웃 사랑,
복음의 실천으로 세상을 변화시키다

세상의빛교회는 지역사회를 위한 사역을 통해 하나님의 나라를 이 땅에 실현하고자 한다. 그들은 독거노인, 장애인, 고아, 위기 청소년 등 소외된 이웃들을 섬기는 데 있어 다른 교회와는 차별화된 접근 방식을 택했다. 많은 교회가 일회성의 봉사활동을 하는 반면, 세상의빛교회는 지속적인 관계 맺음을 통해 이들과 삶을 나누고, 그들의 회복을 돕는 데 중점을 두었다.

특히 교회의 모든 성도가 연령과 관계없이 이웃을 섬기는 일에 동참하는 것은 이 교회의 큰 특징이다. 목사와 교인들은 교회 내에서의 사역을 최소화하고, 에너지를 지역사회로 돌리며, 모든 성도가 교회 밖에서 복음을 실천하도록 격려하고 있다. 이를 통해 성도들은 자신들이 복음을 전하는 주체임을 깨닫고, 이웃과의 관계를 통해 복음의 메시지를 실천하고 있다.

마약 중독자들을 위한 사역

세상의빛교회가 중점적으로 진행하는 사역 중 하나는 바로 '마약 중독자들을 위한 사역'이다. 한국에서는 마약 중독에 대한 사회적 인식이 여전히 낮지만, 교회는 마약 중독자들을 섬기는 일에 적극적으로 나

경기도 마약중독치유재활센터 입소자들과 이야기를 나누고 있는 사역팀

서고 있다. 교회의 성도들은 마약 중독 치료 센터를 정기적으로 방문해, 그들과 차를 마시고 대화하며, 인간적인 관계를 맺는 데 집중한다. 이를 통해 그들이 사회로 복귀할 수 있도록 돕고 있으며, 이 과정에서 성도들 역시 많은 변화를 경험하고 있다.

이 사역에 참여한 성도들은 마약 중독자들과의 관계를 통해 "세상에는 우리가 사랑해야 할 이웃이 있으며, 그들을 돕는 것이 바로 교회의 사명이다"라는 중요한 진리를 깨닫고 있다. 그들은 단순히 마약 중독자들을 돕는 것을 넘어, 그들의 삶을 깊이 이해하고, 그들과 함께하는 시간을 통해 교회가 세상을 비추는 빛이 되어야 함을 몸소 실천하고 있다.

마약 중독 치유와 재활의 길:
임상현 목사의 이야기

임상현 목사가 이끄는 경기도 다르크(DARC: Drug Addiction Rehabilitation Center / 마약중독치유재활센터)는 단순히 중독자들이 약물을 끊는 것만이 아니라, 그들의 전인적인 회복을 목표로 하고 있다. 임 목사는 마약 중독의 본질이 단순한 약물 사용에 그치지

임상현 마약중독치유재활센터 목사

않는다고 강조한다. 중독에 빠진 사람들은 그들의 삶 속에 깊은 상처를 안고 있으며, 그 상처는 심리적, 정서적, 그리고 영적인 차원에서 온전히 치유될 필요가 있다는 것이다.

임 목사는 중독 치유의 가장 중요한 첫걸음으로 '회복된 삶'을 제시한다. 중독으로 고통받는 이들이 단순히 약물 의존에서 벗어나는 것을 넘어, 그들의 상처를 치유하고 삶의 새로운 의미를 찾는 것이 그가 바라보는 회복의 진정한 의미다. 그는 단순히 약물을 끊는 것만으로는 그들이 온전해질 수 없으며, 그들의 내면 깊숙이 자리한 상처를 돌봐야 한다고 설명한다. 마약 중독자들에게는 약물 사용을 넘어선, 그들의 상처와 고통에 대한 심리적, 영적 돌봄이 필요하기 때문이다.

마약중독 청소년 돌봄 사역팀이 경기도 마약중독치유재활센터에서 점심을 준비하고 있는 모습

그는 특히 청소년 마약 중독 문제에 깊은 관심을 기울이고 있다. 청소년들은 아직 삶의 방향을 찾지 못한 채 쉽게 중독에 빠지곤 한다. 이들은 스스로에 대한 자존감을 잃고, 삶의 가치를 느끼지 못하며, 깊은 절망 속에서 방황하는 경우가 많다. 임 목사는 그런 청소년들에게 무엇보다 '희망'을 전하고자 노력하고 있다. 그들에게 있어 첫 번째 과제는 자신을 사랑하고 소중히 여길 수 있도록 돕는 것이다. 센터에서 이루어지는 돌봄 프로그램은 이들이 다시금 자신을 가치 있게 여기고, 밝은 미래를 꿈꿀 수 있도록 도와준다.

"중독에서 벗어난다는 것은 단순히 약물을 끊는 것이 아닙니다. 그것은 그들의 삶에 대한 새로운 의미를 찾는 과정입니다." 임 목사의 말에는 마약 중독 치유의 본질을 꿰뚫는 깊은 통찰이 담겨 있다.

마약중독치유재활센터는 심리 상담과 영적 돌봄을 통해 중독자들의 내면적 상처를 돌보는 데 중점을 두고 있다. 이와 함께, 중독자들은 공동체 생활을 통해 서로가 서로에게 지지자가 되는 경험을 하며, 회복의 길을 함께 걸어가고 있다. 임 목사는 이를 '회복의 집'이라고 부른다.

임상현 목사의 사역을 더욱 풍성하게 만든 것은 세상의빛교회와의 협력이었다. 그는 세상의빛교회가 마약 중독 청년들을 돌보는 사역에 깊이 관여하고 있는 것에 대해 감사의 마음을 전한다.

"세상의빛교회와의 만남은 우리 사역에 큰 축복이었습니다. 마약 중독에 빠진 청년들이 단순히 약물의 문제를 넘어서, 삶의 가치와 희망을 잃어버린 경우가 많습니다. 그런 상황에서 교회의 따뜻한 돌봄과 영적인 지원은 청년들에게 단순한 치료 이상의 희망을 안겨줍니다."

마약중독치유재활센터에서 생활하고 있는 많은 청년도 자신들을 새롭게 변화시킨 세상의빛교회에 감사의 말을 이어간다.

"빛을 찾게 해준 교회에 감사드립니다"
"저는 한때 어둠 속에 살고 있었습니다. 마약에 빠져 가족과 친구들을 잃었고, 삶의 의미도 잊었습니다. 하지만 세상의빛교회를 만나면서 제 인생은 완전히 달라졌습니다. 처음에는 아무런 희망도 없었고, 누군가가 저를 돕고자 하는 마음을 이해하지 못했습니다. 하지만 교회에서의 기도와 따뜻한 돌봄이 저를 조금씩 변화시켰습니다. 세상의빛교회가 아니었다면 저는 여전히 그 어둠 속에 갇혀 있었을 것입니다. 지금은 다시 희망을 찾고, 새로운 삶을 꿈꿀 수 있게 되었습니다. 감사합니다." - 김민수(가명)

"세상의빛교회는 저에게 새로운 가족입니다"
"저는 길을 잃고 방황하던 청소년이었습니다. 가족조차도 저를 포기할 만큼, 저는 마약에 완전히 빠져 있었죠. 그런데 세상의빛교회에서 저를 위해 손을 내밀었을 때, 저는 다시 한번 가족의 따뜻함을 느꼈습니다. 목사님과 성도님들이 보여주신 사랑은 제 마음속 깊은 상처들을 치유하는 데 큰 역할을 했습니다. 여러분 덕분에 저는 다시 일어설 수 있었고, 무엇보다도 나 자신을 다시 사랑하게 되었습니다. 세상의빛교회는 저에게 새로운 가족입니다." - 김현종(가명)

"빛을 비춰주신 은혜 영원히 잊지 않겠습니다"
"삶이 너무 힘들어서 마약에 의지했습니다. 저는 어디에도 속하지 않는 느낌이었고, 누구도 제 이야기를 들어주지 않았습니다. 하지만 세상의빛교회는 달랐습니다. 저를 포기하지 않고 끝까지 함께해 주셨습니다. 여러분의 기도와 지지 덕분에 저는 마약에서 벗어날 수 있었고, 이제는 다시 밝은 미래를 꿈꾸게 되었습니다. 여러분이 제게 비춰준 빛은 영원히 제 마음속에 남아 있을 것입니다." - 박은희(가명)

"절망을 희망으로 찾아주셔서 감사합니다"
"저는 정말로 끝없는 절망 속에 살고 있었습니다. 마약에 빠진 제게 세상의빛교회는 마지막 희망이었고, 그 희망은 저를 다시 일으켜 세웠습니다. 처음에는 교회의 도움이 낯설었지만, 차츰 저는 이곳이 제게 안전한 피난처가 되어 주고 있음을 깨달았습니다. 상담과 예배, 따뜻한 미소 하나하나가 저를 살렸습니다. 이제는 제가 받은 사랑을 다른 사람들에게 전하고 싶습니다. 세상의빛교회, 정말로 감사합니다." - 최유리(가명)

이러한 메시지들은 마약 중독 청년들이 세상의빛교회에서 받은 사랑과 돌봄이 그들의 삶에 어떻게 깊이 자리 잡고, 그들의 어두운 과거를 극복하는 데 얼마나 큰 힘이 되었는지를 진솔하게 표현하고 있다. 이들이 전하는 감사의 마음은 회복과 새출발을 향한 강한 의지를 담고 있다.

어둠 속의 등불… 사랑으로 세상을 비추다

세상의빛동광교회: 류재상 목사

부천의 작은 모퉁이에 자리 잡은 세상의빛동광교회는 1976년 천막 교회로 시작하여 오늘날까지 지역 사회와 함께 성장해 온 따뜻한 공동체이다. 세상의빛동광교회는 처음부터 담을 두지 않았다. 물리적인 담뿐만 아니라 마음의 담도 없앴다. 누구나 언제든지 들어올 수 있는 열린 공간으로 지역 주민들과 자연스럽게 어울리며 함께 호흡해 왔다. 사람과 사랑을 중심에 두고, 지역 사회를 섬기며 세상에 희망의 빛을 비추기 위해 꾸준히 노력해 온 교회다.

이름에 담긴 사명과 변화

2020년, 전 세계가 코로나 팬데믹으로 혼란에 빠져 있을 때, 세상의빛동광교회는 중요한 결단을 내렸다. 기존의 '부천동광교회'라는 이름에서 '세상의빛동광교회'로 변경한 것이다. 이는 단순한 명칭의 변화가 아니라 교회의 존재 목적을 더욱 분명히 하고자 하는 의지의 표현이었다. '동광'은 동쪽의 빛을 의미하며, '세상의 빛'은 교회가 세상 속에서 빛과 소금의 역할을 하겠다는 강한 의지를 담고 있다. 이 변화는 교회가 지역을 넘어 세상을 향해 나아가고자 하는 비전을 담은 것이다.

공적인 몸으로서의 교회

세상을 향해 나아가기 위해 류재상 담임목사는 교회를 '공적인 몸'으로 바라본다. 교회는 하나님 나라를 위해 존재하며, 세상 속에서 빛과 소금의 역할을 해야 한다는 것이다. 이러한 철학 아래, 세상의빛동광교회는 다양한 공적 사역을 펼치며 하나님의 사랑을 실천하고 있다.

노숙자 쉼터 운영:
거리의 이웃을 품다

부천시에서도 운영하기 어려워하던 노숙자 쉼터를 교회가 맡아 운영하고 있다. 거리에서 삶의 어려움을 겪는 이들에게 따뜻한 잠자리와 식사를 제공하며, 그들의 자립을 돕는 프로그램도 진행하고 있다. 교회는 단순히 물질적인 지원에 그치지 않고, 그들이 다시 사회로 나아갈 수 있도록 정서적인 지지와 상담도 제공한다. 한 노숙인은 이렇게 말한다. "이곳에서 저는 처음으로 사람대접을 받는 느낌이었습니다. 교회는 저에게 새로운 희망을 주었습니다."

동광임파워먼트 센터:
마음의 병을 함께 치유하다

세상의빛동광교회는 거리의 이웃을 품는 것에 그치지 않고 조현병 등 정신질환을 앓는 이들을 위한 '동광임파워먼트' 센터를 운영한다.

현대 사회에서 정신건강 문제가 점점 심각해지고 있기 때문이다. 정신질환자들의 자립과 회복을 돕고 있는데 이곳에서는 50여 명의 회원이 매일 모여 스스로 힘을 키우는 임파워먼트 활동을 한다. 그들은 다양한 프로그램을 통해 치료해 가고 있지만, 더 중요한 것은 자신의 삶을 주도적으로 이끌어가는 주체로 성장하고 있다.

센터에서의 활동은 놀라운 변화를 가져왔다. 많은 회원이 사회로 다시 나아가 직업을 갖게 되었고, 그중 일부는 교회의 일원으로서 신앙생활을 시작했다. 이는 복음이 말로만 전해지는 것이 아니라, 삶을 통해 자연스럽게 전파된다는 것을 보여준다. 한 회원은 "여기에서 저는 진정한 가족을 만났습니다. 교회는 저를 이해해 주고받아 주었습니다"라고 고백한다.

농인들과 함께하는 카페 '쇼메르':
소통의 다리가 되다

또, 세상의빛동광교회는 농인들과 정신장애를 가진 이들의 자립을 돕기 위해 '쇼메르'라는 카페를 운영하고 있다. '쇼메르'는 히브리어로 '지키다', '보호하다'라는 뜻을 가지고 있다. 이곳에서는 농인부 성도들과 청인들이 함께 일하며, 서로의 다름을 이해하고 존중하는 문화를 만들어간다.

바리스타로 일하는 그들은 커피를 만들기도 하지만 카페의 운영과 수입 관리에도 참여하며 금융 치료(개인이나 집단이 재정적인 어려움이나 스트레스를 겪을 때, 그들의 재정 건강과 심리적 안녕을 향상하기 위해 금융 상담과 심리 치료를 결합한 전문적인 접근 방법)의 일환으로 자신의 역량을 키워나가고 있다. 그들이 사회의 당당한 일원으로서 자립할 수 있도록 돕는 중요한 발판이 되고 있다. 한 농인 직원은 카페에서 일하면서 자신의 가치를 발견하고 함께 일하면서 서로를 이해하게 되었다고 말한다.

'쇼메르' 카페는 교회 안에 머무르지 않고, 지역사회와의 연결 고리가 된다. 주민들은 이곳에서 커피 한 잔을 마시며 자연스럽게 교회와 소통하고, 서로의 이야기를 나눈다. 이는 교회가 지역사회 속에 깊이 뿌리내리고 있음을 보여주는 아름다운 사례이다.

학대 아동을 위한 쉼터:
상처받은 마음을 품다

올해 초에는 학대 아동들을 위한 쉼터를 개소하였다. 가정에서 상처받은 아이들에게 안전한 공간을 제공하고, 사랑과 보살핌으로 그들의 마음을 치유하고자 하는 마음에서 시작된 일이다. 교회는 자신의 부동산을 내어놓고, 경기도 부천시의 위탁을 받아 운영하며, 아이들에게 필요한 모든 지원을 아끼지 않고 있다.

특히 쉼터의 직원 중 두 명은 탈북 여성으로, 어려움을 겪은 이들이 다시 어려운 이들을 돕는 선순환 구조를 만들어내고 있다. 그들은 자신의 경험을 바탕으로 아이들의 마음을 이해하고 공감하며, 진정한 치유의 손길을 내밀고 있다. 한 아이는 "여기에서 저는 처음으로 안전하다고 느꼈어요. 선생님들은 저를 진심으로 사랑해주셨어요"라고 말했다.

탈북민들과 함께하는 선교:
상처를 치유하고 희망을 심다

세상의빛동광교회는 탈북민 사역에도 깊은 관심을 가지고 있다. 특별한 것은 함께 성장하고 선교의 동역자가 되기 위해 탈북민들과 함께 그들이 지나온 태국과 라오스를 방문하는 선교 여행을 기획하고 1년에 한 차례씩 선교 여행을 간다.

이는 그들이 과거의 상처를 치유하고, 새로운 미래를 향해 나아갈 수 있도록 돕는 의미 있는 여정이었다. 탈북민들은 자신들이 거쳐 온 길을 다시 밟으며, 묻어두었던 아픔을 마주하고 치유의 과정을 거쳤다. 또한 그들은 현지에서 간증과 봉사 활동을 통해 자신들이 받은 사랑을 다시 나누었다.

한 탈북인 집사는 이렇게 고백한다. "처음에는 두려움이 컸지만, 교회 가족들과 함께하면서 용기를 얻었습니다. 과거의 상처를 치유하고, 이제는 다른 이들을 돕는 삶을 살고 있습니다. 교회는 저에게 새로운 가족이자 희망입니다."

5년 전에 만들어진 한반도 선교부, 일반 성도들과 탈북민들이 함께 어우러져 하나 됨을 바라는 '한반도 사역'이다.

한반도 선교부가 주관한 복음 통일 만찬 행사

탈북 사역이라고 부르지는 않고 한반도 사역이라고 부르는 이유에 대해 류재상 목사는 "하나님께서 사실은 우리가 탈북민을 돕는 것보다는 오히려 우리가 당연히 해야 할 일이고 하나님께서는 경계가 없잖아요. 우리에게는 휴전선이 있고 38선이 있지만 하나님은 경계가 없는 분이기 때문에, 특별히 같은 언어를 쓰고 있는 우리들이 탈북 사역을 하는 것은 결국은 한반도 사역을 하는 것입니다. 이 사역을 통해서 우리들은 탈북하신 분들을 돕는다는 입장만이 아니라 같이 통일 사역을 하기 때문에 우리 교회 성도님들이 같이 한반도 사역 팀 안에 들어가서 탈북 성도님들 상관없이 함께 어우러져 활동하는 한반도 사역"이라고 설명했다.

문화와 예술로 연결되는 공동체:
딜라이트 아트센터
세상의빛동광교회는 또 지역 주민들과 문화와 예술로 연결하고 있다. 지역 주민들에게 문화와 예술을 접할 기회를 제공하고자 '딜라이트 아트센터'를 열었다. 예전의 영화관을 개조한 이 공간은 클래식 공연, 소규모 콘서트, 다양한 예술 행사가 열리는 문화의 장이 되었다. '딜라이트'는 '기쁨'이라는 뜻으로, 아래로 빛을 비추는 것이 참된 기쁨이라는 의미를 담고 있다.

주민들은 이곳에서 예술을 즐기며 삶의 풍요로움을 느끼고, 교회는 그들과 함께 호흡하며 더 깊은 유대감을 형성하고 있다. 한 지역 주민은 "이런 공간이 우리 동네에 생겨서 너무 기뻐요. 가족들과 함께 공연도 보고, 새로운 사람들도 만나고 있다"며 교회가 따뜻한 공동체임을 인식했다.

보아스 구원은행:
나눔의 실천으로 희망을 전하다
더욱 따뜻한 소식은 사순절 동안 특별한 프로젝트를 시작했다. 바로 '보아스 구원은행'이라는 이름으로 무담보, 무이자 대출을 제공하는 것이다. 경제적인 어려움으로 고통받는 이웃들에게 실질적인 도움을 주려는 '보아스 구원은행'은 성도들의 자발적인 헌금과 교회의 지원으로 운영된다.

교회는 1억 원의 펀드를 조성하여 부활절부터 대출을 시작하였다. 이는 이웃 사랑을 실천하는 교회의 진정한 모습을 보여주는 사례이다.

해외 선교와 교육 사역:
네팔과 태국에 세워진 희망의 씨앗   세상에 빛을 비추는 공적 사역은 해외에까지 달려간다. 네팔에 학교를 설립하여 약 400명의 아이에게 교육의 기회를 제공하고 있다. 이는 현지의 기독교 법인을 설립하여 지속 가능한 발전을 추구하는 노력이다. 교육 선교를 통해 미래의 리더를 양성하고, 그들이 지역사회를 변화시킬 수 있도록 돕고 있다.

또한, 태국 메콩강 인근에는 선교센터를 세우고 있다. 탈북 과정에서 목숨을 잃은 이들을 기리는 공간이자, 현지 주민들과 함께하는 선교의 거점이 될 것이다.

공유 교회로서의 역할:
함께 성장하는 공동체   세상의빛동광교회는 '공유 교회'의 개념을 도입하여, 재정적으로 어려움을 겪는 작은 교회들과 예배 공간을 나누고 있다. 하나의 공간을 여러 교회가 시간대를 나누어 사용함으로써, 서로에게 도움이 되고 함께 성장하는 모델을 만들어 가고 있다. 이는 교회가 단순히 자신의 이익을 추구하는 것이 아니라, 하나님의 사랑을 나누는 공동체로 역할을 다하고 있음을 보여준다.

미래를 향한 비전:
세상의 빛이 되다   세상의빛동광교회는 앞으로도 세상의 빛이 되기 위한 사명을 이어 나갈 것이다. 지역사회와 세계를 향해 사랑을 전하고, 아픔을 겪는 이들에게 다가가 치유의 손길을 내밀 것이다. 교회의 존재 목적을 분명히 하고, 그 이름에 걸맞은 사역을 펼치며, 하나님의 사랑을 실천하는 공동체로서 나아갈 것이다.

류재상 목사는 "하나님은 우리를 이름으로 알고 계십니다. 세상의빛동광교회가 그 이름처럼 세상의 빛을 비추는 교회로 기억되길 바랍니다. 우리는 경계를 넘어서 사랑을 전하고, 빛을 비추는 일을 멈추지 않을 것"이라고 약속했다.

주님 날개 아래 같은 '쉼과 힘'의 공동체

안산명성교회: 김홍선 목사

안산명성교회는 1954년 설립된 고잔동 최초의 교회로 오랜 역사와 깊은 신앙을 바탕으로 지역사회와 함께 성장해 온 공동체이다. 지역 주민들의 삶 속에 깊이 뿌리내린 사랑과 헌신의 상징으로 자리매김해 온 명성교회는 특히 지난 2014년 세월호 참사라는 비극적인 사건 이후, 그 고통을 유가족과 함께 나누며 치유와 회복의 중심이 되었고 지역 주민들과 협동조합을 만들어 문화공간을 제공하며 마을과 함께 하는 교회를 지향하고 있다.

세월호 참사 잊지 못할 비극

'주님의 날개 아래 같은 교회'를 표방하며 흥을 돋우는 교회, 한을 달래는 교회, 정을 나누는 교회로 살아가고 있는 명성교회는 지난 10년을 세월호 유가족과 함께 울고 웃었다.

2014년 4월 16일, 세월호 참사는 한국 사회에 깊은 상처를 남겼다. 수백 명의 생명이 희생되고, 수많은 가족이 슬픔에 잠겼다. 특히, 단원고가 있는 고잔동 지역의 많은 가정이 이 비극의 영향을 직접적으로 받았다. 단원고 정문이 바로 눈앞에 보이는 안산명성교회는 이 비극의 여파를 깊이 느끼며, 지역사회와 함께 그 상처를 치유하기 위해 나섰다.

치유의 장 '쉼과 힘' 힐링센터 설립

그렇게 결단한 명성교회는 세월호 참사 이후 힐링센터를 설립해 유가족들에게 쉴 수 있는 공간을 제공하고 전문 상담을 통해 심리적 치유를 도왔다.

힐링센터는 연세대학교 연합신학대학원의 상담 코칭센터와 협력하여 전문적인 상담을 제공하였다. 교인들은 정기적으로 힐링센터를 방문하여 유가족들과 함께 시간을 보내고, 그들의 이야기를 들어주며 위로를 건넸다. 이러한 헌신적인 노력은 유가족들에게 큰 위로와 힘이 되었으며, 교회와 유가족들 간의 깊은 유대를 형성하는 데 기여했다.

김홍선 담임목사는 "세월호 참사로 인근 지역의 아들과 딸 100명이 희생됐습니다. 진상 규명과 국가의 적절한 배상이 이루어진 후에도, 마을로 돌아온 이들에게는 트라우마가 남을 것"이라며 "교회가 유가족들을 보듬고, 그들이 다시 일상으로 돌아갈 수 있도록 돕는 것이 지역 교회로서 명성교회의 사명"이라고 강조했다.

천국 성도 기억의 벽에
이름을 새기다

교회는 세월호 참사의 아픔을 잊지 않기 위해 '천국 성도 기억의 벽'에 성도들 가정의 희생된 자녀들의 이름을 새겼다. 김홍선 목사는

힐링센터에서 세월호 유가족들과 대화를 나누고 있는 김홍선 목사

기억의 벽 앞에서 "이 벽은 우리가 잊지 말아야 할 우리의 슬픔과 희생을 기리는 장소입니다. 여기 새겨진 모든 이름은 우리의 마음속에 영원히 살아 숨 쉴 것입니다"라고 전했다. 이로써 기억의 벽은 성도들의 추모 공간을 넘어, 교인들과 세월호 유가족들이 함께 슬픔을 나누고 치유의 과정을 이어가는 중요한 매개체가 되었다.

세월호 유가족 이미경 씨의 이야기

세월호 참사에서 사랑하는 이들을 잃은 유가족 중 한 명인 이미경 씨는 단원고가 바라다보이는 교회 옥상정원에서 자신의 이야기를 나누었다. 그녀의 눈에는 여전히 깊은 슬픔과 아픔이 묻어 나왔다. 이미경 씨는 "그날의 비극은 제 인생에서 가장 어두운 순간이었어

이미경 세월호 유가족

요. 사랑하는 아들이 떠나간 그 슬픔을 어떻게 말로 표현할 수 있을지 모르겠습니다. 하지만 안산명성교회는 저희에게 큰 위로가 되었어요. 교회에서 열린 추모 예배와 쉼과 힘 힐링센터는 저희가 다시 일어설 수 있도록 도와주었어요"라고 말했다. 이미경 씨는 또 "김홍선 목사님을 뵐 때마다, 그리고 명성교회를 쳐다볼 때마다 아들을 떠올리며, 교회와 이웃들의 사랑을 통해 조금씩 치유되고 있는 것을 느낀다"며 명성교회가 유가족들에게 진정한 희망과 사랑을 주었다"고 덧붙였다. 그녀의 말에는 깊은 감사와 함께 교회의 헌신이 얼마나 큰 의미였는지가 묻어났다.

매년 세월호 참사 직전 주일
'기억 주일'로 지켜

세월호 참사 직전 주일, 안산명성교회는 특별한 추모 예배를 개최한다. 추모 예배는 교인들뿐만 아니라 지역 주민들도 함께 참여하여, 공동체의 아픔을 함께 나누는 자리로 마련된다. 김홍선 목사는 예배 시작 전 "오늘 우리는 슬픔을 나누고, 희생된 이들을 기억하며, 그들이 우리 마음속에 영

2024년 세월호 참사 10주기를 맞아 드린 기억 주일 예배

원히 남아 있음을 되새깁니다"라고 선언한다.

예배는 조용한 음악과 함께 시작되며, 세월호 유가족들의 이야기가 차례로 전해진다. 이미경 씨와 같은 유가족들은 자신의 경험을 나누며, 교회와 지역사회의 지원이 얼마나 큰 위로가 되었는지를 이야기한다. 이 자리에서는 유가족들이 서로의 슬픔을 공감하며, 교인들도 함께 기도하고 위로의 말을 건네는 모습이 인상적이다.

협동조합 문화 카페:
지역사회의 문화 허브 안산명성교회는 지역사회와의 깊은 유대와 헌신을 바탕으로 다양한 문화 및 복지 프로그램을 운영하며, 주민들에게 따뜻한 사랑과 희망을 전하고 있다.

지난 2013년 교인들과 지역 주민들이 반반씩 참여하여 약 80여 명의 발기인으로 협동조합을 설립했다. 협동조합은 카페 운영뿐 아니라 지역 주민들에게 다양한 문화 서비스를 제공하고자 하는 목표로 만들어졌다. 당시 안산 고잔동 지역에는 세종문화회관과 같은 대형 문화시설이 있었지만, 대부분의 공연이 유료로 운영되어 경제적으로 여유가 없는 서민들에게는 접근이 어려운 상황이었다. 이에 안산명성교회는 주민들이 부담 없이 문화 활동을 즐길 수 있는 공간을 제공하기 위해 문화 카페를 운영하게 된 것이다.

문화 카페는 단순한 커피숍을 넘어, 지역 주민들이 자유롭게 예술을 즐기고 창작할 수 있는 복합 문화공간으로 운영되고 있다. 교회는 카페 내에 피아노를 설치하여 주민들이 음악을 즐길 수 있는 공간을 마련하였고, 정기적으로 음악회와 미술 전시회를 개최하여 지역 주민들에게 다양한 문화적 경험을 제공하고 있다. 또한, 공방과 강좌를 개설하여 주민들이 새로운 기술을 배우고, 서로의 이야기를 나누며 교류할 기회도 마련했다.

김홍선 목사는 "교회는 단순히 교회의 문을 열어두는 것이 아니라, 지역 주민들과 함께 길을 닦는 교회가 되고자 한다"며 문화 카페를 통해 주민들이 서로 소통하고, 예술을 통해 치유할 수 있는 공간을 제공하는 것이 교회의 목표"라고 설명했다. 이러한 노력 덕분에 문화 카페는 지역 주민들에게 큰 호응을 얻었으며, 교회와 주민들 간의 유대감을 더욱 강화하는 계기가 되었다.

미니 갤러리:

지역 예술가들의 무대

문화 카페의 성공적인 운영에 이어, 안산명성교회는 더 나아가 지역 예술가들을 위한 미니 갤러리를 만들었다. 교회 1층 공간은 초기에는 비어 있었지만, 이를 단순한 통로로 두기보다 지역 주민들이 머무를 수 있는 공간으로 재구성하기로 결정했다. 김홍선 목사와 교인들은 이 공간에 예술적 요소를 더해 지역 예술가들의 작품을 전시하는 갤러리로 꾸며 나갔다.

협동조합 문화 카페에서 열린 지역 주민을 위한 음악회

갤러리 고잔의 '기억전시'

미니 갤러리는 교회 성도들을 비롯하여 지역 예술가들의 그림과 사진을 전시하며, 주민들이 자유롭게 감상하고 의견을 나눌 수 있는 열린 공간으로 자리 잡았다.
　미니 갤러리의 첫 전시는 지역 예술가들의 작품을 중심으로 열렸으며, 주민들은 자신의 작품이 전시되는 것을 통해 큰 자부심을 느꼈다. 황기선 서양화가는 "제가 그린 그림이 교회 갤러리에 전시되니 정말 기쁘고, 교회가 저희를 이렇게 존중해 주셔서 감사한 마음"이라고 교회에 감사한 마음을 표현했다. 미니 갤러리는 조그마한 공간이지만 교회와 주민들 간의 깊은 소통과 이해를 증진시키는 중요한 역할을 하고 있다.

'안나의집':
노인복지관의 따뜻한 손길
　　　　　　　　　　　　안산명성교회는 문화 카페와 미니 갤러리 외에도 노인복지관 '안나의집'을 운영하며 지역 어르신들에게 따뜻한 사랑과 돌봄을 제공하고 있다. '안나의집'은 독거 어르신들을 위한 복지 프로그램으로, 교회 교인들이 자발적으로 참여하여 어르신들에게 정기적인 방문과 지원을 제공하고 있다. 어르신들은 교회에서 제공하는 따뜻한 식사와 함께, 교인들과의 대화를 통해 외로움을 덜고, 삶의 의미를 되찾고 있다.
　한 어르신은 "교회 교인들이 저희를 자주 찾아와 주셔서 정말 감사하게 생각하고 그들과 함께하는 시간이 저에게 큰 위로가 된다"고 말했다. 이러한 교류는 어르신들에게 큰 위로와 희망을 주며, 교회와 어르신들 간의 유대감을 더욱 강화하고 있다.

미래의 비전:
"모아 축적하는 것이 아니라 흩어져 나누는 교회"
　　　　　　　　　　　　　　　　　김홍선 목사는 "교회가 단순히 물리적인 공간을 키우는 것보다, 그 안에 모인 사람들을 성장시키는 데 중점을 두어야 한다"고 강조했다. 그는 교회가 성을 쌓아가는 곳이 아니라, 지역사회를 위해 길을 닦아가는 장소가 되어야 한다는 것이다. 이는 교회가 단순히 예배드리는 장소를 넘어, 지역 주민들과 함께 걸으며 그들의 삶에 긍정적인 영향을 미치는 역할을 해야 한다는 의미이다.

또한, 김 목사는 "교회가 물질적인 축적을 추구하기보다는 그 자원을 지역사회와 나누는 데 중점을 두어야 한다"며 교회의 나눔과 봉사 정신을 잘 보여준다. 이를 통해 교회는 지역 주민들에게 실질적인 도움을 제공하고, 그들의 삶에 긍정적인 변화를 이끌어내고자 한다.

교회의 성장과 발전에도 김홍선 목사는 인위적인 성장 정책을 지양하고, 성령의 역사로 이루어지는 진정한 부흥을 추구해야 한다고 강조했다. 이는 교회의 양적인 성장보다는 교인들의 영적인 성숙과 공동체 의식의 강화를 중시하는 방향성인 것이다.

고독사 없는 지역사회를 꿈꾸는 교회

신생명나무교회: 장헌일 목사

서울 마포구 대흥동에 자리 잡은 신생명나무교회는 고독사 예방을 위한 사랑과 치유의 공동체로 자리매김하고 있다. 신생명나무교회는 지역 내 1인 가구 비율이 64%에 달하는 현실 속에서, 홀몸 어르신들의 고독과 단절을 막기 위한 '고독사 제로 프로젝트'를 운영 중이다. 엘드림노인대학을 중심으로 웃음치료, 시 쓰기, 미술치료 등 어르신들의 자존감을 회복시키는 다양한 프로그램이 매일 진행된다. 특히 회복된 어르신들이 생명지킴이로 활동하며, 이웃을 돌보는 선순환 구조를 만들어 가고 있다. 성도들 역시 각자의 재능과 시간으로 미용 봉사, 도시락 배달, 웃음치료 등 사역에 동참하고 있다. 작은 교회지만 큰 사랑을 실천하는 신생명나무교회는 단 한 명의 고독사도 없는 지역사회를 꿈꾸며 오늘도 나아가고 있다.

고독사 없는 지역사회를 꿈꾸다

서울 마포구 대흥동, 신생명나무교회는 단순한 예배 공간을 넘어 지역사회의 소외된 이웃을 품고 치유와 회복의 장으로 거듭나고 있다. 신생명나무교회는 급속히 증가하는 홀몸 어르신들의 고독사 문제를 해결하기 위해 특별한 사명을 실천하고 있다. 고독사라는 사회적 문제를 영적이고도 현실적인 방식으로 다루는 신생명나무교회의 '고독사 제로 프로젝트'는 지역사회의 새로운 변화를 만들어내고 있다.

신생명나무교회의 사역은 자선 활동이 아니라 지역의 특수성과 필요를 면밀히 분석한 결과로 시작되었다. 대흥동은 1인 가구 비율이 64%에 이를 만큼 혼자 사는 주민이 많고, 특히 고령화된 주민들의 사회적 고립이 심각한 수준이었다.

장헌일 목사는 "우리 교회가 자리 잡은 이곳에서 단 한 명의 고독사도 일어나지 않도록 해야 한다는 생각이 사역의 출발점이 되었다"고 말했다. 그는 예수님께서 소외된 이들을 직접 찾아가셨던 갈릴리 사역처럼, 교회가 지역의 가장 낮은 곳으로 들어가야 한다고 강조했다.

사역의 중심:
엘드림노인대학

신생명나무교회의 핵심 사역 중 하나는 엘드림노인대학이다. 엘드림노인대학은 단순한 노인복지 프로그램이 아니라 어르신들에게 삶의 의미를 되찾게 하고, 건강한 정신과 신체를 유지하도록 돕는 치유의 공동체이다.

노인대학은 매주 월요일부터 금요일까지 오전 11시에 다양한 활동을 제공한다. 웃음치료, 노래교실, 시 쓰기, 미술치료 등은 치매와 우울증을 예방하고 어르신들의 자존감을 높이는 데 크게 기여하고 있다.

한 수강생인 현귀순 어르신은 "아침에 눈을 뜨면 대학교에 간다는 생각만으로도 너무 행복하다"며 이곳이 삶의 활력을 주는 공간이라고 표현했다. 최문수 어르신은 윤동주 시인의 서시를 배우며 큰 감동을 받았다고 말했다. 그는 시를 쓰고

엘드림노인대학 어르신들은 거리 청소 등 지역사회를 위한 봉사 활동도 펼치고 있다.

신생명나무교회는 '고독사 제로 프로젝트'의 하나로 '엘드림노인대학'을 운영하고 있다.

배우며 자신의 삶을 돌아보고, 새로운 의미를 발견할 수 있었다고 전했다.
이처럼 엘드림노인대학은 어르신들에게 단순한 활동 이상의 정서적 치유와 사회적 연결을 제공하며, 이들의 삶의 질을 획기적으로 개선하고 있다.

모든 성도가 동참하는
고독사 예방 사역   신생명나무교회의 또 다른 특징은 모든 성도가 적극적으로 고독사 제로 프로젝트에 참여하고 있다는 점이다. 각 성도는 자신의 재능과 시간을 활용해 지역사회를 섬기며, 교회의 사역을 확장하고 있다.
최에스더 사모는 어르신들을 위한 미용 봉사를 위해 일찍이 미용 기술을 배웠다. 그는 헤어 커트뿐만 아니라 핸드 마사지, 네일아트와 같은 서비스를 제공하며 어르신들에게 새로운 활력을 선물하고 있다. 어르신들이 밝아진 외모를 보고 행복해하는 모습을 보며, 오히려 자신이 더 큰 기쁨을 느낀다고 말했다.
또한, 웃음치료를 맡고 있는 최원희 권사는 처음에는 어두웠던 어르신들의 얼굴이 점차 밝아지고 미소로 가득해지는 모습을 보며 사역의 보람을 느꼈다고 전했다.

고독에서 회복으로:
생명지킴이로 거듭난 어르신들

신생명나무교회의 사역은 단순히 도움을 주는 데서 끝나지 않는다. 회복된 어르신들은 지역사회의 생명지킴이로 거듭나고 있다. 생명지킴이는 고독사 위험에 처한 이웃을 찾아가 도움을 주고, 그들을 교회와 지역사회로 연결하는 역할을 담당한다.

80세의 이상신 어르신은 고독사 제로 프로젝트를 통해 회복된 후, 매일 새벽 도시락 배달을 하며 고립된 이웃들을 돌보고 있다. 그는 자신이 받은 사랑을 되돌려줄 수 있다는 사실에 큰 보람을 느끼고 있다고 말했다.

이러한 선순환 구조는 교회의 사역이 단순한 복지 프로그램이 아니라, 사람들의 삶을 근본적으로 변화시키는 힘을 가졌음을 보여준다.

쪽방촌을 향한 사랑의 손길

신생명나무교회의 사랑은 지역을 넘어 쪽방촌에도 닿아 있다. 장헌일 목사는 매일 쪽방촌을 방문해 고독사 위험에 처한 어르신들과 소통하고 있다. 도시락 배달, 의료 지원, 심리 상담 등의 서비스를 통해 쪽방촌 어르신들이 단절에서 벗어나 새로운 희망을 발견하도록 돕고 있다.

양종식 어르신은 "교회에 오면 외로움을 잊고 천국에 온 것 같은 기쁨을 느낀다"며 신생명나무교회가 자신의 삶에 얼마나 큰 영향을 미쳤는지를 이야기했다.

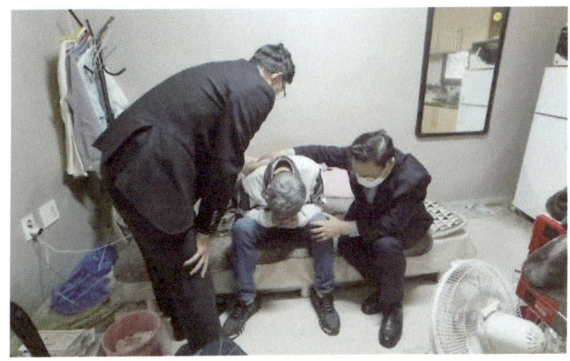

쪽방촌 어르신을 위해 기도하고 있는 장헌일 목사

한국교회에 전하는 메시지

장헌일 목사는 "고독사 예방은 한국교회가 책임져야 할 과제"라고 강조했다. 그는 복음을 통해 어르신들의 삶을 회복시키는 것이 교회의 중요한 사명임을 역설했다. 또한, 통합 돌봄의 개념을 적용해 의료와 돌봄의 전문성을 결합한 사역을 확장해 나갈 계획이라고 밝혔다.

신생명나무교회는 아주 작은 교회다. 성도 수는 30명 남짓이며, 재정적으로도 넉넉하지 않다. 그러나 이 교회는 그 작은 규모와 상관없이 지역사회를 위한 사랑의 사역을 멈추지 않는다.

신생명나무교회가 보여주는 사랑과 헌신은 단순한 사회복지를 넘어선다. 이 교회의 사역은 복음의 본질을 실천하며, 고독한 이들에게 새로운 생명을 선물하고 있다. 작은 교회가 만들어가는 큰 사랑의 이야기는 고독의 시대를 살아가는 이들에게 진정한 희망과 위로를 전하고 있다.

이곳에서 이어지는 사역은 단순히 현재의 어려움을 해결하는 데 그치지 않는다. 신생명나무교회는 사람들의 삶에 깊은 흔적을 남기며, 지역사회의 변화를 이끌어가는 복음의 현장이 되고 있다.

자립 준비 청년들을 향한 '아름다운 동행'

높은뜻덕소교회: 오대식 목사

경기도 남양주시 와부읍 덕소 지역에 위치한 높은뜻덕소교회는 하나님의 사랑과 섬김을 실천하며 지역사회와 청소년들에게 희망을 전하는 교회이다. 2019년 '높은뜻정의교회'에서 분립하여 설립된 높은뜻덕소교회는 '우리가 교회입니다'라는 표어 아래, 사람이 아닌 하나님이 주인 되시는 교회를 세우기 위해 노력하고 있다. 청소년과 청년들을 위한 다양한 사역과 지역사회를 향한 선한 영향력을 통해 사랑과 헌신의 발자취를 남기고 있다.

높은뜻덕소교회의 새로운 시작

2019년 '높은뜻정의교회'에서 분립하여 탄생한 '높은뜻덕소교회'는 그 시작부터 남다른 비전을 품고 있었다. 오대식 담임목사는 교회가 사람의 뜻이 아닌 하나님의 뜻을 드러내는 공동체가 되기를 간절히 바랐다. "어떻게든 사람이 주인 되지 않고 하나님이 주인 되는 교회를 세워나가고 싶습니다." 오 목사의 이 한마디에는 그의 목회 철학과 신앙이 고스란히 담겨 있었다. 교회는 건물이나 조직이 아니라, 하나님의 사랑을 실천하는 사람들의 모임이라는 것을 그는 강조했다.

교회의 표어인 '우리가 교회입니다'는 바로 이러한 뜻을 담고 있다. 장소나 건물에 국한되지 않고, 교인 한 사람 한 사람이 교회라는 인식은 교회의 방향성을 명확히 제시해 주었다. 이는 교회가 어디에 있든지 간에 하나님의 사랑과 은혜를 전하는 공동체임을 나타낸다.

학교 사역의 시작

개척 당시 서울 남산에 있는 숭의여자대학을 시작으로 서울시 도봉구 정의여자고등학교에서 높은뜻정의교회로, 그리고 남양주시 덕소 지역으로 교회를 옮겨서도 학교 사역을 이어가고 있다. 덕소 지역은 서울 근교에 위치해 있으면서도 도시와 농촌의 경계에 있는 곳이다. 이러한 지역적 특성은 교회가 다양한 사람들을 만나고 섬길 수 있는 기회를 제공했다. 교회는 지역 주민들과의 소통을 중요시하며, 그들의 필요에 귀를 기울였다.

먼저 덕소고등학교와의 협력을 통해 학교 사역을 시작했다. 학생들의 신앙 증진을 위해 교목실을 도우며, 매주 학생들과 함께 예배를 드렸다. 약 800명의 학생이 있는 덕소고등학교에서 교회의 섬김은 큰 영향을 미쳤다. 학생들은 교회에서 주관하는 다양한 프로그램에 참여하며, 신앙과 삶에 대해 깊이 있는 대화를 나누었다.

자립 준비 청년들을 위한 사역

오대식 목사는 많은 학생들과 대화를 통해 자립 준비 청년들의 어려움을 알게 되었고, 교회 청소년 선교부를 통해 자립 준비 청년들을 돕는 사역을 하고 있다. 자립 준비 청년들이란 보호 시설에서 성장하여 만 18세가 되면 홀로 서야 하는 청년들을 말한다. 이들은 사회에 첫발을 내딛는 시기에 많은 어려움과 고충을 겪는다.

오 목사는 청년들과 청소년들에 대한 마음이 크다. 교회가 고등학교 안에 위치한 만큼, 자연스럽게 청소년들과 청년들에게 관심을 가지게 되었다. 자립 준비 청년들이 사회에 나아갈 때 필요한 것은 단순한 물질적 지원이 아니다. 이들은 인생의 중요한 결정을 내릴 때 상담하고 상의하며 신뢰할 수 있는 사람이 필요하다.

교회는 현재 약 30명의 자립 준비 청년들을 정기적으로 섬기고 있다. 생필품을 보내고, 손 편지를 써주며,

높은뜻덕소교회가 자립 준비 청년들에게 보내는 응원 메시지

자립 준비 청년들과 식사하고 있는 모습

관심을 가지고 멘토링까지 해주고 있다.

    자립 준비 청년들에게 가장 필요한 것은 누군가의 진심 어린 관심과 사랑이다. 교인들은 이들을 위해 손 편지를 쓰고, 그들이 필요로 하는 물품을 정성껏 준비한다. 청년들은 이러한 관심에 감동하며, 자신이 혼자가 아니라는 것을 느낀다.

    한 청년은 손 편지를 받고 눈물을 흘리며 "누군가가 저를 생각해 준다는 게 너무 감사해요. 혼자라고 느꼈는데, 이제는 힘을 낼 수 있을 것 같아요"라고 말했다. 교회의 이러한 사역은 청년들의 삶을 변화시키는 힘이 되고 도전이 된 것이다.

멘토의 빛,
이은호 집사의 이야기   자립 준비 청년 사역은 헌신적인 교인들의 노력과 사랑으로 더욱 빛나고 있다. 그중에서도 특별히 주목할 만한 인물은 바로 이은호 집사이다. 이은호 집사는 교회의 자립 준비 청년들을 위한 멘토 역할을 맡아 그들의 삶에 긍정적인 변화를 이끌어내고 있다. 그의 이야기는 진정한 섬김과 사랑의 본보기가 되고 있다.

    이은호 집사는 작년 가을부터 본격적으로 멘토링 활동을 시작했다. 그는 오랜 시간 동안 상담과 코칭에 관심을 가져왔으며, 이를 실천하기 위해 코칭 공부를 통해 자격을 취득하였다. 이러한 준비 과정을 통해 이은호 집사는 멘토링에 필요한 지식과 능력을 갖추게 되었다.

경기도에서 운영되는 '멘토 멘티 함께 서기'라는 프로그램과 협력하여 멘토와 멘티를 연결시킨다. 이은호 집사는 이 프로그램을 통해 약 6명의 멘티와 함께 활동하고 있다. 멘티들은 주로 자립을 준비하는 청년들로, 이들은 보호 시설에서 성장하여 사회에 첫발을 내딛는 과정에서 많은 어려움을 겪고 있다.

멘토링을 하면서 이은호 집사는 수많은 보람을 느끼고 있다. 한 멘티는 디자인과 만화 공부에 열정을 가지고 있었지만, 이를 직업으로 연결하는 방법을 몰라 고민하고 있었다. 이은호 집사는 그에게 대학 진학과 관련된 정보와 지원 제도를 알려주었고, 현재 그는 시험을 준비하며 자신의 꿈을 향해 나아가고 있다.

신망원 박명희 원장,
"높은뜻덕소교회의 지속적인 후원에 감사"

높은뜻덕소교회가 후원하고 있는 보육시설 신망원 박명희 원장은 자립 준비 청소년 사역에 대한 깊은 감사의 마음을 전하고 있다. 박 원장은 "높은뜻덕소교회의 지속적인 후원과 사랑 덕분에 우리 신망원은 많은 자립 준비 청소년들에게 안정적인 지원을 제공할 수 있었다"며 교회와의 협력은 큰 힘이 되었고, 청소년들이 미래를 향해 나아갈 수 있는 희망을 심어주었다고 말했다.

박 원장은 이어 "교회의 헌신적인 지원 덕분에 청소년들은 물질적인 어려움을 극복할 수 있었을 뿐만 아니라, 정서적인 지지도 받을 수 있었고 특히, 교인들이 보내주는 손 편지와 격려의 메시지는 청소년들에게 큰 위로와 용기를 주었다"고 덧붙였다.

베트남 비전트립, 사랑을 전하다

높은뜻덕소교회 청년부도 진정한 사랑과 헌신을 실천하며 베트남의 빈롱 지역에 희망의 빛을 전하고 있다. 빈롱은 호치민에서 남서쪽으로 약 3시간 정도 떨어진 외진 지역으로, 경제적으로 매우 어려운 환경에 처해 있다. 이곳에서 청년들은 직접 발로 뛰어 현지에 가서 두 채의 집을 건설하는 사역을 펼치고 있다.

청년부의 베트남 비전트립은 매년 두 채의 집을 짓는 데 약 300만 원이 소요되지만, 이 비용은 청년들이 자발적으로 저축하고 헌금하여 마련된다. 이 과정에서 청년들은 자신의 노력으로 어려운 이웃을 돕는다는 깊은 보람을 느끼며, 그리스도인의 삶을 몸소 실천하는 귀중한 경험을 쌓고 있다.

비전트립을 준비하는 과정은 쉽지 않았다. 현지의 생활환경을 이해하고, 필요한 자재를 조달하며, 현지 주민들과의 소통을 위해 많은 준비와 노력이 필요했다. 그러나 오대식 목사의 지도 아래, 청년들은 하나님의 인도하심을 믿고 두려움 없이 도전에 나섰다.

첫 번째 비전트립 때, 청년들은 현지 주민들과 함께 손을 맞잡고 집을 짓기 시작했다. 땀과 노력으로 완성된 두 채의 집은 단순한 거주 공간을 넘어, 희망과 미래를 담은 상징이 되었다.

정의헌금, 선교적 삶의 실천

이처럼 다양한 사역을 펼치고 있는 높은뜻덕소교회는 '정의헌금'이라는 독특한 헌금 제도를 통해 교인들에게 선교적 삶을 실천하는 훈련의 장을 제공하고 있다. 매월 셋째 주일, 교회는 헌금을 받지 않는다. 대신 그날에 드려지는 헌금은 교인들이 직접 선교 사역이나 구제 사역을 위해 사용된다. 이는 교인들이 하나님의 이름으로 자신들이 직접 선교와 구제의 주체가 되는 것을 의미하며, 단순한 헌금 이상의 깊은 의미를 담고 있다.

처음에는 이 제도가 교인들에게 낯설고 어려웠다. "처음에는 어떻게 도울지 몰라서 망설였어요. 하지만 시간이 지나면서 자연스럽게 헌금이 교회의 사역으로 이어진다는 것을 깨달았죠"라고 한 교인은 말했다. 교인들은 오랜 시간 동안 헌금의 전통을 유지하며, 자신들이 선교의 주체가 되는 과정을 익혀갔다. 이러한 변화는 교회 내에서 선교적 삶을 실천하는 문화를 형성하는 데 큰 역할을 했다.

아이들까지도 정의헌금에 참여하며, 가족 단위로 선행을 실천하고 있다. 교회는 헌금 수입이 줄어들었음에도 불구하고, 교인들이 직접 선교의 주체가 되는 가치 있는 훈련을 얻었다고 믿는다. 이는 교인들이 생활 속에서 그리스도인으로서의 삶을 살아가도록 돕는 중요한 역할을 한다. 교인들은 이제 헌금이 금전적 지원을 넘어, 그들의 신앙과 사랑을 실천하는 중요한 수단임을 깨닫게 되었다.

높은뜻덕소교회의 미래 비전

높은뜻덕소교회는 그동안 지역사회를 향한 사랑과 헌신, 그리고 자립을 준비하는 청년들을 위한 사역을 통해 깊은 뿌리를 내려왔다. 이러한 사역들은 교회의 비전과 사명감을 반영하며, 앞으로도 더욱 확장되고 심화될 예정이다. 교회의 미래 비전은 지역사회의 다양한 필요에 응답하고, 자립 준비 청년들이 사회에 성공적으로 안착할 수 있도록 돕는 데 초점을 맞추고 있다. 이 비전은 교회의 기존 사역을 기반으로 한 지속 가능한 성장과 혁신을 통해 실현될 것이다.

요양원과 교회의 아름다운 조화

평심원교회: 민경중 목사

강원도 원주시 지정면의 산골 마을에 자리한 평심원교회는 요양원과 교회가 한 건물 안에서 공존하며 어르신들의 몸과 영혼을 함께 돌보는 특별한 공동체이다. 민경중 목사의 헌신 아래, 이곳은 단순한 요양 시설을 넘어 신앙과 사랑이 어우러진 작은 성전으로 자리 잡았다. 어르신들은 예배를 통해 영적 평안을 누리며, 요양원 직원들과 함께 따뜻한 신앙 공동체를 이루고 있다. 이곳에서의 삶은 돌봄과 기도로 가득 차 있으며, 평심원교회는 사랑과 섬김의 모범으로 세상에 하나님의 은혜를 전하고 있다.

신앙과 돌봄이 만나는 특별한 공간, 평심원교회

평심원교회는 한 건물 안에 요양원과 교회가 공존하는 특별한 공간이다. 이곳은 단순한 요양 시설이 아닌, 어르신들의 신앙과 돌봄을 모두 품은 공동체이다.

평심원교회를 섬기고 있는 민경중 담임목사는 원래 음악가로서의 삶을 살았다. 민 목사는 작곡을 통해 자신의 영혼을 표현하며 음악과 함께하는 삶을 꿈꾸었고 그 길을 따라가고 있었다. 하지만 삶은 때때로 예기치 못한 방향으로 흘러가게 마련이다.

하나님께서 이끄신 길,
민경중 목사의 사명

민경중 목사는 군 입대를 앞두고 기도하던 중 신비로운 체험을 하게 되었다. 그는 하나님께 "군대를 피하게 해 달라"는 기도를 올리고 있었지만, 갑자기 그의 입술은 뜻밖의 기도를 쏟아냈다. 그의 입술은 민 목사의 의지와는 다르게 움직였고, 하나님 나라의 역사와 믿지 않는 사람들의 구원과 믿는 사람들이 바로 서는 세상을 위해 기도하게 된 것이다. 민 목사는 이 순간을 통해 하나님께서 자신의 인생에 손을 얹고 계심을 느꼈고, 본래 음악가로서의 꿈을 추구하던 자신의 삶이 목회로 이어질 것을 예감했다.

이후 목사로서의 길을 가라는 하나님의 부르심을 명확히 경험한 민경중 목사는 하나님께 "제가 언제 그렇게 하겠다고 했습니까?"라며 간절히 저항해 보았지만, 결국 민 목사의 삶의 방향은 자연스럽게 목회로 이어졌다. 그러나 목회자의 길이 결코 쉽지 않다는 것을 곧 깨달았고 생각의 불일치로 점점 목회현장에서 떠나게 되었다.

미국으로 떠나 세상 속으로 물러 서 있었던 민 목사에게 다시 한번 삶의 변화를 가져온 것은 바로 평심원을 설립한 아버지의 요청이었다.

어머니의 장례를 위해 급히 귀국한 민 목사에게 아버지는 "나이가 들어 이제 나 혼자 이곳을 감당하기 힘드니 함께 해 달라"며 부탁했고 결국 민 목사는 평심원으로 돌아와 헌신의 삶을 시작하기로 한 것.

평심원의 하루:
신앙과 돌봄이 깃든 삶

민경중 목사의 사역은 독특하다. 평범한 교회에서 성도들을 인도하는 대신, 아버지가 설립한 평심원에 발을 들이며 어르신들과 함께 하루하루를 보내기 시작했다. 이 요양원과 교회의 경계가 없는 독특한 공동체에서 민 목사는 자신의 신앙과 사역을 더욱 깊이 체화할 수 있었다.

평심원교회는 요양원 어르신들을 위한 교회로 평심원 자체가 교회이자 공동체이다. 어르신들은 이곳에서 예배를 드리고 민 목사와 직원들은 교인인 어르신들을 돌본다.

정형선 간호조무사의 이야기

평심원에서 일하고 있는 정형선 간호조무사는 본래 비기독교인이었다. 그러나 이곳에서 일하며 민경중 목사의 기도와 예배를 지켜보며 신앙에 대해 조금씩 눈을 뜨게 되었다.

"목사님이 기도해주시고, 예배를 인도하시는 모습을 볼 때면 정말 가족 같은 분위기 속에서 편안하게 신앙을 가르쳐주시는 것 같아요." 정 간호조무사는 "어르신들이 이곳에서 점차 적응하고, 밝은 표정을 되찾을 때 가장 보람을 느낀다"고 말하며, 이 일을 통해 자신의 신앙도 새롭게 자리 잡고 있다고 고백한다.

정연숙 요양보호사의 이야기

8년째 평심원에서 요양보호사로 일하고 있는 정연숙 씨. 정연숙 요양보호사 역시 평심원의 신앙적 분위기 속에서 사명을 품고 일하는 사람이다.

어릴 적부터 교회에 다니며 예수님의 사랑을 배우며 자라온 연숙 씨는 결혼 후 몸이 불편한 시어머니를 돌보

정연숙 요양보호사 (문막감리교회 권사)

며 인내와 사랑을 실천하는 삶을 살아왔다. 연숙 씨는 어르신들이 "각자의 믿음 속에서 평안하게 남은 생을 마칠 수 있도록 돕는 것이 자신의 역할"이라고 말하며, "어르신들이 하나님께 소망을 두고 살아가시기를 바란다며 이곳에서의 삶이 주님이 주신 가장 큰 사명이라고 생각한다"고 했다.

어르신들은 신앙 속에서 마지막까지 존엄과 평안을 지키고자 한다.

박갑례 어르신의 감사

박갑례 어르신은 평생 신앙생활을 하던 며느리의 손을 잡고 교회를 다니기 시작했다고 한다. "며느리가 열심히 댕겨요. 그래서 거기 따라 댕겼죠," 박 어르신은 소박하게 자신의 신앙 여정을 시작한 배경을 말했다. 지금은 나이가 들어 거동이 힘들지만, 매번 민경중 목사가 찾아와 기도해 주는 시간

이 너무도 고맙다고 했다. "토요일이면 오셔서 기도해주시니까 너무 감사해요"라며, 민 목사의 작은 기도 하나에도 감사의 마음을 담아냈다.

이금녀 어르신의 고백   이금녀 어르신도 민경중 목사의 방문에 깊은 감사를 느끼며, 매번 민 목사에게 큰 빚을 진 듯한 마음이라고 한다. "말로 어떻게 표현할 수 없지요. 하나님께 항상 감사하고… 감히 저로선 어떻게 아무 보답도 못 해 드리는데 이렇게 자주 오시고 그저 감사하고 고마워요." 이 어르신의 말 속에는 하나님과 민 목사에 대한 깊은 존경과 고마움이 묻어난다.

사역과 헌신:
평심원에서의 도전과 민경중 목사의 다짐   민경중 목사는 평심원의 하루하루가 고난과 도전의 연속임을 겸손히 고백한다. 요양 시설을 운영하는 것은 단순히 어르신들을 돌보는 것만으로는 끝나지 않는다. 민 목사는 요양 보호에 필요한 규정과 행정 절차를 맞추기 위해 끊임없이 정부의 지원과 규정을 따라야 하며, 요양보호사들의 근무 시간과 수당 문제도 그 중 하나이다. 하루에 근무하는 시간이 일반 직장과 다르고 주야간 스케줄이 번갈아 돌아가는 요양보호사들의 노동 기준을 맞추는 일은 시설 운영의 큰 어려움이다. 민 목사는 "요양원 사역이 쉽지 않지만, 어

평심원교회의 주일 예배 모습

르신들이 편히 지내시도록 하는 것이 저희의 소명이다"며 고된 사역 속에서도 신념을 굽히지 않는다.

평심원에서의 시간은 예측 불가한 순간들로 가득하다. 새벽에 응급 상황이 발생하기도 하고, 주일 예배 후 함께 점심을 나눈 후 갑자기 건강이 악화되어 세상을 떠나는 어르신도 있다고 한다.

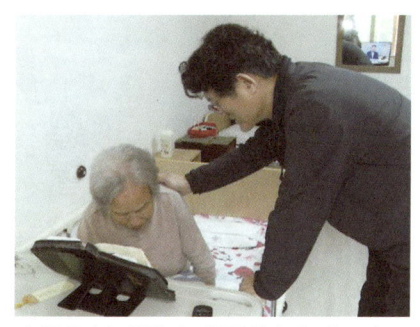

민경중 목사가 평심원 어르신들을 찾아 기도하는 모습

민 목사는 "사람이 할 수 있는 일은 많지 않다"는 사실을 매일 실감한다. 그런 순간마다 민 목사는 하나님을 의지하며 자신과 어르신들을 위한 기도를 멈추지 않는다.

그럼에도 불구하고 평심원에서의 사역은 민 목사에게 깊은 평안을 준다. 민 목사는 이곳에서 "불일치 없는 삶"을 살아가고 있다고 말한다. 세속적 욕심과 꿈을 내려놓고, 오로지 어르신들의 평안을 위해 기도하며 일상을 보내는 민 목사의 삶은 평심원을 하나의 신성한 공동체로 만들어 가고 있다. 이와 같은 사역 속에서 평심원은 어르신들의 육체적 돌봄을 넘어 영혼 깊은 곳까지 위로를 전하는 성소와도 같은 곳으로 자리 잡게 되었다.

민경중 목사의 찬송가 작곡…
다시 찾은 음악에 대한 열정

이렇게 바쁜 일상 속에서도 민경중 목사는 최근 음악에 대한 열정을 다시 찾게 되었다. 그의 인생에서 잠시 떠나있던 음악이지만, 고등학교 시절 자신을 가르쳐 준 김명엽 장로와 만남을 통해 다시 악보를 펴게 되었다. 김 장로는 민 목사에게 "찬송가를 작곡해 보지 않겠느냐"며 권유했고, 민 목사는 오랜 망설임 끝에 성경의 시편을 기초로 한 찬송가 작업을 시작했다. 시편의 구절을 찬송으로 옮기며 기쁨과 평화를 되찾았다.

지난 10월, 민 목사는 드디어 15곡의 찬송가를 감리교 신학대학 웨슬리 채플에서 발표했다. 서울바하합창단이 찬송가를 연주했으며, 민 목사를 음악의 길로 이끌어 준 김명엽 장로가 지휘를 맡았다. 민 목사의 곡들은 합창곡, 찬송가, 어

'민경중 교회음악의 밤' 연주회

린이 성가, 독백극 '베드로' 등 다양한 형식으로 구성돼 많은 이들에게 큰 감동을 주었다. 민 목사는 "하나님께서 주신 재능을 통해 영광을 돌리고, 이 곡들이 어르신들에게 위로가 되기를 소망한다"고 말했다.

　　민 목사는 평심원에서의 삶을 다시금 새롭게 다짐한다. 남은 여생 동안 어르신들이 더 나은 환경에서 생활하며 평안히 하나님 품으로 돌아가실 수 있도록 돕고자 하는 소망을 품고 있다. 민 목사는 "15년 안에 어르신 한 분이라도 건강을 되찾아 집으로 돌아가는 모습을 보고 싶다"고 고백했다.

사랑이 머무는 천국, 평심원교회　　평심원교회는 이 세상에서 가장 따뜻한 천국을 닮아 있다. 민경중 목사와 직원들, 그리고 어르신들이 서로의 신앙과 사랑을 통해 하나의 가족이 되어가는 이곳은 그 자체로 기도와 사랑의 공동체이며, 작은 성전이다. 어르신들은 이곳에서 평생을 다해 기도하고 예배하며, 서로를 돌보며 마지막까지 신앙 안에서의 존엄과 평안을 지켜가고 있다. 평심원교회는 하나님의 사랑이 머무는 진정한 천국으로, 신앙과 섬김이 있는 곳이다.

6

공적 사명을
실천하는 교회

마을에서 시작한 공정무역이 화성을 '공정무역 도시'로

더불어숲동산교회: 이도영 목사

더불어숲동산교회는 공정무역 카페를 시작으로 공유냉장고, 그릇 도서관, 공정무역 포트나잇 등 다양한 사역을 통해 지역 주민들과 함께 공정하고 따뜻한 세상을 만들어가고 있다. 경기도 최초의 공정무역 도시로 화성을 이끌어낸 더불어숲동산교회의 여정은 지역사회를 넘어 지속 가능한 대안을 제시하며 세상에 희망을 전하고 있다. 나아가 코하우징을 꿈꾸며 공동체적 삶의 모델을 제시하는 이들의 이야기는 우리의 일상과 신앙을 연결하는 강력한 영감을 준다. 작은 실천으로 시작된 교회의 행보는 마을을 넘어 세상을 변화시키고 있으며, 공정한 세상을 향한 발걸음은 오늘날 우리가 함께 나아가야 할 길을 제시한다.

공정무역 카페:
하나님 나라의 가치를 담다

경기도 화성시 봉담읍에 자리 잡은 더불어숲동산교회는 이름처럼 지역사회와 어우러져 함께 살아가는 공동체를 꿈꾸며 걸어온 특별한 여정을 담고 있다. 2010년 설립 당시부터 '복음의 공공성을 실천하는 교회'라는 정체성을 가진 더불어숲동산교회는 지역 주민들과 함께하는 다양한 사역을 통해 하나님의 사랑을 실천해왔다.

더불어숲동산교회의 상징과도 같은 공간은 바로 공정무역 카페 '맑은샘'이다. 이도영 담임목사는 개척 당시부터 단순히 예배드리는 교회가 아닌 마을을 섬기는 교회를 꿈꾸며 공정무역 카페를 시작했다. 이 목사는 "공정무역 카페는 단순한 카페가 아니라, 하나님 나라의 가치를 실현하는 공간이어야 한다"며 이곳이 단지 커피를 마시는 장소를 넘어 공정한 세상을 배우고 실천하는 터전이 되기를 바랐다.

공정무역 카페는 지역 주민들에게 제3의 공간으로 자리 잡았다. 이곳에서 주민들은 공정무역 제품을 배우고 소비하며, 이를 통해 전 세계 저개발국 생산자들의 삶을 돕는 윤리적 소비 운동에 동참하고 있다. 카페를 찾는 이들은 단순히 차를 마시는 시간을 넘어서, 더 나은 세상을 향한 작은 발걸음을 내딛고 있다.

마을을 품다:
공유냉장고와 그릇 도서관

공정무역 카페를 넘어, 더불어숲동산교회는 지역 주민들에게 더욱 가까이 다가가기 위해 다양한 공유공간을 제공하고 있다. 그중에서도 특별한 것은 바로 공유냉장고와 그릇 도서관이다.

공유냉장고는 교회 권사와 성도들이 정성껏 준비한 밑반찬과 음식을 채워 넣는 공간으로, 지역 주민들에게 사랑을 전하는 따뜻한 연결고리다. 냉장고를 관리하는 오경희 집사는 "냉장고의 청결을 유지하며, 음식을 필요한 이들이 가져가도록 하고 있다"고 말했다. 하루가 멀다 하고 비워지는 냉장고는 지역 주민들의

공정무역 카페에 이어 지역 주민들과 그릇을 함께 사용하기 위한 그릇 도서관을 운영하고 있다.

식탁을 채우며, 물질적 나눔을 떠나 진정한 공동체의 의미를 전달하고 있다.

또한 그릇 도서관은 이름 그대로 주민들이 그릇과 티팟 세트를 대여해 사용하는 공간이다. 상견례를 준비하는 청년, 회갑 잔치를 여는 어르신까지 다양한 사람들이 이 공간을 이용하며 지역사회와 연결된다. 김유라 집사는 "그릇 도서관은 마을 주민들의 행사를 돕고, 필요한 물건을 함께 나누며 신뢰와 사랑을 쌓아가는 귀한 공간으로 자리 잡고 있다"고 전했다.

이 공유공간들은 주민들에게 실질적인 도움을 주는 것은 물론, 나눔과 배려의 문화를 확산시키며 지역사회를 하나로 묶는 귀한 매개체로 기능하고 있다. 더불어숲동산교회가 실천하는 이러한 사랑의 나눔은 작은 것처럼 보이지만, 사람들의 마음과 마을의 온도를 따뜻하게 데우는 커다란 변화를 만들어가고 있다.

공정무역 포트나잇:
마을에서 세계로

더불어숲동산교회는 2018년, 공정무역 활성화를 위한 대규모 캠페인 '공정무역 포트나잇'을 개최하며 큰 반향을 일으켰다. 이 캠페인은 경기도 10개 도시에서 동시에 진행되었으며, 2주간의 집중 행사를 통해 공정무역의 중요성과 윤리적 소비의 가치를 주민들에게 알렸다. 주민들은 공정무역 제품을 직접 체험하고, 생산자와 소비자가 상생할 수 있는 대안적 경제 모델을 이해

더불어숲동산교회는 국제공정무역마을위원회로부터 한국 최초로
'공정무역 커뮤니티'로 인증을 받았다.

하게 되는 계기가 되었다.

　　이 행사의 성공은 더불어숲동산교회가 국제공정무역마을위원회로부터 한국 최초의 '공정무역 커뮤니티'로 인증받는 쾌거로 이어졌다. 이도영 목사는 "공정무역은 단순히 시민단체가 하는 운동이 아니라, 마을 단위, 도시 단위로 확장되어야 한다"며, 지속 가능한 사회를 위한 의식 있는 소비문화가 확산되기를 바란다고 강조했다.

　　특히, 캠페인은 화성시를 경기도 최초의 공정무역 도시로 인증받게 하는 데 중요한 초석이 되었다. 화성시는 공정무역을 지역의 지속 가능한 의제로 삼아, 주민들과 함께 공정하고 윤리적인 소비문화를 구축하며 공동체적 가치에 기반한 발전을 이뤄가고 있다.

　　더불어숲동산교회의 이러한 노력은 마을의 변화를 넘어서, 세계와 연결되는 공정무역의 네트워크를 형성하고 있다. 주민들과의 협력을 바탕으로 한 캠페인은 지역 공동체의 자부심을 높였을 뿐 아니라, 전 세계 생산자들과 소비자를 연결하는 따뜻한 다리가 되고 있다.

미래를 향한 비전:
코하우징과 공동체

　　더불어숲동산교회는 지역사회를 섬기는 데에서 멈추지 않고, 더 큰 비전을 품고 있다. 그중 하나가 '코하우징'이라는 공동주택 프로젝트다. 코하우징은 개인 공간과 공유 공간을 함께 사용하는 형태로, 공동체적 삶을 지향한다. 이도영 목사는 "코하우징은 함께 살아가는 과정에서 발생할 수 있는 우려를 줄이고, 천천히 준비할 계획"이라며, 지속 가능한 공동체 모델을 세워갈 뜻을 밝혔다. 그는 이러한 프로젝트가 단순한 주거 공간의 변화가 아닌, 신앙 안에서 사람과 사람이 깊이 연결되는 진정한 공동체를 만드는 초석이 될 것이라고 강조했다.

　　이 비전은 삶의 모든 영역에서 하나님의 가치를 실현하려는 더불어숲동산교회의 철학과 맞닿아 있다. 코하우징은 거주자들의 편의를 위한 것이 아니라, 나눔과 섬김의 문화를 확장하는 장이 될 예정이다. 함께 밥을 나누고, 시간을 보내며, 서로의 일상을 공유하는 이 공간은 이웃 간의 신뢰와 우정을 키우는 터전으로 자리 잡을 것이다.

　　더불어숲동산교회는 이 비전을 통해 점차 고립되고 분절되는 현대 사회에서 공동체적 삶의 중요성을 강조하고 있다. 주민들과 함께 만들어가는 코하우징은 지속 가능한 대안 사회를 향한 또 하나의 걸음이 될 것이다. 이도영 목사는 "하나님께서 주신 자연과 자원을 공동체적으로 사용하는 방식이야말로 우리의 신앙을 실천하는 길"이라며, 이 비전이 더불어숲동산교회의 사명을 확장시킬 것임을 확신했다.

　　이처럼 더불어숲동산교회는 물리적 공간의 변화만이 아니라, 지역과 사람, 그리고 세상을 연결하는 다리로서 계속 나아가고 있다. 공동체적 삶의 모델을 통해 이웃과 세상을 품는 그들의 여정은, 공정한 세상과 하나님의 사랑을 실현하는 교회의 새로운 지평을 열어가고 있다.

지역과 청년들을 품은 선한 영향력

서현교회: 이상화 목사

서울 마포에 위치한 서현교회는 지역사회와 청년, 대학생들을 품는 사역을 중심으로 하나님의 사랑을 전하고 있다. 이상화 목사는 예배 회복과 섬김의 사명을 실천하며, 학사 사역을 통해 목회자·선교사 자녀들에게 영적 안식처를 제공하고 있다. 또한 문화 사역으로 지역 주민과 소통하며, '서현 크리스마스 아트 페스티벌'을 통해 나눔과 섬김을 실천하고 있다. 소외된 이웃을 향한 '야쿠르트 사역'은 독거노인들에게 돌봄을 제공하며 지역사회의 안전망 역할을 하고 있다. 서현교회는 받은 사랑을 나누며 지역과 세대에 선한 영향력을 전하는 교회로 나아가고 있다.

지역사회와 청년들을 위한 섬김

서현교회는 서울 마포라는 지역 특성상 대학생들이 많이 모이는 곳에 위치해 있다. 대학가의 중심에 있는 서현교회는 그 특성을 살려 지역 내 청년들과 대학생들을 품는 사역을 중요한 목표로 삼고 있다. 이상화 목사는 이러한 사역을 통해, 물질적인 지원과 더불어 삶의 힘겨운 부분까지 세심하게 돌보고자 하는 의지를 밝혔다.

서현교회가 운영하는 '학사 사역'이 그 대표적인 예이다. 목회자 자녀(PK)와 선교사 자녀(MK)들이 학사에서 생활하며, 신앙 공동체 안에서 함께 성장하고 있다. 학사 생활을 통해 대학생들은 단순히 주거 문제를 해결하는 것뿐 아니라, 신앙적 성장과 인격적 성숙을 함께 이룰 기회를 얻고 있다. 이는 교회의 깊은 관심과 헌신 덕분이며, 학사에 거주하는 청년들은 교회의 사랑을 실질적으로 느끼

서현학사

며 신앙을 지켜가고 있다.

　20년 이상 지속된 학사 사역은 그 자체로도 큰 의미를 가지지만, 더 나아가 이 사역을 통해 많은 청년들이 자신들의 어려운 형편을 이겨내고, 다시금 지역사회에 선한 영향력을 끼치는 성숙한 그리스도인으로 자라나는 것을 이상화 목사는 '은혜의 선순환'이라 표현했다.

　청년들에게 교회는 단지 물리적인 안식처가 아닌, 영적인 성장과 지지의 공동체로 작용하며, 그들은 받은 사랑을 또 다른 이들에게 나누는 귀한 사역을 실천하고 있다.

　하지만, 학사 사역에 있어 가장 큰 어려움 중 하나는 정부의 세금 정책이다. 이 목사는 종합부동산세 문제로 인해 학사 운영에 큰 재정적 부담을 안고 있음을 설명하며, 정부가 교회의 선한 사역을 인정하고 지지해줄 수 있는 시스템이 마련되길 간절히 바라고 있다.

문화 사역과 예술적 섬김　　서현교회는 문화 사역에도 많은 노력을 기울이고 있다. 특히 홍대 앞이라는 문화 중심지에 위치한 교회답게, 다양한 예술가들이 교회에 모여 그들의 전문성을 발휘할 수 있는 장을 마련하고 있다. 이들은 자신의 재능을 단순히 개인적인 성취로만 끝내지 않고, 하나님께 영광을 돌리는 방식으로 활

'서현 크리스마스 아트 페스티벌' 모습

용할 수 있는 기회를 갖게 된다.

서현교회에서 매년 열리는 '서현 크리스마스 아트 페스티벌(스카프)'은 대표적인 예다. 이 축제는 단지 예술적 표현을 넘어서, 예술가들이 가진 재능을 통해 지역사회를 돕고 나아가 북한 동포들을 위한 기금 모금 등 선한 일을 위한 도구로 사용된다.

예술과 섬김이 만나는 이 축제는 교회가 문화와 예술을 통해 어떻게 하나님 나라를 확장할 수 있는지를 보여주는 중요한 사역 중 하나이다.

이상화 목사는 예술가들이 단순히 재능 기부를 하는 것에 그치지 않고, 그들의 전문성을 존중받고 인정받는 환경에서 사역할 수 있도록 지원하고 있다. 이를 통해 예술가들은 교회에서 자신들의 역할을 더욱 적극적으로 감당하며, 그들의 재능이 하나님께 영광을 돌릴 수 있기를 소망한다.

소외된 이웃을 향한 섬김:
야쿠르트 사역

서현교회가 펼치는 또 다른 중요한 사역 중 하나는 지역사회의 소외된 이웃들을 향한 관심과 돌봄이다. 이상화 목사는 코로나19 팬데믹 이후, 홀로 사는 어르신들, 특히 독거노인들의 어려움을 깊이 느끼고 있었다.

이에 따라 교회는 '야쿠르트 사역'을 시작하게 되었다. 야쿠르트 배달원들이 어르신들의 건강 상태를 체크하며, 문제가 발생할 경우 교회에 연락을 주는 방식으로 운영되는 이 사역은, 지역사회의 안전망 역할을 톡톡히 하고 있다. 이 사역을 통해 교회는 어르신들에게 지속적인 관심과 돌봄을 제공하며, 그들이 고립되지 않도록 돕고 있다.

이 목사는 야쿠르트 사역의 중요성을 강조하며, 무엇보다도 사역의 지속성과 전문성을 함께 담보해야 한다고 말했다. 사역이 일회성에 그치지 않고 꾸준히 이어질 때, 진정한 변화를 가져올 수 있다는 것이다. 또한 이 과정에서 교회가 지역사회와 협력하며, 필요에 따라 정부 기관과도 연대하여 보다 효과적인 돌봄을 실현하고자 하는 의지를 내비쳤다.

다음 세대를 위한 교육 사역

서현교회는 다음 세대를 위한 교육에도 많은 투자를 하고 있다. 교회의 교육 커리큘럼은 아이들이 성장하는 모든 단계에서 일관된 흐름을 유지하도록 구성되어 있다. 유년부에서부터 고등부, 대학청년부까지 이어지는 커리큘럼은 아이들이 신앙 안에서 지성과 인격, 사회성 등을 고루 갖춘 인물로 자라날 수 있도록 돕는다.

이상화 목사는 이 교육이 단순한 지식 전달을 넘어서, 전인적 성숙을 목표로 하고 있음을 강조했다. 교회는 아이들이 요람에서 무덤까지, 즉 태아 시기부터 노년에 이르기까지 일관성 있는 교육을 받을 수 있는 환경을 제공하며, 이를 통해 다음 세대가 신앙 안에서 건강하게 성장할 수 있도록 돕고 있다.

**출산 돌봄 사역과
지역사회를 향한 비전**

서현교회는 저출산 문제 해결을 위한 출산 돌봄 사역에도 관심을 기울이고 있다. 교회는 안전한 돌봄 공간을 제공함으로써, 부모들이 안심하고 아이를 맡길 수 있는 환경을 만들고자 한다. 이를 통해 저출산 문제를 극복하고, 지역사회가 교회의 돌봄을 통해 새로운 생명에 대한 부담을 덜 수 있기를 바라고 있다.

교회가 지역사회를 섬기고, 그 안에서 하나님의 사랑을 전하는 일에 서현교회는 결코 소홀하지 않았다. 이상화 목사는 앞으로도 교회가 유기적으로 움직이며, 은혜의 소외지대에 놓인 성도가 없도록 끊임없이 섬기겠다고 말했다. 또한 섬김받은 성도들이 그들의 은사와 전문성을 사역을 통해 발휘할 수 있도록 돕는 것이 교회의 중요한 책무임을 강조했다.

한국교회의 미래를 향한 제언 마지막으로 이상화 목사는 한국교회가 직면한 현실을 냉정히 바라보고, 새로운 변화를 모색할 필요가 있다고 제언한다. 그는 한국교회가 점점 사회와 단절되는 현실 속에서, 교회의 존재 가치를 다시 한번 되새겨야 한다고 강조한다.

교회가 그저 내부 성도들만을 위한 공간으로 남는 것이 아니라, 지역 주민들이 진정으로 교회의 존재를 느끼고, 교회의 필요성을 인정하게끔 만들어야 한다는 것이다. 이를 위해 교회는 지역 주민들이 교회에 대해 어떤 인식을 가지고 있는지 지속적으로 조사하고, 그들의 필요와 요구에 맞춰 적극적으로 응답해야 한다.

이 목사는 교회가 지역사회에서 선한 영향력을 발휘할 때, 비로소 그 지역의 필수적인 존재가 될 수 있으며, 지역 주민들이 교회의 이사를 아쉬워할 정도로 그 가치를 느끼게 해야 한다고 강조한다. 이를 위해서는 교회의 선한 사역이 꾸준히 이어져야 하며, 그 사역들이 실질적인 변화를 가져와야 한다. 또한, 이 목사는 교회가 지역사회의 일원으로서, 그곳에서 필요로 하는 다양한 역할을 충실히 수행하는 것이야말로 교회의 본질적인 사명임을 다시 한번 상기시켰다.

이상화 목사의 메시지는 단지 서현교회만을 위한 것이 아니라, 모든 한국교회를 향한 깊은 도전이자 격려이다. 한국교회가 더 이상 내부만을 바라보지 말고, 외부로 시선을 돌려 지역사회와 적극적으로 소통하고 섬기며, 그 속에서 하나님의 사랑을 전해야 한다는 사명을 강조했다. 교회가 세상의 구원선으로서의 역할을 다할 때, 비로소 그리스도의 참된 사랑이 세상 속에서 빛날 수 있음을 그는 힘주어 말하고 있다.

지역사회와 함께하는 사랑과 회복의 여정

세신교회: 김종구 목사

세신교회는 지역사회와 함께하며 사랑과 나눔을 통해 치유와 회복의 길을 열어가고 있다. 김종구 목사는 교회를 주민들이 편히 쉴 수 있는 열린 공동체로 세우고자 다양한 사역을 이끌고 있다. '치유회복센터'는 이웃들에게 상담과 돌봄을 제공하며 영적 회복을 돕고, '수요 정오 힐링 콘서트'는 음악을 통해 주민들에게 위로와 희망을 전하고 있다. 세신교회는 '옥상 텃밭'과 더불어 태양광 패널을 설치해 자연을 보전하고 환경 보호에도 앞장서고 있다. 아울러 다음 세대를 위한 창의교육센터를 운영하며 아이들이 신앙 안에서 꿈과 재능을 키울 수 있는 기회를 제공하고 있다.

마을 교회로서의 세신교회:
주민들과 함께하는 기도

세신교회는 지역사회와 함께하는 마을 교회로 자리 잡기를 소망하며 다양한 사역을 펼치고 있다. 김종구 담임목사는 세신교회를 지역 주민들이 편안하게 찾아와 쉼을 얻고 영적 갈급함을 해소할 수 있는 교회로 만들기 위해 기도하고 있다고 말한다. 이를 위해 교회는 지역 주민들과 함께 어려움을 나누고, 치유와 회복을 위한 여러 가지 사역을 통해 섬기고 있다.

김 목사는 "마을 주민들이 편하게 쉴 수 있고, 영적인 갈급함을 느낄 때 뭔가 인도받을 수 있는 교회가 되고자 계속 기도하고 있다"며 교회의 본질적인 목적을 강조했다.

치유와 회복을 위한 '치유회복센터'

세신교회의 대표적인 사역 중 하나는 '치유회복센터'이다. 현대 사회는 물질적으로 풍요로워 보이지만, 그 속에서 사람들은 정신적, 육체적 치유가 절실히 필요하다. 세신교회는 이러한 사람들을 위해 2019년부터 치유회복센터를 운영하며 상담과 회복을 돕고 있다. 이 사역은 상담뿐 아니라, 매달 첫 새벽기도에서 드리는 성찬 예배와 연계하여 지역사회를 위한 '생명 살리기 헌금'을 모으는 것에서 그 깊이를 더한다.

이 헌금은 의료 혜택을 받기 어려운 이주 노동자나 의료 사각지대에 있는 사람들에게 긴급 지원을 하는 데 사용되고 있으며, 양천사랑복지재단과 협력하여 지역사회의 필요를 채우고 있다. 김 목사는 "이 작은 나눔이 지역사회의 생명을 살리는 큰 힘이 되길 바란다"고 전했다.

주민들을 위한 '수요 정오 힐링 콘서트'

세신교회는 지역 주민들의 정서적 위로와 문화적 갈증을 해소하기 위해 매주 수요일 정오에 '힐링 콘서트'를 열고 있다. 수준 높은 음악인들이 재능 기부로 참여하여 클래식, 재즈 등의 다양한 장르의 곡을 연주하며, 주민들에게 쉼과 회복의 시간을 제공하고 있다. 이 콘서트는 유튜브를 통해 전 세계로 송출되어 코로나 팬데믹 속에서 많은 이들에게 큰 위로를 주었다.

주민 최병희 씨는 "세신교회의 콘서트를 통해 매주 마음의 평안을 얻고 있다"며, 교회에 다니지는 않지만 매주 교회에 와서 음악을 들으면 마음이 평안해지고, 삶의 무게에서 잠시 벗어날 수 있어 매주 찾아오고 있다고 설명했다.

환경을 생각한 '옥상 텃밭 사역'

세신교회는 도시 한가운데서 자연과 교감할 수 있는 공간을 제공하고자 옥상에 텃밭을 조성했다. 옥상 텃밭은 유기농으로 가꾸어지며, 화학 비료나 농약을 전혀 사용하지 않는다. 교인들과 지역 주민들이 함께 이 텃밭을

세신교회 옥상 텃밭

가꾸며 자연의 소중함과 생명의 가치를 나누고 있다.

　김종구 목사는 "옥상 텃밭을 통해 도심 속에서도 하나님의 창조 질서를 회복하고, 함께 나누는 기쁨을 경험할 수 있다"며, 이 사역이 교회와 지역 주민 사이의 다리 역할을 하고 있음을 강조했다. 텃밭에서 재배한 작물은 코로나 이전에는 교회 애찬 식사에 사용되기도 했고, 지금도 주민들과 나누며 사랑을 실천하고 있다.

장애인 돌봄 사역:
'발달장애인주간보호센터'

세신교회는 발달장애인을 위한 주간보호센터를 운영하며, 장애인들이 주중에도 안전하게 생활할 수 있는 공간을 제공하고 있다. 이곳에서 발달장애인들은 개별 맞춤형 프로그램을 통해 다양한 활동을 경험하며, 삶의 질을 향상시키고 있다. 김종구 목사는 장애인 사역에 대해 "단순한 돌봄을 넘어, 발달장애인들이 자신의 재능을 발견하고 성장할 수 있도록 돕는 데 중점을 두고 있다"고 설명했다.

　또한, 교회는 장애인에 대한 사회적 편견을 해소하기 위해 지속적으로 노력하고 있으며, 발달장애인 가정이 교회 안에서 쉼과 회복을 경험할 수 있도록 적극적인 지원을 아끼지 않고 있다. 현재 센터는 성인 발달장애인들이 참여하고 있으며, 점차 더 많은 장애인에게 그 문을 열어갈 예정이다.

사랑의 뜨개방

지역 주민들과 함께하는
'사랑의 뜨개방'

코로나 팬데믹 중 세신교회가 진행한 특별한 사역 중 하나는 '사랑의 뜨개방'이다. 교인들이 처음 시작한 이 사역은 지역 주민들에게도 확산되어 2022년 1월 현재 40여 명의 회원이 함께 참여하고 있다. 사역을 통해 교인과 주민들은 소아암 환자들을 위한 털모자와 목도리를 제작해 기증하며, 사랑을 나누고 있다.

최미숙 세신교회 권사는 "처음에는 6명의 교인이 시작했지만, 지금은 주민들도 함께 참여하면서 이 사역이 점점 더 커지고 있다"며 손수 만든 털모자를 통해 많은 이들이 따뜻함을 느꼈으면 좋겠다"고 소망했다. 교회는 또 양천구청과 협력하여 어르신들을 위한 무릎담요를 짜는 활동까지 확장하여, 이웃을 향한 사랑의 실천을 지속하고 있다.

다음 세대를 위한
'어린이 청소년 창의교육센터'

세신교회는 다음 세대를 위한 사역에도 앞장서고 있다. '어린이 청소년 창의교육센터'는 아이들이 자신의 꿈과 재능을 발견하고 키울 수 있는 안전한 공간으로 설계되었다. 이곳에서는 다양한 활동을 통해 성경적 세계관을 기반으로 한 창의 교육이 이루어지고 있으며, 아이들은 자유롭게 뛰어놀고 쉼을 얻으며 성장하고 있다.

김 목사는 "창의교육센터를 통해 아이들이 하나님 안에서 꿈과 재능을 발견하며 자라날 수 있도록 돕고 있다"며 교회는 주일만이 아닌 평일에도 아이들을 위해 항상 열려있다고 설명했다.

창조 질서를 회복하는 태양광 사역: 송광범 목사의 이야기

송광범 목사는 세신교회의 '녹색 교회' 사역을 이끌며, 하나님의 창조 질서를 회복하기 위한 실질적인 활동을 소개했다. 그는 교회 외벽을 태양광 패널로 교체한 사역에 대해 "교회가 하나님의 창조물을 돌보고 보호하는 사명을 감당해야 한다"고 강조했다. 이 사역을 통해 세신교회는 매년 약 4천 그루의 나무를 심는 것과 같은 효과를 내며, 지역사회에 탄소 중립의 중요성을 알리고 있다.

송 목사는 "우리가 실천하는 작은 변화들이 모여 큰 효과를 내고 있다. 교회뿐만 아니라 성도들도 생활 속에서 탄소 발생을 줄이는 다양한 방법을 실천하고 있다"고 말했다.

성도들은 이 사역통해 창조 질서를 회복하는 일에 더 깊이 공감하며, 일상 속에서 하나님의 창조물을 돌보는 삶을 살아가고 있다. 송광범 목사는 교회의 에

녹색 교회를 지향하고 있는 세신교회는 창조 질서 회복을 위해 지난 2020년 11월 교회 외벽을 태양광 발전시스템으로 교체했다.

너지 절감과 환경 보호 노력이 지역사회에 긍정적인 영향을 미치고 있다고 강조했다.

농촌 교회를 살리기 위한 10개년 계획

김종구 목사는 감리교 농어촌선교위원회 위원장으로서, 농촌 교회를 살리기 위한 10개년 계획을 세우고 추진하고 있다. 농촌 사회가 고령화와 인구 감소로 인해 어려움을 겪고 있는 가운데, 교회는 농촌 공동체를 회복하고 사람들을 유입시킬 수 있는 다양한 방안을 모색하고 있다.

김 목사는 "농촌 사회가 살아야 농촌 교회도 살 수 있다"며 농촌 교회를 돕기 위한 구체적인 계획을 세우고 농촌에 빈집을 리모델링하고 어르신 돌봄 공동체를 만드는 등의 실질적인 지원을 통해 농촌 교회를 살리고자 하는 비전을 갖고 있다.

사랑과 돌봄의 교회:
세신교회의 비전

세신교회 모든 사역의 중심에는 '사랑의 돌봄'이 있다. 김종구 목사는 "우리는 이 땅에서 하늘길을 걸어가며, 서로를 돌보고 사랑하는 것이 하나님의 명령"이라고 강조하며, 교회가 지역사회를 섬기고 이웃을 돌보는 역할을 지속해 나갈 것을 다짐했다.

세신교회의 사역은 지역사회와 함께 성장하며 사랑을 실천하는 데에 중점을 두고 있으며 김종구 목사와 교인들은 하나님이 주신 창조 질서를 회복하고, 생명을 살리는 사역을 통해 이 세상에 하나님의 사랑을 전하고자 한다.

'동반성장' 프로젝트로 작은 교회 살리기

수원명성교회: 유만석 목사

수원명성교회는 지역과 세상을 향한 사랑의 실천으로 한국교회의 본이 되고 있다. 유만석 목사의 목회 철학 아래, 수원명성교회는 작은 교회와 함께하는 동반 성장 프로젝트, 청소년과 독거노인을 위한 지속적 지원, 그리고 세계 선교와 기념교회 건립을 통해 그리스도의 사랑을 전하고 있다. 30여 년간 한 곳에서 변함없이 이어온 이들의 섬김은 지역사회를 넘어선 빛과 소금의 역할을 하고 있으며, 교회가 걸어온 나눔과 헌신의 여정은 예수님의 말씀을 살아내는 아름다운 증거가 되고 있다.

**작은 교회와 동반 성장,
상생을 향한 비전**   유만석 목사는 37년간 한 지역에서 목회하며, 하나님께서 자신에게 주신 은혜를 어떻게 지역과 나눌 수 있을지 오랜 시간 고민해왔다. 그는 개척 당시 겪었던 어려움을 기억하며, 현재 어려움 속에서 목회하고 있는 작은 교회들과의 연대를 꿈꾸었다. 많은 작은 교회들이 재정적인 어려움으로 인해 예배와 목회 활동에 집중하기 어려운 상황을 감안하여, 수원명성교회는 한국교회의 상생을 위한 비전으로 '동반 성장 프로젝트'를 시작했다.

수원명성교회는 지역 내 다른 교단의 8곳의 작은 교회와 자매결연을 맺고 매월 일정 금액의 후원금을 제공하며, 이들이 경제적인 어려움을 극복할 수 있도록 돕고 있다. 또한, 각 교구별로 자매 교회를 방문해 명절 때에는 작은 선물을 전하고 따뜻한 인사를 나누며 교류를 이어가고 있다.

이러한 관계는 단순히 금전적인 후원을 넘어서, 작은 교회들이 지역사회에서 안정적으로 복음을 전할 수 있는 기반을 마련해주는 든든한 후원이 되었다. 성도 중에는 매 주일 수원명성교회에서 예배를 드린 후 자매 교회에서 두 번째 예배에 참석하여 예배 인원에 부족함을 채우는 이들도 있다. 그들의 작은 몸짓은 작은 교회의 목회자들에게 큰 위로와 힘이 되어주고 있다.

유 목사는 이 동반 성장 프로젝트가 큰 교회와 작은 교회가 서로 도우며 함께 성장하는 상호 보완적 관계를 이루어, 한국교회 전체가 더 건강하고 풍성하게 발전해 가기를 소망하고 있다.

이처럼 큰 교회가 작고 어려운 교회를 돌보며, 한국교회가 민족 복음화의 비전을 이룩하는 데 한 걸음 더 다가가기를 기도하고 있다.

함께 성장해가는 작은 교회,
우리가교회의 김권능 목사 이야기

개척교회인 우리가교회의 김권능 목사는 교회를 개척한 이후 재정적인 어려움을 겪던 시기, 수원명성교회로부터 도움을 받게 되어 큰 힘을 얻었다고 회고한다. 수원명성교회는 김 목사의 교회를 자매교회로 선정하여, 매월 일정한 재정 지원을 해주고 성도들이 명절

김권능 우리가교회 담임목사

마다 작은 선물을 준비해 전달하며 그들의 목회를 응원해 왔다. 김 목사는 이와 같은 작은 나눔이 단순한 물질적 지원을 넘어, 개척 초기 교회와 성도들에게 예수님의 사랑을 전해주는 따뜻한 위로가 되었다고 말한다.

김 목사는 이러한 도움 덕분에 어려운 시기에도 흔들리지 않고 목회를 이어갈 수 있었고, 작은 교회가 큰 교회와 연대할 수 있는 소중한 의미를 되새기게 되었다고 설명한다. 그는 수원명성교회의 헌신이 자신과 교인들에게 큰 격려가 되었으며, 현재는 성도들과 함께 어려운 시기를 이겨내며 새로운 희망을 찾고 있다고 감사의 마음을 전했다.

농어촌 교회 빚 갚기 사역:
농어촌 교회의 든든한 동반자

수원명성교회는 동반 성장 프로젝트에 이어 농어촌 교회의 부채를 갚아주는 '빚 갚는 자의 마음' 프로젝트를 시작했다. 유만석 목사는 도시로 이주해온 성도들이 많다는 사실을 떠올리며, 도시 교회들이 성장하는 데에 농어촌 교회들의 희생이 깃들어 있음을 깨닫고 이 프로젝트를 시작하게 되었다고 설명한다.

성도들 가운데 농어촌 출신이거나 농어촌에 어려움을 겪고 있는 교회가 있는 경우, 그 교회를 추천받아 수원명성교회의 도움을 통해 해당 교회가 부채를 갚아나갈 수 있도록 지원한다. 이 프로젝트는 단순한 재정적 지원을 넘어, 농어촌 교회가 지역사회에서 자립하고 성장하는 데 든든한 기반이 되어주고 있다. 유 목사는 이 사역이 농어촌 교회들에게 복음을 전하는 기회를 열어주며, 그들이 지역사회에 더 깊이 뿌리내릴 수 있는 계기가 되기를 바라고 있다.

해외 기념교회를 세우며
복음을 전파하다

수원명성교회의 또 다른 독특한 사역은 '기념교회 세우기 운동'이다. 해외 선교지에 기념교회를 세워 그 지역 주민들이 복음을 접할 수 있는 장소를 마련하는 이 사역은, 성도들이 예수님의 사랑을 전하는 기회를 제공하는 귀중한 사역이다. 이창건 장로는 기념교회 세우기에 헌신한 성도로, 아프리카 우간다에 세운 기념교회를 이야기하며 그 지역이 이슬람이 지배적인 지역이었지만 하나님께서 복음의 씨앗을 심어주셨음을 회고한다. 처음에는 쉽지 않았으나, 복음을 필요로 하는 주민들이 점차 교회로 발걸음을 옮기게 되었고, 현재 매주 80명에서 150명이 예배에 참석하며 예수님을 알게 되는 기적이 일어나고 있다고 한다.

유만석 목사는 기념교회가 단순히 교회 건축에 그치는 것이 아니라, 현지 목회자들이 주체적으로 목회할 수 있도록 현지 상황에 맞춘 지원과 관리를 아끼지 않고 있다. 기념교회 세우기 운동은 필리핀과 아프리카에서 급속한 교회 성장을 이루었고, 많은 교회들이 지역사회에 안정적으로 뿌리내리는 결과로 이어졌다.

수원명성교회 이창건 장로가 세운 우간다 '나까우까명성교회' 외경

유 목사는 한국교회가 앞으로도 더 많은 기념교회를 세우며 복음이 전파될 수 있도록 지속적으로 헌신할 계획을 가지고 있다.

우간다에서 피어나는 복음의 열매:
최광식 선교사의 사역

아프리카 우간다의 무슬림 지역에서 사역하는 최광식 선교사. 수원명성교회가 세운 기념교회 덕분에, 이 지역 주민들이 복음을 접하고 예수님을 알게 되었다고 말한다. 우간다는 이슬람이 강하게 자리 잡고 있는 지역으로, 복음을 전하기에는 많은 어려움이 따랐지만, 최 선교사는 기념교회를 통해 복음이 전파되면서 지역사회가 서서

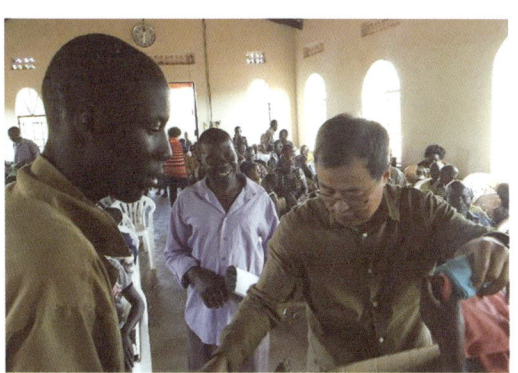
최광식 선교사와 교회 성도들

히 변화되는 것을 느끼고 있다고 이야기한다.

현재는 매주 80명에서 150명이 예배에 참석하며 영적인 변화를 체험하고 있으며, 그들의 삶 속에 하나님의 역사가 펼쳐지고 있음을 목격하게 되었다고 한다. 수원명성교회의 기념교회 사역은 이처럼 지구 반대편에서도 복음의 씨앗을 심으며 하나님의 사랑을 전하는 통로가 되고 있다.

수원명성교회는 이처럼 국내외를 넘나들며 어려움 속에서도 예수님의 사랑을 전하는 일에 헌신하고 있다. 교회는 단지 지역 내에서만 머물지 않고, 나아가 세계 곳곳에 복음의 씨앗을 심으며, 각지에서 필요로 하는 다양한 지원을 아낌없이 베풀고 있다.

3.1운동의 불꽃… 신앙과 희생으로 빛나는 역사의 성지

제암교회: 최용 목사

경기도 화성시 제암리에 자리한 제암교회는 1905년에 창립된 이후 한국 근대사의 중요한 순간을 함께 하며, 3.1운동의 중심에서 애국정신을 이어온 교회이다. 독립운동에 참여한 제암교회는 일본군에 의해 예배당이 불타고 교인들이 목숨을 잃는 비극을 겪었다. 이러한 역사로 제암교회는 현재 3.1운동 관련 사적지로 지정되어 있으며, 순국선열들의 애국 신앙과 희생을 기리고 있다. 오늘날 제암교회는 과거의 아픔을 딛고 마을 주민들과 화합하며, 3.1정신과 신앙의 가치를 다음 세대에 전하는 사명을 이어가고 있다.

순국선열의 혼이 깃든 애국 교회

경기도 화성시 향남면 제암리에 위치한 제암교회는 1905년 창립되어 117년 동안 한국 근대사와 기독교 역사의 중요한 일면을 간직해왔다. 제암교회는 특정 선교사에 의해 세워진 것이 아니라, 서울에서 복음을 접한 안종우가 자신의 집을 예배 처소로 내어놓으면서 시작되었다. 당시 척박한 환경 속에서 한 사람의 헌신이 이룬 결과는 이 지역에 기독교 공동체가 자리 잡는 출발점이 되었고, 오늘날까지 신앙과 역사의 중심지로 남아 있다.

독립운동의 요람, 제암교회

제암교회는 단순히 예배만을 드리는 공간이 아니었다. 교회는 한글 교육과 민족의식을 고취하는 장소로서도 중요한 역할을 했다.

무료로 한글을 가르치고, 모세와 에스더의 이야기를 통해 나라를 사랑하고 지켜야 한다는 애국정신을 전하면서, 젊은이들에게 민족의식을 심어주었다. 교회의 이런 활동은 지역의 젊은이들을 결집시키고, 독립운동의 불씨를 지피는 데 크게 기여했다. 젊은이들과 여성들은 발안 장터에서 광목을 사와 태극기를 손수 만들어 집회에 나섰고, 만세를 외치며 민족 해방의 염원을 드러냈다.

강신범 제암교회 원로목사

강신범 원로목사는 당시의 민족적 열정과 신앙의 결단을 전하며, 교회와 성도들이 얼마나 강한 신앙과 애국심으로 무장했는지에 대해 설명했다. 그가 이야기한 바에 따르면, 제암리에서 일어난 만세운동은 교회의 교인들이 앞장서 이끈 사건으로, 이들이 자발적으로 참여한 독립운동은 이후의 역사에 큰 영향을 미쳤다.

제암리 학살 사건:
예배당을 불태운 일제의 만행

1919년 4월 15일, 제암리 학살 사건은 교회의 성도들이 순국할 수밖에 없었던 비극의 시작이었다. 일제는 제암리에서 고조된 독립운동을 진압하고자 교회로 몰려와 남자 성도들을 예배당으로 모이게 했다. 이 날은 평일이었지만, 성도들은 죽음을 각오하고 예배당에 모였다. 일본 경찰과 헌병은 예배당 문을 봉쇄하고, 석유를 뿌린 뒤 불을 질렀으며, 예배당 밖에서는 총을 발사하며 성도들의 탈출을 막았다. 그날 불타는 예배당 안에서 21명의 남성 성도들이 목숨을 잃었고, 교회 마당에서도 두 명의 여성 성도가 희생되었다. 이러한 일제의 만행은 한국 독립운동사에 깊은 상처로 남았다.

강신범 목사와 유해 발굴:
희생자의 명예를 되찾다

1980년, 강신범 목사가 제암교회의 담임목사로 부임하며 잊혀져가던 이들의 희생이 다시 빛을 보기 시작했다. 강 목사는 마을 원로였던 전동례 장로에게서 제암리 학살 사건과 교인들의 순국 이야기를 들으며 그들의 유해를 발굴하고 예우를 갖추어 장례를 치르기로 결심했다.

1982년부터 시작된 유해 발굴은 5일 동안 진행되었고, 마침내 23명의 유해가 발견되어 제암교회 뒷동산에 안장되었다. 강 목사는 "이 일이 내 생애에서 가장 귀중한 사역이었다"며 그 순간을 회고했다. 성도들의 유해를 발굴하고 고향 교회 뒷동산에 모시며, 그들의 희생을 기리는 것은 강 목사와 교회 전체에게 큰 의미를 남겼다.

'예수 믿다 망한 동네'에서 '축복받은 마을'로

오랫동안 제암리는 '예수 믿다 망한 동네'라는 오명을 안고 살아왔다. 주민들은 교회가 독립운동에 나섰던 탓에 일제의 탄압을 받아 피해를 입었다고 생각했기 때문이다. 그러나 제암교회는 이러한 오명을 극복하고, 마을과 소통하며 주민들과 화해를 이루고자 다양한 봉사 활동을 이어갔다. 안성현 제암리장은 마을과 교회가 협력하여 도시가스를 도입한 일을 예로 들며, 교회가 마을 발전에 기여하고 있음을 전했다. 또한, 제암교회는 홀로 사는 노인들에게 반찬을 배달하고, 어려운 이웃을 돌보며 주민들에게 신뢰를 주는 교회로 자리매김했다.

제암리 학살 희생자들의 유해 발굴 작업 현장

2012년부터 제암교회를 담임하고 있는 최용 목사는 마을 주민들의 상처를 치유하고, 함께 하나님의 나라를 이루어나가는 것이 제암교회의 사명임을 강조했다. 그는 교회가 마을 주민들의 정서적 상처를 이해하고 보듬으며, '예수 믿다 망한 마을'이라는 소문을 '예수님으로 인해 축복받은 마을'로 변화시키기 위해 노력해왔다.

제암교회가 3.1운동 사적지로 지정되면서 제암리 주민들은 새로운 도전에 직면하게 되었다. 사적지로 지정된 이후, 마을은 경관지구로 묶여 상업 시설을 운영하기가 어려워졌다. 최 목사는 "국가가 주민들이 더 이상 피해를 보지 않도록 배려해 줄 필요가 있다"고 강조하며, 역사와 주민들의 생업이 조화롭게 공존할 수 있는 환경을 바라고 있다.

다음 세대를 위한 특별한 사역:
꿈을 찾아주는 교회

제암교회는 다음 세대의 아이들이 꿈을 찾고 성장하도록 돕는 사역에도 앞장서고 있다. 코로나 이전에는 주일예배에서 학생들이 성경 봉독을 맡았고, 그 과정에서 자신의 꿈과 기도 제목을 성도들과 나누었다. 최용 목사는 "아이들이 자신의 꿈을 알지 못하는 경우가 많았다"며, 꿈을 공유하는 과정이 아이들에게 목표를 심어주는 계기가 되었다고 전했다.

이러한 특별한 사역을 통해, 제암교회는 단순한 예배 공동체를 넘어, 다음 세대를 위한 비전을 품고 이들이 꿈을 이룰 수 있도록 신앙 안에서 길을 열어주고자 한다. 최 목사는 다른 교회들도 이러한 사역을 통해 아이들이 자신들의 꿈을 찾고 성장할 수 있는 기회를 제공하길 바라고 있다.

순국의 정신을 기억하는 역사 교육의 장:
제암교회 1층에 마련된 '제암리 3.1운동 순국 기념관'

강영섭 제암교회 권사는 제암교회가 역사 교육의 장이 되어, 아이들에게 3.1운동의 정신을 전할 수 있기를 바란다. 강 권사는 "어린아이들부터 초중고생들이 이곳이 3.1운동의 근원지라는 사실을 알고, 순국선열과 신앙의 선배들을 기억하는 좋은 역사 현장이 되었으면 좋겠다"며 제암교회가 순국선열의 희생과 독립 정신을 기억하는 현장이 되어야 한다고 강조했다.

3.1운동 103주년을 기념하며 제암교회를 찾는 순례자들은 순국선열의 희생과 독립정신을 느끼며 가슴 뜨거운 시간을 보내고 있다. 제암교회는 과거의 아픔과 민족의 상처를 딛고, 하나님 안에서 회복과 소통의 사명을 이어가고 있다. 그들은 순국선열의 신앙과 애국정신을 다음 세대에게 전달하고, 교회가 세상을 위한 축복의 통로가 되기를 꿈꾸고 있다.

제암교회 1층에 자리한 '제암리 3.1운동 순국 기념관'

생명 운동 벌이며 찾아가는 마을 목회

중앙성결교회: 한기채 목사

115년의 역사를 자랑하는 중앙성결교회는 하나님의 사랑을 전하며 세상을 변화시키는 사명을 이어오고 있다. 한기채 목사는 성도들이 지역사회와 연결되어 실질적인 사랑을 나누는 공동체가 되기를 꿈꾸며 다양한 사역을 펼치고 있다. 사순절 특별새벽기도회는 성도들에게 영적 결속과 회복의 시간을 제공하며, 생명 운동은 환경 보호와 생명 존중의 가치를 실천하는 일상으로 자리 잡았다. 또한, '찾아가는 마을 목회'는 지역 주민들에게 직접 다가가 이웃의 필요를 채우며 따뜻한 위로와 희망을 전하고 있다. 중앙성결교회는 사랑과 나눔의 발걸음을 멈추지 않으며, 세상을 밝히는 빛의 공동체로 나아가고 있다.

사순절 특별새벽기도:
300 용사의 영적 여정

2022년 사순절 동안 중앙성결교회는 특별새벽기도회를 열어 코로나 종식, 우크라이나 전쟁의 평화, 생명 존중과 낙태·자살 예방을 위해 성도들이 한마음으로 기도하는 시간을 가졌다. 이 기도회는 단순히 새벽에 모여 기도하는 것을 넘어, '기도 300용사'와 '홀리클럽'이라는 이름으로 영적 공동체를 이루는 장이 되었다.

한기채 담임목사는 이 사순절 기도회를 이렇게 설명했다. "이번 새벽기도는 42일 동안 진행되며, 300명의 성도가 모세가 되어 아론과 훌처럼 서로의 손을 붙들며 기도했습니다. 이 세 명이 팀이 되어 '333개 팀'을 이루었고, 단톡방을 통해 은혜를 나누며 말씀과 기도의 끈을 이어갔습니다."

300명의 모세가 되어 새벽 기도회 기간 동안 양손에 한 사람씩 3명의 홀리클럽을 이뤄 서로를 위해 기도하는 공동체의 구성은 사순절의 특별한 의미이기도 하다.

이 기도 공동체는 부활주일을 준비하며 또 다른 도전에 나섰다. 기존의 세 명이 각각 두 명을 더 모아 일곱 명으로 확장되는 '밴드 처치'를 구성해 고난주간 동안 기도와 복음을 전했다. 이렇게 해서 부활주일엔 2천여 명이 살아계신 예수님을 만나게 된다.

한 목사는 이를 두고 "존 웨슬리의 홀리클럽과 같은 영적 결속으로 지역사회와 교회를 하나로 묶는 과정"이라고 설명했다.

성도들은 333개 팀의 홀리클럽 사순절특별기도회가 하나님의 사명을 감당하는 은혜의 시간이었다고 고백한다.

조영순 권사는 이러한 여정을 통해 하나님의 은혜를 체험했다고 이야기한다. "처음엔 너무 어려웠어요. 기도를 시작할 땐 막막했지만, 삼겹줄이 끊어지지 않는다는 하나님의 말씀을 붙잡고 가족과 친척들에게 복음을 전하기 시작했습니다. 그들의 긍정적인 반응은 제게 하나님의 사명을 확신시켜 주었고, 기도를 통해 큰 은혜를 누릴 수 있었습니다."

생명 운동:
세월호의 아픔에서 시작
평소 생명 존중을 강조한 중앙성결교회는 4월 첫 주일을 생명존중주일로 지킨다. 중앙성결교회의 생명 운동은 2014년 세월호 참사에서 시작되었다. 304명의 희생자를 애도하며 한기채 목사는 사회 생명력 회복의 필요성을 절실히 느꼈다며 생명 운동이 시작된 배경을 이렇게 설명했다.

"2014년 4월 16일 그때 세월호 참사로 우리 304명이 그때 희생당했죠. 그래서 제가 안산에 다녀오면서 참 이분들의 희생을 헛되지 않게 하는 게 뭐냐 다시는 이런 사건이 일어나지 않도록 좀 각성하고, 지금 우리가 사회 생명력이 너무 약화돼가지고 이런 일들이 발생하거든요. 마치 우리가 면역력이 약하면 코로나에 감염되는 것처럼 그래서 사회 생명력을 복원하고 강화시켜야 이런 사건 사고가 예방될 수 있다. 그러려면 운동해야 될 거 아니에요. 그래서 생명 운동을 하자, 그때 바

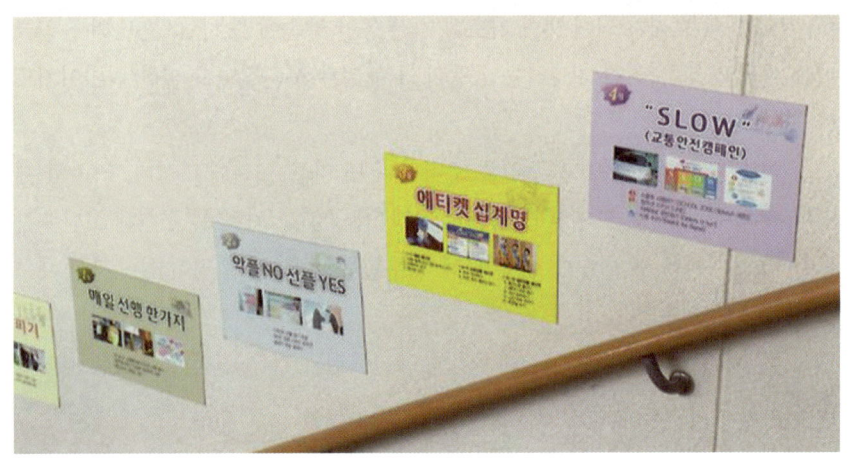
중앙성결교회는 세월호 참사 이후 지속적으로 매월 주제를 달리해 생명 운동 캠페인을 펼치고 있다.

로 교회 와서 제가 생명 운동을 선포하면서 구체적인 생활 운동을 하게 됐어요."

생명 운동은 캠페인을 넘어 성도들의 삶에 깊이 스며드는 실천운동으로 자리 잡았다. 이번(4월) 달의 주제는 '나무 심기.' 환경보호와 탄소 줄이기를 목표로 성도들에게 묘목을 나누고, 마을에 라일락과 단풍나무를 심었다. 나무를 심지 못한 성도들에겐 교회 현관에 나무를 세워 나무 심는 효과를 나타내는 환경개선 운동을 실천한 다음 나뭇잎 스티커를 붙이도록 했다.

환경 운동을 실천하는 성도들은 나뭇잎 스티커를 한 장 한 장 붙여 파란 나뭇잎이 무성한 나무를 만들었다.

매달 주제 설정…
생명 운동 캠페인 펼쳐   중앙성결교회는 생명 운동 선포 이후 지금까지 매달 주제를 달리해 생명 운동 캠페인을 펼치고 있다.

지속적으로 전개해 오고 있는 생명 운동 캠페인은 성도들 개개인의 삶 속에 스며들어 생각을 바꾸고 세상을 변화시키는 원동력이 되고 있다.

박세미 집사는 생명 운동이 가져온 변화를 이렇게 이야기했다. "처음에는 장바구니 사용이나 일회용품 줄이기 같은 실천들이 어색했지만, 점차 습관이 되어 제 삶의 질이 높아지는 것을 느꼈습니다. 이런 작은 실천이 결국 생명을 살리고 세상을 변화시키는 데 기여한다는 점이 감동적이었어요."

이 생명 운동은 베이비박스 지원, 쪽방촌 봉사, 연탄 나누기 등으로 확장되어 사회의 약자들에게 희망을 전하고 있다.

찾아가는 마을 목회:
지역을 향한 사랑의 발걸음

중앙성결교회는 기존의 섬김 사역을 '찾아가는 마을 목회'로 전환하고, 교회의 울타리를 넘어 지역사회를 직접 찾아가 섬기기 시작했다.

한기채 목사는 '찾아가는 마을 목회'의 중요성을 이렇게 설명했다. "교회는 원래 지역을 돌보는 공동체로 세워졌습니다. 하지만 현대 교회는 지역과 단절된 섬처럼 존재하는 경우가 많습니다. 우리는 도시의 등대처럼 지역을 비추고 돌보며, 예수님이 잃어버린 한 마리 양을 찾으시는 마음으로 사역해야 합니다."

마을 목회의 첫 발걸음으로 부활주일에 희망 상자 400개가 지역의 어려운 가정에 전달되었다. 이 상자에는 성도들의 사랑과 함께 한 목사의 기도문과 책이 담겨있다.

임규 수석목사는 마을 목회와 관련해 "전도 대상자다 이렇게만 생각했고, 교회로 전도해야 될 불신자라고 생각하는 것에서 그냥 우리 주변에 함께 살아갈 이웃이라는 그런 개념 전환, 그리고 어떻게 도울 수 있을까? 지역 주민들을 우리의 이웃으로 보고 그들의 필요를 채우는 데 집중하고 있다"고 강조했다.

김종열 성도는 이러한 돌봄 사역에 감동을 받았다. "코로나로

기존에 해 왔던 섬김 사역의 개념을 '찾아가는 마을 목회'로 전환했다.

인해 교회 안에서 확진자가 된 것이 죄송했지만, 교회에서 위문품을 보내주시며 걱정하지 말라는 메시지를 전해주셔서 큰 위로를 받았습니다. 교회의 사랑이 저를 다시 일어서게 했어요."

빛과 사랑으로 세상을 변화시키다 중앙성결교회의 이 같은 사역은 단순히 교회의 성장에 그치지 않고, 성도와 지역사회를 하나로 묶어 세상을 변화시키는 데 그 목적이 있다. 사순절 특별새벽기도회와 생명 운동, 마을 목회로 이어지는 사역들은 성도들에게 신앙의 깊이를 더하며, 하나님의 사랑을 구체적으로 실천하는 도구가 되고 있다.

115년 동안 하나님의 사역을 감당해 온 중앙성결교회는 도시의 등대처럼 어두운 세상을 밝히며, 생명과 사랑의 공동체로서의 사명을 다하고 있다.

도시의 등대가 되어 지역사회에 불을 밝힌다는 의미로 세워진 중앙성결교회 첨탑의 '호롱불 십자가'

노동자들을 위한 노동자들의 교회

성문밖교회: 김희룡 목사

서울 영등포구 당산동에 위치한 성문밖교회는 성안에 머무르지 않고 성 밖으로 나아가 세상을 품는 교회이다. 1977년 영등포노동교회로 시작해 1983년 현재의 이름을 갖게 된 성문밖교회는 노동자, 노숙인, 이주민 등 사회적 약자들을 섬기는 사역을 중심에 두고 있다. 성문밖교회는 해고 노동자들과 함께 예배드리고, 세월호 참사 유가족과 연대하며, 기후 위기와 농촌 교회 살리기에 앞장서는 등 고난받는 이들과 동행해왔다. 그 중심에는 신앙을 삶 속에서 실천하려는 노력과 하나님의 정의를 구현하려는 열망이 자리 잡고 있다.

성문밖교회:
성 밖으로 나아가 세상을 품다

성문밖교회는 지역사회의 아픔과 필요를 보듬는 데 헌신하고 있다. 1977년 영등포노동교회로 시작해, 1983년에 성문밖교회로 이름을 바꾸며 노동자를 위한 교회에서 모든 소외된 이들을 위한 교회로 그 정체성을 확장해왔다.

김희룡 담임목사는 성문밖교회의 본질을 이렇게 설명한다. "우리 교회는 노동자만을 위한 교회가 아니라, 사회적 약자들을 위한 교회입니다. 예수님께서 그러셨던 것처럼, 세상에서 상처받고 소외된 이들에게 다가가는 것이 우리의 사명입니다." 이러한 그의 비전 아래, 성문밖교회는 지역을 넘어 사회 전반에 영향을 미치는 섬김과 연대의 공동체로 자리매김하고 있다.

성문밖교회는 노동자들의 투쟁 현장 곳곳을 찾아 예배와 기도로 함께했다.

해고 노동자들과의 연대:
희망을 잇는 교회

성문밖교회의 중심에는 노동자들, 특히 해고당한 노동자들을 향한 연대와 동행의 사역이 자리 잡고 있다. 노동자들에게 해고란 단순한 실직을 넘어 삶 전체를 흔드는 참사와도 같은 사건이다. 김희룡 목사는 이를 "노동자들에게 가장 큰 재난"이라며, 해고 노동자들이 겪는 고통에 교회가 응답해야 한다고 강조했다.

성문밖교회의 성도들은 해고 노동자들이 싸우는 현장을 찾아가 예배를 드리고, 기도하며, 그들과 함께 어려움을 나눈다. 그중 기억에 남는 사례는 삼척에 위치한 동양시멘트(현 삼표시멘트) 해고 노동자들과의 연대다. 이들은 부당 해고 판결을 받았음에도 불구하고 복직되지 못한 채 오랜 투쟁을 이어가야 했다. 성문밖교회는 이들의 이야기를 듣고 투쟁현장 곳곳에서 정기적으로 기도회를 열며 그들을 격려했다.

또한, 목동 열병합발전소의 75m 굴뚝 위에서 426일 동안 고공농성을 했던 노동자들과의 동행도 기억에 남는다. 매서운 겨울바람이 몰아치는 가운데 성문밖교회는 추운 날씨에도 현장에서 예배와 성찬식을 드리며 농성자들의 용기를 북돋웠다.

"성찬식에서 나누었던 포도주가 얼어붙을 정도로 추운 날씨였지만, 우리의 연대는 추위를 넘어선 따뜻한 기도가 되었다"고 김 목사는 회고했다.

특히, 국내 최장기 농성으로 기록된 콜트콜텍 기타 회사의 노동자들과 함께한 시간은 성문밖교회가 어떻게 약자들과 동행했는지를 잘 보여준다. 10년이 넘는 긴 시간 동안 교회는 이 농성 현장을 떠나지 않았고, 마지막 순간까지 함께하며 그들의 싸움에 힘을 보탰다. 이러한 연대는 단순한 사회적 행동이 아니라, 하나님의 사랑을 실천하는 신앙의 행위로서 이루어진 것이다.

세월호 참사와 함께한
'동행의 사역'

2014년 4월, 김희룡 목사가 성문밖교회에 부임한 해, 한국 사회는 세월호 참사라는 비극을 맞이했다. 김 목사는 참사 이후 깊은 고민에 빠졌다. "우리는 이 끔찍한 고난 앞에서 부활 신앙을 어떻게 고백할 것인가?"라는 물음 끝에 그는 세월호 유가족들과 함께하는 '동행 그룹'을 만들었다. 이 그룹은 지금도 매년 세월호를 기억하는 기념예배를 드리며, 유가족들과의 연대를 이어가고 있다.

김 목사는 세월호 참사가 단순히 하나의 비극적 사건으로 끝나지 않아야 한다고 믿었다. 그는 이 사건을 통해 한국교회가 고난받는 이들과 동행하는 교회의

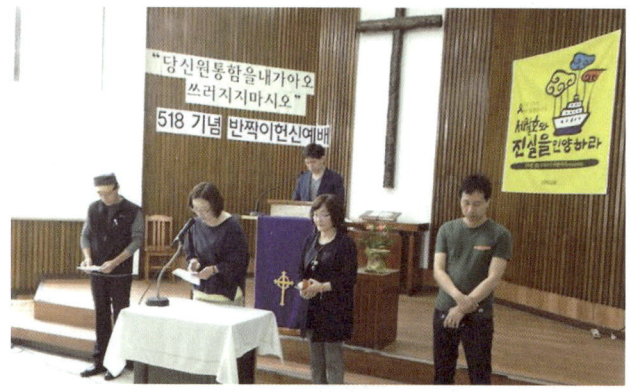

성문밖교회는 매년 노동주일 기념예배를 비롯 세월호 참사, 5.18민주화운동, 전태일 열사 기념예배 등을 드리고 있다.

본질을 되찾아야 한다고 강조했다. 이러한 사역은 성문밖교회의 정체성을 더욱 선명히 드러냈으며, 교회가 단순히 신앙의 울타리 안에 머무르지 않고 세상 속으로 나아가는 공동체임을 증명했다.

사회적 약자들과 함께하는 신앙

성문밖교회의 사역은 노동자들뿐 아니라, 노숙인, 이주민, 사회적 참사 피해자 등 다양한 약자들에게로 확장된다. 특히, 한국 최초의 노숙인 협동조합인 '노느매기 사회적 협동조합'은 이 교회의 심김을 잘 보여준다. 이 협동조합은 노숙인

한국 최초의 노숙인을 위한 사회적협동조합 노느매기

들에게 안정적인 일자리와 자립의 기회를 제공하며, 성문밖교회의 성도들도 적극적으로 참여해 이를 지원하고 있다.

또한, 성문밖교회는 생활협동조합 운동을 통해 농촌과 도시가 상생할 수 있는 구조를 만들어가고 있다. 교회는 농촌에서 친환경 농산물을 생산하는 농민들의 고충을 이해하고, 이들의 농산물을 제값에 구매해 농촌교회의 생존을 돕는 데 앞장서고 있다. 교회는 '농촌과 도시가 서로를 살리는 생명 공동체'라는 비전 아래, 소비자와 생산자의 관계를 넘어 서로를 위한 신앙적 연대를 실현하고 있다.

성도들의 신앙과 삶의 이야기

성문밖교회의 성도들은 각자의 삶 속에서 교회가 얼마나 큰 의미를 지니는지 증언한다.

17세의 어린 나이에 서울로 올라와 공장에서 일했던 송효순 집사는 성문밖교회를 자신의 '삶의 동반자'로 표현했다. 그녀는 공장에서 힘든 하루를 보낸 후 성문밖교회의 문을 두드리며 받았던 따뜻한 환대와 위로를 지금까지도 잊지 못한다. 그녀는 이렇게 회상했다. "교회에서 목사님과 다른 노동자들과 함께 울고 웃

으며, 인간으로서 존중받는다는 느낌을 처음 받았어요. 성문밖교회는 저의 인생과 신앙에 큰 감동을 준 곳입니다."

또 다른 성도인 한산석 집사는 택배 노동자로서의 고단한 삶 속에서 성문밖교회를 만나게 되었다. 그는 "교회를 다니면서 저 자신에 대해 만족스럽고 행복함을 느끼게 되었다"며 성문밖교회가 그의 삶에 가져다준 긍정적인 변화를 강조했다. 그는 택배 노동의 어려움을 겪으면서도 신앙을 통해 새로운 상상력과 희망을 발견했다고 덧붙였다. "예배와 기도 속에서 제가 평소에 느끼지 못했던 위로와 힘을 얻습니다. 성문밖교회는 저에게 새로운 길을 보여주는 등불 같은 존재입니다."

이러한 성도들의 고백은 성문밖교회가 노동자들과 함께하는 교회임을 증명한다. 성문밖교회의 어머니라 할 수 있는 영등포산업선교회는 노동자들의 고통과 아픔을 온 교회가 공유하고 기도하기를 간절히 소망하고 있다.

손은정 목사는 이를 다음과 같이 전했다. "산재로 죽어가는 노동자들의 아픔, 이 현실을 모르고서는 우리 교회가 공적인 역할을 하기는 어렵습니다. 온 교회가 이 노동 문제의 심각성, 혹은 노동자들이 겪고 있는 어려움들을 함께 공유하고 고민하며 기도했으면 좋겠습니다."

이러한 사역과 연대는 단지 성문밖교회와 산업선교회만의 일이 아니다. 이 땅의 수많은 교회가 함께 공감하며 동참해야 할 사명임을 다시금 일깨운다. 성문밖교회는 신앙과 삶이 분리되지 않는 공동체로서, 그들의 작은 빛이 노동자들과 사

통합총회가 정한 노동주일 예배

회적 약자들에게 희망의 등불이 되기를 기도하며 오늘도 발걸음을 내딛고 있다.

신앙 공동체로서의 본질을 지키며   김희룡 목사는 성문밖교회가 가진 가장 중요한 사명은 신앙 공동체로서의 본질을 지키는 것이라고 말한다. 그는 "우리의 신앙이 교회 안에 갇혀 있는 신앙이 아니라, 삶의 자리에서 발현되는 신앙이어야 한다"고 강조했다. 성문밖교회는 이 시대의 기독교인들이 신앙과 삶을 통합적으로 고민하고, 이를 실천할 수 있는 장을 제공하고 있다.

특히 김 목사는 "모두가 서로를 섬기는 평등한 공동체를 이루어야 한다"며, 교회가 위계와 권위에 얽매이지 않고, 성도 모두가 제사장으로서 서로를 섬기는 공동체를 만들어가야 한다고 역설했다.

다음 세대와 함께하는 미래 비전   성문밖교회는 새로운 세대와의 소통과 연대를 통해 미래를 준비하고 있다. 청년들과 신학생들이 교회의 사역에 참여하도록 독려하며, 이들이 교회의 새로운 주체로 성장하도록 돕고 있다. 성문밖교회는 앞으로도 신앙의 본질과 사회적 사명을 조화롭게 실현하며, 소외된 이웃들과 연대하는 교회의 모델로 나아갈 것이다.

성문밖교회는 단순한 교회가 아니다. 그것은 이 시대의 고난과 아픔 속에서 예수 그리스도의 사랑을 실천하는 신앙 공동체이며, 세상을 변화시키는 하나님의 도구이다.

시민단체 활동가 후원… 사회선교사 파송

수원성교회: 안광수 목사

"복음을 전파해 사람을 변화시키고 사랑과 섬김으로 세상을 변화시킨다."
수원성교회는 창립 40주년을 맞아 이 비전을 실현해가는 여정을 이어오고 있다. 교회의 문은 언제나 지역사회를 향해 열려 있었고, 교회는 단순히 예배의 공간을 넘어 세상을 위한 도구로 사용되고 있다. 특히 지난 2009년 도입된 '사회선교사 제도'는 수원성교회만의 독특한 사역 중 하나다. 사회의 약자들과 소외된 이웃들을 섬기고, 지역사회를 풍요롭게 하기 위한 이 교회의 노력은 많은 이들에게 감동과 희망을 전하고 있다.

1982년의 시작:
하나님의 꿈을 세우다

수원성교회의 역사는 1982년, 경기도 수원시 장안구에서 안광수 목사의 비전으로 시작되었다. 단출한 예배당과 몇 명의 교인으로 시작된 교회는 "복음으로 세상을 변화시키겠다"는 믿음 하나로 첫발을 내디뎠다.

당시 수원성교회는 단순히 신앙 공동체에 머물지 않고, 지역 주민들과 함께하며 삶의 변화를 일으키는 교회로 자리 잡기 시작했다.

교회는 설립 초기부터 다음 세대 교육에 대한 비전을 품었다. 안 목사는 "다음 세대를 잘 키우는 것이 곧 교회의 미래"라며, 교회학교와 청년부 육성에 교회의 역량을 집중했다. 유아부부터 고등부까지 구성된 교회학교에는 약 1,300명의 학생과 400명의 교사가 속해 있으며, 이들을 위해 30억 원을 투자해 교육관을 건축했다. 당시 교회는 이미 빚이 있었음에도, "다음 세대에 대한 투자는 교회의 필수적인 책임"이라며 이를 강행했다. 그 결과, 수원성교회는 지금까지도 지역사회에서 가장 활발한 교회학교를 운영하며 수많은 아이들에게 신앙과 삶의 가치를 심어주고 있다.

　유아에서 청년까지 이어지는 교육 체계는 단순한 신앙 교육을 넘어, 아이들이 세상에서 선한 영향력을 발휘할 수 있도록 돕는 플랫폼이 되고 있다.

사회선교사 제도의 시작:
복음의 새로운 확장

2009년, 한 성도였던 남기업 집사의 제안은 교회에 새로운 도전을 안겨주었다. 남 집사는 교회에 '사회선교사 제도'를 제안하며, 시민단체와 NGO에서 활동하는 전문가들을 선발하여 재정적, 영적 지원을 제공할 것을 요청했다.

사회선교사 제도를 교회에 제안한 남기업 집사

　안광수 목사는 보수적인 신앙관을 지녔지만, '개인의 구원뿐만 아니라 사회의 구원이 중요하다'는 사실을 깨닫고, 이 제도를 도입하기로 결심했다. 그는 교회가 복음의 손길을 사회 곳곳으로 확장해야 한다는 책임감을 느꼈고, 이를 실현하기 위해 사회선교사 제도를 본격적으

사회선교사들이 중요한 사안들을 논의하고 있는 모습

로 실행에 옮겼다.

현재 수원성교회는 7명의 사회선교사를 파송하여, 다양한 영역에서 활동하도록 지원하고 있다.

최종덕 선교사는 쪽방촌 주민들이 스스로 자립할 수 있도록 자치 조직을 만드는 일을 돕고 있다. 그는 "주민들이 스스로 삶을 변화시키는 것을 돕는 것이 제 사명"이라며 사회선교의 본질을 설명했다.

다문화 가정을 돕는 임연희 집사는 외국인들에게 한국어와 문화를 가르치며 그들이 한국 사회에 적응할 수 있도록 돕는다. "교회는 사랑으로 다가가야 복음이 전달됩니다"라는 그의 말은 수원성교회의 사명을 대변한다.

이외에도 환경 보호, 인권 운동, 통일 운동 등 다양한 분야에서 활동하는 사회선교사들은 교회의 선교적 비전을 실현하며, 지역과 세상에 변화를 만들어가고 있다.

사랑나눔 봉사관:
지역사회를 섬기다

2019년, 수원성교회는 지역 주민과의 소통을 강화하기 위해 '사랑나눔 봉사관'을 설립했다. 이곳은 단순히 지역 주민을 위한 공간이 아니라, 교회가 지역사회의 필요를 채우고 사랑을 실천하는 장이다.

사랑나눔 봉사관 개관 감사예배

봉사관은 코로나19 기간에도 중단되지 않고 운영되었다. 외국인을 위한 한국어 교실, 김장 담그기 행사, 어린이와 청소년을 위한 방과 후 교실 등이 봉사관의 주요 프로그램이다. 지역 주민들은 이곳에서 다양한 문화를 경험하고, 새로운 배움을 얻으며 삶의 질을 높이고 있다.

특히 최근에는 주민 요청에 따라 합창단과 요리 교실을 개설해 큰 호응을 얻고 있다. 한 지역 주민은 "교회가 우리와 함께한다는 느낌을 받습니다. 이런 교회가 있어 정말 감사합니다"라며 감동을 전했다.

다음 세대, 교회의 미래   수원성교회는 다음 세대를 위한 교육에 특별한 열정을 쏟아오며, 미래 세대를 하나님의 비전 안에서 양육하는 데 헌신하고 있다. 안광수 목사는 "다음 세대를 잘 키우는 것이 곧 교회의 미래이며, 이를 위해서는 교회의 온 역량을 투자해야 한다"고 강조한다. 이런 신념 아래, 교회는 다양한 프로그램을 통해 아이들이 큰 꿈과 비전을 품을 수 있도록 돕고 있다.

미국의 유명 대학을 탐방하며 글로벌한 안목을 키우는 프로그램은 수많은 학생들에게 학업과 진로에 대한 영감을 심어주었다. 또한 필리핀 등 해외 단기선교는 아이들에게 섬김과 나눔의 가치를 깨닫게 하는 기회를 제공했다. 현지에서 봉사하며 만난 사람들과의 교류는 아이들에게 삶과 신앙을 깊이 성찰하게 했고, 자신이 받은 사랑을 어떻게 세상에 전할지 고민하게 만들었다.

이 외에도 성품 교육과 같은 프로그램은 단순히 학문적인 지식을 전달하는 데 그치지 않고, 올바른 인격과 리더십을 겸비한 사람으로 성장할 수 있도록 돕고 있다.

삶을 변화시키는 신앙 교육   수원성교회의 교회학교는 아이들의 전인격적 성장을 돕는 공간이 되고 있다. 여기서 배운 신앙은 아이들의 삶과 행동에 스며들어, 학교와 가정, 지역사회에서 선한 영향력을 발휘하는 원동력이 되고 있다.

안광수 목사는 "우리 교회 출신의 청년들이 정치, 경제, 교육, 사회사업 등 각 분야에서 선한 영향력을 발휘하는 모습을 볼 때, 가장 큰 보람을 느낀다"고 말한다. 이처럼 수원성교회의 교회학교는 단순히 교회를 위한 다음 세대를 키우는 것이 아니라, 세상을 변화시킬 리더를 양성하는 중요한 출발점이 되고 있다.

수원성교회는 앞으로도 다음 세대를 위한 지원을 아끼지 않을 계획이다. 새로운 시대를 살아갈 아이들에게 신앙의 깊이뿐만 아니라, 세상을 이끌어갈 비전과 도구를 제공하기 위해 지속적으로 노력하고 있다. 아이들의 성장 뒤에는 교회와 교사, 그리고 부모의 끊임없는 기도와 헌신이 있었다. 이들의 열정과 사랑이 수원성교회 아이들을 세상의 빛과 소금으로 세워가고 있다.

미래를 향한 수원성교회의 비전

수원성교회의 비전은 여전히 현재진행형이다. 교회는 앞으로도 사회선교사 제도를 확대하고, 지역사회의 요구에 귀 기울이며, 다음 세대를 위한 교육에 힘쓸 것이다.

안광수 목사는 이렇게 말했다. "모든 교회가 한 명의 사회선교사라도 파송한다면, 이 세상은 얼마나 아름답게 변할까요? 우리는 그 꿈을 꾸며 나아갑니다."

수원성교회는 사랑과 섬김으로 세상을 변화시키기 위해 새로운 여정을 시작하고 있다. 40년 동안 이어온 감동의 이야기는 이제 더 넓은 세상으로 나아가며 계속될 것이다.

복음의 생명으로 세상을 아름답게

소망교회: 김경진 목사

소망교회는 복음의 생명으로 세상을 아름답게 변화시키는 비전을 가진 성령의 교회이다. 익명의 헌신과 지속적인 봉사를 통해, 도시와 농촌의 상생과 협력을 실현하고자 노력하고 있나. 농촌 교회의 자립을 돕는 직거래 플랫폼 '이음마을'과 목회자들을 위한 영적 교류의 장 '이음TV'는 도시와 농촌을 연결하는 다리가 되고 있다. 이음마을을 통해 농어촌 교회들은 재정적 도움뿐 아니라 지역사회의 선교적 역할도 확장하고 있다. 또한, 이음TV는 농촌 목회자들에게 설교와 교제를 나눌 수 있는 새로운 사역의 장을 열어주고 있다. 소망교회는 앞으로도 영혼 구원과 지역 공동체의 자립이라는 두 날개를 균형 있게 펼치고자 한다. 복음의 아름다움을 실천하며, 지속 가능한 선교적 교회의 모델을 제시하고 있다.

익명의 헌신이 살아 숨쉬는 곳

서울 강남구 압구정로에 자리한 소망교회는 강남을 대표하는 교회로, 1980년대 급성장과 함께 대형 교회로서의 위상을 확립했다. 소망교회는 흔히 부유하고 정치적으로도 주목받는 교회라는 외부의 시선을 받지만, 그 이면에는 익명의 헌신과 섬김으로 세상을 변화시키고자 하는 성숙한 성도들이 자리하고 있다. 소망교회의 김경진 담임목사는 교회를 "익명의 헌신이 살아 숨 쉬는 곳"으로 묘사하며, "세상에서 잘 알려지지는 않았지만 깊고 의미 있는 봉사 활동을 이어가고 있는 성숙한 성도들이 가득하다"고 자랑스럽게 말한다.

소망교회의 비전은 단순히 예배와 설교의 장소를 넘어서는 데 있다. 바로

'복음의 생명으로 세상을 아름답게 하는 성령의 교회'라는 사명을 실현하는 것이다. 김 목사는 교회의 핵심 가치를 '아름다움과 생명'으로 정의하며, 복음을 통해 세상을 변화시키는 데 있어 외면적으로도 내면적으로도 아름다움을 추구한다고 설명한다. 이러한 비전은 소망교회의 섬김 사역에 고스란히 반영되어 있으며, 교회는 이를 통해 도시와 농촌, 교회와 세상 사이의 균형 잡힌 관계를 만들고자 꾸준히 노력하고 있다.

소망교회가 가진 가장 두드러진 특징은 익명의 헌신이다. 김경진 목사는 "소망교회는 단순히 재정적 지원이나 일시적 활동에 그치지 않고, 지속적으로 봉사와 나눔을 실천해 왔다"고 강조한다. 그 중심에는 지역과 세계를 연결하고, 선교와 복지의 영역을 아우르는 사역들이 있다.

소망교회의 공동체는 자발적으로 구성된 그룹들이 중심을 이룬다. 이들은 교회의 중앙 조직의 지시를 받는 것이 아니라, 각자 뜻을 모아 선교사 중보기도, 신학생 학자금 지원, 도서 지역 교회 섬김 등 다양한 활동을 펼치고 있다. 김 목사는 "어느 곳에서든지 익명의 섬김이 두드러지고, 이러한 봉사가 단발성이 아니라 수십 년 동안 이어져 왔다는 점에서 소망교회만의 독특한 특징이 있다"고 말한다.

이러한 정신은 교회 외부로도 자연스럽게 확장되고 있다. 소망교회는 특히 농어촌 교회와 미자립 교회를 돕는 데 큰 비중을 두고 있다. 도서 지역의 교회에 담수 시설을 설치하거나, 농촌 지역 목회자들이 필요로 하는 물품을 익명으로 제공하는 사례는 소망교회의 대표적 활동 중 하나다. 이러한 헌신은 단순히 재정적 지원에 그치지 않고, 도움을 받는 지역사회와 깊은 관계를 형성하며 상호 협력의 장을 마련하고 있다.

농어촌 교회와 지역사회를 위한 사역:
이음마을과 이음TV

소망교회의 새로운 사역인 이음마을과 이음TV는 농어촌 교회를 자립시키기 위한 독창적인 접근 방식을 보여준다. 농촌 교회와 지역사회를 살리기 위해 소망교회가 기획한 이음마을은 농촌에서 생산된 농산물과 가공식품을 도시 소비자들과 연결하는 플랫폼 역할을 하고 있다. 이 플랫폼은 단순한 경제적 도움을 넘어, 도시와 농촌의 관계를 돈독히 하고, 서로의 필요를 채우는 상생의 장으로 자리 잡았다.

'이음마을'은 오프라인 바자회와 온라인 플랫폼을 통해 운영된다. 농촌의 목회자들이 직접 키운 농산물을 올리고, 도시의 소비자들이 이를 구매하는 구조이다. 소비자들은 "시골의 친정어머니가 보내주는 것 같은 따뜻함"을 느낄 수 있다고 한다. 실제로, 이음마을은 신선한 먹거리를 합리적인 가격에 제공하면서도, 농촌 교회와 목회자들에게 실질적인 경제적 자립의 기회를 만들어 주고 있다.

그뿐만 아니라, 소망교회는 '이음마을'의 운영 방식을 투명하게 관리하며, 익명성을 유지하면서도 체계적인 지원을 하고 있다. 목회자들은 고품질의 농산물을 제공하고, 소비자들은 만족감 높은 제품을 받음으로써 자연스러운 신뢰 관계를 형성하고 있다. 현재(2022년 12월 28일)까지 참여한 농어촌 교회는 40여 곳에 이르며, 판매된 물품도 90여 가지에 달한다. 김경진 목사는 "이음마을은 단순히 거래가 아니라 도시와 농촌이 관계를 맺고, 함께 살아가는 시스템"이라고 강조한다.

'이음TV' 역시 농촌 교회 목회자들을 위한 혁신적 플랫폼이다. 농촌 교회 목회자들은 자신들의 설교를 녹화하여 소망교회의 성도들뿐만 아니라, 전국에 있는 다양한 교회와 성도들에게 공유할 수 있다. 이음TV는 농촌 목회자들에게 새로

이음마을 직거래 장터 모습

농촌 교회 목회자들을 위한 혁신적 플랫폼인 '이음TV'

농어촌교회가 직접 재배한 농산물과 가공식품

운 사역의 방향성을 제시하고, 그들이 자신감을 회복하도록 돕는다. 전북 무주의 오산교회 박권주 목사는 "이음TV를 통해 도시와 농촌이 영적으로 연결되고, 서로를 위한 기도의 장이 열렸다"고 말하며, 이음TV가 지역 교회 간의 영적 공동체를 형성하는 데 중요한 역할을 하고 있음을 밝혔다.

도시와 농촌의 상생:
세상을 변화시키는 플랫폼

소망교회는 도시와 농촌을 연결하며, 상호 협력의 새로운 모델을 제시하고 있다. 김경진 목사는 이음마을과 이음TV를 통해 농촌 교회의 목회자들이 자신감을 가지고 사역할 수 있는 환경을 마련했다고 말한다. 특히, 이 플랫폼은 단기적인 지원에서 벗어나 지속 가능한 자립을 목표로 한다.

전북 정읍의 참된교회 소병지 목사는 "이음마을을 통해 농산물 판매뿐만 아니라, 지역 선교 활동이 더욱 활발해지고 있다"고 밝히며, 소망교회의 지원이 지역사회와 교회의 재정적 기반을 튼튼히 다지는 데 크게 기여했다고 전했다. 또한, 농촌의 목회자들은 이를 통해 지역 주민들과 더욱 가까워지고, 교회가 지역사회의 중심 역할을 하게 되는 선순환 구조를 만들어가고 있다.

복음의 아름다움과 생명으로 나아가는 비전

소망교회는 '복음의 생명으로 세상을 아름답게'라는 비전을 통해, 익명의 봉사를 넘어서 하나님과 사람들 앞에 아름답게 드러나는 교회의 모습을 꿈꾸고 있다. 김경진 목사는 "하나님의 역사는 교회와 사역을 통해 아름답게 드러나야 하며, 이를 통해 더 많은 사람이 복음의 생명을 경험할 수 있어야 한다"고 강조한다. 소망교회는 이 비전을 바탕으로, 익명의 헌신 전통을 이어가면서도 현대적이고 효과적인 사역 방식을 통해 세상을 변화시키는 길을 만들어가고 있다.

앞으로도 소망교회는 도시와 농촌이 하나 되는 상생의 모델을 더욱 발전시키고, 농촌 목회자들에게 자립의 기회를 제공하며, 하나님 나라의 확장을 위해 지속적으로 나아갈 것이다. 이는 단순히 한 교회의 활동을 넘어, 한국교회 전체가 나아가야 할 방향성을 제시하는 사례로 남을 것이다.

다산성곽마을 공동체의 '중심'

평화를만드는교회: 장성준 목사

서울 중구 다산성곽길 깊은 골목 안에 자리한 평화를만드는교회는 지역 주민과 함께하는 열린 공동체로 성장해왔다. 1969년 형제교회로 설립된 이곳은 2000년대에 평화의 시대를 열겠다는 소망으로 지금의 이름을 갖게 되었다. 교회는 예배당과 친교실, 평화정, 평화정원을 지역 주민들에게 개방하며 소통과 화합의 중심지가 되고 있다. 특히, 주민과 성도들이 함께 조성한 평화정원은 자연 속에서 쉼과 공동체의 가치를 나누는 공간으로 사랑받고 있다. 녹색 교회로 선정된 교회는 환경을 보호하고 생명을 사랑하는 실천으로 지역사회에 깊은 울림을 주고 있다.

지역과 함께하는 평화의 이야기

서울 중구 다산성곽길의 깊은 골목 안, 소박하지만 따뜻한 환대를 품은 평화를 만드는 교회가 자리하고 있다. 1969년, 어려운 이웃들의 형제와 자매가 되겠다는 뜻으로 설립된 이 교회는 2000년대에 이르러 평화의 시대를 꿈꾸며 이름을 '평화를만드는교회'로 변경했다. 그 이름처럼, 교회는 지역 주민들과 함께 화합하며 하나님의 사랑을 실천하는 사역을 이어오고 있다.

장성준 담임목사는 교회의 사역 철학을 '사랑, 평화, 생명'이라는 표어로 함축하며, 하나님과 이웃, 그리고 자연과 조화로운 관계를 통해 평화를 이루고자 한다고 설명한다. 이러한 철학은 교회가 지역사회의 중심으로 자리 잡는 데 중요한 역할을 했다.

지역사회와 함께하는 열린 공간,
평화정과 평화정원

평화를만드는교회는 '열린 교회'라는 원칙 아래, 교회의 모든 공간을 지역 주민들과 공유하고 있다. 그중에서도 평화정은 대표적인 사례다. 교회의 친교실이던 이 공간은 이미 10여 년 전부터 주민 모임 장소로 활용되었으며, 2018년 서울시의 지원으로 시설이 개선되면서 공식적으로 '평화정'이라는 이름을 얻게 되었다.

평화정은 마을의 문화 허브로 자리 잡았다. 주민들은 이곳에서 오카리나 연주, 시조창, 캘리그라피 등 다양한 프로그램에 참여하며 교류와 배움의 시간을 갖고 있다. 주민들이 자유롭게 공간을 활용하도록 배려하는 교회의 노력은 마을 공동체 형성에 중요한 기여를 하고 있다.

평화정 바로 앞에 조성된 평화정원은 또 하나의 상징적인 공간이다. 과거 목회자 사택이 있던 자리에 서울시 공동체 정원 사업을 통해 주민들과 성도들이 힘을 합쳐 만들었다. 정원의 조성 과정은 지역 주민들의 재능과 교회의 자원이 만나 이루어진 협력의 산물이었다. 마을 주민들은 돌 하나, 나무 하나를 함께 옮기며 정원을 만들었고, 교회 성도들은 주말마다 모여 힘을 더했다. 그 결과, 지금의 평화정원이 탄생했다.

평화정에서 오카리나를 배우고 있는 마을 주민들

평화정원에서 휴식을 취하고 있는 마을 주민과 성도들

장성준 목사는 당시 주민들이 "이 공간을 더 잘 활용해보자"는 제안을 하며 교회를 방문한 일화를 전했다. 장 목사는 이웃들이 공간을 필요로 할 때 교회가 그 요청에 응답하는 것이 자연스럽다고 느꼈고, 이 프로젝트에 전폭적으로 동의했다고 회상한다.

함께 만든 공간이 주는 기쁨과 축복

평화정원은 아름다운 녹색 공간을 넘어 마을 주민들의 사랑을 받는 쉼터로 자리 잡았다. 정원의 설계를 맡았던 조경 설계사 김재영 씨는 자신과 직원들이 재능 기부로 참여하게 된 과정을 떠올리며, 그곳에서 느낀 특별한 경험을 이야기한다. 그는 평화정원 조성을 통해 주민들과 교회의 협력을 경험하며, 자신 또한 그 과정에 깊은 감동을 받았다고 말한다.

그는 또 평화정원이 주민들에게 큰 의미를 가진 공간으로 자리 잡는 모습을 볼 때마다 뿌듯함을 느낀다고 한다. 이 프로젝트를 계기로 평화를만드는교회의 성도가 된 재영 씨는 지금은 집사로 교회를 섬기고 있으며, 이를 통해 많은 축복을 누렸다고 고백한다. 특히, 정원 조성 당시 성도들과 주민들이 기도해준 덕분에 결혼 후 오랫동안 기다려왔던 자녀를 얻게 된 일은 그에게 잊을 수 없는 기쁨이었다.

평화의 공간이 전하는 메시지

평화정원은 주민들의 휴식 공간을 넘어, 공동체의 상징으로 자리 잡았다. 김건태 다산동장은 평화정원이 주민들에게 쉼터를 제공할 뿐 아니라, 마을 행사와 프로그램이 열리는 소중한 장소라고 평가했다. 그는 평화정원이 교회와 지역이 협력하여 만든 이상적인 모델이라며, 이 공간이 주민들에게 큰 도움을 주고 있다고 전했다.

주민들 역시 평화정원에 대해 깊은 애정을 표현한다. 한 주민은 이 정원이 마을에 자랑거리가 되었다며, 자신도 이곳에 사람들을 데려와 자랑스러운 마음으로 소개한다고 전했다. 그는 "평화정원은 단순한 공간이 아니라 마을과 교회가 함께 만들어낸 기적 같은 장소"라고 말했다.

지역을 넘어 세상으로:
평화를 이루는 교회의 사명

평화를만드는교회는 교회의 이름에 걸맞게, 지역과 자연을 돌보며 평화를 이루는 사명을 이어가고 있다. 이들은 녹색 교회로 선정된 것을 계기로 태양광 패널을 설치하고, 환경보호 활동을 꾸준히 실천하고 있다. 환경 주일에는 교우들과 함께 남산 걷기와 쓰레기 줍기 운동을 진행하며, 작은 행동이지만 실천을 통해 큰 변화를 만들어가고 있다.

2023년 녹색 교회 선정 시상식

그뿐만 아니라, 독거 어르신들을 위한 야쿠르트 나눔, 사랑의 쌀 나눔 등 지역을 섬기는 사역도 활발히 진행되고 있다. 이러한 활동은 교회가 지역 주민들과 협력하며 함께 살아가는 공동체를 이루는 데 중요한 역할을 하고 있다.

평화를 이루는 지속적인 비전   장성준 목사는 평화를만드는교회의 비전에 대해 이렇게 말한다. "우리 교회는 거창한 목표를 세우기보다, 소박하지만 지속 가능한 평화를 이루기 위해 노력하고 있습니다. 이 녹색 공간을 더욱 잘 가꾸고, 우리의 삶 속에서 녹색 실천을 이어가며, 하나님께서 보시기에 좋았던 창조 세계를 회복하는 데 헌신하겠습니다."

평화를만드는교회는 주민과 성도가 함께 만들어가는 교회의 모델을 제시하며, 그들이 만든 평화정과 평화정원이 지역 공동체를 더욱 단단하게 연결하고 있다. 앞으로도 평화를만드는교회는 하나님 사랑, 이웃 사랑, 자연 사랑이라는 변함없는 철학을 실천하며, 지역과 세상을 잇는 평화의 다리로서 그 사명을 이어갈 것이다.

'미셔널 처치'로 향하는 농촌 선교

정산푸른볕교회: 고광진 목사

정산푸른볕교회는 작은 시골 마을에서 선교적 교회의 꿈을 실현하며, 하나님의 사랑을 전하는 빛과 같은 존재다. 고광진 목사는, 마을 전체를 품고 그들의 삶 속에 깊이 스며드는 교회가 되어야 한다는 신념을 가지고 마을 사람들과 함께 살아가는 선교적 교회를 지향하고 있다. 양계 농장을 통해 자립하면서 교회 재정은 온전히 지역사회와 선교 사역에 사용된다. 이로써 교회와 마을은 긴밀하게 연결되고, 정산푸른볕교회는 마을 속에 깊이 뿌리내린 사랑과 섬김의 공동체로 자리 잡고 있다. 고 목사의 섬김은 닭장에서부터 마을까지 이어져, 지역 주민들의 삶 속에 실제적인 도움과 변화를 불러일으킨다. 작지만 강한 푸른볕교회는 그 이름처럼, 마을과 사람들의 삶에 따스한 햇볕 같은 존재로 빛나고 있다.

고광진 목사의 헌신과 비전:
정산푸른볕교회의 시작

정산푸른볕교회를 세우게 된 배경은 그의 깊은 목회 철학과 독특한 신앙적 비전에서 비롯되었다. 고광진 담임목사는 서울 대형 교회에서 부목사로 사역하던 시절부터 교회의 울타리를 넘어 마을과 연결된 교회를 꿈꾸었다. 특히, 소외된 사람들과 함께하는 목회를 실천하고자 했고, 이를 위해 자신이 자비량 목회를 해야 한다는 결단을 내렸다. 이러한 생각의 뿌리는 그의 장애인 선교 경험과 공동체 생활에 대한 관심에서이다. 대학 시절 장애인 선교단체에서 활동하면서 장애인들이 함께 살아갈 수 있는 공동체의 중요성을 깨달았다. 그 과정에서 자연스럽게 공동체 생활과 자립의 필요성을 느끼게 되었고, 그 실현

방법으로 농촌목회, 특히 양계를 선택했다.

고 목사는 시골에서 자비량 목회를 실천하기 위해 준비를 철저히 했다. 서울에서 양계와 농업을 배우고, 농촌 생활에 필요한 다양한 기술들을 습득했다. 그때 마침 서울 영락교회에서 자비량 목회자를 발굴하여 시골 교회를 개척해주고 싶다는 제안을 받았고, 그 기회를 통해 본격적으로 시골 목회를 시작하게 되었다.

정산푸른볕교회가 자리 잡은 충남 청양군은 그가 대한민국 복음화 지도에서 발견한 지역이었다. 교회가 상대적으로 적은 청양군에 교회를 세우기로 결심한 것은 그가 복음화율이 낮은 지역에서 하나님의 사랑을 전하고자 하는 열망 때문이었다. 그 결과, 7년이 넘는 시간 동안 자비량으로 교회를 운영하면서 정산푸른볕교회는 마을과 교회의 경계를 허물고, 마을 주민들의 삶 속에 들어가 함께하는 교회로 자리 잡았다.

사료 제조의 시작,
건강한 닭을 위한 첫걸음

고광진 목사는 양계를 시작하면서, 닭들이 건강하게 자라고 질 좋은 유정란을 생산할 수 있도록 사료에 특별한 신경을 썼다. 그는 시중에서 흔히 구할 수 있는 공장 사료 대신, 직접 사료를 만들어 닭에게 먹이기로 했다. 사료는 닭의 건강뿐만 아니라 알의 품질에도 큰 영향을 미치기 때문이다.

정산푸른볕교회 고광진 목사가 운영하고 있는 양계장

그가 만든 사료는 항생제나 살충제를 사용하지 않으며, 자연적인 성분들로 구성되어 있다. 쌀겨, 싸래기, 깻묵, 굴껍질 등을 혼합하여 자가 배합 사료를 만들고, 그 사료를 발효시켜 닭들에게 제공한다. 발효는 호기 발효와 현미 발효 두 가지 방법을 사용하여 닭들의 장 건강을 증진시키고, 몸에 유익한 균들이 자랄 수 있는 환경을 조성한다. 발효 과정에서 시큼한 향이 나는 사료와 구수한 향이 나는 사료 두 가지가 나오는데, 고 목사는 이 사료들을 적절히 배합해 닭들에게 공급한다.

이러한 자연 발효 사료는 닭들의 소화 기능을 강화하고 면역력을 높여줄 뿐만 아니라, 최종적으로 생산되는 유정란의 맛과 품질에도 긍정적인 영향을 미친다. 고 목사는 "잘 발효된 사료를 먹고 자란 닭들이 건강해야, 좋은 알을 낳는다"는 철학으로 사료 제조 방식을 유지하고 있다.

600마리의 닭을 키우는 이야기:
정성 어린 돌봄과 관리

고광진 목사가 키우는 닭은 약 600마리에 이른다. 이는 대규모 상업 양계장에 비해 작지만, 그만큼 한 마리 한 마리에게 더욱 세심한 관리와 정성이 필요하다. 닭은 태어날 때부터 꼼꼼한 돌봄을 받으며 자란다. 처음에는 병아리들이 온도에 민감하기 때문에 육추 상자(병아리를 부화한 후 일정 기간 따뜻한 환경에서 키우기 위해 사용하는 상자)라는 특별한 장치에서 체온을 유지하며 자란다.

병아리가 어느 정도 자라면, 성계가 있는 공간으로 옮겨져 더 넓은 환경에서 지내게 된다. 닭들이 뛰어다니며 자연스럽게 자랄 수 있는 환경을 조성하고, 스트레스를 받지 않도록 신경 쓰는 것도 중요하다. 닭들은 한 달에 걸쳐 천천히 자라며, 약 5개월이 지나면 첫 유정란을 낳기 시작한다.

고 목사는 양계장에서 닭들을 키우면서도 교회 사역과 지역 봉사활동을 병행한다. 600마리의 닭을 키운다는 것은 하루도 쉬지 않고 닭들의 먹이와 물을 챙기고, 닭장 환경을 청결하게 유지해야 하는 힘든 일이다. 하지만 그는 이 일이 단순히 생계를 위한 수단이 아니라, 사역의 일환으로 여긴다. 건강한 닭을 기르기 위한 세심한 관리와 자연스러운 환경 조성은 그가 양계에 대한 사명감을 가지고 있다는 증거이다.

**유정란 생산과 판매:
믿을 수 있는 자연 유정란 이야기**

고광진 목사가 키우는 닭은 모두 유정란을 생산한다. 유정란은 수탉과 함께 기르는 닭이 낳은 알로, 생명력을 가지고 있어 일반적인 무정란과 차별화된다. 수탉과 함께 자란 닭들은 유정란을 생산할 수 있는 최적의 조건을 갖추고 있으며, 자연 발효 사료를 먹고 자란 닭들이기 때문에 알의 품질도 뛰어나다.

고 목사는 하루에 약 300~400개의 유정란을 수확한다. 유정란을 수확하는 과정 역시 세심한 관리가 필요하다. 알을 수확한 후에는 먼저 물로 씻어내고, 그 후 알 하나하나를 닦아 택배 상자에 담는다. 고객들에게 신선한 유정란을 제공하기 위해, 매일 같이 수확된 알을 포장해 배송하는 시스템을 구축했다.

유정란은 정기적으로 회원들에게 배송되며, 한 달에 200여 명의 회원이 꾸준히 유정란을 받아보고 있다. 이들은 고 목사의 유정란을 믿고 오랫동안 거래를 이어가고 있으며, 유정란의 신선함과 건강함에 대해 큰 만족을 표현하고 있다. 특히 항생제나 살충제를 사용하지 않고 자연 발효 사료로 기른 닭이 낳은 유정란은 일반 달걀보다 더 높은 가격에 팔리지만, 그만큼 신뢰도 높고 수요도 꾸준하다.

유정란의 품질은 고 목사의 사료 제조 방식과 정성 어린 양계 관리에서 비롯된 결과다. 그는 닭을 기르며 얻는 수익을 통해 가정의 생계를 유지할 뿐만 아니라, 교회와 지역사회의 사역에도 힘을 보탠다. 이 모든 과정은 그가 자비량 선교를 실천하며 하나님의 사명을 이루기 위한 노력이자, 지역 주민들과의 신뢰를 쌓아가는 소중한 과정이 되고 있다.

고광진 목사가 회원들에게 유정란을 보내기 위해 준비하고 있는 모습

매해 10%로 이어지는 사랑:
자비량 양계 사역자를 돕다

정산푸른별교회는 매년 결산액의 10%를 모아 특별한 목적에 사용하고 있다. 이 금액은 고광진 목사가 자신처럼 자비량으로 사역하려는 양계 사역자들을 돕기 위해 쓰인다. 교회 재정이 풍족하지 않은데도 불구하고, 성도들은 "우리가 받은 은혜는 다른 사람에게 흘러가야 한다"는 마음을 가지고 있다. 그 결과, 정산푸른별교회는 두 해 전 약 1,200만 원을 모았다. 그 금액은 베트남에서 사역 중인 한 신학생을 돕는 데 사용되었다. 이 신학생은 고 목사와 마찬가지로 자비량 목회를 꿈꾸는 사람이었고, 그 역시 양계를 통해 자립하려고 했다. 고 목사는 그에게 필요한 양계장 건립 자금을 지원하며, 자신이 걸어온 길을 전수했다.

베트남에서 꽃피운 자비량 양계 사역:
작은 병아리, 큰 기적

베트남의 한 작은 마을에 정산푸른별교회의 사랑이 스며들었다. 고광진 목사가 지원한 양계장 덕분에, 현지 목회자는 이제 300여 마리의 닭을 키우며 자비량 목회를 시작했다. 처음에는 병아리 몇 마리로 시작했지만, 시간이 지나면서 그 닭들은 건강하게 자라 유정란을 생산하게 되었다. 베트남에서 이 양계장은 현지 주민들과 교회가 연결되는 중요한 가교 역할을 한다. 양계장을 통해 목회자는 마을 사람들에게 교회가 단지 기도만 하는 곳이 아니라, 실제 삶에 도움을 주는 곳이라는 메시지를 전달할 수 있게 되었다. 고 목사는 이 작은 양계장이 베트남 곳곳에 세워져, 그곳의 목회자들이 자립할 수 있는 발판이 되기를 꿈꾸고 있다.

닭똥 전도:
계분으로 전하는 사랑의 전도법

정산푸른별교회에는 아주 특별한 전도 방법이 있다. 바로 닭똥 전도다. 고광진 목사는 양계장에서 나오는 닭의 배설물, 즉 계분(닭똥)을 모아 지역 주민들에게 나누어 준다. 듣기엔 별것 아닌 것처럼 보이지만,

양계장에서 나온 계분(닭똥)은 전도용 선물로 쓰인다.

닭똥은 그야말로 농사를 짓는 이웃들에게는 보물 같은 존재다. 유기농 퇴비로 훌륭한 농작물을 재배할 수 있기 때문이다.

고 목사는 닭똥을 농사에 유용하게 쓸 수 있는 지역 주민들에게 나눠주며, 그들과 자연스럽게 관계를 맺는다. 계분을 받은 농부들은 "덕분에 올해 고추가 정말 잘 됐다", "대파가 튼튼하게 자라서 수확이 훨씬 좋아졌다"고 감사의 인사를 전한다. 그리고 나중에는 조용히 교회에 나와보기도 하고, 감사의 마음으로 농작물을 교회에 나눠주기도 한다.

하루는 교회 앞에 양배추가 한가득 놓여 있었다. 누군가의 정성 어린 선물이었다. 알고 보니, 고 목사에게 계분을 받아 농사를 짓던 주민이 수확한 양배추를 몰래 두고 간 것이었다. 고 목사는 이 이야기를 하며 웃음 지었지만, 그 안에는 닭똥을 통해 지역 주민들에게 자연스레 복음을 전할 수 있다는 기쁨이 담겨 있었다.

정산푸른별교회의 미래:
지역사회와 함께하는 교회

정산푸른별교회는 앞으로도 지역사회와 함께 성장하는 교회로서, 더욱 내실 있게 사역을 확장해 나갈 계획이다. 고광진 목사는 "우리 교회가 이 지역에서 없어져서는 안 될 교회가 되기를 바란다"며, 마을 사람들에게 꼭 필요한 교회가 되기 위해 더욱 노력할 것을 다짐했다. 그는 다문화 가정과 청소년, 그리고 소외된 이웃들을 위해 다양한 사역을 펼칠 계획이며, 특히 다문화 가정의 아이들에게는 교회가 부모의 역할을 대신할 수 있도록 더욱 세심하게 돌볼 것이다. 또 정산푸른별교회는 마을의 중심에서, 지역 주민들과 함께 성장하며, 그들에게 희망을 전하는 따스한 빛이 되어갈 것이다.

함께 일하며 행복을 나누는 발달장애인들의 일터

대한성공회 우리마을: 원순철 신부

인천 강화도의 대한성공회 '우리마을'은 발달장애인들에게 단순한 직장이 아닌, 삶의 희망과 자부심을 심어주는 특별한 터전이다. 이곳은 친환경 콩나물 재배부터 커피박을 활용한 친환경 제품 제작까지 다양한 활동을 통해 장애인들이 사회의 당당한 일원으로 살아갈 수 있도록 돕는 사랑의 실천을 이어가고 있다. 2019년 화재로 모든 것을 잃었던 순간에도 이웃과 지역사회의 연대로 다시 일어서는 기적을 만들어냈다. 이렇게 장애를 넘어선 협력과 나눔의 가치를 증명한 '우리마을'은 은퇴 후 발달장애인들의 삶까지 고민하며 새로운 도전을 준비하고 있다. 서로의 손을 잡고 함께 나아가는 공동체의 아름다움을 보여주며, 사랑과 연대가 만들어낼 수 있는 가능성을 증명하며 세상에 작은 기적을 일구고 있다.

희망의 터전,
대한성공회 우리마을   인천시 강화군의 고즈넉한 마을에 자리한 대한성공회 '우리마을'은 발달장애인들에게 안정적인 일자리와 삶의 질 향상을 제공하는 특별한 직업재활시설이다.

지난 2000년, 발달장애인들이 자립할 수 있도록 돕고자 설립된 이곳은 단순한 작업장이 아니라, 장애인들이 사회 구성원으로서의 자부심을 느끼고, 개인의 가능성을 발견할 수 있는 터전으로 자리 잡았다. 이곳에서는 친환경 콩나물 재배, 커피박을 활용한 연필과 화분 제작 등 창의적이고 의미 있는 작업을 통해 발달장애인들이 자신의 손으로 가치를 만들어낸다.

'우리마을'은 발달장애인들이 단순히 일하는 곳을 넘어 정서적 안정과 공동체 속에서 소속감을 느끼는 공간으로 성장했다. 이곳에서 함께 일하며 기쁨과 성취를 나누는 발달장애인들은 서로를 가족처럼 여기며 도움과 응원을 아끼지 않는다. 장애인들의 부모들 역시 이곳을 통해 자녀들이 자립과 성장의 기쁨을 느끼는 모습을 보며 커다란 만족과 안심을 얻고 있다. 무엇보다 '우리마을'은 장애인들이 사회의 당당한 구성원으로 자리 잡을 수 있도록 다리 역할을 하며 희망과 사랑의 메시지를 전하고 있다.

재건의 기적:
희망으로 일어선 콩나물 공장

'우리마을'의 핵심 사업은 친환경 콩나물 재배이다. 이곳에서는 발달장애인들이 콩을 씻고 재배 통을 관리하며 포장 작업까지 맡는다. 그러나 2019년, 갑작스러운 화재로 공장이 전소되는 큰 시련을 겪었다. 당시 많은 이들이 재건하기가 어렵다고 예상했지만, 지역사회와 기업의 도움으로 기적 같은 복원

▶ '우리마을' 콩나물사업장
▼ 콩나물사업장 재건 3주년 기념식

이 이루어졌다.

원순철 신부는 "당시 풀무원을 비롯한 여러 기업과 3,640명의 개인 및 단체가 도움의 손길을 보냈다"며, 이들의 연대가 지금의 현대적인 콩나물 공장을 가능하게 했다고 말했다. 현재 콩나물공장은 연간 17억 원 이상의 수익을 올리며, 발달장애인들에게 안정적인 급여를 제공하는 기반이 되고 있다.

콩나물 작업에 참여하는 김성태 씨는 형님, 동생들과 함께 일하는 시간이 즐겁고, 자신이 만든 콩나물이 전국으로 퍼져 많은 이들의 식탁에 오른다는 사실이 무엇보다 자랑스럽다고 전했다.

장애를 넘어선 창의적 작업:
커피박 제품

콩나물 공장 외에도 우리마을은 커피박을 활용해 친환경 연필과 화분을 제작하는 독창적인 사업을 운영하고 있다. 이 작업은 발달장애인들에게 새로운 기술을 배우고 창의성을 발휘할 기회를 제공한다. 원순철 신부는 커피 찌꺼기를 활용한 연필 제작 과정을 설명하며, 하루 두 잔의 커피 찌

직업재활팀이 커피 찌꺼기를 활용해 연필을 만들고 있는 모습

꺼기로 연필 한 자루를 완성한다고 말했다. 이러한 과정은 발달장애인들에게 환경보호의 가치를 전달하고, 그들의 작업이 사회에 실질적인 기여를 하고 있음을 체감하게 한다.

단자 조립과 커피박 작업을 맡은 이현정 씨는 "자신이 만든 제품이 누군가에게 사용된다는 것에 기쁘고, 작업을 통해 사회와 연결돼 보람을 느낀다"고 말했다.

발달장애인의 은퇴 후 삶:
새로운 도전과 준비

'우리마을'은 발달장애인들의 현재뿐 아니라 미래를 위한 고민에도 깊이 매달리고 있다. 현재 시설에서 일하는 발달장애인들은 만 60세가 되면 은퇴해야 하지만, 은퇴 이후의 삶을 보장할 사회적 시스템은 여전히 부족하다. 김성수 은퇴주교는 "발달장애 노인들이 존엄성을 유지하며 살아갈 수 있는 전문시설 설립이 시급하다"고 강조하며, 이는 우리마을의 중요한 과제로 자리 잡고 있다고 밝혔다.

김 주교는 발달장애인들이 은퇴 후에도 단절되지 않고, 편안하고 안정된 환경에서 노년기를 보낼 수 있도록 소규모 그룹홈 형태의 노인 시설 설립을 추진 중이라고 설명했다. 그는 이 시설이 발달장애인들 자신이 소중한 존재임을 느끼며 살아갈 수 있는 '두 번째 집'이 될 것이라 믿고 있다.

이와 관련해 원순철 신부는 발달장애인의 은퇴 후 삶을 준비하는 것은 단순히 그들의 거처를 마련하는 것을 넘어, 이들이 존엄성과 자립심을 유지하며 사회와 계속 연결될 수 있도록 돕는 일이라고 설명했다. 원 신부는 특히, 장애인들의 은퇴 이후에도 작업과 사회적 관계를 유지할 수 있는 프로그램 개발이 중요하다고 강조했다.

'우리마을'은 이러한 비전을 실현하기 위해 장애인복지법과 노인복지법의 사각지대를 해소할 수 있는 모델을 제시하고자 노력하고 있다. 소규모 그룹홈 시

김성수 대한성공회 은퇴주교(우리마을촌장)

설이 완공되면, 은퇴 후 발달장애인들이 함께 생활하며 지역사회와도 연결될 수 있는 새로운 형태의 공동체가 될 것으로 기대된다.

희망으로 가는 길, 우리마을의 내일 우리마을은 발달장애인들에게 자립과 사회 참여의 기회를 제공하며, 그들의 꿈을 실현할 수 있는 공간으로 자리 잡고 있다.

우리마을은 앞으로도 발달장애인들의 더 나은 삶과 사회의 변화를 위해 멈추지 않고 걸어갈 것이다. 장애를 넘어 모두가 어우러지는 공동체의 모습은 아직은 작지만, 세상 곳곳에 큰 울림으로 퍼지고 있다. 김성수 주교와 원순철 신부의 따뜻한 소망처럼, 이곳에서 시작된 희망의 씨앗은 장애와 비장애의 경계를 허물고 더 많은 곳으로 퍼져갈 것이다.

이들이 만들어갈 내일은 단순히 발달장애인의 자립을 돕는 데 그치지 않는다. 우리마을은 차별 없이, 모두가 자신의 가치를 존중받으며 살아가는 세상을 향한 여정의 작은 시작이다. 함께 웃고 함께 손을 맞잡으며, 이들이 만들어낸 기적은 우리 모두의 기적으로 확장될 것이다.

가자! 돌봄교회, 돌봄 마을로

새롬교회(부천): 이원돈 목사

새롬교회는 약대감리교회와 약대중앙교회 등 마을 교회들과 연대하여 '약대동 통합 돌봄 마을' 프로젝트를 추진하고 있다. 이들은 마을의 복지와 문화, 교육을 풍요롭게 하기 위해 함께 힘을 모으고 있다. 새롬교회는 지역사회의 복지, 문화, 학습 생태계를 활성화하는 중심이 되고자 노력하며, 어르신 돌봄 프로그램과 가족 도서관 등을 운영하고 있다. 이러한 돌봄 활동들은 마을 주민들에게 큰 감동을 주며, 교회가 어떻게 마을과 함께 성장하고 변화를 이끌어낼 수 있는지를 보여준다.

약대마을과 새롬교회의 첫 만남

경기도 부천의 원도심인 약대동은 개발의 손길이 닿지 않아 복지관이나 문화 시설이 부족한 곳이었다. 그러나 이곳에는 마을 사람들의 따뜻한 마음과 공동체 정신이 살아 숨 쉬고 있었다. 새롬교회 이원돈 담임목사는 이곳에 교회를 개척하고 교회의 역할에 대해 깊이 고민했다. 그는 교회가 건물 중심이 아니라, 마을과 함께 호흡하고 성장하는 교회가 되어야 한다고 결심했다.

이 목사는 마을을 둘러보며 생명과 돌봄의 중요성을 절실히 느꼈다고 한다. 특히 코로나19 팬데믹은 마을의 돌봄과 기후 문제가 더욱 부각되는 계기가 되었다. 그에게는 마을의 학습, 복지, 문화 생태계를 풍요롭게 하여 생명이 넘치는 마을을 만들고자 하는 것이 목회의 목표이다.

마을의 생명과 돌봄을 위한 노력

어느 추운 겨울날 난방이 되지 않는 낡은 집에서 떨고 있던 노부부가 있었다. 소식을 들은 이원돈 목사와 교인들은 따뜻한 이불과 난로를 들고 그 집을 찾았다.

신나는 어르신 동아리 활동

눈물을 글썽이는 노부부에게 이 목사는 말했다.

"교회는 언제나 여러분의 집입니다. 힘들 때 언제든지 찾아주세요." 그날 이후로 새롬교회의 문은 언제나 열려있다. 밤낮으로 마을을 돌봐온 이 목사는 코로나 이전부터 마을의 다양한 필요에 응답하고 있었다. 그러나 코로나 이후로는 돌봄에 대한 필요성이 더욱 커졌다. 이원돈 목사와 교회는 마을의 학습, 복지, 문화 생태계를 돌봄 중심으로 재편하기로 결정했다. 그렇게 시작된 것이 '신바람 나는 어르신 동아리 활동'이었다.

매주 월요일이 되면 지역의 어르신들이 교회에 모여 노래교실, 요리 만들기 등 다양한 활동을 즐기며 하루를 보냈다. 웃음이 끊이지 않는 자리에서 어르신들은 서로의 안부를 묻고, 함께 노래를 부르며 삶의 활력을 되찾았다. 교회는 어르신들에게 기쁨과 위로를 주는 역할을 했다.

아이들을 위한 사랑의 공간,
새롬지역아동센터

1990년, 새롬교회는 지역의 돌봄과 교육이 필요한 아이들을 위해 작은 공간을 마련했다. 그것이 새롬 공부방의 시작이었다. 당시만 해도 방 한 칸에 네 식구가 사는 어려운 가정이 많았고, 아이들은 안전하게 공부할 수 있는 장소가 필요했다.

김경희 새롬지역아동센터장은 1992년부터 이곳에서 아이들과 함께해왔다. 그녀는 지난 30여 년간 아이들의 성장을 지켜보며 그들의 든든한 버팀목이 되어

주었다.

　　새롬지역아동센터는 경제적으로 어렵거나 한 부모 가정, 다문화 가정, 장애가 있는 아동 등 도움과 돌봄이 필요한 아이들을 위해 운영되고 있다. 현재 정원은 32명이며, 초등학생 28명과 중학생 3명이 이용하고 있다.

　　센터에서는 아이들의 학습 지원은 물론이고, 음악, 미술, 영어 등 다양한 프로그램을 제공하고 있다. 특히, 한림 음악 프로그램, 미술 만화 교실, 영어 교실 등은 아이들의 창의력과 재능을 키워주는 데 큰 역할을 하고 있다.

　　또한, 아이들의 건강한 성장을 위해 급식 지원도 하고 있다. 학기 중에는 간식과 저녁 식사, 방학 중에는 점심, 저녁, 간식을 제공하여 아이들이 영양가 있는 식사를 할 수 있도록 돕고 있다.

　　김경희 센터장은 "앞으로도 아이들을 위한 더 많은 프로그램과 지원을 계획하고 있고, 아이들이 건강하게 자라서 마을의 희망이 되기를 바란다"고 말했다.

청소년꼽사리 영화제의 탄생과 의미

　　새롬교회는 마을의 문화 생태계를 풍요롭게 하고자 독특하고 의미 있는 행사를 기획했다. 그것이 바로 '청소년꼽사리 영화제'이다. 이 영화제는 부천국제판타스틱영화제(BIFAN) 기간에 맞춰 시작되었

꼽사리 영화제

는데, 그 이름부터 특별한 이야기가 담겨 있다.

'꼼사리'라는 단어는 한국어 속어로, 원래는 어떤 모임이나 활동에 정식 멤버는 아니지만 슬며시 끼어드는 사람을 가리킨다. 그러나 여기서는 부정적인 의미보다는 재미와 유머를 담아 사용되었다. 즉, 큰 국제 영화제에 '꼼사리'로 참여한다는 즐거운 발상에서 출발한 것이다.

이원돈 목사는 이렇게 설명한다. "부천에서 국제적인 영화제가 열리는데, 우리 마을도 가만히 있을 수 없지 않겠습니까? 그래서 우리도 슬며시 끼어들자, 즉 '꼼사리'가 되어보자고 생각했습니다."

이 목사의 이러한 발상은 마을 주민들과 청소년들에게 큰 호응을 얻었다. 국제 영화제라는 거대한 행사에 직접 참여할 수는 없지만, 우리만의 방식으로 함께 즐기고 참여하자는 취지였다.

청소년들의 꿈과 열정을 담다   '청소년꼼사리영화제'는 특히 청소년들의 참여와 성장을 위한 무대로 기획되었다. 문화와 예술에 관심 있는 청소년들이 자신의 재능을 발휘하고, 서로의 작품을 공유하며 성장할 수 있는 장을 마련하고자 한 것이다.

김민수(가명) 군은 이 영화제를 통해 자신의 첫 단편 영화를 제작했다. "영화 제작은 꿈같은 일이었어요. 하지만 꼼사리 영화제를 통해 친구들과 함께 시나리오를 쓰고, 촬영하고, 편집까지 해볼 수 있었죠. 우리 작품이 상영될 때의 감동은 말로 표현할 수 없었습니다."

영화제는 청소년들뿐만 아니라 마을 주민 모두가 함께 즐기는 축제로 발전했다. 마을의 공원이나 교회의 마당에 스크린을 설치하고, 저녁이 되면 가족들이 돗자리를 펴고 모여들었다. 아이들은 팝콘을 먹으며 영화를 보고, 어르신들은 옛 추억을 떠올리며 미소 지었다.

어느 날, 한 어르신이 말했다. "이렇게 마을 사람들이 다 같이 모여 영화를 보니 참 좋네요. 옛날에는 마당에 둘러앉아 이야기하곤 했는데, 그때 생각도 나고요."

약대동 통합 돌봄 마을의 꿈

환경, 문화, 돌봄 등 모든 것을 아우르며 선교적 삶을 보여주고 있는 새롬교회는 약대중앙교회, 약대감리교회와 연합하여 '약대동 통합 돌봄 마을' 프로젝트를 추진하게 되었다. 교회들이 함께 힘을 모아 마을 전체의 복지와 돌봄을 책임지고자 하는 큰 그림이다.

임종한 약대감리교회 장로 (인하대 교수)

코로나 이전에 이미 세 교회는 함께 커뮤니티 케어 마을을 돌보는 활동을 진행한 경험이 있었다. 코로나 이후에는 지자체에서도 돌봄의 중요성을 인식하게 되었고, 지속가능협의회에서 약대동을 통합 돌봄 마을의 모델로 삼자는 제안이 나왔다. 이에 세 교회는 적극적으로 논의하기 시작했다.

이와 관련해 약대감리교회의 임종한 장로는 세 교회가 연합하여 한 단계 높은 돌봄 서비스를 제공하고 싶다고 밝혔다. 주거 환경의 개선부터 돌봄과 의료 서비스까지, 다양한 분야에서 협력하여 마을 삶의 질을 향상시키고자 했다.

지역사회 통합 돌봄 법이 통과되어 2년 후면 시행될 예정이기에, 부천시에서도 돌봄 계획을 수립하고 마을에서 진행되는 돌봄 활동을 적극적으로 지원하겠다는 의사를 표명한 상태이다. 이를 기반으로 세 교회가 참여하는 약대동 통합 돌봄 마을의 계획은 더욱 구체화되고 있다.

새롬교회 이원돈 목사가 약대동 통합 돌봄 마을 디자인에 대해 설명하고 있는 모습

약대동 통합 돌봄 마을의 필요성에 대해 강조하고 있는 이원돈 목사

복지 사각지대에 빛을 비추다   이 프로젝트의 핵심은 마을의 모든 이들에게 필요한 돌봄을 제공하는 것이었다. 특히, 복지관이 없어 복지 사각지대에 놓인 어르신들을 위한 노력이 절실했다.

정소영 새롬노인자치연구소 은빛날개 대표는 어르신들을 위한 종합 센터의 필요성을 강조했다. 그녀는 등급을 받지 못해 정부 지원을 받지 못하는 어르신들, 독거노인들을 위해 마을 안에서 필요한 서비스를 제공할 수 있는 공간이 필요하다고 말했다.

센터가 마련된다면 어르신들은 멀리 가지 않고도 필요한 돌봄과 의료 서비스를 받을 수 있게 된다. 이는 어르신들의 삶의 질을 높이고, 건강하고 활기찬 노후 생활을 지원하는 데 큰 도움이 될 것이다.

약대동 통합 돌봄 마을의 기대 효과   '약대동 통합 돌봄 마을' 프로젝트를 통해 얻을 수 있는 기대 효과는 매우 크다. 현대 사회는 물질적으로는 풍요로워졌지만, 생명과 돌봄의 가치는 점차 퇴색되고 있다. 저출산과 고령화 문제는 우리 사회가 직면한 큰 과제이다.

이원돈 목사는 통합 돌봄 마을을 통해 이러한 문제의 근본적인 해결책을 찾고자 한다. 어르신들과 청소년, 아이들이 함께 어우러져 살아가는 마을을 만들고, 주거, 건강, 문화예술 활동을 통해 풍요로운 삶을 누릴 수 있도록 하는 것이 목표다.

약대동 통합 돌봄 마을이 성공적으로 정착될 경우, 다른 지역에도 적용할 수 있는 사회복지 모델이 될 수 있다. 이는 국가적인 차원에서 복지 정책을 개선하고, 주민들의 삶의 질을 향상시키는 데 기여할 수 있을 것으로 기대된다.

빵으로 전하는 예수님의 사랑과 평화

평화교회: 이수기 목사

평화교회는 예수님의 사랑과 평화를 전하기 위해 빵 나눔, 의료 지원, 환경 보호 등 다양한 활동을 지속해 왔다. 외환위기 당시 시작된 빵 사역은 배고픈 이들에게 생명의 빵과 복음을 전하며 전 세계 20여 개국으로 확산되었다. 교회는 재난 지역과 외국인 근로자들을 돕는 의료 사역과, 지역 주민과의 관계를 맺는 청소 카트 사역을 통해 예수님의 손길을 전하고 있다. 교회 마당의 '마음 정거장' 정원은 사람들이 편히 쉬며 마음의 평화를 누리는 공간으로 사랑받고 있다. 평화교회의 모든 사역은 이웃을 품고, 일상 속에서 예수님의 사랑과 희망을 전하며 세상에 선한 변화를 만들어가고 있다.

평화의 씨앗을 심다

1997년 한국은 외환위기의 충격 속에 있었다. 많은 이들이 일자리를 잃고 거리를 떠돌며 교회 역시 사회적 어려움 속에서 무슨 역할을 해야 할지 고민하던 시기였다. 그런 시기에 이수기 목사는 작은 교회를 개척했고 그 교회는 '평화교회'라는 이름을 갖게 되었다. '예수님은 평화의 왕으로 오셨다'는 믿음과 함께 교회는 사람들에게 진정한 평화와 위로를 전하기 위해 문을 열게 된 것이다.

그래서 평화교회는 설립 당시부터 그 이름처럼 상처받고 힘들어하는 사람들에게 다가가 작은 위로와 사랑을 나누고 세상의 갈등을 치유하는 곳이 되고자 했다.

빵 사역:
생명의 빵을 나누다

평화교회의 빵 사역은 1997년 외환위기 시절, 이수기 목사의 결단에서 시작됐다. 당시 거리에 늘어난 노숙자와 실업자들에게 "어떻게 예수님의 사랑을 전할 수 있을까?"라는 자신의 질문에 한 번도 만들어보지 않은 빵을 생각했고, 그들에게 빵을 나눠주며 복음을 전해야겠다는 결심으로 1998년 4월 8일부터 빵을 구워 나누기 시작한 것이 이 사역의 출발점이었다.

모두가 힘든 시기였지만 이 목사를 비롯하여 사모, 성도들, 인근 지역의 자원봉사자들까지 힘을 모아 빵을 굽고 거리의 배고픈 노숙인들부터 섬기기 시작했다. 요즘엔 매주 500여 개의 빵을 구워 교도소와 복지시설, 그밖에 빵이 필요한 사람들에게 전달하고 있다.

빵 사역은 국내뿐 아니라 도미니카공화국을 비롯해 큰 재난이 일어난 나라들까지 전 세계 20여 개국 40여 곳에 빵 공장과 카페가 세워졌고, 가난한 사람들에게 빵과 함께 복음을 전하는 일이 지속되고 있다.

해외에 빵 공장과 카페를 세우는 이유는 구호 활동과 더불어 그 수익으로 장학사업과 교회 건립을 지원하며, 빵을 배우려는 청년들에게 일자리를 제공하는 것이다. 이 목사는 "빵 하나로 복음을 전하고, 사람을 세우며, 교회를 든든히 하는 일들이 이루어지고 있다"고 강조한다.

해외 빵 사역의 감동적인 부분 중의 하나는, 전쟁 중인 우크라이나에서도 이어지고 있다는 점이다. 전쟁으로 인해 삶의 터전을 잃은 난민들에게 빵을 제공하

해외 빵 사역자들을 위한 제빵 교육이 진행되고 있는 모습

며, 그들의 고통 속에 예수님의 평화를 전한다. 이처럼 빵을 나누는 작은 일이 난민들에게는 삶을 이어가게 하는 큰 힘이 되고, 그들이 다시 일어설 수 있는 희망의 빛이 된다.

26년간 빵을 통해 배고픔을 채우고, 마음을 열게 하고, 복음의 메시지를 전하는 평화교회의 빵 사역은 예수님께서 하셨던 사역의 연장선상에 있다. 예수님이 오병이어로 배고픈 무리를 먹이신 것처럼, 빵을 나누며 세상에 사랑과 평화를 전하고 있다.

결국 평화교회의 빵 사역은 단순한 구호 활동을 넘어, 사람들의 삶을 변화시키는 복음 전파의 통로이며, 빵 하나에 담긴 따뜻한 사랑과 예수님의 메시지는 오늘도 많은 이들의 삶을 변화시키며, 빵을 굽는 그 작은 불빛이 전쟁의 어둠 속에서 사람들에게 작은 희망이 되어주고 있다.

의료와 구호 사역:
예수님의 손길을 따라

평화교회는 27년 전 개척 당시 교회 주변 중소기업에서 일하는 외국인 근로자들이 많아 15년 이상 외국인 근로자 사역을 했다. 그때만 해도 외국인 근로자들이 한국에서 일하면서 부상이나 병에 걸려도 적절한 치료를 받기 어려운 상황이었다.

이수기 목사는 교회의 문을 활짝 열고, 병든 외국인 노동자들에게 다가가 복음과 함께 그들의 몸과 마음을 치유하는 의료 사역을 시작했다. 의사들을 초청해 교회 내에서 진료를 제공했고, 때로는 자원봉사자들과 함께 외국인 노동자들이 밀집한 지역을 찾아가 의료 서비스를 지원했다. 이러한 활동을 통해 몇몇 의사들은 복음의 메시지를 접하고 신앙을 갖게 되었으며, 의료 사역에 자발적으로 동참하는 경우도 늘어났다.

의료 사역은 외국인 노동자들뿐만 아니라, 재난 지역에서도 이어졌다. 재난이 발생할 때마다 평화교회의 구호팀은 가장 먼저 달려가 피해자들에게 응급 치료와 지원을 제공했다.

교회의 구호팀은 의료 전문가뿐만 아니라 비전문가 자원봉사자들로 구성되었는데, 이들은 구호 활동을 위한 기본적인 훈련을 통해 각자의 역할을 수행했다.

약을 포장하고 배급하거나, 위로와 격려의 말을 전하는 등, 작은 도움이라도 기꺼이 나누는 모습은 그 자체로 복음의 실천이다. 이러한 활동들은 예수님이 아픈 사람들을 고치고 배고픈 사람들을 먹이신 사역을 이어가는 것과 다름없다.

청소 카트 사역:
복음을 실천하는 작은 몸짓

평화교회의 청소 카트 사역은 예수님의 사랑을 일상 속에서 실천하는 특별한 방법이다. 이수기 목사가 시작한 이 사역은 지역사회와 교회가 어떻게 하나님의 사랑을 더 가까이 전할 수 있는지 보여주고 있다. 단순히 거리의 쓰레기를 치우는 것을 넘어, 지역 주민과의 소통과 관계 형성을 위한 하나의 선교 도구가 되어 가고 있다.

이 사역의 중심에 있는 청소 카트는 매일 아침 교회 주변에서 담배꽁초와 길거리에 버려진 쓰레기를 줍는 목사님의 손길을 통해 빛을 발하고 있다. 평화교회의 청소 카트 사역을 시작으로 현재, 300여 개의 교회가 참여하게 되었고, 많은 교회와 목회자들이 이 사역을 통해 지역 주민들에게 다가가고 있다.

산돌교회의 황창진 목사는 평화교회의 청소 카트 사역을 통해 지역사회에 어떻게 긍정적인 변화를 가져올 수 있는지를 경험한 목회자 중 한 분이다.

환경개선을 위해 이수기 목사가 아이디어를 내 만든 목회자 청소 카트

황창진 산돌교회 담임목사

황 목사는 2년 전, 평화교회의 청소 카트 사역에 관심을 갖게 되었다. 지역 교회들이 이 사역에 동참하는 모습을 보며, 산돌교회도 참여를 결심했다. 그는 처음 청소 카트를 받았을 때, "이걸로 무슨 큰 변화를 이끌 수 있을까?"라는 의문이 들기도 했지만, 교회 주변의 거리 청소를 시작하면서 그 생각은 바뀌었다.

처음에는 단순히 담배꽁초를 줍고 쓰레기를 모으는 일이었지만, 그 과정에서 주변 상가와 이웃들이 관심을 보이기 시작했다. "목사님이 매일 거리에서 청소하시는 모습이 정말 인상적이에요. 저도 한번 도와드릴까요?"라며 함께 쓰레기를 치우는 사람들이 점점 늘어났다. 황 목사는 이를 보며, 청소 카트 사역이 단순한 환경 정화 활동이 아닌, 믿지 않는 사람들에게 복음의 메시지를 자연스럽게 전할 좋은 기회임을 깨닫게 되었다고 얘기한다.

평화교회 이수기 목사의 청소 카트 사역을 높이 평가한 황창진 목사는 "청소 카트 사역은 교회가 관념적이고 이론적인 신학을 넘어, 실천적인 사랑을 보여주는 데 큰 의미가 있다"고 강조하며 "청소 카트 사역이 더욱 확산되어 많은 교회가 선교의 도구로 활용할 수 있기를 바란다"고 말했다.

마음 정거장:
사람을 품는 정원

평화교회의 또 다른 사역은 바로 정원 가꾸기. 교회 마당에 자리한 이 정원은 그저 아름다운 경관을 제공하는 장소가 아니다. 이수기 목사는 이곳을 '마음 정거장'이라 부르며, 정원이 사람들의 마음을 치유하고 하나님께 가까이 다가갈 수 있도록 하는 소중한 역할을 한다고 설명했다.

정원을 만들기로 한 계기는 교회를 더욱 복음적인 공간으로 만들기 위해서였다. 원래 교회는 그 자리에 건물을 지을 계획을 세웠으나, 이 목사는 사람들의 마음이 머물고 쉴 수 있는 정원이 더 필요하다고 판단했기 때문이다. 그래서 다양한 나무와 꽃들, 장독대를 배치해 정원을 조성했고, 이곳은 지나가는 사람들의 발

평화교회 이수기 목사와 성도들이 8년째 가꾸는 작은 정원 '마음 정거장'

이수기 목사는 매일 교회 주변 거리를 돌며 쓰레기를 줍고 있다.

이수기 목사

길을 자연스럽게 붙잡는 쉼터가 되었다.

정원의 중심에는 큰 장독대가 자리 잡고 있다. 이 장독대에는 장, 된장, 고추장 등 장류가 담긴 게 아니다. 마을의 어르신들이 장독대를 바라보면 어린 시절 어머니가 장을 담그던 추억을 떠올리게 하고 마음이 편안해지게 하기 위한 것이다. 실제 정원 앞을 지나가는 어르신들이 이곳에 앉아 이수기 목사와 차를 마시며 이야기를 나누다 보면, 사람들은 자연스럽게 마음의 문을 열고 평안함을 느낀다고 한다. 이러한 공간에서 이 목사는 사람들과 함께 차를 나누며 복음을 전하고, 교회에 처음 온 이들에게도 친근하게 다가가 믿음의 여정을 시작할 수 있도록 돕고 있다.

'마음 정거장'이라는 이름은 그 자체로 의미가 깊다. 잠시 쉴 수 있는 공간이기도 하지만 많은 사람들이 이곳에 와 일상의 고단함을 내려놓고, 다시금 새 힘을 얻고 돌아가는 영적인 쉼터이기도 하다. 정원을 방문한 사람 중에는 교회와 신앙에 관심이 없는 사람들도 많지만, 그들은 정원을 통해 예수님의 사랑을 느끼고, 평화교회의 사역에 자연스럽게 관심을 갖게 된다.

예수님의 손길이 닿은 치유의 정원, 마음 정거장은 사람들의 발걸음을 머물게 하고, 마음의 짐을 내려놓을 수 있는 소중한 장소로 자리 잡고 있다.

7
창의적 문화와 사역의 새로운 패러다임

운동으로 복음 전하는 '선교형 교회'

홉트레이닝교회: 윤광원 목사

서울 강남구에 위치한 '홉트레이닝교회'는 운동과 복음을 결합해 몸과 영혼의 건강을 동시에 추구하는 독특한 선교적 교회다. 전통적인 교회의 틀을 넘어 피트니스 센터로 운영되며, 신앙을 모르는 이들에게도 자연스럽게 다가가는 이곳은 복음의 새로운 길을 열어가고 있다. 폐종양이라는 고난 속에서 몸과 영혼의 진정한 예배를 깨달은 윤광원 목사의 삶을 기반으로, 홉트레이닝교회는 운동을 통해 건강과 희망을 전하고, 나아가 국내외 선교지에서 복음을 전하는 비전을 품고 있다. 재활과 치유의 과정을 통해 선교적 사명을 감당하는 이 특별한 공간은 현대 교회의 새로운 모델로 자리 잡고 있다.

운동과 신앙 결합… 치유와 성장 추구

서울 강남구 개포동에 위치한 '홉트레이닝교회'는 기존 교회와는 전혀 다른 형태의 공간으로 주목받고 있다. 겉보기에는 그저 평범한 피트니스 센터지만, 이곳은 사람들에게 복음을 전하며 영혼과 몸 모두의 건강을 회복시켜 주는 특별한 사역지이다. 윤광원 담임목사의 선교 방향은 운동과 신앙을 결합해 전인격적인 치유와 성장을 추구한다. 전통적인 교회의 틀을 벗어난 '선교적 교회'라는 새로운 가능성을 열며 많은 이들에게 깊은 감동을 주고 있다.

모이는 교회를 넘어, 나가는 교회로

홉트레이닝교회의 가장 큰 특징은 기존 교회가 지향하는 '모이는 형태'를 넘어 '나가는 형태'의 교회라는 점이다. 윤광원 목사는 "교회는 단순히 사람들이 모여 예배를 드리는 장소가 아니라, 세상 속으로 나아가 복음을 전하는 선교적 도구가 되어야 한다"고 강조한다.

홉트레이닝교회는 주중에는 피트니스 센터로 운영되다가 주말에는 예배의 장소로 변신한다. 그 안에서 이루어지는 것은 단순히 운동 프로그램이 아니라, 건강 회복과 영적 성숙이 어우러진 특별한 경험이다. 윤 목사는 전통적인 교회의 구조가 때로는 사람들에게 거리감을 준다고 느꼈다. "장로님과 성도님이 계셔야 하고 예배를 드려야 한다는 구조가 있으면 일반인들이 쉽게 다가오지 못할 것 같았다"며, 이러한 선입견을 없애고 누구나 편안히 접근할 수 있는 공간을 만들고자 했다.

그 때문에 교회라는 명칭 대신 '피트니스 센터'라는 형식을 빌려 사람들과 자연스럽게 연결되길 바랐다. 이렇게 만들어진 홉트레이닝은 지역 주민들에게 단순한 운동 장소 그 이상이 되었다. 운동을 통해 건강을 되찾은 사람들은 윤 목사를 통해 복음을 접하고, 믿음의 길로 나아가기 시작했다.

시련 속에서 발견한 사명 홉트레이닝교회가 탄생한 데는 윤광원 목사의 깊은 인생 경험이 깔려 있다. 그는 청년 시절 군 복무 중 폐종양 진단을 받았다. 양쪽 폐에 다발성 종양이 발견되었고, 생사의 갈림길에서 고통스러운 시간을 보냈다. 수

홉트레이닝은 주일에는 홉트레이닝교회로 바뀐다.

운동 지도를 하는 윤광원 목사

술은 위험 부담이 컸고, 약물 치료도 불가능했다. 그는 극심한 몸의 연약함 속에서 자신을 돌아보게 되었고, 하나님께 몸과 영혼 모두를 맡기는 법을 배웠다.

이때 그가 붙잡은 말씀은 로마서 12장 1절이었다. "너희 몸을 하나님이 기뻐하시는 거룩한 산 제물로 드리라." 윤 목사는 이 말씀을 통해 몸을 돌보는 것이 단순히 자기 관리가 아니라 하나님께 드리는 영적 예배의 중요한 부분임을 깨달았다. 윤 목사는 몸과 영혼의 건강이 분리될 수 없으며, 하나님께서는 우리의 삶 전반을 통해 영광 받으신다는 사실을 깊이 인식했다.

이후 재활의 하나로 운동을 시작한 그는 피트니스 세계에서 놀라운 성과를 이루었다. 2017년 이탈리아에서 열린 피트니스 세계대회에서 금메달을 차지하며 자신의 몸을 하나님께서 다시금 사용하셨음을 실감했다. 운동과 복음을 연결하는 그의 사명은 이때부터 구체화되기 시작했다.

운동으로 복음을 전하는 특별한 공간   2022년 4월 10일, 윤광원 목사는 운동과 복음을 결합한 홉트레이닝교회를 세웠다. 설립 목적은 단순히 건강한 몸을 만드는 것을 넘어, 사람들에게 영적 평안과 희망을 전하는 것이었다. 피트니스 센터로서의 홉트레이닝은 지금 60여 명의 회원들로 가득 차 있으며, 그중 다수는 윤 목사가 목회자인 줄 모른 채 이곳을 찾았다.

회원들은 대부분 운동을 통해 새로운 삶의 에너지를 얻으며 점차 복음에 가까워지고 있다. 주민 공영호 씨는 "처음에는 교회와 운동이 어울리지 않는다고 생각했는데, 윤 목사님의 진심 어린 지도와 친절함에 마음이 열렸다"고 전했다. 또 다른 회원인 김미애 씨는 몸과 마음이 지친 상태에서 홉트레이닝을 찾아와 위로와 평안을 얻었다고 고백했다. "건강을 회복하고 신앙의 의미를 다시 찾게 됐다"는 그녀의 말은 홉트레이닝이 단순한 운동 시설이 아님을 잘 보여준다.

함께 사역하는 동역자들
홉트레이닝교회의 사역은 윤광원 목사 혼자만의 힘으로 이루어진 것이 아니다. 이곳에는 독특한 사연을 가진 동역자들이 함께하고 있다.

이소영 매니저는 헬스를 통해 복음을 전하겠다는 확신을 가지고 홉트레이닝에서 활동 중이다. '피지컬 100' 프로그램에 출연하며 널리 알려진 그녀는 헬스를 단순한 운동이 아닌 선교의 도구로 삼고 싶다는 열정을 품고 있다. "국악과 태권도 선교가 있듯이 헬스 선교도 가능하다"며, 그녀는 헬스를 통해 많은 사람들에게 하나님의 사랑을 전하고 있다.

또한, 노강욱 전도사는 심장 수술 후 재활을 위해 운동을 시작했다가 트레이너로서의 새로운 사명을 발견했다. 그는 "운동을 통해 하나님께서 사람들에게 다가갈 수 있는 길을 열어 주셨다"며, 운동과 복음을 연결하는 사역에 큰 희망을 품고 있다.

▲ 이소영 피트니스 선수
▶ 홉트레이닝에서 의기투합해 운동으로 복음을 전하고 있는 윤광원 목사와 노강욱 전도사, 이소영 피트니스 선수

운동으로 열어가는 세계 선교의 비전

홉트레이닝교회의 비전은 국내를 넘어 전 세계로 확장된다. 윤광원 목사는 운동이 언어와 문화를 초월하는 강력한 도구로 작용할 수 있다고 확신한다. 그는 "운동은 전 세계 어디서나 공감할 수 있는 보편적인 매개체"라며, 이를 통해 복음을 전할 수 있다는 가능성을 발견했다.

특히 캄보디아와 같은 선교지에 운동센터를 세워 지역 주민들에게 건강과 희망을 전하고 복음을 심는 것을 목표로 삼고 있다. 그는 단순히 운동을 가르치는 데 그치지 않고, 지역사회와 친밀하게 소통하며 삶의 전반에 변화를 일으키는 다리가 되기를 소망한다. 운동이라는 공감의 언어를 통해 윤 목사는 사람들에게 더 가깝게 다가가고, 그들 삶에 하나님의 사랑을 새기고자 한다.

이러한 선교적 비전은 한국 통합총회가 주최한 '선교형 교회 아이디어 공모'에서 최우수상을 받으며 공인받았다. 윤 목사는 "운동과 복음은 전 세계 어디서나 통할 수 있는 강력한 도구"라며, 운동을 통해 새로운 방식으로 복음을 전파하는 선교적 교회의 역할을 확립하겠다는 다짐을 밝혔다. 그는 자신에게 주어진 건강의 기적과 운동이라는 특별한 도구를 전 세계 사람들에게 나누며, 하나님이 주신 비전을 따라 한 걸음씩 나아가고 있다.

몸과 영혼의 균형을 이루는 삶:
영적 예배의 새로운 지평

윤광원 목사는 건강과 신앙을 분리할 수 없는 요소로 간주하며, 그리스도인들에게 건강의 중요성을 강하게 설파한다. 그의 철학은 단순히 운동을 통한 외적인 건강뿐 아니라, 건강한 삶의 방식과 내면의 성숙이 하나님의 영광을 드러내는 방법이라는 데 초점이 맞춰져 있다. "건강한 몸은 하나님께 드리는 영적 예배의 중요한 부분"이라며, 기도와 말씀의 시간만큼이나 건강한 생활 습관과 운동이 영성을 강화하는 데 중요한 역할을 한다고 강조한다.

몸과 영혼을 함께 돌보는 홉트레이닝교회의 특별한 예배는 현대 교회에 새로운 가능성을 제시하며, 앞으로도 더 많은 이들에게 하나님의 사랑을 전하는 다리가 될 것이다. 운동으로 시작된 작은 만남이 하나님의 사랑과 희망으로 이어지는 이곳, 홉트레이닝교회의 미래가 더욱 기대된다.

일곱 빛깔 드러내는 아름다움 '섬김'

무지개교회: 이주헌 목사

무지개교회는 김포 양곡리에 위치한 작은 공동체지만, 지역사회와 세상을 섬기기 위한 다양한 사역으로 큰 변화를 만들어가고 있다. '우리 동네 참 재밌다'라는 유튜브 방송을 통해 지역 주민들의 이야기를 발굴하고 소통의 장을 열었으며, 연극단 '보라'를 통해 경력 단절 여성들에게 새로운 희망과 기회를 제공한다. 또한 해외 장난감 선교와 같은 창의적인 활동으로 국내를 넘어 전 세계에 예수님의 사랑을 전하고 있다. 무지개 빛깔처럼 다양한 이웃과 손을 맞잡고, 세상 속에서 진정한 사랑과 나눔을 실천하며 지역과 세계의 희망의 다리로 자리 잡고 있다. 무지개교회의 이야기는 '작지만 큰' 변화의 가능성을 보여준다.

지역 주민과 소통하는 유튜브 방송:
'우리 동네, 참 재밌다'

경기도 김포시 양촌읍 양곡리에 자리한 기독교대한감리회 무지개교회는 농촌지역의 작은 교회다. 하지만 그 활동은 교회의 규모를 뛰어넘어 지역과 세계로 뻗어나가고 있다. 무지개처럼 다양한 색깔과 이야기를 품고 있는 무지개교회는 지역 주민들과 함께 웃고, 세상의 고통 속으로 들어가 섬기며, 진정한 사랑과 희망의 다리를 놓아가고 있다.

무지개교회의 특별한 사역 중 하나는 '우리 동네, 참 재밌다'라는 유튜브 방송이다. 유튜브 방송은 설교나 찬양이 아닌, 지역 주민들 삶의 이야기를 담고 교회의 메시지를 함께 전달하는 새로운 시도다. 이주헌 담임목사는 "지역사회 사람

엄선덕 파파스윌 사회적협동조합 이사장

들과 대화를 나누고, 교회가 지역에 선한 영향을 미칠 수 있도록 유튜브 방송을 기획했다"고 말한다.

방송의 첫 주인공은 발달장애인을 돕는 '파파스윌 사회적협동조합'의 엄선덕 이사장이었다. 엄 이사장은 무지개교회에 대해 "세상 속으로 들어가는 교회"라고 칭찬하며, "이런 활동이야말로 교회의 진정한 역할"이라고 전했다. 유튜브 방송에서는 또, 지역의 다양한 단체와 사람들을 소개하며, 양곡리 마을에 활기를 불어넣고 있다.

김포시의회 김계순 의원은 이와 관련해 "무지개교회는 작은 교회지만, 마을에 따뜻한 변화를 가져다주고 있다"고 높이 평가했다. "왜 관공서에서 하지 못했던 일을 무지개교회가 하고 있을까?"라는 그의 말처럼, 무지개교회는 종교의 영역에 머물지 않고 지역과 세상을 향한 사랑을 실천하고 있다.

장난감 선교:
아이들에게 희망을 전하다

무지개교회는 지역뿐 아니라 세계를 품는 장난감 선교 사역도 펼치고 있다. 지난해(2022년) 이주헌 목사는 웨슬리 사회네트워크를 통해 미얀마와 라오스의 어린이들에게 장난감 14톤을 보냈다. 이 장난감들은 단

해외 선교지 어린이들이 선물로 받은 장난감을 들고 기뻐하고 있다.

순한 놀이 도구를 넘어 아이들에게 꿈과 희망을 전달하는 소중한 선물이 되었다. 미얀마 여호와이레 고아원의 디셈버 원장은 "장난감으로 아이들이 행복해하는 모습을 보며 저도 행복했다"며 감사의 마음을 전했다.

올해(2023)에는 '1+1 Love Day'라는 캠페인을 시작했다. 어린이날, 자신의 아이에게 장난감을 선물하며 하나를 더 사서 해외의 어린이들에게 보내는 운동이다. 이 목사는 "장난감에 예수님의 사랑을 담아 꿈과 희망을 전달하고 싶다"며, 앞으로 더 많은 나라로 장난감 선교를 확대할 계획이다. 이 목사는 "장난감 도서관을 설립해 아이들과 가족들이 장난감을 통해 복음을 경험할 수 있기를 바란다"고 비전을 밝혔다.

**경력 단절 여성들의 새로운 도전,
극단 '보라'** 　　　　　　　　무지개교회는 또, 지역사회의 다양한 필요를 채우기 위해 창의적인 사역을 시도해왔다. 그중에서도 주목받는 활동은 경력 단절 여성들을 대상으로 한 연극단 '보라'의 창단이다. 연극단 보라는 여성들이 자신의 이야기를 표현하고 새로운 꿈을 발견하는 특별한 플랫폼으로 자리 잡고 있다.

연극단의 이름인 '보라'는 두 가지 상징적인 의미를 담고 있다. 첫 번째는 보라색, 무지개 빛깔 중 마지막 색으로 희망과 신비로움을 상징한다. 이는 참여하는 여성들이 각자의 삶 속에서 새로운 가능성을 발견하고, 연극을 통해 자신만의 빛을 드러내길 바라는 마음을 담았다. 두 번째 의미는 '앞을 보라'는 메시지다. 경력 단절로 인해 좌절과 우울감을 경험한 여성들이 과거를 넘어 새로운 미래를 바라보고 나아가도록 격려하는 의미를 담고 있다.

연극단이 만들어지는 과정 　　　　연극단 '보라'는 이주헌 목사의 오랜 고민과 노력 속에서 탄생했다. 김포라는 신도시 특성상, 젊은 30~40대의 여성들이 많지만 육아와 가사로 인해 경력이 단절되거나 사회와 연결이 끊어진 경우가 많다. 이 목사는 이러한 여성들이 가진 잠재력을 발견하고, 그들이 지역사회에서 의미 있는 역할을 할 수 있도록 돕고자 했다.

'우리 동네, 참 재밌다' 다섯번째 유튜브 방송으로 양곡리 인형극단 '레인보우' 배우들을 만나 촬영하고 있는 모습

연극단은 처음에는 작은 모임에서 시작되었다. 몇몇 참여자들이 모여 연극 대본을 읽고, 산난한 연기를 연습하며 서로의 이야기를 나눴다. 하지만 점차 참여자가 늘어나면서 연극의 주제와 수준도 다양해졌다. 극단의 리더로 활동 중인 정재은 씨는 결혼과 육아로 경력이 단절되었지만, 무지개교회를 통해 연극과 리포터 활동에 참여하면서 자신의 재능을 새롭게 발견했다. 그녀는 "연극은 단순히 무대 위에서 연기하는 것이 아니라, 자신의 내면을 표현하고 삶의 어려움을 예술로 치유하는 과정"이라며, 연극단 활동이 주는 의미를 강조했다.

우울감과 스트레스를 치유하는
연극의 힘

경력 단절 여성들의 공통된 어려움 중 하나는 사회적 고립감과 심리적 우울감이다. 이러한 여성들이 연극단에 참여하면서 자신의 이야기를 무대 위에서 표현하고, 다른 이들과 협력하며 문제를 극복할 수 있는 기회를 얻었다. 특히 연극 연습 과정에서 다양한 역할을 맡으며, 평소에 하지 못했던 표현과 도전을 시도할 수 있었다.

이 과정에서 여성들은 자신이 가진 숨겨진 재능을 발견하기도 했다. 어떤 여성은 연극 대본을 쓰는 데 뛰어난 재능을 보였고, 또 다른 여성은 무대 연출에 관심을 보이며 자신의 길을 찾아가고 있다. 이주헌 목사는 "연극은 이들에게 단순한 취미 활동이 아니라, 삶을 새롭게 정의하고 꿈을 다시 꾸게 만드는 통로"라고 설명했다.

작은 교회의 무지갯빛 큰 비전

이주헌 목사는 "무지개교회는 사람들이 만나 자신의 꿈과 희망을 이야기하며, 하나님이 주신 비전을 발견하는 공간"이라고 설명한다. 교회는 놀이지도사 자격증 과정, 연극 수업, 오피스 공유 공간 제공 등을 통해 지역 주민들에게 새로운 가능성을 열어주고 있다.

무지개교회는 또, 교회의 역할에 대한 새로운 정의도 보여줬다. 교회가 단순히 설교와 예배에 그치지 않고, 세상 속으로 들어가 고통받는 이웃과 함께하며, 지역과 세계를 섬길 때 진정한 의미를 찾을 수 있음을 몸소 실천하고 있다. 그들의 사역은 교회의 본질적인 사명을 재발견하고, 교회가 지역사회의 중심에서 빛과 소금의 역할을 할 수 있음을 증명하고 있다.

작지만 강한 교회, 무지개교회. 그들이 전하는 무지갯빛 사랑이 지역과 세계 곳곳에서 더 큰 변화를 만들어갈 것을 기대한다.

변화와 개혁의 길 걷는 평신도 중심 교회

우면동교회: 정준경 목사

우면동교회 안팎에서 이루어진 변화와 개혁은 신앙 공동체가 어떻게 세상과 소통하고 섬길 수 있는지 보여준다. 평신도 중심의 민주적 운영, 모든 세대를 아우르는 포용적 사역, 지역과 세계를 향한 사랑의 실천은 교회의 본질적 가치를 다시금 일깨운다. 우면동교회의 여정은 단순히 구조적 혁신을 넘어, 성도와 세상이 함께 변화하는 길을 제시한다. 한 사람, 한 사람을 소중히 여기며 진정한 제자로 세워가는 그들의 이야기는 오늘날 교회가 나아가야 할 길에 대한 깊은 통찰을 제공한다.

변화의 시작:
평신도 중심의 운영위원회

서울 서초구 우면동교회는 성도 한 사람, 한 사람의 삶을 품고, 그들을 통해 세상에 사랑을 전하는 공동체다. 정준경 담임목사의 목회 철학을 중심으로, 우면동교회는 '사람이 많은 교회보다 사랑이 많은 교회'가 되고자 노력하며, 변화와 개혁의 길을 걷고 있다. 지역사회와 세상을 향한 섬김, 그리고 교회 안에서의 구조적인 개혁은 우면동교회를 한국교회의 새로운 모델로 자리 잡게 했다.

우면동교회의 가장 독특한 점은 바로 평신도 중심의 운영위원회이다. 이는 기존의 장로 중심 당회 구조를 넘어, 교회의 모든 성도가 적극적으로 교회 운영에 참여하도록 고안된 시스템이다. 운영위원회는 20년 이상의 역사를 자랑하며, 한국교회에 평신도 중심의 운영이 어떤 장점을 가져다줄 수 있는지 실질적인 사례를 제공하고 있다.

운영위원회는 교회 내 7개국(예배국, 선교국, 구제국, 재정국, 봉사국, 총무국, 교육국)으로 구성되어 각자의 책임을 맡는다. 성도들은 자신이 속한 국을 통해 직접 교회의 사역에 참여하며, 운영위원장을 포함한 국장들이 교회의 정책과 예산을 논의하고 집행한다. 이 과정에서 중요한 것은 운영위원회가 단순히 형식적인 역할에 그치는 것이 아니라, 실질적으로 교회의 운영을 주도한다는 점이다.

정 목사는 운영위원회의 도입 배경에 대해 다음과 같이 설명했다. "당회는 보통 나이 많은 남성들로 구성되며, 교회의 중요한 의사결정을 내리는 구조입니다. 하지만 청년들이나 여성 성도들은 당회의 구성원이 될 수 없기 때문에, 이들의 목소리를 담아낼 다른 기구가 필요했습니다. 운영위원회는 그 한계를 넘어 교회의 민주적이고 포용적인 운영을 가능하게 합니다."

운영위원회는 성도들에게 단순히 책임을 부여하는 것을 넘어, 교회와의 유대감을 강화하는 장치로 작용한다. 양준영 운영위원장은 "운영위원회를 통해 성도들은 교회의 중요한 사역에 참여할 수 있다는 소속감과 책임감을 느낍니다. 이는 단순한 교회 참여를 넘어, 자신의 공동체에 대한 깊은 애정을 만들어냅니다"라고 말한다.

운영위원회와 당회는 협력적인 관계를 유지하며, 서로의 역할을 분명히 구분한다. 당회는 교단과 관련된 대외 업무와 의례적 행사, 성례전을 주도하고, 운영위원회는 교회의 내부적인 사역과 실질적 운영을 책임진다. 만약 두 기구 간 의견 충돌이 발생하면 공동의회라는 교인 총회를 통해 최종 결정을 내리도록 되어

운영위원회 회의 모습

있다. 그러나 지난 20년 동안 이런 사례는 한 번도 발생하지 않았다. 이는 운영위원회와 당회 간의 신뢰와 협력의 정도를 보여준다.

작은 변화에서 시작된 큰 혁신:
주일 기도 인도의 개혁

우면동교회는 성도 한 사람 한 사람을 소중히 여기는 철학을 실천하기 위해 교회의 작은 전통에도 과감한 변화를 시도해 왔다. 그중에서도 주일 오전 예배의 기도 인도자 선정 방식에 대한 개혁은 교회 안팎에서 큰 주목을 받았다. 정준경 목사는 "왜 여성 성도들은 중요한 자리에서 기도할 수 없을까?"라는 질문을 던지며 기존의 전통적인 관행에 도전했다. 이러한 고민은 단순히 역할 분담의 문제를 넘어서, 신앙 공동체 내에서 평등과 포용의 가치를 실현하려는 노력으로 이어졌다.

과거 대부분의 교회에서는 주일 오전 예배의 기도는 장로들만이 맡는 역할로 여겨졌다. 이는 오랜 전통이었고, 그 전통이 의심 없이 유지되어 온 것은 사실이다. 그러나 정 목사는 이러한 방식이 성별과 직분에 따라 기도의 역할을 제한하는 불필요한 장벽을 만들고 있다고 보았다. 교회의 중요한 순간인 주일 오전 예배에서조차 성별에 따라 기회를 제한하는 것은 하나님이 기뻐하실 방식이 아니라는 그의 믿음이 변화를 이끌었다.

우면동교회는 이러한 고민을 바탕으로 남성과 여성이 번갈아 가며 기도를 인도하는 새로운 방식을 도입했다. 첫 시도는 쉽지 않았다. 초기에는 성도들 사이에서도 다소 거부감과 혼란이 있었다. "왜 전통을 바꾸는가?", "주일 오전에는 장로님들이 기도하는 것이 더 권위 있고 맞지 않는가?"라는 반응도 나왔다. 그러나 정 목사는 단호했다. 그는 "기도는 성별이나 직분에 구애받지 않고 하나님 앞에서 누구나 동등하게 서는 시간이어야 한다"는 신념을 전하며, 교회의 변화를 지속적으로 독려했다.

시간이 지나면서 이 새로운 방식은 교회의 중요한 문화로 자리 잡았다. 남성 장로들이 기도했던 자리에서 이제 권사와 집사들도 당당히 기도하며 예배의 중요한 부분을 책임지고 있다. 성도들은 이 과정을 통해 예배가 더욱 풍성하고 모두가 참여할 수 있는 공간으로 바뀌었음을 체감하게 되었다. 한 권사는 "처음엔 부담

우면동교회 주일학교 예배모습

스러웠지만, 이제는 하나님 앞에서 직접 기도하며 성도들과 예배를 섬길 수 있는 기회가 주어져 감사하다"고 말했다.

이 변화는 성별의 문제를 넘어, 모든 성도가 하나님 앞에서 동등하다는 신앙적 가치를 실질적으로 구현한 사례로 평가받고 있다. 정 목사는 이와 관련해 교회 안에서 "모든 성도가 하나님을 섬길 수 있는 기회를 가질 수 있어야 한다"는 중요한 메시지를 전했다. 우면동교회의 이 같은 변화는 작은 시도였지만, 교회 내 성도들에게 큰 감동을 주었고, 더 나아가 한국교회의 전통과 관행에도 신선한 질문을 던지는 계기가 되었다.

지역사회를 품는 사랑의 손길

우면동교회는 단지 성도들만을 위한 교회가 아닙니다. 지역사회와 함께 호흡하며, 어려운 이웃들에게 실질적인 도움을 제공하기 위해 노력하고 있다. 특히 서초구 우면동은 경제적으로 취약한 계층이 많은 지역으로, 교회는 주민센터와 협력하여 이들을 돕는 데 최선을 다하고 있다.

정 목사는 지역 사역의 중요성을 강조하며, 이를 위해 교회 내 자원을 아끼지 않는다. "우리는 교우들끼리 나누기보다는, 하나님이 주신 자원을 지역사회와 이웃들에게 사용하는 데 집중하고 있습니다." 이를 위해 교회는 긴급 상황에서 즉각적인 도움을 제공하며, 매달 약 다섯 가정에 지속적인 생활비 지원을 이어가고 있다. 이뿐만 아니라 홀로 사는 어르신들에게 여름철 과일을 나누고, 식사 대접 행사를 열며 이웃들과의 관계를 돈독히 한다.

다음 세대를 위한 투자   우면동교회는 다음 세대의 신앙 계승을 교회의 가장 중요한 사명 중 하나로 보고, 이를 위한 노력을 아끼지 않는다. 정준경 목사는 "아이들의 찬송 소리가 끊이지 않는 교회를 만드는 것이 목표"라며, 젊은 세대가 주체적으로 교회를 이끌어갈 수 있는 기반을 마련하는 데 깊은 관심을 기울이고 있다. 정 목사는 세대간의 단절과 신앙의 단절을 방지하기 위해서는 다음 세대를 향한 체계적이고 지속적인 투자가 반드시 필요하다고 믿는다.

우면동교회는 이러한 철학을 구체적으로 실천하기 위해 몇 가지 특별한 제도를 도입했다. 그중 하나는 담임목사의 은퇴 연령을 기존의 70세에서 65세로 조정한 것이다. 이는 비교적 젊은 세대가 교회의 리더십을 자연스럽게 이어받을 수 있는 환경을 마련하기 위한 결정이다. 한국교회의 많은 교단이 은퇴 연령을 70세로 설정한 것과는 달리, 우면동교회는 젊은 세대가 책임감 있는 리더십을 훈련받고, 새로운 시각으로 교회를 이끌 수 있도록 일찍부터 길을 열어주는 데 초점을 맞추고 있다.

정 목사는 이 제도를 두고 "교회의 리더십은 세대와 함께 새로워져야 한다"며 기존의 지도자들이 오래 머물며 모든 의사결정을 내리는 구조는 다음 세대의 성장과 참여를 막는 장애물이 될 수 있다고 설명한다. 젊은 성도들이 교회의 핵심적인 역할을 맡아보는 경험을 통해 신앙과 리더십을 배울 수 있어야 교회는 지속 가능한 성장을 이룰 수 있다는 그의 철학이 담긴 결정이다.

또한, 우면동교회는 교회 내에서 젊은 세대가 자연스럽게 중요한 역할을 맡을 수 있도록 다양한 기회를 제

우면동교회 청년회가 말레이시아 원주민마을에서 개최한 성경학교

공하고 있다. 청년부와 청소년부는 예배와 봉사 활동에서부터 교회의 운영과 선교 사역에 이르기까지 폭넓은 참여의 장을 열어주고 있다. 이를 통해 젊은 성도들은 신앙적 책임감을 키우고, 교회와의 소속감을 더욱 깊게 느낄 수 있다.

특히 우면동교회의 청년들과 청소년들은 매년 진행되는 선교 활동을 통해 신앙의 깊이를 더하고 있다. 말레이시아 원주민 마을이나 필리핀 빈민가로 떠나는 단기 선교는 단순히 해외 봉사 경험에 그치지 않는다. 선교지에서 만난 아이들과의 교감, 오지에서의 헌신적인 사역을 통해 젊은 성도들은 하나님의 사랑을 실천하는 법을 배우며, 더 나아가 신앙적 리더로 성장한다. 이러한 경험은 그들로 하여금 교회뿐만 아니라 자신의 삶에서도 신앙을 중심으로 살아갈 수 있는 토대를 마련해준다.

우면동교회는 다음 세대의 신앙 계승을 위해 물질적, 제도적 투자뿐만 아니라 정서적 지원에도 많은 노력을 기울이고 있다. 젊은 성도들이 교회 안에서 자신의 역할을 발견하고 성장할 수 있도록 돕는 멘토링 프로그램과 리더십 훈련 과정은 이들이 신앙 공동체의 일원으로서 자부심을 갖게 만드는 중요한 장치다. 이를 통해 젊은 세대는 단순히 교회의 후원이 필요한 대상이 아니라, 교회의 미래를 책임질 핵심 구성원으로 자리 잡는다.

우면동교회의 꿈:
사랑으로 치유하는 교회

정준경 목사는 우면동교회를 이렇게 정의한다. "사람이 많은 교회보다 사랑이 많은 교회, 세상에서 상처받고 소외된 사람들이 와서 치유와 회복을 경험하고, 다시 삶의 용기를 얻어 나아갈 수 있는 교회가 되고 싶습니다."

우면동교회는 성도 한 사람 한 사람의 가치를 소중히 여기며, 그들이 하나님의 제자로 성숙할 수 있도록 돕는다. 이러한 사랑과 변화의 이야기는 교회 안에서뿐만 아니라 지역사회와 세계에까지 영향을 미치며, 한국교회의 미래를 꿈꾸는 이들에게 따뜻한 영감과 도전을 선사한다. 우면동교회의 이야기는 단지 하나의 성공 사례를 넘어, 사랑으로 세상을 변화시키는 가능성을 보여주는 귀한 증거다.

음악으로 복음을 노래하고, 세상과 소통하다

참사랑교회: 강신조 목사

경기도 군포시에 위치한 참사랑교회는 음악을 복음의 강력한 통로로 사용하는 문화적 교회로 주목받고 있다. 강신조 목사의 비전 아래, 전통적인 방식에서 벗어나 노래와 예술을 통해 세대와 세상을 연결하고자 한다. '예수천당, 불신지옥'이라는 단순한 외침이 아닌, 청소년과 젊은 세대가 공감할 수 있는 방식으로 복음을 전하기 위해 음악을 선택했다.

참사랑교회는 청년들과 함께 CCM을 작곡하고, 대중가요 스타일의 음악을 통해 세상 속으로 나아가고 있다. 가사에는 성경적 메시지를 은유적으로 담아, 믿는 이들에게는 영적 감동을, 믿지 않는 이들에게는 거부감 없는 공감을 선사한다. 음악은 이제 참사랑교회의 예배와 선교를 넘어, 방송국과 해외로까지 뻗어나가고 있다.

다음 세대와 문화를 연결하는 비전

세상 속에서 다음 세대를 쉽게 만날 수 있는 매개체는 무엇일까? 이 질문 가운데 문화를 발견하고 문화 안에서 노래를 듣고, 노래를 통해 다음 세대에 하나님의 말씀을 전하기 위해 음악을 복음의 통로로 사용하고 있는 참사랑교회.

강신조 담임목사는 참사랑교회를 '다음 세대를 위한 복음의 통로로 쓰임 받는 문화적인 교회'로 소개한다. 그는 세상이 변화하면서 교회의 역할 역시 변화해야 한다고 강조하며, 단순히 교리와 구호를 통해 복음을 외치는 방식이 더 이상 효과적이지 않다고 말한다. '예수 천당, 불신 지옥'이라는 메시지가 어느 시대에는 강력한 선교 도구였을지 몰라도, 오늘날의 세상은 전혀 다른 접근 방식을 요구하고 있다는 것이다.

강 목사는 "예수님이 하셨던 것처럼, 소외되고 상처받은 이들을 품고 그들의 언어와 방식으로 다가가는 것이 교회의 본질"이라고 강조했다. 이 같은 그의 철학은 교회 중심의 신앙생활에서 벗어나, 세상 속으로 복음을 전하기 위해 맞춤형 복음을 전해야 한다는 비전으로 이어졌다.

강 목사가 발견한 맞춤형 복음의 핵심은 바로 '문화'였다. 그중에서도 음악은 세대와 세대를 연결하고, 서로 다른 배경의 사람들 간의 장벽을 허무는 강력한 도구였다. 음악이 단순히 감동을 주는 데서 끝나는 것이 아니라, 복음의 메시지를 담아 사람들의 삶에 스며들게 할 수 있다는 가능성을 발견한 것이다. "음악은 세상이 이해할 수 있는 언어이며, 모든 세대가 즐길 수 있는 공통된 매개체다"라는 그의 믿음은 참사랑교회의 독특한 선교 전략을 만들어냈다.

T.L워십팀과 '엔딩 샷'의 복음 메시지

참사랑교회는 이러한 비전을 구체화하기 위해, 교회 내에 T.L(True Love)워십팀을 결성했다. 강신조 목사는 5년 전부터 청년들과 함께 음악을 직접 작곡하며 세상 속으로 복음을 전하기 위한 구체적인 작업을 시작했다. T.L워십팀은 교회 음악을 제작하는 것을 넘어, 대중음악과 교회 음악의 경계를 허물고 '세상과 교회를 연결하는 음악적 다리' 역할을 하고 있다.

'엔딩 샷'의 뮤직 비디오를 촬영하고 있는 참사랑교회 T.L워십팀

대표곡인 '엔딩 샷'은 이러한 비전을 보여주는 가장 성공적인 사례 중 하나다. 이 곡은 표면적으로는 남녀 간의 이별을 노래하는 발라드처럼 들리지만, 그 안에는 복음적 메시지가 깊이 담겨 있다. 영감은 성경 속 다니엘의 이야기에서 비롯되었다. 다니엘이 포로로 끌려가 하루 세 번 창문을 열고 기도했던 장면이 이 곡의 가사에 녹아 있다. 그러나 가사는 단순히 성경 이야기를 직접적으로 표현하지 않는다. 그 대신에 하나님이나 예수님의 이름 없이도 믿는 이들에게는 영적 울림을, 믿지 않는 이들에게는 부담 없이 다가갈 수 있는 메시지를 전달한다.

　　T.L워십팀의 강민석 음악감독은 "이 노래는 복음의 진리를 담고 있으면서도 세상 사람들에게 거부감을 주지 않는다. 복음은 직접적일 필요 없이 은유적이고 자연스럽게 다가갈 때 더 큰 감동을 준다"고 말했다. 그는 이 곡이 청소년과 젊은 세대가 음악을 통해 하나님을 느끼고, 마음속에 영적 변화를 일으키기를 소망한다고 덧붙였다.

음악으로 세상 속으로 나아가다

　　참사랑교회는 음악 선교를 단지 교회 안에서만 머물게 하지 않았다. 강신조 목사는 음악을 복음 전파의 중요한 도구로 여기며, 엔터테인먼트를 설립하고 음악을 제작하여 방송국과 해외 시장에 진출하는 데까지 사역을 확장했다. 그들의 음악은 국내 방송국의 배경음악으로 사용되고 있으며, 일본과 동남아시아로 수출되며 점차 그 영역을 넓히고 있다.

　　강 목사는 "우리 CCM이 더 이상 교회 안에서만 소비되는 음악이 되어선 안 된다. 우리는 세상과 소통하며 복음의 메시지를 전하는 음악을 만들어야 한다"고 강조한다. 그는 대중음악과 같은 높은 완성도를 가진 교회 음악을 통해, 사람들이 교회를 새롭게 바라보고 복음에 마음을 열기를 바라고 있다.

지역 주민과 함께한 사랑 나눔 콘서트

　　참사랑교회의 사역은 음악을 통해 지역 사회와도 깊이 연결되고 있다. 2023년 10월, 참사랑교회는 '사랑 나눔 콘서트'를 개최하여 군포 지역 주민들과 함께했다. 이 콘서트는 지역 주민들에게 교회의 문턱을 낮추고, 예수 그리스도의 사랑을 자연스럽게 경험할 수 있는 기회를 제공하

참사랑아트리움에서 열린 군포시민을 위한 '사랑 나눔 콘서트'

청소년들의 활발한 문화활동을 위해 마련하고 있는 'G-Star 청소년페스티벌'

기 위해 열렸다.

강신조 목사는 "교회는 단지 신앙을 가진 사람들만의 공간이 아니다. 누구든지 교회에 와서 부담 없이 즐기고, 예수님의 사랑을 느낄 수 있어야 한다"고 말했다. 강 목사는 콘서트를 통해 지역 주민들에게 '열린 교회'의 모습을 보여주고자 했다.

콘서트는 큰 호응을 얻었다. 한 군포 시민은 "참사랑교회가 지역 주민들을 위해 이런 문화 행사를 열어줘서 너무 감사하다. 덕분에 예수님의 사랑을 느낄 수 있었다"며 감사의 마음을 전했다. '사랑 나눔 콘서트'는 단지 문화적 즐거움을 제공하는 데 그치지 않고, 주민들에게 복음을 전하는 창구로 활용되었다.

다음 세대를 위한 청소년 문화 사역 참사랑교회는 코로나19 이전부터 청소년들을 위한 문화 사역에 많은 노력을 기울여왔다. 'G-Star 청소년 페스티벌', 노래자랑, 전국 댄스대회 등 다양한 프로그램은 청소년들이 교회와 자연스럽게 연결될 수 있는 장을 마련했다.

강신조 목사는 "청소년들이 교회에서 마음껏 뛰어놀고, 자신들의 문화를 통해 하나님을 만날 수 있는 공간을 제공하는 것이 우리의 사명"이라고 말했다. 그는 이러한 문화 사역이 단순히 청소년들의 흥미를 끌기 위한 것이 아니라, 교회를 복음의 장으로 변화시키는 중요한 역할을 하고 있다고 강조했다.

문화적 교회로 나아가는 길 　　강신조 목사는 참사랑교회를 '문화적 교회'로 성장시키고자 한다. 그는 복음을 다음 세대에게 전하는 데 있어 문화를 빼놓고는 이야기할 수 없다고 말하며, "다음 세대를 위한 문화적 접근은 교회의 필수적인 과제"라고 주장했다.

　교회가 세상 속으로 들어가 복음을 전해야 한다는 믿음 아래, 음악과 문화를 통해 복음이 사람들의 삶 속에 자연스럽게 스며들기를 꿈꾸고 있다. 그의 비전은 단지 군포 지역에 머무르지 않고, 세계 열방으로 복음의 문을 여는 교회로 나아가는 것이다.

음악으로 복음과 세상을 잇다 　　참사랑교회의 사역은 단지 노래 한 곡의 제작으로 끝나는 것이 아니다. 그 노래는 사람들의 마음속에 복음을 심고, 세상 속으로 뻗어나가 예수 그리스도의 사랑을 증거하는 도구가 된다. 참사랑교회는 앞으로도 음악과 문화를 통해 복음의 씨앗을 심고, 세상 속에서 그 열매를 맺기를 바라고 있다.

　강신조 목사의 비전처럼, 참사랑교회는 '복음과 문화를 하나로 엮어 세상을 변화시키는 교회'로 계속 나아갈 것이다. 그들의 발걸음은 멈추지 않고, 하나님 나라의 확장을 위해 힘차게 이어지고 있다.

하나님을 향한 청년들의 외침

뉴송처치: 남빈 목사

뉴송처치는 젊음의 중심지인 홍대에서 시작된 교회로, 청년들이 신앙의 중심이 되는 사역을 펼치고 있다. 2017년에 설립된 뉴송처치는 젊은 세대들이 문화와 함께하는 공간에서 그들의 언어로 복음을 나누고자 하는 비전을 가지고 출발했다. 뉴송처치는 청년들이 모이는 단순한 교회가 아니다. 청년들이 주도하고 청년들이 이끌어가는 공동체이며, 그들을 영적 제자로 세우기 위한 진지한 훈련의 장이다. 특히 청년 제자 훈련을 중점적으로 다루며, 각 셀 리더들이 한 명의 담임목사와 같은 역할을 감당하며 작은 교회를 이루고 있다. 뉴송처치의 사역은 지역사회의 청년들에게 복음을 전하고, 그들을 제자로 세워 세상에 파송하는 일에 초점을 맞추고 있다.

청년을 위한 교회의 탄생:
홍대와 뉴송처치

홍대는 대한민국의 젊음과 창의성을 대표하는 장소로, 예술과 음악, 다양한 문화를 선도하는 지역이다. 이곳에서 2017년, 남빈 목사가 청년들을 대상으로 한 뉴송처치를 개척하게 되었다. 남 목사는 처음부터 이 지역의 특성을 잘 이해하고 있었으며, 이곳에서 청년들을 위한 사역이 자연스럽게 이뤄질 수 있음을 깨달았다. 청년들이 문화를 향유하고 트렌드를 만들어가는 이 공간에서 그들이 복음을 접할 수 있는 통로를 마련하고자 한 것이다.

"홍대는 단순히 젊은 사람들이 많이 모이는 곳이 아닙니다. 이곳은 다양한 문화와 가치가 혼재된 공간이죠. 그래서 이곳에 교회를 시작하는 것은 청년들을 통해 그들의 삶에 맞는 방식으로 복음을 전하는 길을 찾는 중요한 시도였습니다."

뉴송처치가 설립된 이래로, 수많은 청년이 교회로 모여들었다. 이들은 대학생, 직장인, 예술가 등 다양한 배경을 가지고 있지만, 공통적으로 그들의 삶 속에서 하나님을 만나고자 하는 갈망을 품고 있었다. 뉴송처치는 그들에게 복음의 메시지를 단순히 전하는 것이 아니라, 그들의 삶을 변화시키는 통로가 되기를 목표로 했다. 남 목사는 뉴송처치의 사역에 대해 이렇게 설명한다.

"교회는 단순히 예배드리는 장소에 그치지 않습니다. 뉴송처치는 젊은이들이 그들만의 언어와 방식으로 신앙을 체험하고, 하나님과의 관계를 더욱 깊게 만들어가는 공간입니다."

이렇듯, 뉴송처치는 청년들에게 친근하게 다가가면서도 깊이 있는 신앙적 훈련을 제공하며, 그들이 삶 속에서 복음을 실천하도록 이끌었다.

청년 제자 운동:
다음 세대를 위한 사역

뉴송처치의 가장 두드러진 특징은 청년 제자 운동이다. 이 운동은 교회 내에서 예배드리고 봉사하는 청년들을 양성하는 것이 아니라, 그들이 복음의 전파자가 되어 다른 청년들에게 복음을 전하고 제자를 세우는 역할을 감당하도록 돕는다. 남빈 목사는 청년 제자 운동의 필요성을 다음과 같이 설명한다.

"청년들이 그들의 친구들에게 복음을 전하는 것만큼 효과적인 방법은 없습니다. 같은 세대, 같은 언어, 같은 고민을 나누는 청년들이 복음을 통해 변화될 때, 그 변화가 얼마나 강력한지를 우리는 수많은 사례를 통해 보아왔습니다."

청년 제자 운동은 각 셀 그룹을 중심으로 이루어진다. 셀은 단순한 모임의 형태가 아니라, 각각 하나의 작은 교회처럼 운영되며, 셀 리더는 교회의 담임목사와 같은 역할을 맡는다. 셀 리더는 청년들을 양육하고 그들 안에서 제자를 세워가는 일에 집중하며, 남 목사는 이러한 리더들을 철저하게 훈련시킨다.

뉴송처치는 제자 훈련을 네 가지 단계로 나누어 체계적으로 진행하고 있다. 첫 번째 단계는 전도다. 청년들에게 복음을 전하고, 그들이 예수 그리스도를 영접하도록 돕는다. 두 번째 단계는 양육이다. 전도된 청년들은 기초적인 신앙 교육을 받으며, 하나님의 말씀을 배우고, 공동체 안에서 신앙을 성장시킨다. 세 번째 단계는 훈련이다. 이 단계에서는 청년들이 자신의 신앙을 실천하고, 다른 사람들에게 복음을 전할 수 있는 능력을 기르는 훈련을 받는다. 마지막 단계는 파송이다. 훈련을 마친 청년들은 새로운 셀 리더로 파송되어, 다시 다른 청년들을 양육하고 제자로 세워간다.

이 제자 운동을 통해 뉴송처치는 많은 청년 리더를 배출했고, 그들은 다시 다른 청년들에게 복음을 전하며 교회의 성장을 이끌고 있다.

셀 시스템:
작은 교회에서 시작되는 변화   뉴송처치의 셀 시스템은 그 자체로 하나의 교회와 같다. 남빈 목사는 셀 리더들에게 각 셀을 '작은 교회'로 생각하라고 강조하며, 그들이 복음을 전하고 사람들을 양육하는 목회자의 역할을 감당하도록 훈련시킨다. "셀 리더는 단순한 모임의 운영자가 아닙니다. 그들은 그들이 이끄는 작은 공동체 안에서 복음을 전하고, 성도들을 양육하고, 그들을 제자로 세우는 역할을 합니다. 이는 교회 내에서 목사가 감당하는 역할과 다르지 않죠."

이 시스템 덕분에, 뉴송처치의 청년들은 주일 예배만이 아니라, 매일의 삶 속에서도 신앙 공동체를 경험하며 성장한다. 각 셀 모임은 주일 예배 후에도 자연

주일예배 이후 이뤄지고 있는 각 셀 활동

스럽게 이어지며, 예배 중 나눈 말씀을 바탕으로 그들의 삶 속에서 복음을 실천하는 구체적인 방법들을 논의하고 기도하는 시간이 된다.

박진규 형제는 셀 시스템을 통해 리더로 성장한 대표적인 사례 중 하나다. 그는 원래 교회와 신앙에 대해 강한 거부감을 가지고 있던 불신자였다. 그러나 친구의 전도로 뉴송처치를 방문하게 되었고, 그곳에서 받은 따뜻한 환영과 복음의 메시지가 그의 마음을 열었다.

"처음에는 교회에 가는 게 부담스러웠어요. 그런데 뉴송처치는 달랐습니다. 청년들이 주도하는 교회라서 분위기가 저에게 맞았어요. 자연스럽게 마음이 열렸고, 복음에 대한 관심도 생기게 되었죠."

박 형제는 뉴송처치에서 신앙을 시작한 지 얼마 지나지 않아, 셀 리더로 성장하게 되었다. 그는 자신이 받은 사랑을 다른 청년들에게 나누고, 그들을 복음으로 이끌고자 하는 마음으로 리더의 역할을 감당하고 있다.

예배의 혁신:
살아있는 예배와 공동체 뉴송처치의 예배는 전통적인 형식에서 벗어나, 청년들이 자유롭게 하나님을 경험할 수 있도록 설계되어 있다. 주일 예배는 활기차고,

뉴송처치의 주일예배 모습

청년들이 주도하는 찬양과 기도가 핵심이다. 남빈 목사는 예배에 대해 이렇게 설명한다.

"우리 예배는 성령님의 임재 안에서 자유롭게 이루어집니다. 청년들이 진리이신 예수님 앞에 나아가 마음껏 찬양하고 기도할 수 있는 환경을 마련하는 것이 중요하죠. 그들이 하나님을 경험하고, 예수님의 사랑을 체험하는 순간이 예배 속에서 이루어져야 합니다."

청년들은 예배를 통해 단순한 참여자가 아닌, 하나님과 깊은 교제를 경험하는 주체가 된다. 예배는 그들이 일상 속에서 하나님을 어떻게 경험하고 실천할 것인가를 고민하는 시간이 된다.

주일 예배가 끝난 후에는 각 셀 모임이 이어지는데, 이 시간은 주일 말씀을 바탕으로 삶 속에서 복음을 어떻게 적용할 것인지에 대해 주일 말씀을 깊이 나누는 시간이 된다. 셀 리더들은 이 시간을 통해 청년들과 더욱 가까워지며, 그들이 겪는 신앙적 고민과 일상 속 문제들을 함께 나누고, 해결책을 찾아간다.

나눔과 봉사:
이웃을 향한 사랑의 실천
남빈 목사는 교회가 지역사회 속에서 복음의 빛을 비추는 역할을 감당해야 한다고 믿는다. 그리하여 교회는 매년 다양한 봉사 활동과 나눔 활동을 통해 이웃을 섬기고 있다.

특히 매년 겨울, 뉴송처치의 청년들은 연탄 나눔 봉사에 참여한다. 연탄을 나누며 그리스도의 사랑을 실천하는 이 활동은, 교회 안팎에서 많은 이들에게 감동을 주고 있다.

"우리가 받은 사랑을 세상 속에서 나누는 것이 우리의 사명입니다. 교회 안에서만 복음을 전하는 것이 아니라, 이웃들에게도 그 사랑을 실천하는 것이 진정한 복음의 삶이라고 생각합니다."

남 목사는 청년들이 교회 내에서만 머무르지 않고, 그들이 속한 직장, 학교, 가정 등에서 그리스도의 제자로 살아가도록 격려한다.

뉴송처치의 미래:
글로벌 비전

뉴송처치는 홍대에서 시작되었지만, 그 비전은 한국을 넘어 세계로 향하고 있다. 남빈 목사는 뉴송처치가 한국 청년들뿐만 아니라, 전 세계의 청년들에게도 복음을 전하는 교회로 성장하기를 꿈꾼다.

"저희의 목표는 단순히 홍대에 머무는 것이 아닙니다. 한국의 청년들이 다시 한번 부흥을 경험하고, 그 부흥이 세계로 확산되는 것을 꿈꿉니다. 뉴송처치를 통해 훈련받은 청년들이 각 도시와 나라에서 복음을 전하고, 교회를 개척하는 그 날을 기대하고 있습니다."

뉴송처치는 앞으로도 청년 제자 운동을 통해 더 많은 청년을 복음으로 세워가며, 이들이 다시 세계로 나아가 하나님의 나라를 확장해가는 일에 헌신할 것이다.

뉴송처치의 이야기는 하나님께서 청년 세대를 통해 일으키시는 부흥의 이야기이며, 그들이 세상 속에서 빛과 소금의 역할을 감당하며 세상을 변화시키는 작은 혁명이다.

놀이터 같은 '청소년 맞춤형' 교회

하늘샘교회: 전웅제 목사

하늘샘교회는 경기도 의정부에서 청소년 맞춤형 사역으로 새로운 예배 문화를 선보이고 있다. 교회를 PC방처럼 꾸미고, 게임과 만화책 등으로 청소년들에게 친근한 공간을 제공하며, '메디컬 워십'과 같은 창의적인 예배로 신앙과 심리적 치유를 결합했다. 특히, 청소년의 고민과 문화를 깊이 이해하고 그들에게 다가가는 특별한 방식으로 주목받고 있다. 매년 열리는 '흠뻑축제'는 놀이와 복음을 결합한 대표적 행사로, 아이들의 마음에 기쁨과 믿음을 심어준다. 하늘샘교회의 사역은 청소년들이 신앙을 삶 속에서 체험하며 건강하게 성장하도록 돕는 데 초점을 맞추며 창의적이고 유쾌한 접근으로 다음 세대를 이끌고 있다.

청소년의 문화를 담은 특별한 교회

경기도 의정부에 자리한 하늘샘교회는 청소년 사역의 새로운 장을 열고 있다. 전통적인 예배 형식을 탈피하여 청소년의 눈높이에 맞춘 창의적이고 이색적인 예배와 다양한 활동으로, 청소년들의 삶 속에서 쉼과 소통의 장이 되고 있다. 하늘샘교회는 '청소년 맞춤형'이라는 특유의 철학으로 청소년들에게 신앙의 문을 자연스럽게 열어주고 있으며, 지역사회에서도 그 혁신성과 진정성을 인정받고 있다.

청소년과 함께하는 놀이터 같은 교회

하늘샘교회의 가장 큰 특징은 청소년들에게 친근한 공간으로 설계되었다는 점이다. 교회 안에는 성경책과 찬송가 대신

컴퓨터, 만화책, 게임기, 레고 같은 아이들이 좋아하는 것들로 가득하다. 이곳은 단순한 예배당이 아니라 청소년들의 놀이터이자 안전한 쉼터다.

전웅제 담임목사는 "우리 교회에 오는 아이들 대부분이 비신자 가정 출신이라 교회에 대한 인식이 거의 없다. 그래서 교회를 매일 개방하고, 아이들이 좋아하는 것들로 가득 채우는 공간으로 바꾸었고, 이곳에서 자연스럽게 아이들과 관계를 맺으면서 예배와 연결되고 있다"고 설명했다.

이러한 노력은 청소년들의 자발적인 참여를 이끌어냈다. 솔뫼초등학교 6학년 현민우 학생은 "교회에서 게임도 할 수 있고, 라면도 먹을 수 있어서 너무 좋아요. 재미있는 놀이도 많아 심심하지 않아요"라며 교회에 대한 애정을 드러냈다.

김현숙 전도사는 "교회는 아이들에게 집처럼 편안한 공간이어야 합니다. 학원이나 학교에 가기 전 잠시 들러서 친구들과 놀고 쉬어갈 수 있는 곳이죠. 아이들이 자주 오면서 관계가 깊어지고, 자연스럽게 교회가 그들의 일상에 스며들게 됩니다"라고 말했다.

청소년의 눈높이에 맞춘 예배:
메디컬 워십

하늘샘교회는 예배 형식에도 혁신적인 변화를 시도했다. 대표적인 사례로 '메디컬 워십'이 있다. 이 예배는 교회를 병원처럼 꾸미고, 목사와 사역자들이 의사 가운을 입고 아이들과 상담하며 진행된다. 아이들은

청소년들의 눈높이 맞춰 진행하고 있는 '메디컬 워십' 예배

대기표를 뽑아 각자 자신을 위한 시간을 가진다.

전웅제 목사는 "아이들이 마음속 고민과 문제를 털어놓을 수 있도록 예배 형식을 바꿔봤다"며 심리 상담을 받는 것처럼 성경의 가르침을 전하면 아이들에게 더 큰 울림을 줄 수 있다"고 강조했다. 부용중학교 2학년 박하은 학생은 "의사 가운을 입은 목사님과의 상담은 제가 털어놓지 못했던 감정을 나눌 수 있는 시간이었다. 가족 같은 따뜻함을 느꼈다"고 소감을 밝혔다.

놀이와 신앙이 만나는 자리:

흠뻑축제

하늘샘교회의 '흠뻑축제'는 청소년들에게 복음과 재미를 동시에 제공하는 특별한 행사다. 올해로 3년째를 맞은 이 축제는 물총놀이, 수중탐색, 컵 쓰러뜨리기 등 다양한 게임들로 구성되었다. 청소년들은 물속에서 레고를 찾아 지정된 모양으로 만드는 수중탐색 게임 같은 도전을 즐기며 놀이와 협동의 기쁨을 만끽했다.

축제에 참여한 솔뫼초등학교 6학년 최성훈 학생은 "이렇게 재미있는 활동을 교

◀ 흠뻑축제에서 수중탐색 게임을 하는 모습
▼ 흠뻑축제 모습

회에서 할 수 있어서 너무 좋다. 작은 교회지만 전도를 위해 열심히 노력하는 모습이 보기 좋다"고 했다.

특히 유튜버 미남재형은 이번 축제에 초대되어 하늘샘교회의 특별한 사역에 감탄했다. 그는 "작은 교회들이 다음 세대를 위해 이렇게 헌신하는 모습이 너무 감동적입니다. 규모가 크고 작은 것은 중요하지 않아요. 청소년을 위해 질적으로 의미 있는 사역을 펼치는 곳이 진정한 교회라고 생각한다"고 말했다.

하늘샘교회의 미래를 꿈꾸다

하늘샘교회의 목표는 청소년들이 교회를 통해 꿈을 키우고 신앙 안에서 성장하도록 돕는 것이다. 전웅제 목사는 "우리 교회에서 진행하는 다양한 예배 콘텐츠를 잘 정리해 다른 교회들과 공유하고 싶다"며 이를 통해 더 많은 교회가 다음 세대를 위해 함께 노력할 수 있기를 소망했다.

하늘샘교회의 따뜻한 공동체는 청소년들에게 단순한 즐거움 이상을 제공한다. 교회 안에서 그들은 서로의 고민을 나누고, 위로를 받고, 하나님의 사랑으로 채워지는 소중한 경험을 한다. 전 목사와 사역자들은 아이들과 끊임없이 소통하며, 그들의 마음에 복음의 씨앗을 심고 하나님의 나라를 함께 세워가는 일에 헌신하고 있다.

하늘샘교회의 이러한 노력은 하나님 나라를 이루는 작지만 강력한 발걸음이라 할 수 있다. 청소년 사역의 선구자로서, 다른 교회에도 새로운 가능성을 열어주고 있다. 창의적이고 유쾌한 사역을 통해 교회의 경계를 넘어 지역사회와 소통하고, 복음이 세상 속에서 살아 숨 쉬는 방법을 보여주는 것이다.

하늘샘교회가 선보이는 창의적인 예배와 사역은 단순히 현재에 그치지 않고, 더 많은 이들에게 확산되어 하나님의 사랑이 세상 속에서 널리 퍼지기를 꿈꾸고 있다.

사랑과 섬김의 새로운 물결

새물결교회: 이정철 목사

새물결교회는 이름처럼 고인 물이 아닌 흐르는 물처럼 사랑과 섬김을 전하는 교회이다. 새물결교회는 창작 연극팀 '뉴 웨이크'를 통해 복음을 전하고, 문화로 이웃과 소통하는 독창적인 사역을 펼치고 있다. 청년들의 재능으로 탄생한 연극은 단순한 예술을 넘어 지역 주민들에게 희망의 메시지를 전하고 있다. 또한, 카페 '레브'와 강화도의 '다움 하우스'는 이웃을 위한 쉼터이자 섬김의 공간으로 활용되고 있다. 연극을 통해 치유와 회복의 손길을 내미는 새물결교회는 작지만 강한 교회로서 지역과 세상을 품는 새로운 흐름을 만들어가고 있다.

'고인 물이 아니라 흐르는 물이 돼라'

서울 양천구 곰달래로의 한적한 주택가에 자리 잡은 대한예수교장로회 새물결교회는 단순히 한 교회의 이름이 아니다. 섬김과 사랑의 정신이 깃든 철학이자 비전이었다. 작은 교회라는 외형을 넘어선 그들의 사역은 지역과 세상을 품으려는 따뜻한 열정으로 가득 차 있었다. '고인 물이 아니라 흐르는 물이 돼라'는 이름의 의미처럼, 새물결교회는 작은 것 하나라도 이웃과 세상에 흘려보내며 사랑과 섬김의 새로운 물결을 만들어내고 있다.

이름에 담긴 철학과 비전

새물결교회의 이정철 담임목사는 교회의 이름에 담긴 철학을 이렇게 설명했다. "새물결교회라는 이름은 교회의 비전을 그대로 담고 있습니다. 고여 있거나 갇혀 있는 물이 아닌, 끊임없이 흘러가며 다른 이들을 적시고 살리는 물이 되자는 뜻이죠. 우리 교회는 작은 교회지만, 작기 때문에 오히려 더 강한 흐름을 만들어내는 곳이라고 생각합니다."

이 목사의 철학은 구호나 선언에 머무르지 않았다. 새물결교회의 성도들은 일상 속에서 이 정신을 실천하며, 지역사회와 세상을 섬기고 있다. 그들의 사역은 신앙을 전하는 것에 그치지 않고, 예수님의 사랑을 실질적으로 보여주는 데 초점이 맞춰져 있다.

문화로 전하는 복음의 메시지

새물결교회의 사역 중 가장 독창적인 부분은 문화예술을 통한 복음 전파였다. 특히, 교회의 창작 연극팀인 '뉴 웨이크'는 그 중심에 서 있었다. 이정철 목사는 '뉴 웨이크' 팀의 탄생을 '불가항력적인 하나님의 섭리'라고 표현했다. 교회에 연기자, 피아니스트, 카메라 감독 등 문화예술에 재능 있는 이들이 자연스럽게 모이면서 팀이 형성되었기 때문이다.

연극팀은 부활절에 첫 작품을 선보이며 큰 반향을 일으켰다. 이후 창단된 '뉴 웨이크'는 성경 속 인물들의 이야기를 재구성한 창작극을 통해 복음의 메시지를 전하고 있다. 대표작인 '위대한 비밀'은 혈루증을 앓는 여인, 간음하다 현장에서 붙잡힌 여인, 예수님의 제자 베드로, 구레네 시몬 등 네 인물의 이야기를 무대 위에서 생생히 그려냈다. 연극은 관객들에게 신앙의 본질과 예수님의 사랑을 감동적으로 전달하며 깊은 여운을 남겼다.

단원들의 헌신과 이야기

연극팀의 단원들은 무대를 단순한 예술의 장이 아니라, 복음을 전하는 선교의 현장으로 여겼다. 혈루증 여인을 연기한 이세희 씨는 이 작품을 통해 병으로 고통받는 사람들에게 위안과 소망을 전하고 싶었다고 말했다. 그녀는 "신앙 안에서 병과 싸워 나갈 수 있다는 메시지를 주고 싶다"고 밝혔다. 또 다른 단원 이보희 씨는 "관객들의 마음을 두드리는 노크 같은 연기를 하고 싶다"며, 예수님의 사랑이 부담 없이 전해지길 바랐다.

'뉴 웨이크'의 연출을 맡은 최진호 전도사는 연극의 비전을 이렇게 설명했다. "우리는 단순한 공연을 넘어 지역 주민들에게 복음을 전하고, 이웃의 마음을 여는 도구가 되고자 합니다. 신월동 주민들에게는 문화적 즐거움을, 복음이 필요한 곳에는 소망을 전하고 싶습니다."

지역을 품은 섬김의 공간　　　　새물결교회는 연극뿐만 아니라 다양한 문화적 접근을 통해 지역 주민들과 소통하고 있다. 카페 '레브.' 이곳은 주일에는 청년과 중고등부의 예배 공간으로, 평일에는 주민들의 쉼터로 활용된다. 성악가들을 초청한 하우스 콘서트는 특히 주민들에게 큰 호응을 얻으며, 지역사회와 교회를 연결하는 가교 역할을 하고 있다.

또한, 교회는 경기도 강화도에 '다움 하우스'라는 숙박 공간을 마련했다. 흙토방으로 꾸며진 이곳은 성도들뿐만 아니라 지역 주민들이 무료 또는 저렴한 비용으로 사용할 수 있도록 개방되었다. 이정철 목사는 "다움 하우스는 복음을 전하는 통로이자 지역 주민들에게 휴식과 기쁨을 주는 공간으로 사용되길 바란다"고 전했다.

'카페 레브'는 하우스콘서트를 개최하는 등 지역 주민들의 쉼터로 인기로 얻고 있다

창작연극팀 '뉴 웨이크'

예술과 치유의 결합

새물결교회는 예술을 단순한 문화적 표현에 머무르지 않고, 치유와 회복의 도구로 확장하고 있다. 창작 연극팀 '뉴 웨이크'가 지역 주민들에게 희망과 위로를 전하는 무대를 만들었다면, 교회의 다음 비전은 예술을 통해 주민들의 마음과 정신까지 보듬는 것이다.

이정철 목사는 연극이 단순히 관객에게 감동을 주는 것에 그치지 않고, 마음의 상처를 치유하고 새로운 희망을 심어줄 수 있는 강력한 도구라고 믿었다. 그는 특히 연극이 정신 치료에 효과가 있다는 점에 주목하며, 교회 상담사들과 협력해 우울증, 불안 장애 등을 겪는 이들을 위한 연극 치료 프로그램을 구상 중이다.

이 목사는 "요즘 시대는 암과 같은 육체적 질병은 치료법이 발달했지만, 정신적인 질병은 점점 더 심각해지고 있다"며, 현대 사회의 정신적 고통을 줄이는 데 연극이 중요한 역할을 할 수 있음을 강조했다. 그러면서 연극이 갖는 몰입성과 상호작용이 사람들의 내면을 열고, 억눌려 있던 감정을 표현하게 만드는 데 큰 도움이 된다고 설명했다. 이를 바탕으로 교회에 있는 세 명의 전문 상담사들과 협력해 심리적으로 어려움을 겪는 주민들을 돕는 맞춤형 연극 치료 프로그램을 준비 중이다.

이 구상은 단순한 아이디어에 그치지 않고, 지역의 실제 필요를 반영하고 있다. 이 목사는 "교회 주변을 돌아보면 우울증, 불안 장애 등으로 고통받는 이웃들이 너무 많다. 그들을 위해 교회가 무엇을 할 수 있을지 고민하다가 연극 치료라는 아이디어를 떠올렸다"며, 교회가 지역사회의 아픔을 돌보는 역할을 할 수 있기를 희망했다. 또 연극 치료가 단순한 종교적 메시지 전달이 아닌, 이웃들과의 신뢰를 쌓는 다리가 되기를 바란다고 덧붙였다.

새물결교회는 이러한 비전을 실현하기 위해 전문성과 지역성을 모두 고려했다. 연극 치료 프로그램은 성도들의 자발적 참여와 전문 상담사의 협력을 기반으로 하며, 지역 주민 누구나 쉽게 접근할 수 있는 형태로 운영될 예정이다.

예수님의 사랑을 재현하는 교회   이정철 목사는 새물결교회의 사역 철학을 설교나 신앙의 고백에 그치지 않고, "예수님께서 이 땅에서 보여주신 사랑과 섬김을 실질적으로 재현하고 복원하는 것"이라고 정의했다.

그는 예수님이 그러셨던 것처럼, 교회가 세상 속에서 먼저 다가가고 손을 내밀며 이웃의 필요를 채워야 한다고 강조했다. 이러한 철학은 새물결교회의 다양한 사역에 고스란히 담겨 있었다.

이 목사는 "하나님께서 새물결교회를 통해 새로운 물결을 시작하셨습니다. 우리는 그 흐름을 따라 더 많은 사람들에게 다가갈 것입니다"고 약속했다.

작은 물결로 시작된 새물결교회의 이야기는 지역사회와 이웃의 삶을 적시고, 더 넓은 세상을 향해 흘러가고 있다. 그들의 이야기는 단순한 사역 보고가 아닌, 예수님의 사랑을 실천하는 한 공동체의 감동적인 여정이었다.

현장에 답이 있다

발행일 2025년 2월 1일(초판1쇄)

지은이 최종우
기 획 CBS-TV 뉴스ⓒCBS

펴낸이 최병천
펴낸곳 신앙과지성사
        출판등록 제9-136 (88. 1. 13)
        주소 | 서울시 서대문구 연희로 177 옥산빌딩 2층
        전화 | 02-335-6579·323-9867, 팩스 | 02-323-9866
        E-mail | miral87@hanmail.net
        홈페이지 | http://www.miral.co.kr

ISBN 978-89-6907-391-4 03230

값 25,000원

※ 이 책의 출판권은 CBS를 통해 CBS와 저작권 계약을 맺은 신앙과지성사에 있습니다.
  펴낸이의 허락없이 책의 전체나 부분을 어떤 수단으로도 이용할 수 없습니다.